事例研究
会社法

小林量・北村雅史 [編著]

日本評論社

はしがき

　本書は、法学部で会社法を学ぶ学生および法科大学院生を主として対象とする、会社法に関する事例問題の演習書である。

　大学の法学部では、体系的な教科書に基づいて理論面を重視した講義が行われる。しかし、大学での講義を聴くことにより、あるいは自ら体系的な教科書を熟読することにより、会社法の概説的な知識を得ることができたとしても、それを実際の事例に当てはめて法律的に処理することができなければ、実質的に会社法を学んだとはいえない。

　法科大学院では、事例問題を中心に双方的な（いわゆるソクラティック・メソッドに基づく）授業が行われるが、法律の知識は豊富でも事例への当てはめが苦手という学生が少なくない。

　もっとも、事例への当てはめについてのスキルは事例問題を解く練習を重ねることにより、相当程度、人によっては画期的に、向上するものである。事例への当てはめの能力が身についてくると、法律学への興味がいっそう強められる。また、事例問題を解く練習を積むことは、法制度の理解と知識の確認にも大いに役立つ。学部でのゼミナールや法科大学院での課題への取組みを通して、自分がこれまで法制度や理論を間違って理解していたことに気づいた学生諸君も多いのではないだろうか。

　本書は、会社法を積極的に学ぼうとする法学部学生や法科大学院生のみなさんが、具体的な事例問題を自ら考えることにより、会社法に関する理解を深め、知識を実際の問題に当てはめて解決する能力を養うことができるようにすることを目的として、編集された。

　本書の問題は、難度によって第1部「基本問題」（〔問題1〕～〔問題14〕）と第2部「発展問題」（〔問題15〕～〔問題26〕）に分かれている。第1部は基礎的、第2部は発展的な内容といえるが、その難度は相対的なものである。例えば、「〔問題17〕取締役の報酬」や「〔問題19〕取締役・監査役の会社に対する責任」のように、基礎的なテーマでも発展的な設問が含まれているものは、第2部に配置している。

第1部・第2部とも、原則的に会社法の章立てに従って問題を配列した。第2部は、第1部と共通するテーマの発展問題ではなく、第1部とは別のテーマを扱うものである。第1部と第2部に含まれる26のテーマにより、会社法の重要問題を概ねカバーしており、また平成26年の会社法改正の内容も適切に問題中に盛り込んでいるので、本書の体系的な学習により、会社法全体の理解が大いに深まるものと考えている。

　本書の第1部および第2部に含まれる問題は、**事例、解答へのヒント、解説**の3部構成になっている。

　事例は、**設例**とそれに関する**設問**からなる。読者は、1頁から2頁程度の長さの設例から、そこに含まれる法的問題を抽出して、各設問に解答してゆくことになる。

　解答へのヒントでは、設問ごとに何が問題となっているかを簡潔に説明している。設問への解答を構想していくための手助けとなる部分であるが、一通り会社法の学習を終えた読者には、ヒントを読む前に自身で何が論点なのかを考えて解答の構想を練った後、ヒントによってそれが正しかったかどうかを確認する、という利用の仕方をお勧めしたい。

　解説では、設例および設問がどのような趣旨・意図で作成されたかが示されるとともに（原則として「出題の意図」という見出しが付される）、設問ごとに、解答を導くために必要な法制度や論点が説明される。**通説および判例**をベースに、一般の教科書で説明される内容を設問にあわせて記述しているので、読者の知識の確認に役立てることができるだろう。解説の最後に、**事例への当てはめ**という見出しのもとで、法制度、理論、判例、学説を設例に当てはめるとどのような結論が導かれるかが論じられる。

　このほか、会社法の重要論点や実務上の興味深いトピックなどを、本文とは別枠で**コラム**として配置した。コラムはそれぞれが個別テーマに関する完結した解説となっている。コラムには★と★★が表示されている。★は「問題を解くのに必要な内容」に関するものであり、★★は、「問題を解くのに必要とはいえないが読者に知っておいてほしい内容」あるいは「問題を解くのに必要ではあるが高度な内容」のものである。

　各問題の末尾に、問題を解くために有益な文献やより深く理解するために一読することが推奨される文献のうち、大学の図書館等で入手しやすい

ものを、**参考文献**として掲げた。本文の記述は通説・判例をベースにしているので、各論点についての学説の対立を詳細に学習しようとするときは、ぜひ参考文献を読んでいただきたい。本書を学部のゼミナールや法科大学院の講義の教材として使用する場合は、参考文献を参照して内容の濃い授業が展開されることが期待される。

　本書は、企画から約2年をかけて完成した。その間、8人の執筆者がそれぞれ原稿を持ち寄り、多くの時間をかけて全員で入念に内容の検討を行った。検討の結果を踏まえて、各執筆者には、何度も原稿の修正をお願いした。編者を除く6人の執筆者は、いずれも若手から中堅の気鋭の研究者であり、非常に多忙な中、「通説・判例をベースにした平易な表現を心掛ける」という方針に従い、意欲的に執筆に取り組んでいただいた。執筆者諸氏の多大な努力により、本書の事例および解説が洗練された内容に仕上がったことに、編者として心からの謝意を表したい。最後に、十数回に及ぶ編集・執筆者会議の設定や原稿の取りまとめなど、本書の企画から出版に至るまで辛抱強く支えてくださった、日本評論社の田中早苗さんと室橋真利子さんに、厚くお礼申し上げる。

　　　2016年3月

　　　　　　　　　　　　　　　　　　　　　　　　小林　　量
　　　　　　　　　　　　　　　　　　　　　　　　北村雅史

●事例研究 会社法——大目次●

第1部　基本問題

〔問題1〕　商号の不正目的の使用 ……………………………………… 2

〔問題2〕　会社の設立に際しての開業準備行為・財産引受け ……… 14

〔問題3〕　払込みの仮装 …………………………………………………… 26

〔問題4〕　株主名簿の名義書換え ………………………………………… 37

〔問題5〕　株主の権利の行使に関する利益供与 ……………………… 49

〔問題6〕　自己株式の取得 ………………………………………………… 63

〔問題7〕　株主総会決議の瑕疵①
　　　　　——招集通知漏れ・議決権の代理行使 ………………… 75

〔問題8〕　競業取引・会社の機会の奪取・従業員の引抜き ………… 97

〔問題9〕　利益相反取引 …………………………………………………… 109

〔問題10〕　代表取締役の専断的行為の効力・取締役の解任 ……… 127

〔問題11〕　取締役の第三者に対する責任 ……………………………… 140

〔問題12〕　違法配当 ………………………………………………………… 153

〔問題13〕　新株の有利発行・不公正発行 ……………………………… 168

〔問題14〕　合併比率の不公正をめぐる合併の差止め・無効 ……… 188

第2部　発展問題

〔問題15〕　株式の種類 …………………………………………………… 200

〔問題16〕　株主総会決議の瑕疵②
　　　　　——訴えの利益・決議の不存在 ……………………… 216

〔問題17〕　取締役の報酬 ………………………………………………… 240

〔問題18〕　代表取締役の解職——特別利害関係 …………………… 255

〔問題19〕　取締役・監査役の会社に対する責任 …………………… 269

〔問題20〕 株主代表訴訟・利益相反取引に関する
　　　　　任務懈怠責任 ……………………………………………… 283
〔問題21〕 帳簿閲覧権 ……………………………………………… 303
〔問題22〕 事業譲渡・商号の続用 ………………………………… 314
〔問題23〕 会社分割 ………………………………………………… 332
〔問題24〕 株式交換と多重代表訴訟 ……………………………… 347
〔問題25〕 全部取得条項付種類株式を用いた株主の締出し ……… 370
〔問題26〕 株式会社の機関設計 …………………………………… 392

●事例研究 会社法──詳細目次●

はしがき

第1部　基本問題

〔問題1〕　商号の不正目的の使用 ……………………………………… 2

　事例　　2
　解答へのヒント　　2
　解説　　3
　1．商号とは　　3
　2．会社法8条　　5
　　⑴　会社法8条の要件　　5
　　　㈠　「他の会社であると誤認されるおそれのある名称又は
　　　　商号」　6
　　　㈡　「不正の目的」　6
　　⑵　差止めとしてなしうること　　7
　　　㈠　変更請求　7
　　　㈡　登記の抹消　7
　　⑶　損害賠償請求　8
　3．不正競争防止法3条による差止め　　9
　4．事例への当てはめ　　11
　　コラム①　商法総則と会社法通則　　3
　　コラム②　商標　　4
　　コラム③　商号の選定についての立法主義　　4
　　コラム④　合同会社　　12

〔問題2〕　会社の設立に際しての開業準備行為・財産引受け …… 14

　事例　　14
　解答へのヒント　　16

解説　17

1．発起人　17

(1)　発起人組合　17

(2)　設立中の会社　17

(3)　設立中の会社と設立された会社との関係　18

2．発起人の権限と開業準備行為　18

3．定款への記載を欠く財産引受けの効力　21

4．会社による追認の可否　22

5．発起人の無権代理人としての責任　22

6．事例への当てはめ　23

(1)　X1への支払義務　24

(2)　X2への支払義務　24

コラム①　変態設立事項　20

コラム②　事後設立　20

コラム③　一方のみが主張できる無効　22

〔問題3〕　払込みの仮装 ……………………………………………………… 26

事例　26

解答へのヒント　27

解説　28

1．払込みの仮装　28

(1)　預合い　28

(2)　見せ金　29

2．払込みの仮装と関係者の責任　30

(1)　払込みの仮装をした発起人の責任　30

(2)　関与した発起人・設立時取締役の責任　31

(3)　発起人等の任務懈怠責任　32

3．払込みの仮装を行った発起人の株主権の行使　32

4．事例への当てはめ　32

(1)　〔設問1〕への当てはめ　33

(2)　〔設問2〕への当てはめ　34

コラム①　会社成立後の募集株式の発行と払込みの仮装　34

コラム②　申込証拠金とは　34

コラム③　払込みの仮装と設立の効力　35

〔問題4〕　株主名簿の名義書換え …………………………………………… 37

事例　37

解答へのヒント　38

解説　39

1．株主名簿の名義書換え　39

2．〔設問1〕名義書換未了の株式譲受人　40

　⑴　会社が名義書換未了の譲受人を株主として扱うことの
　　可否　40

　⑵　事例への当てはめ　41

3．〔設問2〕失念株の問題　43

　⑴　譲渡当事者間の法律関係　43

　⑵　株式譲受人に返還される利得の範囲　44

　⑶　事例への当てはめ　45

　コラム①　名義書換えの不当拒絶　40

　コラム②　基準日後に株式を譲り受けた者の議決権行使の
　　可否　42

　コラム③　振替株式制度の仕組み　46

　コラム④　なぜ上場されていない公開会社があるのか　48

〔問題5〕　株主の権利の行使に関する利益供与 49

　事例　49

　解答へのヒント　51

　解説　53

1．出題の意図　53

2．〔設問1〕株主の権利行使に関する利益供与　53

　⑴　株主の権利行使に関する利益供与の要件　53

　　㋐　何人に対しても　54

　　㋑　株主の権利の行使に関し　54

　　㋒　財産上の利益の供与　54

　⑵　利益供与の推定規定　55

　⑶　利益の返還　55

　⑷　利益供与に関与した取締役　56

　⑸　利益供与要求罪　56

　⑹　事例への当てはめ　57

3．〔設問2〕取締役会決議に基づいて利益供与が行われた場合の
　　取締役の責任　58

　⑴　利益供与に関与した取締役の責任　58

　⑵　事例への当てはめ　58

4. 〔設問3〕利益供与を行った意図・目的
　　──「株主の権利の行使」　59
　　⑴　利益供与に関する裁判例　59
　　⑵　「株主の権利の行使」の意味　60
　　⑶　事例への当てはめ　60
　　コラム　　株主優待制度等と利益供与・株主平等原則　61

〔問題6〕　自己株式の取得 ……………………………………………… 63

　事例　63
　解答へのヒント　64
　解説　66
　1．自己株式取得規制の趣旨と内容　66
　　⑴　総説　66
　　⑵　自己株式取得の手続　67
　　⑶　特定の株主からの取得手続　68
　2．事例への当てはめ　72
　　コラム①　売主追加請求権が適用されない場合　70
　　コラム②　相続人等に対する売渡しの請求　71
　　コラム③　親会社・子会社　72
　　コラム④　自己株式の法的地位　74

〔問題7〕　株主総会決議の瑕疵①
　　　　　──招集通知漏れ・議決権の代理行使 ……………………… 75

　事例　75
　解答へのヒント　77
　解説　79
　1．出題の意図　79
　2．〔設問1〕決議取消事由・議決権の代理行使　80
　　⑴　株主総会決議取消しの訴えの原告適格　80
　　⑵　提訴期間　82
　　⑶　決議取消事由・議決権行使の代理人資格の制限　82
　　　㋐　招集通知漏れ　82
　　　㋑　議決権の代理行使　83
　3．〔設問2〕他の株主に対する招集手続の瑕疵と決議取消しの
　　　訴え　87
　4．〔設問3〕裁量棄却　88
　　⑴　裁量棄却の要件　88

(2)　事例への当てはめ　90

5.〔設問4〕決議取消認容判決の効力・取締役選任決議取消しと
　　会社の取引の効力　90

　　(1)　取締役選任決議取消しと取引相手方の救済　90

　　　㋐　908条2項による保護　91

　　　㋑　354条による保護　92

　　(2)　事例への当てはめ　94

　　コラム①　株主総会決議の取消し・無効・不存在　79

　　コラム②　議題と議案　86

　　コラム③　決議取消認容判決の対象となる範囲　86

〔問題8〕　競業取引・会社の機会の奪取・従業員の引抜き ……… 97

　事例　97

　解答へのヒント　98

　解説　100

1.　出題の意図　100

2.〔設問1〕取締役の競業取引　100

　　(1)　競業取引の意義　100

　　(2)　事例への当てはめ　102

3.〔設問2〕競争会社を支配できる株式の取得　103

　　(1)　競業取引と会社の機会　103

　　(2)　事例への当てはめ　104

4.〔設問3〕従業員の引抜き　106

　　(1)　従業員の引抜きと善管注意義務・忠実義務　106

　　(2)　事例への当てはめ　107

　　コラム①　名義説と計算説　102

　　コラム②　会社の機会の奪取　104

　　コラム③　善管注意義務と忠実義務の関係　105

〔問題9〕　利益相反取引 ……………………………………………… 109

　事例　109

　解答へのヒント　110

　解説　112

1.　出題の意図　112

　　(1)　利益相反取引とは　112

　　(2)　直接取引の適用範囲　113

　　(3)　間接取引の適用範囲　114

2．〔設問1〕形式的には直接取引に該当するが、会社と利害が
　客観的・抽象的には対立しない場合1　115
⑴　客観的・抽象的には会社と取締役との利害対立しない
　場合　115
⑵　事例への当てはめ　116
3．〔設問2〕⑴形式的には直接取引に該当するが、会社と利害が
　客観的・抽象的には対立しない場合2　117
⑴　親子会社と利益相反取引規制　117
⑵　事例への当てはめ　117
4．〔設問2〕⑵第三者のためにする直接取引の該当性　118
⑴　直接取引該当性　118
　㋐　乙社からみた場合　118
　㋑　甲社からみた場合　119
⑵　事例への当てはめ　119
5．〔設問3〕間接取引の該当性と取締役会決議による承認を欠く
　利益相反取引の効力　121
⑴　間接取引該当性　121
⑵　取締役会決議による承認のない利益相反取引の効力　123
⑶　事例への当てはめ　124
　㋐　〔設問3〕⑴Aが乙社を代表した場合の丙社の乙社に
　　対する保証債務の履行請求の可否　124
　㋑　〔設問3〕⑵Dが乙社を代表した場合　125
コラム①　利益相反取引の承認機関　114
コラム②　取締役会設置会社における利益相反取引の承認
　時期　120
コラム③　直接取引規制と間接取引規制の交錯　122

〔問題10〕　代表取締役の専断的行為の効力・取締役の解任 ……… 127

事例　127
解答へのヒント　128
解説　130
1．出題の意図　130
2．〔設問1〕取締役会決議を必要とする取締役の行為　130
⑴　問題の所在　130
⑵　重要な財産の処分・譲受け（362条4項1号）の該当性
　基準　130
⑶　362条4項違反の対外的取引の効力　132

(4)　事例への当てはめ　134

　3.〔設問2〕取締役の解任の「正当な理由」と損害賠償

　　　(339条2項)　136

　　(1)　問題の所在　136

　　(2)　339条2項の「正当な理由」　136

　　(3)　339条2項に基づく損害賠償の範囲　137

　　(4)　事例への当てはめ　138

　　　(ア)　Aの解任理由と「正当な理由」　138

　　　(イ)　Cの解任理由と「正当な理由」　139

　　コラム　　代表権の濫用　134

〔問題11〕　取締役の第三者に対する責任 ……………………………… 140

　事例　140

　解答へのヒント　141

　解説　143

　1.出題の意図　143

　2.〔設問1〕取締役の第三者に対する責任　144

　　(1)　429条1項の趣旨・責任発生要件　144

　　(2)　事例への当てはめ——乙はAに対し429条1項の責任を

　　　追及できるか　145

　　(3)　それ以外の責任追及の可否——不法行為責任・法人格否認の

　　　法理　146

　3.〔設問2〕登記簿上の取締役の第三者に対する責任　148

　　(1)　不実登記の効力に関する規定の類推適用　148

　　(2)　事例への当てはめ　149

　4.〔設問3〕名目的取締役の第三者に対する責任　149

　　(1)　名目的取締役とは　149

　　(2)　事例への当てはめ　150

　5.〔設問4〕株式価値の下落による損害と429条1項　150

　　コラム①　取締役の任期　143

　　コラム②　虚偽記載等による取締役の第三者に対する責任　146

　　コラム③　法人格否認の法理　147

〔問題12〕　違法配当 ……………………………………………………… 153

　事例　153

　解答へのヒント　155

　解説　156

1．剰余金の配当　156
2．分配可能額　156
　⑴　算出方法　156
　⑵　のれん等調整額　159
3．本件での分配可能額の算定　162
4．違法配当の民事・刑事責任　163
　⑴　民事上の責任　163
　　㋐　業務執行者等の責任　163
　　㋑　株主の責任　164
　⑵　刑事上の責任　164
5．配当後に欠損が生じた場合の責任　165
6．事例への当てはめ　165
　コラム①　最低資本金制度　157
　コラム②　有限会社・特例有限会社　158
　コラム③　のれん　160
　コラム④　繰延資産　161
　コラム⑤　資本金の意義と機能　161
　コラム⑥　違法配当の効果　166

〔問題13〕　新株の有利発行・不公正発行 ················· 168

事例　168
解答へのヒント　169
解説　171
1．出題の意図　171
2．〔設問1〕新株発行の差止め　172
　⑴　新株発行の手続　172
　⑵　法的瑕疵のある新株発行に対する措置　174
　⑶　新株発行の差止めの要件　176
　⑷　事例への当てはめ——Ⅰ：公正な価額が1株2万円の
　　場合　178
　⑸　事例への当てはめ——Ⅱ：公正な価額が1株1万円の
　　場合　179
3．〔設問2〕新株発行の無効の訴え　181
　⑴　新株発行の無効の訴えの制度趣旨と無効事由　181
　⑵　事例への当てはめ　183
　コラム①　株式会社の資金調達の方法とそれらの相違　171
　コラム②　「募集株式の発行等」と「新株の発行」　172

コラム③　発行可能株式総数　174

コラム④　新株発行の差止請求権と仮の地位を定める仮処分
命令　175

コラム⑤　新株発行の不存在の確認の訴え　176

コラム⑥　株式価値の評価方法　178

コラム⑦　非公開会社における新株発行に関する規律　184

コラム⑧　新株予約権とライツ・オファリング　186

〔問題14〕　合併比率の不公正をめぐる合併の差止め・無効　……… 188

事例　188

解答へのヒント　189

解説　190

1．出題の意図　190

2．合併の差止め　193

　（1）　差止めの根拠条文　193

　（2）　事例への当てはめ　195

3．合併の無効　196

　（1）　無効原因　196

　（2）　事例への当てはめ　197

　コラム①　組織再編　191

　コラム②　会社法第5編の構造　192

第2部　発展問題

〔問題15〕　株式の種類 ……………………………………………………… 200

事例　200

解答へのヒント　201

解説　203

1．出題の意図　203

2．株式の種類　203

3．〔設問1〕への当てはめ——種類株式の設計　205

　（1）　剰余金配当優先株式　205

　（2）　議決権制限株式　206

　（3）　取得条項付株式　206

4．〔設問2〕への当てはめ——本件の種類株式発行のニーズ　207

5．株式の併合・分割・株式無償割当て　208

6．種類株主総会　211

7．〔設問3〕への当てはめ——株式の分割と種類株主総会決議の
　　要否　212

8．〔設問4〕への当てはめ——株式無償割当てと種類株主総会
　　決議の要否　214

　　コラム①　剰余金の配当・残余財産の分配・議決権に関する
　　属人的定め　204

　　コラム②　剰余金配当優先株式と社債　208

　　コラム③　株式の併合と発行可能株式総数の関係　209

　　コラム④　定款の定めに基づく種類株式の利害調整　212

〔問題16〕　株主総会決議の瑕疵②
　　　　　　——訴えの利益・決議の不存在 ································· 216

　事例　216

　解答へのヒント　218

　解説　220

1．出題の意図　220

2．〔設問1〕(1)株主総会決議の取消しの訴え　220

　(1)　総説　220

　(2)　訴訟要件　221

　　(ｱ)　各要件　221

　　(ｲ)　事例への当てはめ　221

　(3)　取消事由　221

　　(ｱ)　問題の所在　221

　　(ｲ)　取締役らの説明義務　221

　　(ｳ)　事例への当てはめ　223

　　(ｴ)　説明義務違反の効果　225

　(4)　裁量棄却　226

　　(ｱ)　説明義務違反と裁量棄却　226

　　(ｲ)　事例への当てはめ　227

　(5)　結論　228

3．〔設問1〕(2)取締役選任決議の取消しの訴えと任期満了による
　　退任　228

　(1)　総説　228

　(2)　決議後の事情の変化と株主総会決議取消しの訴えにおける
　　訴えの利益　228

㋐　決議後の事情の変化と訴えの利益の喪失　228
　　　㋑　「特別の事情」とは　230
　　　㋒　事例への当てはめ　231
　　(3)　結論　231
4．〔設問2〕(1)株主総会決議の不存在の確認の訴え　231
　　(1)　総説　231
　　(2)　本件決議ⅲの瑕疵　232
　　　㋐　問題の所在　232
　　　㋑　不存在事由　233
　　　㋒　事例への当てはめ　233
　　(3)　Aが提起すべき訴訟類型　233
　　(4)　株主総会決議の不存在の確認の訴えの成否　234
　　　㋐　訴訟要件と実体要件　234
　　　㋑　確認の利益　235
　　　㋒　事例への当てはめ　235
　　(5)　結論　236
5．〔設問2〕(2)取締役選任決議の不存在の確認の訴えと任期満了に
　　よる退任　236
　　(1)　総説　236
　　(2)　取締役選任決議の不存在の瑕疵の連鎖　236
　　(3)　取締役選任決議の不存在の確認の訴えにおける確認の
　　　利益　238
　　(4)　事例への当てはめ　239
　　(5)　結論　239
　　コラム①　株主総会の権限　222
　　コラム②　審議・質問の打切り　223
　　コラム③　訴えの利益　228

〔問題17〕　取締役の報酬 ……………………………………………… 240

　事例　240
　解答へのヒント　242
　解説　244
　1．〔設問1〕取締役の報酬請求権　244
　　(1)　判例および学説　244
　　(2)　事例への当てはめ　245
　2．〔設問2〕取締役の報酬と減額　248
　　(1)　総説　248

（2）判例および裁判例　248

（3）学説　249

（4）事例への当てはめ　251

コラム①　退職慰労金の支給の実態　246

コラム②　中小会社における退任取締役の保護　247

コラム③　退職慰労年金　252

コラム④　ストック・オプション　253

コラム⑤　新株予約権の利用方法　253

〔問題18〕　代表取締役の解職——特別利害関係 …………………… 255

事例　255

解答へのヒント　256

解説　258

1．出題の意図　258

2．代表取締役の解職と取締役会における特別利害関係　258

3．特別利害関係取締役による審議参加の可否　261

4．表見法理による第三者救済の可能性　262

（1）商業登記の積極的公示力の根拠　263

（2）商業登記の積極的公示力と外観信頼保護規定　263

5．事例への当てはめ　265

コラム①　代表取締役の選定決議と候補者である取締役の特別
利害関係　260

コラム②　株主総会決議における特別利害関係人の議決権行使と
取締役会における特別利害関係人の議決権行使　267

〔問題19〕　取締役・監査役の会社に対する責任 ………………… 269

事例　269

解答へのヒント　271

解説　273

1．出題の意図　273

2．〔設問1〕取締役の経営判断と任務懈怠　273

（1）取締役の経営判断と善管注意義務　273

（2）事例への当てはめ　274

3．〔設問2〕具体的法令違反行為と任務懈怠責任　275

（1）法令違反と任務懈怠　275

（2）事例への当てはめ　276

4．〔設問3〕取締役の監視義務・監査役の職務　278

(1) 取締役の監視義務　278

(2) 監査役の職務　279

(3) 事例への当てはめ　279

5．〔設問4〕内部統制システムの整備・構築　280

(1) 内部統制システムの整備に関する事項の決定　280

(2) 事例への当てはめ　281

コラム①　責任の一部免除　277

コラム②　妥当性監査と適法性監査　279

〔問題20〕　株主代表訴訟・利益相反取引に関する任務懈怠責任

....　283

事例　283

解答へのヒント　285

解説　286

1．出題の意図　286

(1) 株主代表訴訟の仕組み　286

(2) 株主代表訴訟によって追及しうる責任の範囲　288

(3) 利益相反取引に関する取締役の責任　289

2．〔設問1〕(1)提訴請求と株主代表訴訟の原告適格　291

(1) 提訴請求の意義と不提訴理由の通知　291

(2) 瑕疵ある提訴請求の効果　293

(3) 事例への当てはめ　294

3．〔設問1〕(2)株主代表訴訟によって追及しうる取締役の
責任　295

(1) 株主代表訴訟によって追及しうる取締役の責任の
範囲　295

(2) 事例への当てはめ　297

4．〔設問2〕利益相反取引に関する取締役の任務懈怠責任　299

(1) 利益相反取引と取締役の任務懈怠責任　299

(2) 事例への当てはめ　300

コラム①　株主による責任追及訴訟の整備の沿革　288

コラム②　株主代表訴訟の「訴訟の目的の価額」の算定　289

コラム③　株主代表訴訟の濫用対策——株主権の濫用と担保
提供　290

コラム④　特別利害関係人がいる場合の取締役会決議の
定足数　297

コラム⑤　株主代表訴訟への会社の訴訟参加　298

コラム⑥　責任追及等の訴えの訴訟上の和解　302

〔問題21〕　帳簿閲覧権 ……………………………………………… 303

事例　303

解答へのヒント　303

解説　304

1．株主の経理・検査権　304

2．閲覧権の行使要件　304

3．閲覧の対象　305

4．閲覧権の行使　307

　⑴　請求目的の具体性　307

　⑵　帳簿の特定の要否　308

5．拒否事由　309

6．閲覧の仮処分　312

7．事例への当てはめ　312

　コラム①　会計帳簿　306

　コラム②　431条の意義　306

　コラム③　株式の譲渡制限　310

〔問題22〕　事業譲渡・商号の続用 ……………………………… 314

事例　314

解答へのヒント　316

解説　317

1．〔設問1〕株主総会決議を要する事業譲渡　317

　⑴　事業譲渡の趣旨・手続　317

　　㋐　事業譲渡の経済的意義　317

　　㋑　事業譲渡の手続　317

　　㋒　「事業」の意義　318

　　㋓　株主総会決議による承認を要しない場合　320

　⑵　株主総会の有効な特別決議を欠く事業譲渡の効力　322

　　㋐　事業譲渡の効力　322

　　㋑　無効の主張権者　322

　⑶　事例への当てはめ　323

2．〔設問2〕商号の続用と譲受会社の弁済責任　325

　⑴　商号を続用した譲受会社の弁済責任の趣旨　325

　　㋐　商号続用者の弁済責任の概要　325

　　㋑　商号続用者に弁済責任を課す根拠　326

㈦　商号の続用　327

　　　㊁　債権者の主観的事情　328

　　⑵　商号以外の名称続用の場合の 22 条 1 項の類推適用　328

　　⑶　事例への当てはめ　330

　　コラム①　「営業」と「事業」の用語の違い　320

　　コラム②　譲渡会社の競業避止義務　321

　　コラム③　事業譲渡と会社分割との異同　325

〔問題23〕　会社分割 ……………………………………………………………… 332

　　事例　332

　　解答へのヒント　334

　　解説　335

　1．出題の意図　335

　2．会社分割と債権者保護　335

　3．〔設問 1〕債権者異議手続の対象となる債権者　336

　　⑴　債権者異議手続と各別の催告　336

　　⑵　事例への当てはめ　338

　4．〔設問 2〕⑴会社分割無効の訴えの提訴権者　339

　　⑴　新設分割無効の訴え　339

　　⑵　事例への当てはめ　340

　5．〔設問 2〕⑵詐害的な会社分割　340

　　⑴　詐害的会社分割とは　340

　　⑵　残存債権者の保護　341

　　　㋐　法人格否認の法理・22 条 1 項類推適用　341

　　　㋑　詐害行為取消権　342

　　　㋒　764 条 4 項の履行請求権　343

　　⑶　事例への当てはめ　345

　　コラム①　事業の一部を別会社化する方法　336

　　コラム②　物的分割と人的分割　337

　　コラム③　詐害的会社分割が増えた要因　345

〔問題24〕　株式交換と多重代表訴訟 ………………………………………… 347

　　事例　347

　　解答へのヒント　350

　　解説　352

　1．出題の意図　352

　　⑴　持株会社の形成　352

⑵　持株会社のガバナンス　　352
　2．株式交換と株式移転　　353
　　⑴　意義　　353
　　⑵　債権者保護　　356
　3．〔設問1〕株主代表訴訟と株式交換・株式移転　　359
　　⑴　原告適格への影響　　359
　　⑵　事例への当てはめ　　360
　　　㈎　〔設問1〕⑴株主代表訴訟の係属中に株式交換があった
　　　　場合　　360
　　　㈏　〔設問1〕⑵株式交換の効力発生前に責任の発生原因と
　　　　なった事実が生じている場合　　360
　4．〔設問2〕多重代表訴訟　　361
　　⑴　多重代表訴訟の提訴要件・提訴手続　　362
　　　㈎　多重代表訴訟が認められる範囲　　362
　　　㈏　提訴要件——持分要件・6カ月保有要件など　　363
　　　㈐　提訴手続　　365
　　⑵　事例への当てはめ　　366
　　　㈎　〔設問2〕⑴株式交換前に融資が実行されていた場合　　366
　　　㈏　〔設問2〕⑵株式交換後に融資が実行されている場合　　367
　　コラム①　多数株主と少数株主の利害対立　　352
　　コラム②　三角合併　　355
　　コラム③　持株会社における株主権の縮減とその復元　　358
　　コラム④　融資に関する銀行取締役の注意義務　　361
　　コラム⑤　最終完全親会社等の被告側への補助参加の
　　　　適正化　　366
　　コラム⑥　最終完全親会社等のある会社における発起人等の特定
　　　　責任および旧株主の責任追及等の訴えの対象となる責任の免除・
　　　　和解　　368

〔問題25〕　全部取得条項付種類株式を用いた株主の締出し ……… 370

　事例　　370
　解答へのヒント　　372
　解説　　374
　1．出題の意図　　374
　2．全部取得条項付種類株式を利用した強制取得の手続　　375
　3．〔設問1〕⑴当初から本件MBOに不満を抱いている場合
　　　——公正な対価の確保　　377

(1) 設問の分析　377

(2) 公正な対価を確保する手段とその手続等　378

(3) 「取得の価格」の意義および算定方法　380

　(ア) 「取得の価格」の意義　380

　(イ) 「取得の価格」の算定方法　381

(4) 事例への当てはめ　381

4．〔設問1〕(2)当初から本件MBOに不満を抱いている場合
　　──株主としての地位の維持　382

(1) 設問の分析　382

(2) 全部取得の差止請求　382

(3) 株主総会決議等の取消し・無効確認の訴え　383

(4) 事例への当てはめ　383

　(ア) 全部取得の取得日前の措置──全部取得の差止請求　383

　(イ) 全部取得の取得日後の措置──株主総会決議等の取消し・
　　無効確認の訴え　384

5．〔設問2〕事後的に本件MBOに不満を抱いた場合　385

(1) 設問の分析　385

(2) MBOにおける取締役の善管注意義務　386

(3) 事例への当てはめ　387

　(ア) ①公正価値移転義務違反の有無　387

　(イ) ②適正情報開示義務違反の有無　388

　コラム①　MBOとは　374

　コラム②　全部取得条項付種類株式が創設された経緯と株主
　　締出しの手段としての利用　376

　コラム③　株式買取請求・価格決定の申立てと取得価格の決定
　　申立ての関係　379

　コラム④　少数株主の締出しのための各種手段　389

〔問題26〕　株式会社の機関設計 ……………………………………… 392

事例　392

解答へのヒント　393

解説　395

1．出題の意図　395

2．大会社である公開会社の選択肢
　　──機関設計に関する3類型　395

(1) 機関設計に関する3類型の概要　395

(2) 機関制度に関する法規制の変遷　397

(3) 監査等委員会設置会社の概要　398

　(ア) 趣旨　398

　(イ) 監査等委員会と監査等委員　399

3.〔設問1〕社外取締役の選任の要否と取締役の選任の
　方法　400

(1) 社外取締役の要件　400

(2) 取締役の選任　400

　(ア) 監査役会設置会社　400

　(イ) 指名委員会等設置会社　400

　(ウ) 監査等委員会設置会社　401

(3) 事例への当てはめ　401

4.〔設問2〕取締役の報酬の決定　404

(1) 取締役の報酬に関する規制の必要性　404

(2) 取締役の個人別報酬　404

　(ア) 監査役会設置会社　404

　(イ) 監査等委員会設置会社　405

　(ウ) 指名委員会等設置会社　405

(3) 事例への当てはめ　406

5.〔設問3〕取締役会による業務執行の決定の委任　406

(1) 取締役会による専決事項　406

(2) 業務執行の決定と機動性の確保　407

　(ア) 監査役会設置会社　407

　(イ) 指名委員会等設置会社　407

　(ウ) 監査等委員会設置会社　407

(3) 事例への当てはめ　407

　コラム①　社外取締役および社外監査役の要件　402

　コラム②　監査役会・監査委員会・監査等委員会の比較　408

事項索引　411
判例索引　416

凡 例

▽**法令名**

・会社法については、法令名を省略した。

・会社法を除いては、原則として、『六法全書』（有斐閣）の「法令名略語」に従い、かっこ内は略記した。主なものは以下のとおりである。

会社法施行規則＝会社則

会社計算規則＝会社計算

旧有＝旧有限会社法

社債株式振替＝社債、株式等の振替に関する法律

商＝商法

商登＝商業登記法

民＝民法

民訴＝民事訴訟法

・「会社法整備法」とあるのは、「会社法の施行に伴う関係法律の整備等に関する法律」（平成 17 年法律 87 号）を指している。

・「民法改正案」とあるのは、「民法の一部を改正する法律案」（平成 27 年 3 月 31 日提出）を指している。

▽**判例集・判例評釈**

・裁判例の掲載誌は、一つのみ挙げた。その際の優先順位は、民（刑）集、民（刑）録、判タ、判時とした。これら以外は、適宜挙げた。

〈公的刊行物〉

下民集＝下級裁判所民事裁判例集

高民（刑）集＝高等裁判所民事（刑事）判例集

集民（刑）＝最高裁判所裁判集民事（刑事）

東高刑特＝東京高等裁判所判決特報（刑事）

東高民時報＝東京高等裁判所判決時報

民（刑）集＝最高裁判所民事（刑事）判例集

民（刑）録＝大審院民事（刑事）判決録

〈私的刊行物〉

金判＝金融・商事判例

最判解＝最高裁判所判例解説

判タ＝判例タイムズ

判時＝判例時報

判評＝判例評論

リマークス＝私法判例リマークス

▽雑誌

・主なものは以下のとおりである。

金法＝金融法務事情
ジュリ＝ジュリスト
商事＝旬刊商事法務
資料商事＝資料版商事法務
曹時＝法曹時報
ひろば＝法律のひろば
法協＝法学協会雑誌
法教＝法学教室
法時＝法律時報
法セミ＝法学セミナー
民商＝民商法雑誌

▽文献

・単行本は著者名の後に書名に『　』を付して入れ、論文は著者名の後に論文名を「　」を付して入れた。共著は、「＝」で結んだ。
・判例解説書中の判例評釈は論文名を略した。
・「　」引用において、筆者による加筆は〔　〕で示した。
・本書の基本的な参考文献については、以下の略語を用いた。

基本書

江頭	江頭憲治郎『株式会社法（第6版）』（有斐閣、2015年）
大隅・総則	大隅健一郎『商法総則（新版）』（有斐閣、1978年）
大隅＝今井・上巻	大隅健一郎＝今井宏『会社法論上巻（第3版）』（有斐閣、1991年）
大隅＝今井・中巻	大隅健一郎＝今井宏『会社法論中巻（第3版）』（有斐閣、1992年）
大隅＝今井＝小林・概説	大隅健一郎＝今井宏＝小林量『新会社法概説（第2版）』（有斐閣、2010年）
落合ほか・商法Ⅰ	落合誠一＝大塚龍児＝山下友信『商法Ⅰ　総則・商行為（第5版）』（有斐閣、2013年）
神田	神田秀樹『会社法（第17版）』（弘文堂、2015年）
北沢	北沢正啓『会社法（第6版）』（青林書院、2001年）
鈴木＝竹内	鈴木竹雄＝竹内昭夫『会社法（第3版）』（有斐閣、1994年）
龍田	龍田節『会社法大要』（有斐閣、2007年）
前田	前田庸『会社法入門（第12版）』（有斐閣、2009年）
森本編・講義	森本滋編『商法総則講義（第3版）』（成文堂、2007年）
弥永	弥永真生『リーガルマインド会社法（第14版）』（有斐閣、2015年）
リークエ	伊藤靖史＝大杉謙一＝田中亘＝松井秀征『リーガルクエスト会社法（第3版）』（有斐閣、2015年）

注釈書

基本コンメ(1)〜(3)	奥島孝康＝落合誠一＝浜田道代編『基本法コンメンタール会社法1巻』同2巻（日本評論社、2010年）同3巻（第2版）（2015年）
コンメ(1)〜(21)	岩原紳作＝江頭憲治郎＝落合誠一＝神田秀樹＝森本滋＝山下友信編集委員『会社法コンメンタール1巻〜21巻』（商事法務、2008年〜2014年〔未完〕）
新版注釈(1)〜(15)	上柳克郎＝鴻常夫＝竹内昭夫編集代表『新版注釈会社法1巻〜15巻』（有斐閣、1985年〜1991年）、補巻（1992年〜2000年）
逐条(1)〜(5)	酒巻俊雄＝龍田節編集代表『逐条解説会社法1巻〜5巻』（中央経済社、2008年〜2011年〔未完〕）

百選

百選	江頭憲治郎＝岩原紳作＝神作裕之＝藤田友敬編『会社法判例百選（第2版）』（有斐閣、2011年）
会社百選	鴻常夫＝落合誠一＝江頭憲治郎＝岩原紳作編『会社判例百選（第6版）』（有斐閣、1998年）
商百選	江頭憲治郎＝山下友信編『商法（総則・商行為）判例百選（第5版）』（有斐閣、2008年）

その他

一問一答	相澤哲編著『一問一答　新・会社法（改訂版）』（商事法務、2009年）
一問一答・平成26年改正	坂本三郎編著『一問一答・平成26年改正会社法（第2版）』（商事法務、2015年）
企業法の理論(上)(下)	江頭憲治郎先生還暦記念『企業法の理論(上)(下)』（商事法務、2007年）
商法の判例	矢沢惇ほか編『商法の判例（第3版）』（ジュリ増刊、1977年）
新解説	相澤哲編著『立案担当者による新・会社法の解説』（別冊商事法務295号、2006年）
争点	浜田道代＝岩原紳作編『会社法の争点』（有斐閣、2009年）
争点I・II	北沢正啓＝浜田道代編『商法の争点I・II（第3版）』（有斐閣、1993年）
論点解説	相澤哲＝葉玉匡美＝郡谷大輔編著『論点解説　新・会社法——千問の道標』（商事法務、2006年）

第 1 部

基本問題

〔問題 1〕 商号の不正目的の使用

◆ 事例 ◆

次の文章を読んで、以下の設問に答えなさい。

甲社は、「株式会社至宝堂」という商号で宝石・宝飾品の販売を営んでいる。同社の本店は名古屋市にあり、その他愛知県内と北陸地方に支店を置いており、その総数は 10 店舗である。同社は、そのオーナー経営者である社長の強い個性と「宝石なら至宝堂へ」と連呼するテレビコマーシャル等により、中部地方ではよく知られている会社である。最近、岐阜市において、その商号を「合同会社至宝堂岐阜店」とするアクセサリーやアパレルの販売を業とする乙社が設立された。乙社の開業後、取引関係者からの両社の関係についての問い合わせや、消費者からの乙社が販売した商品についての苦情が甲社に寄せられるようになった。

〔設問〕 甲社は乙社による「合同会社至宝堂岐阜店」という商号の使用をやめさせたいと考えている。さらには他の商号への変更や商号の登記の抹消も求めるつもりである。このようなことは可能か。

◆ 解答へのヒント ◆

本件の事案では、会社法 8 条、不正競争防止法 3 条により、類似商号の使用の差止め、さらに差止めの内容として、商号の変更請求、商号の登記の抹消請求をなしうるかが問題となる。

◆ 解説 ◆

1．商号とは

　自己の商号と同様の商号を使われた甲社は、まずは乙社による「合同会社至宝堂岐阜店」という商号の使用をやめさせたいと考えている。

　そもそも**商号**（商11条1項、会社6条1項）とは、**商人**（会社を含む。コラム①参照）の営業上の名称であり、商人が営業関係において自己を表すために用いる名称である。

★ コラム　①　商法総則と会社法通則

　現在もそうであるが、商法ではいわゆるパンデクテン・システムがとられ、すべての商人に共通に適用のある規定が、商法総則として商法の第1編に置かれ、平成17年改正前は、会社に関する規定は商法第2編に置かれていた。そして、会社も商人であった（平成17年改正前商4条1項〔商事会社〕、同条2項・52条第2項〔民事会社〕）ことから、商法総則に規定された商号等に関する規定が会社にも適用される形となっていた。平成17年改正により、会社法は単独の法典とされたが、その際に体系的・完結的な法典として編纂されたことから、商法総則の規定の大部分は、会社法第1章において総則として規定されることとなった（会社の登記については、907条以下に規定されている）。ちなみに会社法上の会社も商人である（商4条1項、会社5条、最判平成20・2・22民集62巻2号576頁）が、商法総則編において、同編第4章の商号以下の規定での商人からは、会社と外国会社を除くものとされている（商11条1項かっこ書）。この結果、商法総則編の商号以下の規定は、自然人である商人および会社・外国会社以外の法人である商人に適用される規定となっている。

　商号は商人の名称であるから、氏名と同様、文字をもって表示することができ、そして発音できるものでなければならない。したがって、商品や役務についての商標（コラム②参照）と異なり、図形や文様などは商号たりえない。

　このように商号は文字で表記しうるものに限られるが、この文字が日本語に限られるのか、外国語の文字を用いた商号も可能かの議論がかつてあった。平成14年以前は、登記実務上は、登記できる文字は日

問題1　商号の不正目的の使用　3

本語に限られていた。しかし、平成14年の商業登記規則の改正により、商号を登記するに際して、ローマ字その他の符号で法務大臣の指定するものを用いることができる（商登則50条1項）とされ、現在、ローマ字、アラビヤ数字、「&」等の一定の記号が指定されている。これによりローマ字による商号の登記も可能となり、実際に用いられている（例えば「株式会社IHI」、「TDK株式会社」「株式会社LIXIL」等）。

★ **コラム** ② **商標**

　商標とは、商品の生産、譲渡などや役務の提供を業とする者が自己の商品やサービスについて使用する文字図形もしくは文様であり、登録することによって商標権が発生し、登録した商標（登録商標〔Registered Trademark〕）を商標権者は10年間独占的・排他的に使用することができる（更新可能）。例えば、「うどんすき」や「デジカメ」も登録された商標である。また、役務提供の際に用いるものとして、芸名も登録商標となりうる（ただし、著名な芸名は本人の承諾なしには他人が登録することはできない。商標4条1項8号）。芸名で登録された例としては、元モーニング娘の加護亜依さんについて、所属事務所が「加護亜依」を登録商標としたケースがある。

　このように、商号は商人が自己を表すために用いる名称である（選定の方法については、コラム③参照）から、他人により**自己のと同一あるいは類似の商号**を使用されると、一般公衆が営業主体を誤認してしまうことがあり、これによって、同一または類似の商号を使用されたものは損害を被ることがある。このために、自己のと同一または類似の商号を使用されたものを保護するための規定が、商法12条、会社法8条および不正競争防止法3条において規定されている。

★ **コラム** ③ **商号の選定についての立法主義**

　商号の選定の仕方については、三つの立法主義がある。一つは「商号真実（厳格）主義」と呼ばれるもので、商号中に表れる名称と営業の種類について、商人の氏名および実際に営む営業の一致を要求する（例えば小林が米穀商を営むのであれば、「小林米穀店」というような商号を用いることが求められる）。

この商号真実主義は営んでいる者の名前と営業の種類が商号のものと一致しているので、外からはわかりやすく便利であり、一般公衆の利益に資する。しかし、この商号真実主義を貫くと、相続や営業譲渡の場合に、従来の信用や名声、得意先関係が蓄積された商号を引き続き使用することができないという事態が生じ、その点で商人にとって不便である。そこで、商号真実主義を基本とし、新商号の選定に際しては、商号と商人の氏名および実際に営む営業の一致を要求するが、既存の営業の譲渡・相続、または変更の場合には従前の商号の使用を認める「折衷主義」というものがある。これに対して、商号の選定をまったく自由とする「商号自由主義」がある。日本法は商号自由主義をとっている（商11条1項）が、これは明治において商法典を定めるに際し、商人が従来営業に際して用いていた屋号（例えば現在の三越は、三井家が江戸時代に「越後家」という屋号で呉服商を始めたことに、高島屋は、飯田新七が、「高島屋」の屋号で古着・木綿商を始めたことに由来している）を引き続き使用することを可能にするためにとられたものである。

　もっとも、自由主義といっても、まったく制約がないわけではなく、本文叙述のように、他人と同一または類似の商号の使用は制約を受けるし、会社の商号については、会社の種類に従い、それぞれその商号中にその株式会社、合名会社、合資会社または合同会社という文字を用いなければならない（6条2項）とともに、会社は、その商号中に、他の種類の会社であると誤認されるおそれのある文字を用いてはならない（同条3項）とされている。また、会社でない者が、その名称または商号中に、会社であると誤認されるおそれのある文字を用いることも禁止される（7条）。

　これ以外においても、その営業に免許等を要する業種については、一般公衆の保護、監督の便宜等の観点から、免許等を取得した者はその業種名を商号中に用いることを義務づけられるとともに、免許等を取得していない者がその業種名を商号中に使用することが禁じられている（いわゆる名称の独占。銀行6条、保険業7条、信託業14条等）。

2．会社法8条

⑴　会社法8条の要件

　8条は、その1項で「何人も、不正の目的をもって、他の会社であると誤認されるおそれのある名称又は商号を使用してはならない」とし、2項で、「前項の規定に違反する名称又は商号の使用によって営業上の利益を侵害され、又は侵害されるおそれがある会社は、その営業上の利益を侵害する者又は侵害するおそれがある者に対し、その侵害の停止又は予防を請求することができる」と規定しており、商法12条も同様のものとなっているが、本事案は、会社である甲社に関するも

問題1　商号の不正目的の使用　5

のであるから、8条が適用されることになる（コラム①参照）。

8条は**不正目的での他の会社であると誤認されるおそれのある名称または商号の使用を禁止**しているが、ここでの使用には、契約の締結、文書の署名等の法律行為に関する使用および看板、広告、書状への記載等の事実上の使用が含まれる。

㋐　「他の会社であると誤認されるおそれのある名称又は商号」

使用禁止の対象となるのは、「他の会社であると誤認されるおそれのある名称又は商号」であるが、誤認されるおそれがあるか否かは、両者の商号の同一性も含めその類似性の有無により判断され、その類似性は社会通念上主要部分が一致すれば認められることになる（森本編・講義65頁〔川浜昇〕）。

㋑　「不正の目的」

現在の商法12条、会社法8条は、平成17年改正前商法21条を受け継ぐものであるところ、旧法時代から、ここでいう「不正の目的」とは、他人の商号と同一または類似の商号を使用することにより、自己の行う営業・事業を他人の営業・事業と混同誤認させる意図であると解されている（これに対して、「不正の目的」を公序良俗に違反する目的と解する少数説もある。野津務『商法概論』〔穂高書房、1948年〕30頁。最判昭和36・9・29民集15巻8号2256頁はこの立場に立つものと解されている。大野正道・商百選28頁参照）。

商号には商号権というものが観念されており、この商号権には、他人によりその使用を妨げられない権利である商号使用権と他人が同一または類似の商号を不正に使用するのを排斥する権利である**商号専用権**があるとされている（大隅・総則197頁）。商法12条、会社法8条は、この商号専用権を定めたものといえる（商号専用権を「不正競争の目的での使用を排斥する権利」と解する立場もあり〔服部栄三『商法総則（第3版）』（青林書院、1983年）200頁、森本編・講義63頁〔川浜〕〕、この立場では、これらの規定は商号専用権の保護を目的とするものではないと解されることになる〔森本編・講義64頁〔川浜〕〕。もっとも、学説の多数説は「不正の目的」に「不正競争目的」は含まれると解しており、このように考える場合には、後者の立場からも商法12条、会社法8条は、専用権保護に役立っていると評されることになる〔森本編・講義64頁〔川浜〕〕。

なお、この「不正の目的」および「他の商人・他の会社であると誤認されるおそれ」との関係で当事者の営む営業・事業の同種性が要求されるのかが問題となりうるが、商法12条について、現に他人が行っている営業に限定されず、他人が行っているとの誤認があればよく、この誤認には、その他人との間に何らかの関係があるとの誤信が生ずれば足りると解されており（森本編・講義65頁〔川浜〕）、会社法8条の場合も同様に解される。

なお、8条の「不正な目的」を広い意味における不正競争目的と理解する見解（コンメ(1)141頁〔行澤一人〕）もあるが、同見解においても、当事者間の営業の同一性や直接的な競争関係を前提とする必要はないと解されている（コンメ(1)141頁〔行澤〕）。

(2) 差止めとしてなしうること

8条2項による**商号の使用の差止め**には、前述のような使用についての差止めのほか、本事案での甲社のように、同一・類似商号を使用する者に他の商号へ変更することを請求しうるか、また、当該同一・類似商号が登記されている場合（商11条2項、会社911条3項2号・912条2号・913条2号・914条2号）には、その抹消も可能かが問題となる。

(ア) 変更請求

変更請求は、可能である（不正競争防止法上の差止請求権の行使として認めた判例として、最判昭和42・4・11民集21巻3号598頁）が、変更を請求する側が変更後の商号を定めて請求することは、請求された者の商号選択権を害するので認められないと解されている（東京高判昭和39・5・27下民集15巻5号1207頁〔前掲最判昭和42・4・11の原審〕）。

もっとも、単に変更を請求するだけでは、その請求が裁判上認められても、相手方が商号を変更しない場合がありうるが、その場合には、いわゆる間接強制（民執172条）により変更を強制することになる。

(イ) 登記の抹消

登記の抹消については、当該同一または類似の商号の使用者が自然人の場合には、商号の登記がなくなっても問題とはならない。自分の氏名等を使用して営業できるからである。会社の場合でも、当該同一

問題1　商号の不正目的の使用　**7**

または類似商号であるとして抹消の対象となった商号が別の商号から変更されたものである場合には、抹消により登記簿上前の商号に戻るだけなので、この場合も特に問題はない。問題となるのは、本件のように、当該商号が会社の設立時の商号として登記された場合（いわゆる**原始商号である**）である。この場合には、商号の登記は設立登記に含めてなされ、しかも会社には商号以外にその名称がないから、商号登記を抹消した場合、登記簿上名前のない会社、すなわち名無しの権兵衛になってしまうので、そのようなことは認められないのではないかということが問題となる。

　この点をどのように解するかであるが、学説の多数説は、以下のような理由から、原始商号の登記の抹消を認める。①商号の登記を抹消しても、登記上無名の会社になるだけで、一度有効に成立した会社の存在そのものに瑕疵が生じるわけではないこと、②商号登記の抹消は商号の廃止を意味するものではなく、一時的に商号登記という商号使用の一態様が差し止められているのにすぎず、したがって、商号は有するが「商号登記を欠く会社」となるだけで、「商号のない会社」になるのではなく、そのような会社は理論上是認しえないものではない。実際上も、一時的に確定した公式の名称を使用できないとしても、それ以外の表示方法によって臨時に会社を識別表示することは可能であるし、営業外の行為については会社商号の使用差止めは及ばない（岩原紳作・商百選（第4版、2002年）37頁参照）。

　判例実務においても、原始商号の登記抹消を認めており（東京地判平成19・9・26LEX/DB28132122）、登記実務上は、抹消の対象となる原始商号に「抹消前商号」の字を冠記することにより行われている（商業登記等事務取扱手続準則57条）。

　なお、この場合、登記申請行為も法律行為であることから、抹消を請求する側が意思表示に代わる確定判決（民414条2項、民執174条）を得て、抹消登記を請求することになる（柏原治・商業登記先例百選24頁）。

(3) 損害賠償請求

　以上のように、8条の要件を満たす場合、甲社は乙社による商号の

使用を差し止めることができるが、その場合、乙社による同一または類似の商号の使用による営業主体についての混同誤認から、甲社が損害を被っていることが考えられる。この点、平成17年改正前には、不正目的で同一または類似の商号が使用されたことにより、利益を害せられるおそれがあるものは使用の差止めをなしうるとしつつ、損害賠償の請求を妨げないと規定していた。平成17年改正により、商法上も会社法も損害賠償については条文上は規定されていない。しかし、これはわざわざ商法・会社法で規定するまでもなく、不法行為の一般法理により請求しうるものであることから、規定されなかったものである。したがって、本件の乙社の類似の商号の使用が不法行為に当たり、これにより甲社に損害が生じていた場合には、甲社は不法行為により乙社に対して**損害賠償請求**をなしうることになる（森本編・講義66頁〔川浜〕。差止めが許容された場合には、不正目的が認定されているから、通常不法行為が成立することになろう）。

3．不正競争防止法3条による差止め

不正競争防止法においては、他人の商品等表示（人の業務に係る氏名、商号等）として需要者の間に広く認識されているものと同一もしくは類似の商品等表示を使用する等して、他人の営業と混同を生じさせる行為が不正競争とされる（不正競争2条1項1号）。そして、不正競争によって営業上の利益を侵害され、または侵害されるおそれがある者は、その営業上の利益を侵害する者または侵害するおそれがある者に対し、その侵害の停止または予防を請求することができることとされている（同3条）。また、故意または過失により不正競争を行って他人の営業上の利益を侵害した者は、これによって生じた損害を賠償する責めに任ずる（同4条。同5条・8条・9条参照）とされている。したがって、不正競争防止法においても、他人による同一または類似の商号の使用により、自己の営業との混同が生じることとなった場合には、同一または類似の商号を使用された側は、その**商号の使用の差止めと損害賠償**を請求できる。この点で不正競争防止法上も商号権者に商法・会社法上の保護と同様の保護が与えられているわけである。

問題1　商号の不正目的の使用　9

このように、商法・会社法と不正競争防止法で同様の保護が与えられているが、両者で違いはあるのだろうか。まず、商法・会社法では、保護を受けられるのは、他人の商号と同一または類似の商号を使用する者に「不正の目的」があることが必要であり、差止めを求める側が同一または類似の商号を使用する者にこの不正の目的があることを立証する必要がある。これに対して、**不正競争防止法上は行為者に不正競争の目的があることは必要とはされていない**（前掲最判昭和 42・4・11）。したがって、不正競争防止法上で差止めを請求する場合には、使用者に「不正競争の目的」があることの立証が必要でない点で、商法 12 条、会社法 8 条で請求する場合よりも有利である。もっとも、不正競争防止法で差止めを請求する場合には、請求する側の商号が、「需要者の間に広く認識されているもの」（不正競争 2 条 1 項 1 号）であることが必要である（いわゆる「**周知性**」）。この点、商法 12 条、会社法 8 条の保護を受ける商号は周知性があるものでない点で両者は異なるといわれることもあるが、商法・会社法の不正の目的の場合にも、事の性質からして、使われた商号に相当の周知性があるものであることを要するとの指摘もなされている（大隅・総則 198 頁）。

なお、この不正競争防止法上求められている周知性はどの程度のものであることが必要なのかということが問題となりうるが、これは日本全国にあまねく知られているということは必要ではなく**一地方において広く知られていればよく**、中部地方で広く知られていた場合にその周知性が肯定されている（最決昭和 34・5・20 刑集 13 巻 5 号 755 頁、名古屋高判昭和 33・12・23 東高刑特 5 巻 12 号 525 頁〔前掲最決昭和 34・5・20 の原審〕）、また、他人の商号の使用が一定地域内に限られている場合には、その商号が当該地域内において広く認識されているものであるかどうか判断すれば足りると解されている（最判昭和 41・11・18 集民 85 号 137 頁）。

商号専用権を「不正競争の目的での使用を排斥する権利」と解する立場からは、不正競争防止法 3 条の規定も商号専用権を規定したと解されることになるが、商号専用権を「他人が同一または類似の商号を不正に使用するのを排斥する権利」と解する立場からも、「不正競争目的」も「不正の目的」に含まれると解し、同条は商号専用権を規定し

10 第 1 部 基本問題

たものと解されている。

　本事案の場合も、乙社による商号の使用が同法2条1項1号の不正競争に当たり、3条の要件を満たす場合、同条による差止めも可能であろう。また、乙社による類似商号の使用により損害が生じていた場合には、不正競争防止法4条によっても損害賠償請求をなしうることになる。さらに不正競争防止法においては、故意・過失により不正競争を行って他人の信用を害した者に対して、裁判所は、損害賠償に代え、あるいは損害賠償とともに、信用を害された者の営業上の信用を回復する措置を命ずることができるとされている（信用回復措置。不正競争14条。新聞等への謝罪広告等。最判平成9・4・25LEX/DB28032376）。

4．事例への当てはめ

　本事案の場合、商号の類似性については、乙社のものと甲社のものとでは、会社の種類が異なり（コラム④参照）、また乙社のものには「岐阜店」という文言が付加されているが、よく知られており、主要部分である「至宝堂」が一致している。しかも、実際に一般公衆において主体の混同誤認が生じ、消費者から誤認して苦情を寄せられていたのであるから、8条1項での「他の会社であると誤認されるおそれのある名称又は商号」の要件および同条2項での「営業上の利益を侵害され、又は侵害されるおそれがある」という要件は満たされよう。したがって、甲社が乙社に「不正な目的」（1項）があったことを立証できれば、8条2項に基づき、乙社による「合同会社至宝堂岐阜店」という商号の事実上の使用・法律行為に関する使用の差止めや、解説で述べたように、他の商号への変更請求・商号の登記の抹消請求が可能である。なお、両社が実際に営んでいる事業の種類が異なるが、これが8条の適用との関係では問題とはならないことは、解説で述べたとおりである。

　そして、甲社に実際に損害が生じていた場合には、不法行為による損害賠償請求も可能となる。

　また、甲社の商号は中部地方でよく知られており、そのよく知られている地域で乙社による類似商号の使用がなされたわけであるから、

本事案の場合には、不正競争防止法2条1項1号での周知性の要件を満たす商号が乙社により使用され、実際に営業主体の混同誤認が生じていたのであり、同法3条の「不正競争によって営業上の利益を侵害され、又は侵害されるおそれがある」との要件も満たすので、同条により会社法8条の場合と同様の使用の差止めを行いうることになる。

そして、本事案では、不正競争防止法3条の要件を満たすので、「不正の目的」の立証が不要な同条に基づき請求する方が、甲社にとっては便利であろう。なお、甲社に損害が生じており、乙社に故意・過失がある場合には、同法4条により損害賠償請求を行うこともできる。

★ コラム　④　合同会社

乙社は合同会社であるところ、合同会社は持分会社の一つである。会社法は、合名会社、合資会社、合同会社をあわせて持分会社と総称している（575条1項かっこ書）。各会社により社員の責任の態様は異なるが、内部関係について定款自治が認められる点で共通している。

合名会社は、いわゆる共同企業のなかでは組合に次ぐ原始的なもので、合名会社は他の会社と同様法人格を有する（3条）が、無限責任社員のみからなる会社で、その全社員は、会社債務につき、会社債権者に対して連帯無限の弁済責任を負う（576条2項・580条1項）。また、会社の内部組織については定款自治が妥当している。実際、その内部組織は組合と同様であり、その意味では合名会社は法人格をもった組合ともいえ、この制度は高度の信頼関係ある者達の間で、共同で事業を営むのに適した制度である。

合資会社は、合名会社と同様会社の債務に対して無限責任を負う社員と有限責任しか負わない社員とからなる会社形態である（576条3項）。無限責任社員の責任は合名会社の社員の責任と同じである。有限責任社員は、一定の出資をなす義務を負い、その出資の価額を限度として、会社債務につき直接会社債権者に対して弁済の責任を負う（580条2項）。要するにこの形態は合名会社を基本として、そこに出資額しか責任を負わない社員を加えることにより、合名会社の場合より多くの資金の調達を可能にしたものである。

合同会社は、平成17年の会社法の制定に際して新たに認められた会社制度である。合同会社は、株式会社と同様、有限責任社員のみからなる会社である（576条4項）。有限責任社員は、合資会社の有限責任社員と同様、出資の価額を限度とする責任を負う（580条2項）。有限責任の社員のみからなること、および会社債権者保護のため会社財産維持に関する諸規定が置かれていることは、株式会社と同様であるが、会社の内部構造については合名・合資会社と同様の柔軟性が認められている。なお、合同会社の社員の会社債務に対する責任は、580条2項においては合資

会社の社員と同様、直接責任とされている。しかし、合同会社においては、社員は社員となるときに全額出資を履行することを要する（578条・604条3項）ことから、社員となった時点ではすでに責任を履行し終えているので、株式会社の株主の場合と同様、会社成立後社員が責任を負うことは通常はなく、実質は間接有限責任である。

　なお、平成17年改正前は、合名・合資会社での業務執行権は、無限責任社員のみに認められていたが、合同会社の導入に伴い、持分会社の有限責任社員にも業務執行権が認められている（590条1項）。

◆ 参考文献 ◆

・森本編・講義63頁～66頁〔川浜昇〕
・野津務『商法概論』（穂高書房、1948年）30頁
・大野正道・商百選28頁
・大隅・総則197頁、198頁
・服部栄三『商法総則（第3版）』（青林書院、1983年）200頁
・岩原紳作・商百選（第4版、2002年）37頁
・柏原治「仮処分による会社商号登記の抹消の可否」鴻常夫＝清水湛＝江頭憲治郎＝
　寺田逸郎『商業登記先例百選』（有斐閣、1993年）24頁

〔小林量〕

〔問題 2〕 会社の設立に際しての開業準備行為・財産引受け

◆ 事例 ◆

次の文章を読んで、設問に答えなさい。

　Ｙは、スーパー形態による小売販売を事業目的とする甲株式会社を親しい友人Ａ、Ｂ、Ｃ、Ｄの 4 名とともに、発起設立で設立することとし、定款を作成（【資料 1】甲社定款参照）し、公証人の認証を得、発起人により設立に際して発行する株式の総数が引き受けられた。その後、Ｙは、会社成立後の事業がスムーズに行くよう、開業後の事業の宣伝として、タレントを使ったイベントの開催をイベント企画会社であるＸ1 に委託し、同イベントは甲社の設立中に開催された。同イベントの委託は甲会社「発起人総代」Ｙ名義でなされた。また、同様の肩書で、開業後倉庫として使用するため、Ｘ2 との間で、Ｘ2 所有の土地・建物を甲社の成立を条件に購入する契約を締結した。

〔設問〕　甲社の設立後、Ｙに対して、Ｘ1 から報酬の支払およびＸ2 から土地・建物の購入代金の支払の請求がなされた。Ｙとしては、これらは成立後の会社である甲社のために行ったものであるから、甲社が支払うべきものと考えている。Ｘ1・Ｘ2 が甲社に支払を請求した場合、甲社は支払う義務を負うか。また、甲社が支払義務を負わない場合、ＹはＸ1・Ｘ2 に対してどのような責任を負うか。

14　第 1 部　基本問題

【資料1】

甲社定款

第1章　総則

　（商号）

　第1条　当会社は、甲株式会社と称する。

　（目的）

　第2条　当会社は、小売り事業を行うことを目的とする。

　（本店の所在地）

　第3条　当会社は、本店を愛知県名古屋市に置く。

　（公告する方法）

　第4条　当会社の公告は、官報に掲載してする。

第2章～第5章　（略）

第6章　付則

　（設立の際に発行する株式の数）

　第27条　当会社の設立時発行株式の数は100株、その発行価額は
　　　　　1株につき金5万円とする。

　（設立に際して出資される財産の価額及び設立時資本金の額）

　第28条　当会社の設立に際して出資される財産は現金のみでその
　　　　　価額は金500万円、設立時資本金の額は金500万円とする。

　（最初の事業年度）

　第29条　当会社の最初の事業年度は、当会社成立の日から平成〇
　　　　　〇年3月末日までとする。

　（設立時取締役）

　第30条　当会社の設立時取締役は、次のとおりとする。

　　　　　　　　設立時取締役　　　B
　　　　　　　　　　　　　　　　　C
　　　　　　　　　　　　　　　　　D

　（発起人の氏名、住所、割当を受ける株式数及びその払込金額）

第31条　発起人の氏名、住所、発起人が割り当てを受ける株式数
　　　及びその払込金額は、次のとおりである。
　　　A　　　　株式20株　　　　金100万円
　　　B　　　　株式20株　　　　金100万円
　　　C　　　　株式20株　　　　金100万円
　　　D　　　　株式20株　　　　金100万円
　　　Y　　　　株式20株　　　　金100万円

以上、甲株式会社を設立するため、この定款を作成し、発起人が次
に署名する。

平成27年3月1日
　　　発起人　A
　　　　　　　B
　　　　　　　C
　　　　　　　D
　　　　　　　Y

◆ 解答へのヒント ◆

　成立中の会社の機関である発起人が、設立中の会社のためになした
開業準備行為は成立後の会社に帰属するか、発起人の権限の範囲が問
題となる。また、財産引受けが法定の要件を満たしていない場合には
その効力が問題となる。
　財産引受け、開業準備行為が成立後の会社に帰属しない場合の、こ
れらの行為を行った発起人の責任が問題となる。

◆ 解説 ◆

1. 発起人

　　発起人は会社の設立を企画して行動する者である。法的に当該会社の発起人であるかどうかは定款に発起人として署名（または記名押印。26条1項）したか否かにより定まると解されている。発起人は企画された会社の最初の株主となることが必要であって、少なくとも1個の株式を引き受けなければならない（25条2項）。発起人たりうる者の資格・員数に制限はなく、法人も一般に発起人となることができ、また、発起人は1人で足りる。

　　会社の設立に際しては、発起人が企画者としてその設立事務に携わるわけであるが、会社がその設立の基礎を固めたときから設立登記により法的に成立するまでの間、いわゆる**設立中の会社**というものが観念されている。また、発起人が数人いる場合、会社の設立を事業目的とする**発起人組合**が形成されると解されている。これらのものの意義・権能は以下のとおりである。

(1) 発起人組合

　　発起人が複数人いる場合、これらの者の間には、会社の設立を組合の目的とする組合関係が成立している。これを**発起人組合**という。この発起人組合は、組合契約の履行として定款内容を確定する等、一連の設立手続を進め、会社が登記により成立することによりその目的を達して解散する。このように発起人組合は、直接的には会社の設立をめざした行為が組合の目的であるが、法律上なしうることがこれに限定されるわけではなく、次の設立中の会社とは異なり、開業準備行為や営業行為を発起人組合としてなしうる。

(2) 設立中の会社

　　会社が設立される場合、会社は、定款の作成に始まり、その後株式の引受け、払込等手続を踏むにつれて漸次その基礎を固め、その**設立登記**により最終的に法的に法人として取引界に出現してくる（49条）。

問題2　会社の設立に際しての開業準備行為・財産引受け　17

したがって、会社は設立中には何ら実体のないものというわけではなく、設立中には成立後の会社の胎児ともいうべきものが存在し、登記までに漸次成長を続け、登記時に生まれるものであるといえる。そして、このような胎児の存在は事実上の問題だけではなく、法的にもその存在が認められると解され、そのような胎児ともいうべきものを講学上**設立中の会社**と称している。

この設立中の会社が成立する時点は、設立される会社の組織ならびに人的および物的基礎が確定する時点、したがって発起人が定款を作成し、各発起人が少なくとも1株以上を引き受けたときであると解されている。この設立中の会社は法人格を有しないから、いわゆる権利能力なき社団である。この設立中の会社の機関は、発起人であるが、この機関としての発起人は、前述の発起人組合とは異なるものである。

(3) 設立中の会社と設立された会社との関係

設立中の会社と成立後の会社の関係については、たしかに法形式的には両者は異なるが、実質的に同一のもので、設立中の会社が漸次成長していって成立後の会社になるのであるから、**設立中の会社と成立後の会社とは同一**のものであると解されている（同一性説）。したがって、発起人が設立中の会社の機関としてその権限の範囲内で設立中の会社のためにした行為から生ずる権利義務は、（前述のように設立中の会社は権利能力なき社団で法人格を有しないから）形式的には設立中の会社には帰属していないが、実質的には設立中の会社に帰属しており、会社の成立により何らの移転行為を必要とすることなくそれらの権利義務は成立後の会社に帰属するものと解されている。要するに**設立中の会社**とは、**発起人が会社設立のためになした特定の行為の効果が当然成立後の会社に帰属する**ことを説明するための概念である。

2．発起人の権限と開業準備行為

本件で発起人がX1に委託して行ったイベントは、開業後の事業の宣伝のためのものであり、**開業準備行為**（開業後の営〔事〕業のための準備行為。店舗の借入等）であるから、このような行為の効力が成立後の

会社に帰属するかが問題となる。

　設立中の会社の機関である発起人の権限の範囲について議論がある。通説・判例は、**設立中の会社の機関としての発起人は、設立に法的・経済的に必要な行為**（定款の作成、株式の募集、出資を履行させること、役員の選任、払込取扱機関と払込金の保管契約の締結等）**のみをすることができ、開業準備行為や営業行為を設立中の会社の機関としてすることはできない**と解する（最判昭和 33・10・24 民集 12 巻 14 号 3228 頁）。通説・判例がこのように解する理由は、会社関係者の保護の観点から、成立時点の会社の資産の健全性を重視するためである。すなわち、成立以前に営業行為を行った場合にそれが設立中の会社に帰属するとした場合、会社は成立した時点ですでに多額の損失を抱え、資本額相当の資産を有していないおそれがあり、そのような場合、債権の担保となる資産が十分にあると考えて成立後の会社と取引に入った者に不測の損害を与える危険があるからである。

　同様の危険は、開業準備行為についても認められる。会社法は財産引受け（発起人が会社の成立を条件に特定の財産を譲り受けることを約する契約。28 条 2 号）について、これを**変態設立事項**（コラム①参照）として定款に記載させるなどの厳格な規制を講じている。この**財産引受けも開業準備行為の一つであるから、本来認めるべきでないが、しかし、実際上そのような取得を認める必要性もあるため、例外的に厳格な規制を課す代わりにこれを認めた**ものである。したがってこのように会社法上例外的に認められているもの以外の開業準備行為は設立中の会社の機関である発起人はこれをなしえないと解するわけである。

　なお、財産引受け以外の開業準備行為についても、財産引受けと同様に定款にその種類・内容等を具体的に定めることができるもので、かつその定めがなされるならば、法定の**検査役**による調査を条件としてこれを有効になすことができると解する見解も主張されている（長浜洋一・会社百選（第 5 版、1992 年）17 頁、平出慶道『株式会社の設立』〔有斐閣、1967 年〕110 頁）。この主張に対しては、財産引受けについての検査役の調査はその価額の適正さについてなされるにすぎず、将来の会社のために適当なものかどうかに関するのではないから、このような検査役の下で財産引受けに関する規定の類推適用により発起人の

権限を広く解することの当否は疑問であるとの批判がなされている（新版注釈(2)110頁〔上柳克郎〕、江頭74頁）。

　なお、発起人は、あくまで設立中の会社の機関としてなしえないということであり、発起人が個人としての立場、あるいは発起人組合という立場で行動するについては制限はないから、発起人はこれらの立場で成立後の会社のために必要と思われる財産を取得したり、営業行為をすることは可能である。ただし、これらの行為はあくまで発起人個人、あるいは発起人組合に帰属し、成立後の会社に帰属するわけではないから、これを成立後の会社に帰属させるためには債権譲渡、あるいは債務引受けという手続が必要となる。

　成立後は、本来事業に関する行為は取締役が自由にできることになるはずであるが、設立時の現物出資・財産引受けに関する規制の潜脱を防ぐため、**事後設立**と称される一定の財産の取得については規制が課されている（コラム②参照）。

★ **コラム** ① **変態設立事項**

　会社法は、現物出資、財産引受け、設立費用、発起人の報酬・特別利益について、定款で定め、これについて検査役の調査を受けることを求めており（28条・33条）、これらを講学上変態設立事項と称している。変態設立事項についてこのような厳格な規制が課されている理由は、発起人による濫用の危険が高いためであり、このため変態設立事項は「危険な約束」とも呼ばれる。現物出資は、出資の目的が過大評価されることにより、債権者を害する危険とともに、株主間の価値移転を生ぜしめる危険があるが、財産引受けが同様の規制を受ける理由は、もし、これについても規制しないと、この方法により現物出資に関する規制が潜脱されるおそれがあるからである。なお、前述のように、これらの規制は、発起人による濫用の危険があるためであるから、設立費用について、そのような危険がないものは定款に記載する必要はなく、また、現物出資・財産引受けについて少額であるもの等、一定のものについては検査役の調査が免除されている（33条10項）。

★ **コラム** ② **事後設立**

　会社の成立後2年以内におけるその成立前から存在する財産であって、その事業のために継続して使用するものの取得（事後設立）には、株主総会の特別決議によ

る承認を得ることを要する（467条1項5号本文・309条2項11号）。ただし対価として交付する財産の帳簿価額の合計額が、会社の純資産額の5分の1（定款でこれを下回る割合を定めた場合にはその割合）を超えない場合には、その承認は不要であり（467条1項5号ただし書、会社則135条）、事後設立とはならない。

　本来成立後の会社の経営は取締役に委ねられているから、このような規制に服することなく財産を取得しうるはずである。しかし、会社の設立に際して取得するについては現物出資あるいは財産引受けに関する厳重な規制に服するのに、一旦会社が成立した後であれば一切規制がなく自由に取得できるとなると、会社成立後に取得することにより、現物出資・財産引受けに関する厳重な規制は容易に潜脱されてしまう。会社の営業に必要なもので設立時にすでに存在していたものであれば、現物出資・財産引受けにより取得することもできたはずである。そこで法は、設立直後の一定額の財産取得について上述のような規制を課したわけである。

　もっとも、従来そのような理由から、事後設立の場合にも検査役の調査が必要とされていたが、実務からこれについて反対が強かったため、会社法では検査役による調査は要しないものとされた。

3．定款への記載を欠く財産引受けの効力

　本件のX2との土地・建物の購入契約は、会社の成立を条件として締結されたものであるから、財産引受けに当たる。前述のように財産引受けも開業準備行為の一つであるから、本来認めるべきでないが、しかし、実際上そのような取得を認める必要性もあるため、例外的に厳格な規制を課してこれを認めたものである。しかし、本件財産引受けについては、設立時の原始定款にはこれに関する記載がない。このような**定款への記載という法定の要件を欠く財産引受けは無効であり**（28条柱書、最判昭和28・12・3民集7巻12号1299頁）、**無効の場合、特約等がない限り、当該契約の効力が発起人、発起人組合に帰属することはない**（最判昭和42・9・26民集21巻7号1870頁。コラム③参照）。財産引受けが無効の場合、後述のように発起人の無権代理責任が問題となるが、会社が無効な財産引受けにより利益を得ていた場合には、相手方は会社に対して不当利得返還請求もなしうる（前掲最判昭和42・9・26）。

4．会社による追認の可否

　財産引受け・開業準備行為の効力が成立後の会社に帰属しない場合、成立後の会社がこれらを**追認**することにより、成立後の会社に有効に帰属しえないかが問題となる。**判例**（前掲最判昭和 28・12・3）・**多数説は追認を否定する**が、追認を肯定する学説も少なくなく、これらの説がそのように解すべき理由として挙げるのは、追認を否定することは、財産引受け等の相手方に離脱の自由を与えるだけであり、かえって株主・会社債権者の保護にならないというものである（川又良也・会社百選（第 5 版、1992 年）19 頁参照。コラム③参照）。しかし、追認はとかく既成事実に引きずられやすいこと、これによると会社に不利な開業準備行為でも簡単に会社の負担に帰してしまうおそれがあり、それは成立後の会社の財産確保のために設立中の会社の機関である発起人の権限を会社設立に必要な行為に限っている法の趣旨に反するとの批判がなされている（大隅＝今井＝小林・概説 41 頁、江頭 74 頁）。

★★ **コラム** ③ **一方のみが主張できる無効**

　この株主等の保護の関係で、法定の要件を欠く財産引受けの無効については、会社のみにその主張を認めればよく、相手方に無効の主張を認めるべきでないと解する学説が有力である（山下眞弘・百選 17 頁参照）。いわゆる一方のみが主張しうる無効というもので、会社法上、そのほかにも違法な自己株式の取得の場合等にもそのような主張がなされている（〔問題 6〕注⑶参照）。なお、判例は双方からの無効の主張を認める（前掲最判昭和 28・12・3）が、契約から約 20 年を経た後になされた会社からの無効の主張を、信義則により排斥したものがある（最判昭和 61・9・11 判時 1215 号 125 頁、山下・前掲参照）。

5．発起人の無権代理人としての責任

　発起人が設立中の会社の名で開業準備行為を行い、その行為の効果が成立後の会社に帰属しない場合、財産引受けが法定の要件を欠き無効である場合に、**発起人が無権代理人としての責任を負うか**が問題となる。**発起人の開業準備行為が設立中の会社の名で行われる場合には、**

取引の相手方は通常発起人が無権限であることについて悪意であるといえる（大隅＝今井＝小林・概説 41 頁）。しかし、財産引受けが定款の記載を欠くため無効な場合については、定款の記載があれば発起人の権限に属するから、相手方が設立中であることを知っていてもただちに発起人の無権限について悪意とはいえないし、定款の規定を見なかったことについてただちに過失があるとも言いがたいであろう（今井宏「財産引受」商法の判例 17 頁）。これに対して、発起人が成立後の会社の代表取締役名義で行っていた場合には、会社が成立している外観があるので、相手方が善意・無過失であれば発起人は無権代理人としての責任を負う（前掲最判昭和 33・10・24）。

　実際には本事案のように、発起人組合があり、発起人が会社の設立前の段階で取引をする場合には、**発起人総代**という名称が用いられることが多い。この場合、その行為が設立中の会社の名における行為であるのか、発起人組合の名における取引であるのか不明確である。問題は発起人総代という名称が誰のための名なのかということである。発起人組合のためのものということであれば、この開業準備行為は発起人組合に帰属することになり、そもそも成立後の会社への帰属は問題とはならない。また、発起人個人としての取引であるが、単に自己を表すための肩書として用いられていた場合には、これも発起人個人に帰属していることになる。これが設立中の会社の名で行われたものであるならば、本件取引は成立後の会社には帰属しないから、後述のようにこの場合には発起人の無権代理責任が問題となる。これについては、本件のような**名称からだけは判断できず、結局は当事者の意思の解釈に委ねられる**といわれる（北沢正啓「設立中の会社」田中耕太郎編『株式会社法講座(1)』〔有斐閣、1955 年〕227 頁）。

　もっとも、設立中の会社のために発起人がなした開業準備行為・営業行為は、（形式的には発起人に帰属している以上 – 執筆者注）、発起人のみに帰属すると解する見解もある（江頭 75 頁）。

6．事例への当てはめ

　本件で甲社が支払う義務を負うのは、発起人がなした行為が成立後

の会社である甲社に帰属している場合である。本件では「発起人総代」という肩書で取引が行われているため、本件ではこれが設立中の会社の名における行為であるのかが問題となる（X2との間の購入契約の締結の方は、会社の成立を条件としてなされているので、これは設立中の会社のためになされたといえる）。本件で行為したYはその意思であったと思われる。その場合、本件での開業準備行為と法定の要件を欠く財産引受けが成立後の会社である甲社に帰属するかが問題となる。

(1) X1への支払義務

YがX1に委託して行ったイベントは開業準備行為である。**開業準備行為については、通説・判例の立場では甲社には帰属しないが、**成立後の会社による**追認**を認める立場からは、甲社が有効に追認をすれば、甲社にこの契約は帰属することになり、甲社が支払義務を負うことになる。

甲社に帰属しない場合、行為者である発起人Yの**無権代理人の責任**が問題となるが、本件では「発起人総代」の肩書で取引が行われており、相手方であるX1は会社が設立中の段階であることについて悪意であったので、Yは無権代理人としての責任は負わないことになろう。これに対して、開業準備行為については発起人のみに帰属するとの立場からは行為者である発起人Yの責任が肯定されることになる。

(2) X2への支払義務

本件の土地・建物の購入契約の締結は財産引受けであるが、甲社の**設立時の定款に財産引受けについての記載がないから、これは財産引受けとしては無効**であり、甲社には帰属しないことになる。本件の場合、特約はないので当該契約の効力が発起人であるYに帰属することはない。したがって、**追認**を肯定する立場において、有効に追認されれば、当該購入契約は甲社に帰属することになるが、追認を認めない場合には、甲社に帰属することはない。

甲社に帰属しないとき、この場合もYの無権代理人としての責任が問題となるが、無効な財産引受けの場合については、前述**5.**のように、開業準備行為の場合と異なり、X2に過失が認められなければYの

無権代理人としての責任が肯定される場合があろう。一方、発起人に帰属するとの立場からは、本件の場合にもＹの責任が肯定されることになろう。

◆ **参考文献** ◆

・長浜洋一・会社百選（第5版、1992年）17頁
・平出慶道『株式会社の設立』（有斐閣、1967年）110頁
・江頭74頁、75頁
・大隈＝今井・小林・概説41頁
・山下眞弘・百選17頁
・今井宏「財産引受」商法の判例17頁
・北沢正啓「設立中の会社」田中耕太郎編『株式会社法講座(1)』（有斐閣、1955年）227頁

［小林量］

〔問題3〕 払込みの仮装

◆ 事例 ◆

次の文章を読んで、以下の設問1～2に答えなさい。

1. A、B、Cの3名は、高齢者向け介護用品の製造・販売を業とする甲株式会社（指名委員会等設置会社または監査等委員会設置会社でない取締役会設置会社）の設立を企画していた。甲社の設立は、発起設立の方法によることとした。A、B、Cは、設立時に各自が出資する金額について話し合った結果、1株の金額を1万円として、Aが500万円、BおよびCがそれぞれ300万円を出資することとした。A、B、Cが甲社設立のために作成した定款には、「設立に際して出資される財産の最低額」として、1,000万円の金額が記載され、発起人として、A、B、Cの氏名・住所が記載された。A、B、C（いずれも設立時取締役）による出資金の払込みは、乙銀行京都支店においてなされた。

2. 平成26年4月5日、甲社の設立登記がなされ、甲社は成立した。Aは甲社の代表取締役に選定され、BおよびCは取締役に就任した。同年9月頃、甲社取締役会は、さらなる業務拡大を検討し、Aの知人であるDが手がける健康食品の販売を新たに事業内容に加えることとした。甲社の事業に関心をもつDは、事業に協力することの条件として、同社の株式の保有を要求した。そこで、Aは、自ら保有する甲社株式のうち200株をDに対し譲渡した。甲社は、同年12月に臨時株主総会（以下「本件臨時株主総会」という）を開催し、同社の事業目的にかかる定款変更の承認決議を行いたいと考えている。

3. ところで、Aは、甲社設立に際し、500万円の全額を自己資金で払い込むことが困難な状態であった。そこで、Aは、学生時代の友人が経営する丙社から甲社成立後数日以内に返済する約束で500万円を借り入れ、これを甲社の出資金として乙銀行京都支店に払い込んだ。Aは、甲社成立後すぐ、甲社取締役会（Aを除く）の決議に基づき、甲社から500万円を借り入れた。こうして甲社の口座から引き出された500

26 第1部 基本問題

万円は、Aの丙社に対する借入金の返済に充てられた。

〔設問1〕 A、B、Cは、甲社に対し、どのような責任を負うか。
〔設問2〕 AおよびDは、本件臨時株主総会において議決権を行使することができるか。

◆ 解答へのヒント ◆

1．〔設問1〕

　　Aの払込みが仮装であったかどうかをまず検討する。仮装払込みの形態として、預合いと見せ金があるが、いずれかに該当するかが問題となる。仮装払込みに当たるとする場合、52条の2第1項〜3項に定めるAの仮装払込みに係る金額の支払義務、B、Cの関与発起人または設立時取締役としての支払義務の有無を検討する。

2．〔設問2〕

　　仮装払込みを行ったAおよび設立時発行株式を譲り受けたDが、仮装払込みに係る設立時発行株式につき株主権（臨時株主総会での議決権）を行使することができるかという問題である。52条の2第4項・5項の規定を参照し、Aについては同条1項または2項による支払がなされたか否かで場合分けをして論じ、譲受人Dについては悪意・重過失の有無に言及しながら論じる必要がある。

問題3　払込みの仮装　27

◆ 解説 ◆

1. 払込みの仮装

(1) 預合い

払込みの仮装の形態として、「預合い」と「見せ金」がある。いずれも、法律上定義されているものではない。**預合い**とは、発起人等が払込取扱金融機関の役職員と通謀して、払込取扱金融機関から借入れをして、その借入金を会社の預金口座に振り替えることにより出資金の払込みに充て、当該借入金を返済するまではその預金を引き出さないことを約束する行為である（江頭82頁）。預合いは、払込取扱金融機関の帳簿上の操作によって行われ、実際に金銭の移動がないのが通例である。預合いがされた場合、外観上は払込みの形をとっているものの、実際には、会社は払い込まれた金銭を引き出すことができず、これを事業資金として活用することができない。

募集設立の方法において預合いが行われた場合、払込金保管証明書を交付した払込取扱金融機関は、払い込まれた金銭の返還に関する制限があることをもって、成立後の会社に対抗する（会社からの預金の引出しに応じない）ことができない（64条2項）。また、払込みがないことについても、対抗できない（禁反言による責任）。これによって、払込取扱金融機関は、仮装払込みに関与しないこととなり、預合いを防止することができると考えられる。

従来、いずれの場合においても、払込みの仮装を防止するため、払込金の保管証明書の制度が定められていた。発起設立では、実務上の簡素化の要請から、平成17年改正により、同制度は廃止された。一方、募集設立では、発起人以外の出資者が存在している。これらの出資者は、発起人と違い、設立手続に直接関与しない者であり、自らその出資財産の保管に携わることができない。そこで、これらの出資者の出資財産が適切に保管されている状況を明らかにする必要があると考えられることから、払込取扱金融機関による払込金保管証明書の制度がなお維持されている（64条1項）。

預合いについては、預合いを行った者だけでなく、預合いに応じた

者にも、刑事罰（預合罪、応預合罪）が科せられる（965条）。預合いによる払込みが私法上有効であるかについて判例の立場は明らかではないが、学説上は、預合いが実質的に会社財産の基礎を害する行為であり、刑事罰も科せられる行為であるなどの理由から、これを無効とするのが通説である（逐条⑴314頁〔吉田正之〕、コンメ⑵42頁〔川村正幸〕）。一方、払込みが無効であるとすると、成立後の会社は、払込取扱金融機関に対し、預金債権を有しないこととなり、それでは会社債権者の利益が害されるなどの理由から、有効と解する説もある（論点解説29頁）。

⑵　見せ金

　見せ金による払込みとは、刑事罰が定められている預合いの規制を潜脱する方法として用いられる行為である。自己資金で出資の履行をすることができない者が、他者から借り入れた金銭をもって出資の払込金に充てることは可能である。しかし、それが実質的にみて払込みといえない場合は、払込みが仮装されたといえる。

　一般に、見せ金とは、発起人が払込取扱金融機関以外の第三者から借入れを行い、これを出資の払込みに充て、会社成立後取締役に就任した当該発起人がただちにこれを会社の預金口座から引き出して、当該第三者への借入金の返済に充てる行為をいう（江頭82頁）。預合いと違って、見せ金は、発起人と払込取扱金融機関との間の通謀は必要とされず（通説）、実際に金銭が移動している。個々の行為をみれば、通常の借入金による払込金への充当と異ならないように思えるが、払込みを全体としてみたときに、これが一連の行為として最初から計画的に行われていると評価されるならば、払込みの仮装行為に当たるといわれる。

　判例は、「当初から真実の株式の払込として会社資金を確保するの意図なく、一時的の借入金を以て単に払込の外形を整え、株式会社設立の手続後直ちに右払込金を払い戻してこれを借入先に返済する場合の如きは、右会社の営業資金はなんら確保されたことにはならないのであって、かかる払込は、単に外見上株式払込の形式こそ備えているが、実質的には到底払込があったものとは解し得ず、払込としての効力を

有しない」として、見せ金による払込みを無効としている（最判昭和38・12・6民集17巻12号1633頁〔払込取扱金融機関から借り入れた金銭で払込みがされた事案であった〕。最決平成3・2・28刑集45巻2号77頁、最決平成17・12・13刑集59巻10号1938頁も同旨）。学説上、見せ金による払込みを有効と解する見解もみられるが（鴻常夫『会社法の諸問題Ⅰ』〔有斐閣、1988年〕132頁。さらに、宮島司『新会社法エッセンス（第4版補正版）』〔弘文堂、2014年〕46頁～47頁も参照）、通説はこれを無効と解する（江頭82頁等）。

　また、判例は、無効説の立場から、見せ金による仮装払込みに係る株式を含めて「発行済株式の総数」を登記（911条3項9号）することは、公正証書原本不実記載・行使罪（刑157条1項）に当たるとしている（最判昭和41・10・11刑集20巻8号817頁、前掲最決平成3・2・28）。払込みを無効と解するならば、「資本金の額」（911条3項5号）についても、不実の登記がされたことになるであろう。一方、有効説では、見せ金を用いた発起人に、業務上横領罪（刑253条）・特別背任罪（960条1項）が成立する可能性があると解する見解がある（鴻・前掲132頁）。

　ところで、具体的にどのような行為が見せ金に該当するのだろうか。この点について、前掲の最判昭和38・12・6は、払込みが有効であるか否かにつき、①会社成立後借入金を返済するまでの期間の長短、②払戻金が会社資金として運用された事実の有無、③借入金の返済が会社の資金関係に及ぼす影響の有無等に照らし、払込みが実質的に会社の資金とする意図なく、単に払込みを装ったにすぎないか否かという観点から総合的に判断すべきものと判示しており、見せ金の判断要素として参考になる。

2．払込みの仮装と関係者の責任

(1) 払込みの仮装をした発起人の責任

　払込みの仮装が行われた場合、**発起人等の会社に対する支払義務**が生ずる（52条の2）。もっとも、払込みの仮装を行った発起人等の責任を規定する52条の2第1項1号にいう「払込みを仮装した」について

は、具体的に定義されていないが、払込みの外形を整えて実質的な払込みがされない「預合い」や「見せ金」はこれに該当すると解してよいと思われる。

　発起人については、払込みを仮装した場合、**払込みを仮装した出資に係る金銭の全額を会社に対し支払う義務**を負う（同条1項1号。現物出資の場合は、給付を仮装した出資に係る金銭以外の財産の全額を給付する義務を負う。同項2号）。この支払義務を履行しない限り、出資の履行を仮装した設立時発行株式について、**株主としての権利を行使することができない**（同条4項）。払込みを仮装した発起人の会社に対する支払義務は、**総株主の同意がなければ、免除することができない**（55条）。

(2) 関与した発起人・設立時取締役の責任

　仮装払込みに関与した発起人および設立時取締役は、会社に対し、**仮装払込みを行った発起人と連帯して、払込みを仮装した出資に係る金銭の全額を支払う義務**を負うこととされている（52条の2第2項本文・3項）。ここにいう仮装払込みに関与した発起人および設立時取締役とは、①出資の履行（35条に規定する出資の履行をいう）の仮装に関する職務を行った発起人および設立時取締役、②出資の履行の仮装が創立総会の決議に基づいて行われたときは、(i)当該創立総会に当該出資の履行の仮装に関する議案を提案した発起人、(ii)その議案の提案の決定に同意した発起人、(iii)当該創立総会において当該出資の履行の仮装に関する事項について説明をした発起人および設立時取締役である（会社則7条の2）。

　仮装払込みに関与した発起人および設立時取締役がこの義務を免れるためには、その職務を行うについて注意を怠らなかったことを自ら証明しなければならない（52条の2第2項ただし書）。ただし、払込みの仮装を自ら行った発起人および設立時取締役については、このような**無過失の証明**による免責は認められない（同項ただし書かっこ書）。関与した者の責任は、仮装払込みを行った発起人との連帯責任とされている（同条3項）。仮装払込みに関与した発起人・設立時取締役の責任は、**総株主の同意がなければ免除することができない**（55条）。

問題3　払込みの仮装　31

(3) 発起人等の任務懈怠責任

　発起人が仮装の払込みをし、または**仮装の払込みに関与することは、任務懈怠**に当たるため、これによって会社に損害が生じたときは、会社に対し損害賠償責任を負う（53条1項）。設立時取締役については、選任後、出資の履行が完了していることや会社の設立手続が法令または定款に違反していないこと等につき、**調査義務**を負っており（46条1項3号・4号）、調査により法令・定款違反または不当な事項があると認めるときは、発起人にその旨を通知しなければならないこととされている（同条2項）。これらの義務を怠ることは、任務懈怠に当たると考えられ、これによって会社に損害が生じたときは、会社に対し損害賠償責任を負うこととなる（53条1項）。さらに、これらの者は、職務を行うについて、悪意・重過失によって第三者に生じた損害を賠償する責任を負う（同条2項）。

3．払込みの仮装を行った発起人の株主権の行使

　仮装払込みを行った発起人は、会社から剰余金の配当を受け取ったり、株主総会での議決権を行使したりするなど、株主としての権利を行使することができるのか。この点につき、会社法では、仮装払込みを行った発起人は、①払込みを仮装した出資に係る金銭の全額の支払（現物出資の場合は、給付を仮装した出資に係る財産の全部の給付または会社が金銭による支払を請求したときは金銭の全額の支払）がされた後、または、②出資の履行を仮装することに関与した発起人もしくは設立時取締役が、会社に対し、上記①の金銭の全額の支払・財産の全部の給付をした後でなければ、出資の履行を仮装した設立時発行株式について、**株主の権利を行使することができない**と規定している（52条の2第4項）。

4．事例への当てはめ

　以上の解説をもとに、〔設問1〕〔設問2〕を検討してみよう。

⑴ 〔設問 1〕への当てはめ

　まず、Aによる払込みが仮装であったか否かが問題となる。Aの払込金は、払込取扱金融機関である乙銀行京都支店からではなく、丙社からの借入れによって充てられたものである。965条にいう預合いが成立するためには、払込人と払込取扱金融機関との間に通謀があることを要するとするのが通説である。この通説の立場に従えば、Aと乙銀行京都支店の間で出資金の払込みに関し通謀があったとは認められないことから、**預合い**があったとはいえない。

　では、Aによる払込みは見せ金に該当するだろうか。上述のように、Aの払込みは、丙社からの借入金によってなされている。前掲最判昭和 38・12・6 で示された判断要素に本問の事実を照らし合わせると、①会社成立後数日以内に返済する約束で借入れを行い、実際に会社成立後すぐに返済している、②会社成立後すぐに 500 万円は引き出され、丙社に返済されたため、会社資金として運用された事実があったとは推認しがたい、③資本金 1,000 万円のうち、500 万円が返済に充てられたことから、会社の事業活動ないし資金関係に与える影響は小さくないといえそうである。そうすると、Aの払込みは、**見せ金**に該当する可能性が高いといえる。

　見せ金による払込みは、「払込みを仮装した」（52条の2）に該当すると解されることから、Aの払込みが見せ金に該当する場合、Aは、払込みを仮装した発起人としての責任を問われる。すなわち、Aは、**払込みを仮装した出資に係る金銭の全額 500 万円を甲社に支払う義務**を負うこととなり（同条1項1号）、**総株主の同意がない限り、Aの責任は免除されない**（55条）。

　では、**B、Cの責任**はどうであろうか。B、Cは、甲社の発起設立の発起人であり、かつ、設立時取締役でもあった。そこで、B、Cが発起人または設立時発起人として、Aの出資の履行の仮装に関する職務を行ったと認められる場合、**Aと連帯して、Aが甲社に払込みを仮装した出資に係る金銭の全額の支払義務**を負うこととなる（52条の2第2項・3項、会社則7条の2第1号）。ただし、B、Cは、出資の履行の仮装に関する職務を行った場合であっても、その職務を行うについて、自らの**無過失を証明**することに成功すれば、上記の支払義務を免

れる（52条の2第2項ただし書）。例えば、B、Cが、Aが見せ金による仮装払込みをしていることを疑わせるような事情を知っていたにもかかわらず、これを看過していた場合などは、注意義務を尽くしたとはいえないから、設立時取締役としての責任を免れるのは困難であろう。もっとも、B、Cが、出資の履行の仮装に関する職務を行うにとどまらず、出資の履行を仮装したものであるときは、上のような無過失の証明による免責は認められない（同項ただし書かっこ書）。

★ コラム ① 会社成立後の募集株式の発行と払込みの仮装

　本文では、会社の発起設立に際して仮装の払込みがされた場合の発起人および関係者の責任について論じているが、募集設立における設立時募集株式の引受人による仮装払込みについても、同様の規律が定められている（102条3項・4項・102条の2・102条の3）。また、会社成立後の募集株式の発行（213条の2・213条の3・209条2項・3項）および募集新株予約権の発行（286条の2）・権利行使（286条の3）における払込みの仮装についても、同様の規定を設けている。

★★ コラム ② 申込証拠金とは

　実務では、募集株式の申込者に対し、申込みの際に、払込金額の全額に相当する「申込証拠金」の支払を要求するのが通例である（江頭742頁）。会社から募集株式の割当てがなされると、申込証拠金は払込みに充当される。判例は、株主に新株を割り当てる権利を与えて募集株式を発行する場合の申込証拠金につき、これを適法であると認めている（最判昭和45・11・12民集24巻12号1901頁）。申込証拠金は、会社が資金調達を予定どおり達成できるよう、払込みを確実に行わせるための実務慣行であるといえる。

---

(2) 〔設問2〕への当てはめ

　上記4.(1)で述べたように、Aの払込みは見せ金に該当すると考えられる。見せ金による払込みは、仮装払込みとして、52条の2の責任が問題となる。そこで、Aは、①A自身が会社に対し仮装払込みに係る金銭全額の支払をした後、または、②Aの仮装払込みにBもしくはCが関与していた場合にあっては、BもしくはCが会社に対しAの仮

34　第1部　基本問題

装払込みに係る金銭全額の支払をした後でなければ、本件臨時株主総会において**議決権を行使することができない**（同条4項）。

　では、Aから200株を譲り受けたDの議決権行使についてはどうか。譲受人Dが、仮装払込みがなされた出資に係る設立時発行株式であることを知らないで、当該株式を譲り受けた場合であっても、Aと同様に株主権行使を認めない扱いをすると、譲受人Dは不測の不利益を受けることとなり、ひいては株式の取引の安全が害されることとなる。そこで、**設立時発行株式の譲受人については、当該株式に係る株主権を行使することができる**ものとされている（同条5項本文）。したがって、Dには、Aから譲り受けた設立時発行株式200株につき、本件臨時株主総会における議決権行使が認められる。ただし、譲り受けた当該株式が仮装払込みに係るものであることにつき、Dに悪意または重大な過失があるときは、Dの議決権行使は認められない（同項ただし書）。

★★ 　コラム　③　**払込みの仮装と設立の効力**

　株式会社の設立手続に重大な瑕疵があるときは、設立登記を経たのちであっても、会社の成立が認められず、無効とされることがある。私法の一般原則では、無効は、いつでも、誰でも、どのような方法によってでも主張できるが、会社法では、法律関係の混乱を防ぐために、一定の者（株主・取締役・監査役・執行役・清算人など）のみが、提訴期間内（設立登記から2年以内）に、設立無効の訴えによってのみ主張することができることとされている（828条1項1号・2項1号。なお、株主総会の決議の無効についてはこのような制限はないが、830条2項による決議無効確認訴訟も可能である。〔問題7〕コラム①「株主総会決議の取消し・無効・不存在」参照）。設立無効の確定判決の効力は、法律関係を画一的に確定する要請から、訴訟当事者間だけでなく（民訴115条1項参照）、第三者に対しても及ぶ（対世効。838条）。さらに、すでに会社と株主や債権者の間で生じた法律関係が混乱しないよう、無効判決の効果は遡及せず、将来に向かってのみその効力を生じる（将来効。839条）。

　ところで、会社法は設立の無効事由を明文で定めていないので、何が無効事由に当たるかは解釈によって判定されることとなる。上に述べたように、設立手続の瑕疵が重大である場合、設立は無効とされると考えられている。具体的には、定款の絶対的記載事項の記載がない、公証人による定款認証がない、設立時発行株式を1株も引き受けない発起人がいる、創立総会が開催されていない、などが無効原因に該当すると解されている。

　本件では、原始定款において、「設立に際して出資される財産の最低額」として、

問題3　払込みの仮装　35

1,000万円の金額が記載されていた。Aの払込みが見せ金に該当するという前提で、見せ金無効説に立つと、そもそも500万円の出資が未履行であるから、定款所定の最低出資額（27条4号）に達していないこととなる。このように出資の履行に欠缺がある場合であっても、発起人等の支払義務（52条の2第1項〜3項）の履行により、設立は無効とならないと解することができそうである。一方、そのような義務があるとしても、出資の履行に著しい欠缺がある場合は、設立の無効原因に当たるという考え方もありうる（発起人の引受担保・払込責任が法定されていた平成17年改正前はそのように解されていた）。本件では、出資される財産の最低額1,000万円のうち、500万円しか払い込まれていない点からみて、資本充実が著しく欠けており、甲社成立後の事業活動に支障が生ずるといえるのであれば、出資の履行に著しい欠缺があると考えられ、よって、設立は無効となる可能性があると解される（会社法制定前の学説の状況につき、大隅＝今井・上巻260頁〜262頁、北沢116頁、鈴木＝竹内86頁等参照）。

◆ 参考文献 ◆

・林竧・百選208頁
・田澤元章「仮装払込の態様と効果」争点30頁

［石田眞得］

〔問題4〕 株主名簿の名義書換え

◆ 事例 ◆

次の文章を読んで、以下の設問1～2に答えなさい。

甲株式会社は、建築資材の販売業を営む中小規模の会社である。甲社は、種類株式発行会社でなく、公開会社（非上場）であり、株券発行会社である。甲社の発行済株式総数は4万株であり、株主の数は20名程度である。甲社の定款には、定時株主総会の議決権行使の基準日を毎年3月31日とする旨の定めがある。甲社は、平成26年6月25日に、定時株主総会（以下「本件株主総会」という）を開催することを予定している。
甲社は、販売拠点の拡大に伴い、資金を必要としている。甲社は、金融機関に融資を相談したが、会社設立から間もないこともあり、十分な担保を用意できないことから、募集株式の発行による資金調達をすることを検討している。

I
甲社の株式5,000株を有していたAは、平成26年3月20日、その有する株式すべてをBに譲渡した。ところが、Bは、その後も株主名簿の名義書換請求をしていないため、甲社の株主名簿上は基準日においてもAが5,000株の株主と記載されていた。甲社は、Aが株主ではなくなったとして、本件株主総会の招集通知をBに送付し、本件株主総会ではBの議決権行使を認めた。

〔設問1〕 Aは、招集手続・決議方法の法令違反があったとして、831条に基づき、本件株主総会で行われた決議の取消しを求める訴えを提起したいと考えているが、この請求は認められるか。

II
甲社は、取締役会において、平成26年8月5日、同月29日時点の株主名

問題4 株主名簿の名義書換え　37

簿上の株主に対し、1株につき払込金額を500円、払込期日を同年9月10日として、株主割当てによる募集株式の発行を行うことを決定した。そして、同年8月11日、当該発行にかかる募集事項等につき、株主に対し通知が行われた。ところで、甲社の株式2,000株を有していたCは、同年9月1日、その有する株式のすべてをDに譲渡した。Dは、翌日以降、甲社に対し、株主名簿の名義書換請求を行おうと考えていたが、仕事や家族の看病などで多忙であったため、名義書換請求を行っていない状態が約2カ月以上続いている。多くの甲社株主は募集株式の発行に応じ、株主名簿上の株主であったCもこれに応じて払込期日に払込みをしたため、Cにも募集株式が割り当てられた。

のちにこの事実を知ったDは、すでに株式を譲り受けているのであるから、本来自分が株主割当てによる募集株式の発行を受けるべきであったと主張している。なお、株価算定の専門家によれば、平成26年9月10日における甲社の株価は、1株あたり900円であったとされる。

〔設問2〕 DはCに対して具体的にどのような請求をすることができるか。

◆ 解答へのヒント ◆

1．〔設問1〕

　　会社の側から株主名簿の名義書換未了者に株主としての権利行使を認めることができるかについて、判例・多数説の立場と少数説の立場をそれぞれの論拠を示しながら明らかにすることが求められる。

2．〔設問2〕

　　失念株に関し、譲渡当事者間においてどのように利害調整をするか検討する。剰余金配当や株式分割の場合と株主割当てによる募集株式発行の場合とで判例の立場が異なる点に注意する必要がある。Dの請求を認める立場では、最高裁昭和35年9月15日判決に対する多数説の批判的見解が参考になる。ただし、多数説に従って不当利得の返還請求を認めるにしても、利得のとらえ方に違いがあることに注意が必要である。

◆ 解説 ◆

1. 株主名簿の名義書換え

　株券不発行会社の場合、株式譲渡の効力は当事者間の合意により生ずる。**株主名簿の名義書換え**は、原則として、株式の譲受人が譲渡人たる株主名簿上の株主と共同してしなければならない（133条2項、会社則22条1項）。共同して行わせるのは、株券が存在しないため、譲受人のみからの請求では譲渡があったかどうか確かめられないからである。譲受人は、名義書換えをしなければ、株式の譲受けを会社および第三者に対抗する（自己が株主であると主張する）ことができない（130条1項）。

　一方、本問の甲社のような**株券発行会社（214条）では、株式譲渡は、株券の交付がなければ効力が生じない**（128条1項）。**株主名簿の名義書換えを請求するには、譲受人が、会社に対し、株券を提示**する必要がある（133条2項、会社則22条2項1号）。株券の占有者は適法な所持人と推定されるので（131条1項）、株券を提示して名義書換えを請求する者は、自らが真の株主であることを証明する必要はない。そのため、株券発行会社にあっては、譲受人に譲渡人と共同して名義書換請求を行わせる必要はない。たとえ、名義書換えの請求者が無権利者であったとしても、会社は、その請求者が無権利者であることにつき悪意または重大な過失[1]がなければ、このような無権利者からの名義書換請求に応じたことによる責任を負わない。譲受人は、株券の交付を受けることにより第三者に対抗することができるが、**会社に対抗するには、株主名簿の名義書換えが必要**である（130条2項）。株券の提示

---

[1]　一般に「悪意」は、事情を知っている状態を意味する用語として使われるが、本文にいう「悪意」については、株券の所持人は適法な権利者であるとの推定が働くことから、次のように解されている（手40条3項類推）。すなわち、請求者が無権利者であることを知っており、かつ、そのことを容易に立証しうるにもかかわらず、名義書換請求に応じることをいう。また、「重過失」は、わずかの注意を払えば請求者が無権利者であることを知りえ、かつ、そのことを容易に立証しえたにもかかわらず、名義書換請求に応じることを意味する。

に基づいて名義書換えがされた株主名簿の記載には、資格授与的効力があるといわれる。

★ **コラム** ① **名義書換えの不当拒絶**

　株式を取得した者は、会社または第三者（株券発行会社にあっては会社）への対抗要件を備えるため（130条）、会社に対し、株主名簿の名義書換えを請求する。会社は、その者が無権利者であることを証明した場合、その株式が譲渡制限株式であり、譲渡承認手続を経ていない場合（136条以下）、またはその株式につき株券喪失登録が行われている場合を除き、名義書換えを拒むことができない。これらの事由がないにもかかわらず、会社が名義書換請求を拒むことを名義書換えの不当拒絶という。不当拒絶をしたときは、取締役等は過料に処せられる（976条7号）。不当拒絶された譲受人に議決権行使をさせずに株主総会決議が行われた場合、その決議は、株主総会決議取消しの訴え（831条1項1号）の対象となる。不利益を受けた株式取得者は、会社に対し、損害賠償の請求をすることができる。

　株式取得者の名義書換請求が不当に拒絶された場合、会社は、名義書換えがないことを理由に株式の譲渡を否認することができず、譲受人を株主として扱わなければならないとするのが判例の立場である（最判昭和41・7・28民集20巻6号1251頁）。会社の過失によって名義書換えを怠った場合についても同様に解されている。通説も、このような拒絶は信義則に反するとして、判例の立場を支持する。したがって、不当拒絶がされた場合、譲受人は、名義書換えなしに、自己が株主であることを会社に対抗できる。

2．〔設問1〕名義書換未了の株式譲受人

(1)　会社が名義書換未了の譲受人を株主として扱うことの可否

　株式の譲受人が株主名簿の名義書換えをしていない場合、会社は、株式の譲渡がなされたことを知っていたとしても、株主名簿に記載された者（譲渡人）を株主として扱うことができる（**株主名簿の免責的効力**）。株主名簿の名義書換えが株式譲渡の会社への対抗要件だからである（**株主名簿の確定的効力**）。では、**会社の側から、実質株主たる譲受人を株主として扱う**（実質株主に権利行使をさせる）ことは許されるのか。〔設問1〕は、この問題を扱うものである。

　判例（最判昭和30・10・20民集9巻11号1657頁）および多数説の立場は、これを**肯定**する。すなわち、株主名簿の名義書換えは株式譲渡

40　第1部　基本問題

の対抗要件にすぎず、株主名簿は事務処理を画一的にするための会社の便宜のための制度であること、さらにすでに株主でないことが明らかであるのに、必ずその者に権利行使を認めなければならないのは不適当であるといった理由から、会社は自己の危険（株主総会決議の取消しの訴えを提起される危険）において実質株主たる譲受人に権利行使させることは差し支えないと解している（北沢247頁、江頭211頁～212頁等）。

これに対し、会社は、一律に株主名簿上の株主に権利行使をさせなければならないと主張するのが少数説である。少数説の立場は、判例・多数説に対し、次のような批判をしている。すなわち、名義書換未了の譲受人を株主として扱うことを許容すると、①会社は、株主名簿上の株主（株式の譲渡人）には実質的無権利を理由に、譲受人には名義書換未了を理由に権利行使を拒むことができ、いずれの権利行使も拒むことができることとなるから、権利の空白が生じる、②株主の扱いが恣意的となる（譲渡人と名義書換未了の譲受人のいずれか取締役に好ましい者に権利行使を認める）といった批判である。

このような批判に対し、多数説は、前掲最判昭和30・10・20が上記①②の問題について肯定的であったとは解されないとして（江頭213頁）、①については、譲渡人の権利行使を拒否するのであれば、譲受人の権利行使を拒否することは許されないと解し、②については、株主平等原則の観点から恣意的な扱いは許されないとしている。

(2) **事例への当てはめ**

〔設問1〕では、Bは、株券発行会社である甲社の株式をAから譲り受け、株券の交付を受けているから、譲渡当事者間において株式譲渡の効力は発生している（128条1項）。しかし、Bは、株主名簿の名義書換えを行っていないため、甲社に対し自己を株主として扱うよう主張することができない（130条2項）。この場合、判例・多数説の立場によると、Bが基準日前に株式を譲り受けた**実質株主**であることが**明らか**であるならば、甲社は、Bに**権利行使をさせ**、Aの権利行使を拒否しても構わないと解される（基準日後の株式譲受人の権利行使について、コラム②参照）。そうすると、甲社がAではなくBに対し本件株主

問題4 株主名簿の名義書換え 41

総会の招集通知を送付したことも、本件株主総会においてBの議決権行使を認めたことも法令違反でない（831条1項所定の株主総会決議の取消事由に該当しない）から、Aの請求は認められないこととなる。

　なお、会社が、名義書換未了の譲受人の議決権行使を認めるならば、株主平等原則の延長上の問題として、ほかに名義書換未了の実質株主が存在するときは、この者にも議決権行使を認めるべきであると主張する見解がある（龍田243頁）。この見解に従えば、甲社は、Bの権利行使を認めたのであるから、他の名義書換未了者も同様に扱う必要が生じることとなる。もっとも、株主数の多い会社にあっては名義書換未了者を把握することは実際上不可能であると考えられるから、一律に株主名簿上の株主を株主として扱わざるをえないであろう。甲社のように株主数の少ない会社であれば、この問題が生じる可能性は必ずしも高くないと考えられる。

★★ コラム ②　基準日後に株式を譲り受けた者の議決権行使の可否

　基準日にかかる権利が株主総会の議決権である場合、会社は、基準日後の株式取得者の全部または一部にも例外的に議決権の行使を認めることができる（124条4項）。この制度は、基準日後に株式の発行等（合併等組織再編による株式の発行等も含む）が行われる場合、その株式を取得する者にも株主総会での議決権行使を認めなければ、実際問題として、株式の発行等を行うことが難しいとの実務の要請を受けて設けられたものである（新解説31頁、江頭215頁）。ただし、同項ただし書では、当該株式の基準日株主の権利を害することはできないとされている。ここにいう基準日株主の権利を害するとは、例えば、基準日株主から株式を譲り受けた者に議決権行使を認めることによって、基準日株主が議決権を行使しえなくなるような場合である（江頭215頁）。

　本問の〔設問1〕において、基準日後に、BがAから株式を譲り受けた場合はどうであろうか。124条4項は、「取得した者」と規定していることから、Bのような譲受人もこれに含まれそうである。しかし、Bに議決権行使を認めるならば、基準日株主であるAの議決権行使が否定されることとなり、Aの「権利を害する」（同項ただし書）に該当するものと考えられるから、甲社が基準日後の譲受人Bに議決権行使を認めることはできないと解される。つまり、本文に述べた判例・多数説の立場によっても、Bが基準日後に株式を譲り受けたのであれば、甲社はBに本件株主総会において権利行使をさせることは許されないのである（逐条(2)262頁〔北村雅史〕、田中亘「基準日制度の意義と問題点」争点52頁）。

　なお、124条4項は、議決権行使にかかる基準にのみ適用され、剰余金分配請求

権など議決権行使以外の権利については、基準日後の株式取得者に権利行使をさせ
ることはできない点に留意しなければならない。

3.〔設問 2〕失念株の問題

⑴　譲渡当事者間の法律関係

　　会社は、**株主名簿の名義書換えが会社に対する対抗要件**となってい
るから（130条2項）、株主名簿上の株主を株主として扱えば免責され
る。譲受人が基準日までに株主名簿の名義書換えをしないでいたため、
譲渡人が名義株主とされたままである場合、会社は、剰余金配当（453
条）、株式分割（183条1項）、株主割当てによる募集株式の発行（202
条1項・2項）などを、名義株主に対して行えば足りる。

　　上に述べたことは、譲受人と会社との関係であるが、ここでの問題
は、譲渡当事者間の法律関係である。当事者間ではすでに譲渡の効力
が生じているのであるから、本来配当金や株式の交付を受ける者は実
質株主たる譲受人であるというべきである。譲受人Dは、名義株主C
に対し、どのような請求をすることができるのか。〔設問2〕はこの問
題を扱うものである。なお、〔設問2〕のような事態にある株式を「**失
念株**」と呼び、譲受人を「**失念株主**」と呼ぶことがある。

　　判例は、**名義株主が出捐を伴わないで得たものについては、譲受人
の名義株主に対する不当利得返還請求**を認める立場をとっている。す
なわち、剰余金配当について、譲渡当事者間では譲受人に帰属すべき
ものであるとして、譲受人から名義株主に対する不当利得返還請求が
認められている（最判昭和37・4・20民集16巻4号860頁）。また、株式
分割が行われ、名義株主に株式が交付された場合についても、譲受人
が名義株主に対し分割株式の返還（売却済みのときは売却代金相当額の
金員の支払）を請求できるとする（最判平成19・3・8民集61巻2号479
頁）[2]。学説上も、譲受人による不当利得返還請求を認める判例の立場
に異論はないとみられる。

　　ところが、判例は、**名義株主の出捐を伴う株主割当てによる募集株
式の発行については、失念株が名義株主に帰属するとして、譲受人か
らの不当利得返還請求を認めない**（最判昭和35・9・15民集14巻11号

2146 頁）。なぜ、このような違いが生じるのか。上記の最判昭和 35・
9・15 によれば、募集株式の割当て（募集株式の発行等について、〔問題
13〕コラム①「株式会社の資金調達の方法とそれらの相違」参照）を受け
る者を基準日における株主名簿上の株主に限定したのであって、名義
株主の利得に法律上の原因がないとはいえないこと、さらに、譲受人
から名義株主に対する不当利得返還請求ができるとすると、株式の価
値の上昇または低落により互いに自己に有利な請求をすることを許容
することとなり（株式の価値が上昇すれば双方が株式を取り合い、低落す
れば双方が株式を押し付け合う）、それは信義則に反し、取引の安全を害
することにもつながりかねないことが理由に挙げられている。

　学説の多数は、株主割当てによる募集株式の発行についても、譲受
人が株主であるという原則を変更する理由はなく、譲受人からの不当
利得返還請求を認めるべきであるとして、上記の最判昭和 35・9・15
に批判的である。また、同判決の立場に対して、名義株主は、募集株
式の割当てを受ける権利が含まれた高値で株式を譲渡することができ、
さらに、募集株式を受け取ることができるとすれば、二重に利得する
こととなり、それでは公平を欠くという批判もなされている（西原寛
一・会社百選（新版、1970 年）77 頁、江頭 212 頁等）。このような学説の
多数の考え方に立つ下級審裁判例もある（山口地判昭和 42・12・7 下民
集 18 巻 11・12 号 1153 頁、大阪高判昭和 51・7・7 判タ 344 号 249 頁等）。

(2)　株式譲受人に返還される利得の範囲

　多数説のように不当利得を認める場合、次に問題となるのが譲受人
に返還されるべき利得をどうとらえるかである。この点について、学
説は次のように見解が分かれている。

　①　利得として返還すべきものは、募集株式の割当てを受ける権利
の価値、すなわち、払込金額と募集株式の発行時の株価との差額が返

---

(2)　前掲最判平成 19・3・8 は、口頭弁論終結時における同種・同等・同量の物の価格
相当額では、失念株の売却後に株式の価格が下落すれば名義株主は売却代金の一部ま
たは全部の返還を免れ、逆に、価格が上昇すれば名義株主は現に保持する利益を超え
る返還義務を負担することとなり、公平の見地から相当でないと判示している。

44　第 1 部　基本問題

還されるべき利得額であり、返還請求時に株価が下がっているときは、現存利益として、その下落時の価格と払込金額との差額が利得額となるとする説（竹内昭夫『判例商法Ⅰ』〔弘文堂、1976年〕86頁等）[3]。

②　名義株主が割当てを受けた募集株式そのものが利得であり、譲受人は名義株主に払込金額を支払い、名義株主はこれと引換えに株式を引き渡さなければならないとする説[4]（龍田243頁）。売却済みの場合、募集株式の発行時から売却時までの最安値から払込金額を差し引いた金額を利得額として請求できるとする。

③　なお、不当利得の構成ではなく、名義株主による募集株式の割当てを受けるための権利行使を準事務管理とみて、株式そのものの引渡請求を認める説がある（塩田親文「『失念株』の問題について（2・完）」民商30巻4号〔1955年〕38頁、中島史雄「失念株再論」金沢29巻1＝2号〔1987年〕334頁）。この説は、他人のためにする意思という主観的要件を欠くため、事務管理の成立は認められないものの、準事務管理の概念を認めて、事務管理の規定（民701条・646条・702条）を類推適用する考え方である。

⑶　事例への当てはめ

〔設問2〕では、甲社の株主割当てによる募集株式の発行につき、Cが株式の割当てを受け、譲受人であるDが**失念株主**となっている。前掲最判昭和35・9・15に従えば、名義株主の利得に法律上の原因がないとはいえず、さらに、譲受人から名義株主に対する不当利得返還請求を認めると、株式の価値の上昇または低落により互いに自己に有利な請求をすることを許容することとなり信義則に反するという理由から、DのCに対する不当利得返還請求は認められないであろう。

一方、多数説の考え方に立てば、募集株式の割当ての場合を剰余金

⑶　このように限定すれば、譲受人が、募集株式の発行後の株価変動を利用して利益を受けるのを防ぐことができる。

⑷　千葉地判平成15・5・28金判1215号52頁〔有限会社の出資引受の事例〕も、社員名簿上の社員が名義上の社員により払い込まれた出資金を支払うのと引換えに、名義上の社員に付与された持分それ自体の交付を請求できると判示する。

配当や株式分割の場合と別異に扱う理由はなく、不当利得返還請求を認めなければ、名義株主に二重の利得を許すことになるといった理由から、DのCに対する不当利得返還請求が認められると考えられる。ただし、利得額の算定方法については上記のとおり考え方が分かれるところである。上記①の説によれば、返還請求できるのは、原則として、割り当てられた募集株式の権利の価格、すなわち、1株当たり400円（900円 − 500円）ということになり、返還請求時の株価が900円を下回るときは、現存する利益の返還を請求することができる。これに対し、上記②の説によれば、Dは1株につき900円の支払と引換えにCに対し甲社株式の引渡しを請求することができる。さらに、上記③の説によれば、Cが準事務管理を行ったとみて、民法701条・646条・702条の類推適用に基づき、株式の引渡請求が認められることとなる。

★★ **コラム** ③ **振替株式制度の仕組み**

以上、述べてきた失念株の問題は、振替株式（上場会社の株式）については生じない。株式の振替制度は、「社債、株式等の振替に関する法律」（以下、かっこ内「社債株式振替」という）に基づく制度である。この制度の下では、売買の際の株券の受渡しが不要となるので、日々大量に行われる株式取引の決済を円滑かつ迅速に行うことができるようになる。

振替株式とは、振替機関が取り扱う株券不発行会社の株式である（社債株式振替128条1項）。振替株式として扱われるには、会社の同意が必要である（同13条）。振替株式を取引しようとする株主（株主となるべき者）は、証券会社や銀行などの口座管理機関に口座を開設する（同2条4項・44条）。口座を開設した株主・株主となるべき者を加入者という。口座管理機関は他の口座管理機関または振替機関に振替口座を開設する。振替機関および口座管理機関には、各加入者の口座ごとに区分した振替口座簿が備え置かれる（同12条3項・45条2項・129条1項）。Eがその保有するQ社株式500株をFに譲渡する場合を見てみよう（【図】を参照）。

株式の振替制度の下では、EとFの譲渡当事者間における株式譲渡の効力は、振替口座簿への記載により生ずる（同140条）。すなわち、振替株式の譲渡人Eは、自己が口座を開設している口座管理機関Xに対し、振替口座簿の自己の口座から、譲受人Fの口座に振替の記載がされるよう、振替申請を行う（同132条1項・2項）。これを受けて、譲渡人Eの口座管理機関Xは、譲渡人Eの口座に株式数の減少を記載する。申請された振替事項は、Xから、振替機関・口座管理機関へと順次通知され、最終的に譲受人Fの口座管理機関Zに開設されたF口座に振替株式の増加が記載される。これにより、譲渡の効力が生ずるのである。

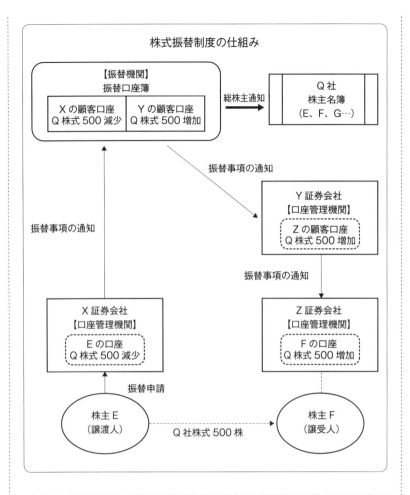

　Q社は、剰余金配当を受け取る権利や株主総会での議決権を行使することができる株主を確定する必要がある。この場合には、振替機関からQ社に対し、Q社が定めた一定の日（基準日など）における株主の氏名・名称、保有株式の数・種類等が通知される（同151条1項）。これを「**総株主通知**」という。Q社は通知された事項を**株主名簿**に記載する。この記載をもって、会社法130条1項に定める株主名簿の記載がなされたものとみなされる（社債株式振替152条1項）。こうして、振替制度を通じて株式譲渡を行う場合、改めて会社に名義書換えを請求する必要はないから、譲受人が名義書換えを失念することもないのである。

　ところで、総株主通知は、原則として年に2回行われる（同151条1項1号・4号）。この結果、総株主通知より以前に株式を譲り受けた者は、総株主通知がなされるまで、株主名簿において保有株式数の増加が反映されないので、少数株主権等

を行使しようとする場合、株主名簿上は 6 カ月の継続保有要件や一定保有割合・保有数などの権利行使のための保有要件を満たさないものと扱われるおそれがある。

そこで、振替株式の少数株主権等（基準日を定めて行使する権利以外のものをいい、代表訴訟提起権のような単独株主権もこれに含まれる。同 147 条 4 項）の行使については、株主名簿上の記載によって権利者が定まるのではなく（同 154 条 1 項）、株主が口座管理機関を通じて振替機関から会社に対し一定事項（振替株式の数や増加・減少の記載がされた日等）を通知するよう求め、これを受けて振替機関から会社に通知がなされることとされている（同条 3 項・4 項）。これを「**個別株主通知**」という。株主は、個別株主通知がなされたのち一定期間（4 週間）、株主名簿の記載がなくても、少数株主権を行使することができる（同条 2 項、社債株式振替法施行令 40 条）。

★ **コラム** ④ **なぜ上場されていない公開会社があるのか**

かつて、「上場会社」と「公開会社」という用語がほぼ同じ意味で用いられることが少なくなかった。すなわち、「上場会社」とは、その株式が証券取引所で流通している会社を指す用語であるところ、このような会社を「公開会社」と呼ぶこともあった。

平成 17 年に成立した会社法では、会社が発行する株式の全部に譲渡制限が付されていない会社と、株式の一部に譲渡制限が付されていない会社（残りの株式には譲渡制限が付されている）を「公開会社」と定義している（2 条 5 号）。このため、上場会社と公開会社の用語の意味は必ずしも一致しないこととなった。

現行法の下では、公開会社であるけれども、上場会社ではない会社も存在しうるのである。もっとも、東京証券取引所の有価証券上場規程 205 条 10 号本文は、「新規上場申請に係る株式の譲渡につき制限を行っていないこと又は上場の時までに制限を行わないこととなる見込みのあること」を要求しているので、上場会社は公開会社である。

◆ **参考文献** ◆

● 〔設問 1〕について
・西尾幸夫・百選 34 頁
・前田庸・商法の判例 37 頁
● 〔設問 2〕について
・清水忠之・百選 36 頁
・加藤雅信・平成 19 年度重判 85 頁
・野田博「失念株と不当利得返還の成立する範囲」NBL856 号（2007 年）8 頁
・大杉謙一「判批」民商 137 巻 2 号（2007 年）205 頁

［石田眞得］

〔問題5〕 株主の権利の行使に関する利益供与

◆ 事例 ◆

次の文章を読んで、以下の設問1～3に答えなさい。

I

1. 甲株式会社は、家庭用電気機器の製造および販売を目的とする取締役会設置会社（上場会社）である。取締役会の構成員は、代表取締役A、取締役B、C、Dの4名である。甲社では、以下の問題が起きた。

2. 株主総会を6月末に控えた平成24年3月、甲社の総務部にFが訪ねてきた。Fは、甲社のテレビに欠陥があり、消費者が怪我をした世間には公表されていない事件について知っていることをにおわせ、また、自分は近いうちに株式の購入と名義書換をする予定であり、6月の株主総会でその問題について質問することを検討していると告げた。取締役総務部長Bは、お車代の名目で会社の資金から20万円をFに渡し、「その問題は調査中ですので、しばらく購入と名義書換を待っていただきたい」と頼んで了承させた。

3. Fの訪問から1週間後、株主であるGがBのところへ連絡してきた。Gは、株主総会での選任が予定されているEについて、Eは取締役として不適任なので、この選任議案には反対し、別の候補者を選任する株主提案を行うことを考えていると告げた。そのうえで自分の勤める出版社が発行したという冊子を50万円で買ってもらえないかと申し入れた。Bは「できれば株主提案を控えていただけるとありがたい」と頼んで了承させ、その冊子を甲社が50万円で買い取ったが、冊子は印刷も不鮮明なうえ、内容もまったく価値のないものであった。

4. さらに1週間後、別の株主Hが、取締役広報部長Cを訪ねてきた。株主Hは、Cの管轄の部署での不正支出について株主代表訴訟提起の準備をしていることを告げたうえで、自分が経営する会社が最近発行した企業の法遵守についての雑誌購読契約（年間購読料15万円）を自分と甲社の間で締結することを申し入れた。雑誌には何の価値もないこ

問題5　株主の権利の行使に関する利益供与　49

とは明らかであったが、弱みを握られていると感じたCは、自費で雑誌購読契約をHとの間で締結した。

5. 6月末には株主総会が開催されたが、Fは株主になっておらず、Gは株主提案を行わなかった。また、Hも株主代表訴訟を提起しなかった。

〔設問1〕 F、G、Hに支払をした取締役BおよびCは、また、金銭を受け取ったF、G、Hは、甲社に対してどのような責任を負うか述べなさい。

Ⅱ

1. 乙株式会社は、衣料品の販売を全国規模で展開する取締役会設置会社（上場会社）である。取締役会の構成員は、代表取締役A、取締役B、C、Dの4名である。乙社では、以下の問題が起きた。

2. 平成23年9月に開かれた取締役会において、代表取締役Aから、乙社所有の不動産をI社に売却したい旨の提案がされた。Aの説明によれば、乙社の株主総会においては、遊休資産の売却が勧められており、この不動産の売却はこの方針に沿ったものであるとされる。また、この不動産は乙社にとって重要財産に当たる。

3. 実は、I社の社長は長年乙社の側に立って株主総会の議事進行に協力してきた総会屋（株主）であり、この関係は次回の株主総会においても続く予定であった。A、Bはそのことを知っていたが、CとDは知らなかった。I社が提案した不動産の購入価格1,000万円は、不動産の財産的価値5,000万円に対して著しく低いものであった。価格の適正さについてのCとDの質問に対し、AとBは価格が適正であることについて巧妙に説明を行い、取締役会は全員一致で乙社の所有する土地の売却をAの提案どおり決定した。

〔設問2〕 取締役A、B、C、Dは乙社に対してどのような責任を負うか述べなさい。

Ⅲ

1. 丙株式会社は、磁気カードの製造・販売を目的とする取締役会設置会

社（上場会社）である。取締役会の構成員は、代表取締役Ａ、取締役Ｂ、Ｃ、Ｄの４名である。

2. 平成25年7月頃、丙社の株式が丁社によって大量に取得された。丁社は以前から株主として丙社経営陣の経営方針に反対しており、このままでは丙社の経営陣は退陣を余儀なくされることが明らかであった。代表取締役Ａおよび取締役Ｄは、丁社から丙社の株式を買い戻すための工作を、政治団体代表を名乗るＫに依頼し、その経費と報酬として1億円を支払った。

3. 工作は難航し、その後、丙社株式は丁社から戊社へと売却されたが、戊社は暴力団関連会社として有名な会社であった。ＡおよびＤは、戊社に丙社株が渡ると株主総会で会社にとって不利益な発言や株主提案がされること、最終的には会社が食い物にされることを恐れ、取締役会（Ａ、Ｂ、Ｃ、Ｄが出席）に諮ったうえで、丙社株を会社が買い戻すことを条件に、戊社に対して50億円の融資を無担保・無期限で行った。

〔設問3〕　Ａ、Ｂ、Ｃ、Ｄは会社の利益のために支出を行ったので、株主の権利行使に関する利益供与には当たらないと考えているが、この点について問題はないか検討しなさい。

◆ 解答へのヒント ◆

1.〔設問1〕

株主の権利の行使に関する利益供与（120条・970条）の基本的な要件を検討する。Ｆ、株主Ｇ、株主Ｈの三つのケースの要素をこれらの要件に当てはめていく。Ｆの場合は、株主ではない者に対する利益供与にも適用があるか、120条1項の「何人に対しても」の文言に注意すべきである。Ｇの場合は、会社が受けた利益が供与した利益と比較して著しく少ないときといえるかどうかが問題となる。Ｈの場合は、取締役Ｃが自費で雑誌購読契約を締結している点に着目すべきである。120条1項の「株式会社又はその子会社の計算において」とはどういう意味か。これらの行為が利益供与に当たる場合、取締役らはどのよ

うな責任を負うのか。また利益を受け取った者は120条3項の下でどのようなことが求められているのか。条文を丁寧に読むことが大切である。

2.〔設問2〕

〔設問2〕は、取締役会決議に基づいて利益供与が行われた場合に、それぞれの取締役の責任について検討する問題である。120条4項は、利益の供与をした取締役を無過失責任（注意を怠らなかったことを証明しても責任を免れない）とし、利益の供与をすることに関与したが利益供与を行っていない取締役を過失責任（注意を怠らなかったことを証明すれば責任を免れる）としている。本件の不動産売却が著しく低い価格によるもので、利益供与に当たる場合、そのことを知っていたA、Bは利益を供与した取締役といえるが、知らなかったC、Dの責任が問題となる。設問の事実関係からC、Dが「注意を怠らなかった」といえるかどうかを述べる必要がある。

3.〔設問3〕

企業買収に対抗して株式を買い戻す工作を依頼する行為や、会社からみて好ましくないと判断される株主から株式を買い戻すための行為が、利益供与に当たるかどうかをまず考える。株式の譲渡自体は「株主の権利の行使」ではないから、株式譲渡の対価として利益を供与してもただちに120条に該当するわけではないが、利益を供与する行為がどのような意図、目的の下に行われたのかに注目することが大切である。

◆ 解説 ◆

1. 出題の意図

　株主の権利行使に関して財産的利益を供与したとされた者がどのような責任を負うかという問題を、**利益供与**を禁止する条文（120条・970条）が定める要件に照らして検討することを目的とする。

　〔設問1〕は、総会屋が株主の権利行使を控えることを条件に対価を要求・受領するという典型的な事例を素材にして、事例に含まれた要素が120条が定める要件に当てはまるかどうかを検討する問題である。〔設問2〕は、取締役会に提案され承認された行為が実は120条の利益供与に該当する場合の取締役の責任を検討する問題である。〔設問3〕は、企業買収等によって取得された株式を買い戻すという一見して利益供与にはみえない行為がどのような状況の下で利益供与となるのか、判例の考え方を参考に検討する問題である。

　なお、甲社、乙社、丙社はいずれも上場会社であるので、公開会社（〔問題4〕コラム④「なぜ上場されていない公開会社があるのか」参照）である[(1)]。

2.〔設問1〕株主の権利行使に関する利益供与

(1) 株主の権利行使に関する利益供与の要件

　120条1項は、株式会社は①「何人に対しても」、②「株主の権利の行使に関し」[(2)]、③「財産上の利益の供与（当該株式会社又はその子会社の計算においてするものに限る。……）」をしてはならないと定めている。この規定は、**総会屋**[(3)]を取り締まり、株主総会の健全化を図るために、

---

(1) 上場会社の株式は証券市場で流通し、自由に譲渡されている。会社法は、会社が発行する株式の全部に譲渡制限が付されていない会社と、株式の一部に譲渡制限が付されていない会社（残りの株式には譲渡制限が付されている）を「公開会社」と定めているので（2条5号）、上場会社は公開会社である。また、公開会社は株式譲渡によって株主が交代し、業務執行者への株主による十分な監視がされにくいため、業務執行の監視のために取締役会の設置が義務づけられている（327条1項1号）。

問題5　株主の権利の行使に関する利益供与　53

昭和56年の商法改正によって設けられたものである。

本条の目的については、健全で公正な会社運営と（新版注釈(9)238頁〔関俊彦〕。江頭349頁）、会社財産の浪費の防止であるとされる（コンメ(3)259頁〔森田章〕。竹内昭夫『会社法の理論Ⅱ』〔有斐閣、1984年〕53頁）。なお、120条に違反した取締役は同条4項の責任を負うことになる。利益供与に関与した取締役の責任（同条4項）も、利益の供与を受けた者の責任も（同条3項）、株主代表訴訟を利用して責任の追及をすることが可能である（847条1項）。また、利益供与を行った者や利益供与を受けた者、第三者に供与させた者は3年以下の懲役または300万円以下の罰金に処せられる（970条1項・2項）。

以下では、この要件をみていくことにする。

㋐　**何人に対しても**

120条1項は、「**何人に対しても**」と定めているので、株主でない者に対する利益供与も同条の対象となる。「何人に対しても」と定めているのは、利益供与を受ける者を株主に限定すると、総会屋の親族や知人、関係する会社や団体に利益を供与させて規制を免れるおそれがあるからである（コンメ(3)259頁〔森田〕）。

㋑　**株主の権利の行使に関し**

本条にいう「**株主の権利の行使**」は、議決権の行使に限られない（江頭350頁）。したがって、株主提案権や帳簿閲覧権などの行使や株主代表訴訟の提起に関して利益を供与すれば、本条違反に当たることになる。

㋒　**財産上の利益の供与**

120条1項の「**利益の供与**」に該当するためには、「**当該株式会社又はその子会社の計算において**」行うことが必要である。「計算において」とは株式会社に経済的な効果が帰属するという意味であるから、

---

(2)　120条は、株主の権利の行使のほか、「適格旧株主」（847条の2第9項）や「最終完全親会社等」（847条の3第1項）の権利の行使に関する利益供与も禁じている。これは罰則についても同様である（970条）。

(3)　若干の株式を所有し、株主総会での株主としての発言力を利用して株主総会の議事を経営陣側に有利に進めたり、混乱させたりする会社荒らしの典型的なもの。発言力を盾に会社に金品等を要求したりする例が多い。

会社の役員や使用人等が自費で支払ったような場合は、本条には当たらない。また、現金の交付だけではなく、支出の名目が賛助金、会費、広告料、パンフレットや本の代金、ゴルフの参加料やパーティ会費などであっても、その供与の実質的意味が株主権の行使に関係しているときは本条に当たるとされる（コンメ(3)261頁〔森田〕）。

(2) 利益供与の推定規定

　120条2項は、「特定の株主に対して無償で財産上の利益の供与をしたとき」には、株主の権利の行使に関して**利益供与をしたものと推定する**と規定する。また、「特定の株主に対して有償で財産上の利益の供与をした場合において、当該株式会社又はその子会社の受けた利益が当該財産上の利益に比して著しく少ないとき」にも利益供与の推定を認めている（同条2項）。これは、株主の権利の行使に関して利益供与のあったことの立証が非常に困難であることから、利益供与と株主の権利行使との関連性を立証する困難を取り除くために設けられたものである（森淳二朗「株主等の権利の行使に関する贈収賄罪・利益供与罪」争点50頁。新版注釈(9)244頁〔関〕）。

　この推定は、利益供与の相手方が供与を受けるときに当該会社の株主である場合に限られるため、相手方が株主でない場合には認められない。ただし、この場合にも、利益を供与された者が特定の株主と密接な関係（親族、使用人、株主が主要な構成員となっている団体など）にあるときは、そのことを立証することで、株主の権利の行使に関するとの事実上の推定が認められうる（戸田修三ほか編『注解会社法　下巻』〔青林書院、1987年〕665頁〔蓮井良憲〕。大隅＝今井＝小林・概説101頁注(49)。基本コンメ(1)224頁〔白石智則〕）。

(3) 利益の返還

　120条3項は、利益供与を受けた者はこれを当該株式会社または子会社に**返還しなければならない**と定めている。同条1項違反の利益供与は無効であるから、会社は不当利得の原則（民703条）によりその供与した利益の返還を求めることができるが、供与者が債務のないことを知っていた場合は、不法原因給付（民708条）または非債弁済（民

705条）となって、会社の返還請求が制限されることが考えられる。そこで120条3項の責任を定めているのである（コンメ(3) 262頁〔森田〕。戸田ほか編・前掲665頁〔蓮井〕）。この規定の趣旨を会社に生じた損害の塡補にあるとみれば、返還額は会社が現実に支出した額となるが、利益供与を受けた者の利益の保持の禁止ととらえると、利益供与を受けた者が受益したすべての額と考えるのが妥当といえる（戸田ほか編・前掲665頁〔蓮井〕）。この場合に、この利益と引換えに会社が受け取ったものがあるときは、会社は返還しなければならない。

(4) 利益供与に関与した取締役

120条4項は、株式会社が利益供与をしたときは、利益供与をすることに関与した取締役は連帯して、供与した利益の価額に相当する額を支払う義務を負うと定めている。ただし、利益供与を行った取締役以外の取締役は、職務を行うにつき注意を怠らなかったことを証明した場合は責任を免れる（詳細については、3. (1)を参照）。

(5) 利益供与要求罪

昭和56年に設けられた利益供与の禁止規定は、いくつかの改正を経て強化された後[4]、会社法に引き継がれ、現在の形となった。例えば970条3項は、**自己または第三者に対して利益供与をすることを要求した者**は3年以下の懲役または300万円以下の罰金に処せられると定める。この規定は、会社関係者が総会屋から不当な要求を受けた段階において、これを捜査当局に届け出て処罰を求めることを可能にし、総会屋の犯罪行為の早期かつ効果的な摘発を図るために、平成9年に設けられた規定である（コンメ(21) 142頁〜143頁〔佐伯仁志〕）。

---

[4] 平成9年改正によりいくつかの規定が設けられ、会社法に引き継がれた。これらの規定には、「利益供与要求罪」（970条3項）および「威迫を伴う利益受供与罪」「威迫を伴う利益供与要求罪」（同条2項・4項）がある。会社法になる際に、自首減免規定が設けられた（同条6項。コンメ(21) 142頁〜143頁〔佐伯〕）。

(6) 事例への当てはめ

まずFの場合であるが、120条1項は「何人に対しても」と定めているので、設問のように株主でないFに株式の購入と名義書換（株づけ）を思いとどまらせることも、株主の権利の行使に関して行った利益供与に当たる（同条1項）。ただし、Fは株主ではないため、株主の権利の行使に関する利益供与の推定規定（同条2項）は適用されない。

次にGの場合であるが、株主提案権の行使をさせないために、Bは50万円という金額を支払って価値のない冊子を株主Gから購入しているので、「株式会社が特定の株主に対して有償で財産上の利益の供与をした場合において、当該株式会社又はその子会社の受けた利益が当該財産上の利益に比して著しく少ないとき」（120条2項）に当たり、株主の権利の行使に関して行った利益供与と推定される。

最後にHの場合であるが、何の価値もない雑誌の購読契約を締結するというのはGの場合と似ている。しかし、Cが自費で契約を締結し支払っている点に着目すべきである。自費で支払ったCの行為は120条の要件「当該株式会社又はその子会社の計算においてするもの」を満たしていない。

したがって、Fに金銭を渡した行為が株主の権利の行使に関するものと認められた場合は、Bは、甲社に対し20万円を支払う義務を負う（120条4項）。次に、120条2項の推定が覆らない場合は、Bは、Gに冊子代として渡した50万円を甲社に支払う義務を負う（同条4項）[5]。いずれの場合も、甲社に支払うのは、供与した利益の価額に相当する額である。これに対し、Cの行為は120条が禁止する行為に当たらないため、Cは責任を負わない。また、利益を受け取ったFおよびGは、甲社に対して受け取った分の金銭を返還しなければならないが、Gは甲社から冊子の返還を受けることはできる（120条3項）。Hの行為は120条違反には当たらない[6]。

---

(5) なお、Bは、3年以下の懲役または300万円以下の罰金が科される（970条1項）。

3. 〔設問 2〕取締役会決議に基づいて利益供与が行われた場合の取締役の責任

(1) 利益供与に関与した取締役の責任

120 条 4 項は、利益供与に関与した取締役は、株式会社に対して、**連帯して、供与した利益の価額に相当する額を支払う義務を負う**と定めている。ただし、その者がその職務を行うについて注意を怠らなかったことを証明した場合は、責任を免れるとして過失責任を負わせている。これに対し、利益を供与した取締役は無過失責任を負うのであり、このような証明による免責は認められていない（同項かっこ書）。利益供与に関与した取締役として、法務省令は、「利益の供与（……）に関する職務を行った取締役」を挙げている（会社則 21 条 1 号）。利益供与が取締役会決議に基づいて行われたときは、「当該取締役会の決議に賛成した取締役」および「当該取締役会に当該利益の供与に関する議案を提案した取締役」がそれに当たる（同条 2 号）。

違法な利益供与が行われた場合、利益供与を受けた者に対する利益返還請求権（120 条 3 項）があるので会社には原則として損害がなく、取締役等に対して損害賠償を請求できないことになるが、供与した利益の返還を受けることは、実際には非常に困難であるため、取締役等に利益相当額の支払義務を負わせるために 120 条 4 項の規定が設けられた。このことから、この責任は会社に生じた損害の賠償責任ではなく、株式会社が供与した利益の価額自体を弁済する法定の責任であって、会社に損害が生じたか否かを問わず認められるものである（基本コンメ(1)225 頁〔白石〕）。

(2) 事例への当てはめ

乙社の取締役会では、乙社が所有する不動産（重要財産であるから、

---

(6) ただし、H は、自分と甲社との間で雑誌購読契約を締結することを申し入れているので、970 条 3 項の利益供与要求罪の要件に当てはまり（「会社の計算において利益を供与することを要求した者」）、3 年以下または 300 万円以下の罰金が科される（970 条 1 項・3 項）。

その処分には取締役会決議が必要。362条4項1号）を著しく低い価格で
I社に売却することを決定している。I社の社長が実は乙社に協力し
てきた総会屋であり、次回の総会においても総会屋として働くことを
了承しているから、「株主の権利の行使に関し、」財産上の利益を供与
したという要件に当てはまる。したがってAおよびBは、乙社に対し
て連帯して供与した金額を支払う義務を負う（120条4項。**無過失責任**）。
この場合に支払うべき供与した金額は、供与した利益の価額自体であ
るから（「供与した利益の価額に相当する額」）、5,000万円である。

　これに対し、事情を知らずに議案に賛成したCおよびDは、職務を
行うについて注意を怠らなかったことを証明できれば責任を免れる（同
項ただし書。**過失責任**）。事例からは、価格の適正さにつきCとDは質
問したにもかかわらず、AとBが巧妙に説明を行ったのであり、他に
価格の適正さを疑うような事情がない限り、CとDは「注意を怠らな
かった」と考えられるだろう。

4．〔設問3〕利益供与を行った意図・目的──「株主の権利の行使」

(1)　利益供与に関する裁判例

　株主の権利行使に関する利益供与の禁止規定が設けられた目的は総
会屋の排除であったが、規定の文言上は株主の権利行使に関するもの
であれば総会屋以外に対する利益供与にも適用される。そのため、裁
判例ではさまざまな事例が取り扱われてきた。

　120条の適用が争われた従来の裁判例は、従業員持株制度に基づき
会社が従業員持株会に支出した奨励金は無償供与であっても、金額や
議決権行使方法などから判断すると株主の権利の行使に関するものと
は認められなかった事例（福井地判昭和60・3・29判タ559号275頁）や、
株主優待券の一部の株主への超過交付が問題とされたが、株主の権利
の行使に関しされたものでないとした事例（高知地判昭和62・9・30判
時1263号43頁、高松高判平成2・4・11金判859号3頁）などであった
（久保田安彦「『株主権行使に関する利益供与』に関する規律」法時84巻11
号〔2012年〕34頁参照）。会社の支配権をめぐる争いがある状況のなか
で利益供与が問題とされ、120条違反が認められた事例もある（東京地

判平成 19・12・6 判タ 1258 号 69 頁〔モリテックス事件〕)。

(2) 「株主の権利の行使」の意味

　ある行為が「株主の権利の行使」に関して行われたといえるかどう
かについて、判例は、「株式の譲渡は株主たる地位の移転であり、それ
自体は『株主の権利の行使』とはいえないから、会社が、株式を譲渡
することの対価として何人かに利益を供与しても、当然には〔平成 15
年改正前〕商法 294 条の 2 第 1 項が禁止する利益供与には当たらない」
としながらも、「**会社から見て好ましくないと判断される株主が議決権
等の株主の権利を行使することを回避する目的**で、当該株主から株式
を譲り受けるための対価を何人かに供与する行為は、上記規定にいう
『株主ノ権利ノ行使ニ関シ』利益を供与する行為というべきである」と
判示した（最判平成 18・4・10 民集 60 巻 4 号 1273 頁〔蛇の目ミシン工業
事件〕)。なお、この最高裁判決と同様の立場に立つものとして、東京
地判平成 7・12・27 判時 1560 号 140 頁〔国際航業事件〕がある。

　「株主の権利の行使」に関する主観的要件の要不要については、学説
には争いがある。多数説は、会社側に権利行使に関して利益を供与す
るという「主観的な認識」があればよいとする（稲葉威雄「商法 294 条
の 2・497 条に当たる場合」争点 I 191 頁）のに対し、会社の主観だけで
はなく、株主の権利の行使に利益供与が影響を与えるべき相当の事由
がなければ違法性は認められないとする説がある（森本滋「違法な利益
供与の範囲」監査役 167 号〔1982 年〕8 頁）。これらの説に対し、罰則の
適用については主観的意図を要件とすべきだろうが、民事責任の関係
では、株主の権利行使と利益供与の間に客観的関係が認められればよ
いとする説が主張されている（龍田節・会社百選（第 5 版、1992 年）166
頁）。

(3)　事例への当てはめ

　上記のような平成 18 年最高裁判決の考え方を前提に設問を考えてみ
よう。

　丙社株式は、丙社経営陣に反対の丁社によって大量に取得されてお
り、このままでは支配権が取得されてしまうことを恐れて、経営陣は

丁社から株式を買い戻すための工作を第三者のKに依頼し、その経費と報酬で1億円を支払っている。120条1項は「何人に対しても」財産上の利益を供与することができないと規定している。「何人」であるから、供与の相手方は株主、株主になろうとする者、あるいは株主から利益供与を受け取ることを指定された者、株主と特別な関係にある者、株主に対し影響力を有する者に限られないことになる。株式の買取工作は成功とはいえず、設問のKは実際には影響力をもっていなかったと思われるが、それでも利益供与の相手方として認められる。

　問題になるのは、この行為が「株主の権利の行使」に関して行われたといえるかどうかである。判例の考え方に立てば、Kに株式の買取工作を依頼する行為は120条違反に当たり、代表取締役Aおよび取締役Dは丙社に対し連帯して1億円を支払わなければならない（会社の利益のために行ったのだから問題ないというA、Dの考えは正しくない）。

　次に戊社からの株式買戻しのために無担保で融資した50億円についてである。戊社が議決権等の株主の権利を行使することを回避する目的で行った50億円の無担保・無期限の融資は実際には無償供与したと変わらないから、120条1項に違反する利益供与であるといえる。A、B、C、Dが事情を承知して取締役会で承認したのであれば、連帯して会社に対し50億円を支払う義務を負う（120条4項）。

★★　**コラム**　**株主優待制度等と利益供与・株主平等原則**

　109条1項は、株式会社は、株主を、その有する株式の内容および数に応じて平等に取り扱わなくてはならないと定めている。これが、株式会社の基本原則の一つである「株主平等原則」と呼ばれるものである。株主平等原則は、正義衡平の理念から団体の構成員に当然認められるべき原理であり（大隅＝今井＝小林・概説80頁注(37)）、正義衡平の理念が、株式会社という資本団体の特性に応じて変容し、持株数を標準とした株式平等の原則という形で表われるに至ったものと解されてきた（北村雅史「株主平等の原則」争点46頁参照。コンメ(3)143頁〔上村達男〕参照）。

　このような伝統的な考え方に対し、株主平等は株主の地位が均一的な割合的単位とされることを裏から規定したものであるとする見解がある（新版注釈(3)12頁〔前田庸〕。神田70頁）。この見解は、均一の割合的単位という取扱いをしないと株主と会社の関係や株式譲渡等を合理的に処理できず、誰も安心して株式会社に出資できないこととなり、株式会社の存立の基礎を脅かすことになるため、法技術的な要請

から導かれたものであると主張する。

　なお、株主平等原則は、支配株主の資本多数決の濫用等による差別的取扱いから一般株主を守る機能を営むものと一般的に説明されている（鈴木＝竹内106頁。江頭131頁参照）[7]。これを「政策的な原則」と理解する見解もある（上村達男「株主平等原則」竹内昭夫編『特別講義商法Ⅰ』〔有斐閣、1995年〕20頁）。さらに近年では株主平等原則を「株式投資の収益の予測可能性を高め、株式投資を促す」ものと説明する立場がある（リークエ90頁）。

　この株主平等原則に違反しないかどうかが問題にされるものに、株主優待制度が挙げられる。株主優待制度とは、個人株主の増加を奨励するため、一定数以上の株式を有する株主に、一律にあるいは持株が一定数を超えるごとに段階的に、株式会社が自社のサービスを利用できる優待券を付与したり、自社製品等を提供したりする制度である（北村・前掲46頁〜47頁）。このような株主優待が120条の利益供与に当たるかどうかが争われた裁判例がある。例えば、鉄道会社が交付基準を超過する数の優待乗車券を特定の株主に交付したことが利益供与に当たるかについて、裁判所は、株主の権利の行使に関して行う意図はなかったものとして利益供与には当たらないと判示した（高松高判平成2・4・11金判859号3頁〔土佐電気鉄道事件〕）。

◆ 参考文献 ◆

●株主の権利行使に関する利益供与
・江頭349頁〜350頁
・竹内昭夫『会社法の理論Ⅱ』（有斐閣、1984年）53頁
・森淳二朗「株主等の権利の行使に関する贈収賄罪・利益供与罪」争点50頁
・基本コンメ(1)225頁〔白石智則〕
●利益供与を行った意図・目的──「株主の権利の行使」
・久保田安彦「『株主権行使に関する利益供与』に関する規律」法時84巻11号（2012年）34頁
・稲葉威雄「商法294条の2・497条に当たる場合」争点Ⅰ191頁
・森本滋「違法な利益供与の範囲」監査役167号（1982年）8頁
・伊藤靖史ほか『事例で考える会社法』（有斐閣、2011年）347頁〔齊藤真紀〕
●株主優待制度と利益供与
・北村雅史「株主平等の原則」争点46頁〜47頁
・リークエ90頁
・江頭131頁
・大隅＝今井＝小林・概説80頁注(37)
・神田70頁
・上村達男「株主平等原則」竹内昭夫編『特別講義商法Ⅰ』（有斐閣、1995年）20頁

〔釜田薫子〕

---

(7)　このような少数株主を保護するという従来の立場からは、株主総会決議によって株主の差別的取扱いを認めた事例（最決平成19・8・7民集61巻5号2215頁〔ブルドッグソース事件〕）に対する批判がある。大隅＝今井＝小林・概説80頁注(37)参照。

〔問題6〕 自己株式の取得

◆ 事例 ◆

次の文章を読んで、以下の設問に答えなさい。

1. 甲社は、繊維加工業を主たる業とする株式会社である。甲社は、その発行する全部の株式の内容として、譲渡による株式の取得について会社の承認を要する旨の定款の定めを設けている。甲社は、取締役会設置会社であり、その発行済株式総数は10,000株である。甲社の定款において、株主総会の招集通知の発出期間および自己株式の取得に関する議案の追加の請求の時期について、特段の定めは置かれていない。

2. 甲社は、もともと、Aが全額出資をして設立した会社であるが、Aはすでに死亡しており、現在は、甲社の株式をAの妻であるBが5,000株、その娘であるCおよびDが各1,000株ずつ、また、甲社の設立時からの従業員であったE、FおよびGが各1,000株ずつ保有している。甲社の現在の取締役は、B、EおよびFの3名であり、Bが代表取締役を務めている。平成28年3月末時点での甲社の1株当たりの株式の評価額は、甲社の純資産額などをもととすると、約15,000円である。

3. Dは、友人の紹介を通じていわゆるマルチ商法の被害に遭い、経済的に困窮する事態に陥った。そこで、Dは、自らが保有する甲社の株式の一部を甲社に買い取ってもらうことにより、資金を得ようと考え、平成28年5月頃に、Bに相談したところ、BはDが経済的に困窮していることに理解を示した。

4. 平成28年6月10日に開催された甲社の取締役会(以下「本件取締役会」という)においては、平成28年度の甲社の株主総会(以下「本件株主総会」という)の招集事項について審議がなされ、日時、場所、議題などが決議された。そのうち、日時は、平成28年6月27日午前10時より開始とされ、また、甲社が自己の株式1,000株を1株当たり15,000円(総額15,000,000円)で決議から3カ月以内に取得する旨の議案、それにあわせて、158条1項の規定による通知をDに対してのみ行う旨の議

問題6 自己株式の取得　63

案が決議された（以下「本件議案」という）。書面または電磁的方法に
よる議決権行使を認める旨の決議はなされなかった。

5. 本件株主総会の招集通知は、平成28年6月17日に、甲社の株主全員
に対して発出された。また、同じ日に、甲社の株主全員に対して、D
とともに自己をも自己株式取得の相手方に加えたものを本件株主総会
の議案とすることを請求することができる旨の通知（以下「本件通知」
という）がなされた。

6. 上記の招集通知および本件通知を受け取ったCは、自己の保有する甲
社株式についても、一部を甲社に買い取ってもらいたいと考え、その
旨をBに伝えたが、Bは、Dと違ってCは経済的に余裕があるのだか
ら思いとどまってほしいと翻意を促した。しかしながら、Cはこれに
納得せず、自己を加えたものを株主総会の議案とすることを、平成28
年6月23日に会社に請求した。

7. 平成28年6月27日に開催された甲社の株主総会においては、Bの指
示によりCによる請求は議案に反映されず、本件議案のみが審議され、
B、EおよびFの賛成により可決された。Dは本件議案については、
議決権を行使していない。その後、会社法の定めに従って、甲社はD
から、自己の株式1,000株を1株当たり15,000円（総額15,000,000円）
で取得した（以下「本件自己株式取得」という。なお、本件自己株式取得
がなされた時点での甲社の分配可能額は取得の対価を上回っていたものとす
る）。

〔設問〕　本件自己株式取得には、会社法上どのような問題があるか、説明
しなさい。

◆ 解答へのヒント ◆

　会社法の下では、自己株式[(1)]の取得は、一定の手続および財源規制
の下に許容されている。もっとも、特定の株主からの取得については、
一般の自己株式の取得とは異なる手続が必要とされている。これは、
株主間の平等を図る必要があるためである。本問では、Dからのみ自
己株式が取得されているが、その手続の検討、とりわけCからなされ

た売主追加請求権の扱いについて検討することが必要となる。

　なお、本問では、自己株式取得時点において、財源規制違反はないものとされているが、仮に財源規制違反があった場合については、違法配当と同様の規制に服することとなる（〔問題12〕参照）。

---

(1)　会社法の法文上は、「自己の株式の取得」とされている（第2章第4節表題）。これは、「自己株式」とは、本来、会社が有する当該会社の株式を指すのであって、当該会社以外の者が有する株式を会社が取得することを「自己株式の取得」ということは矛盾するためである。もっとも、講学上は、一般に「自己株式の取得」という表現が使用されているため、本書でもその用語に従うこととする。

◆ 解説 ◆

1. 自己株式取得規制の趣旨と内容

(1) 総説

　会社法の下では、**自己株式の取得は、一定の手続規制および財源規制の下で許容されている**。しかし、平成13年の商法改正以前は、自己株式の取得は、例外的な場合のみ許容されていた。その理由として、①資本の維持、すなわち出資の払戻しとなり会社債権者を害すること、②自己株式を資産とした場合、会社の業績不良の場合に、保有する自己株式の価値も下がるため会社資産として危険であること、③株主相互間の公平、すなわち特定の株主から取得すると株主間の公平を害すること、④会社支配の公正、すなわち経営者が自己の支配権維持の目的で取得すると弊害が生じること、⑤相場操縦・インサイダー取引の危険があること、および、⑥自己株式を経営者が自由に処分できると新株発行に関する規制が潜脱されるおそれがあることが挙げられていた（大隅＝今井＝小林・概説406頁以下参照）。

　これらの予想される弊害に対して、①については、剰余金の払戻しとして、利益配当と同じ規制に服させることにより対処し（461条1項各号）、②については、会計上自己株式を資産として認識しないこと（純資産の部の控除項目とされる、会社計算76条2項5号）とし、③については、いわゆるミニ公開買付と呼ばれる株主平等確保のための手続規制を設け（157条以下）、特定の株主から取得する場合には特別の規制を設ける（160条以下）ことにより対処し、⑤については、金融商品取引法による規制に委ねることとし（金商162条の2など）、⑥については、自己株式の処分を新株発行と同様の規制に服させることとしている（199条以下）。残る課題は④の弊害である。

　④の弊害のうち、(a)自己株式の取得により議決権の総数が減少する結果、本来多数派ではない者が多数を制するという弊害、および(b)自己株式の取得により株式の価格が上昇すると現経営陣と敵対する者が株式を買い集めることが困難になるという弊害については、取得を株主総会の決議事項とすることで対処が可能となる。これに対して、(c)

会社に対して高値で株式を引き取らせることを目的とする株式買占め
に会社がプレミアム付で株式を買い受けると会社財産の不当な流出が
生じるという弊害については、他の株主にも同一価格で株式売却の機
会を与えることを強制することと、事後的に取締役に責任を負わせる
ことで予防することができると考えられている（大隅＝今井＝小林・概
説 406 頁参照）[2]。

　これらの弊害の対処策を講じたうえで、自己株式取得を解禁すべき
理由として、自己株式の取得を限定することは、資本効率を高める等
の企業の財務戦略上の観点から自由度を狭めるとの議論が台頭したた
め、現在のような規制が置かれている（江頭 247 頁〜 248 頁）。

(2)　自己株式取得の手続

　会社が、自己株式を取得することは、剰余金の配当と同じく、株主
に対する財産分配の一形態である。したがって、**原則として、株主総
会の授権決議が必要**である（授権する株主総会は定時株主総会に限られ
ない）。そこでは、株主総会決議によって、①取得する株式の種類・数、
②取得と引換えに交付する金銭等（当該会社の株式等は除く）の内容・
総額、③株式を取得することができる期間（1 年以内に限られている）
を定める（156 条）。

　もっとも、**取締役会設置会社においては、例外的に、以下の場合に、
上記の内容を取締役会で定めることができる。**すなわち、第 1 に、剰
余金の配当等を取締役会が決定する旨の定款の定めがある場合（特定
の株主からの取得の場合を除く。459 条 1 項 1 号）、第 2 に、子会社から
の取得の場合（163 条）、第 3 に、市場取引・公開買付けにより取得す
ることを取締役会の決議によって定めることができる旨が定款で定め
られている場合（165 条）である（このうち、第 1 の場合は、特定の株主

---

(2)　なお、規制に従った自己株式の取得であっても、会社の支配権をめぐる争いがある
　場合に、経営者が会社の名で市場において株式を買い漁るなど、当該自己株式の取得
　が取締役の善管注意義務違反に当たる場合は、取締役の責任（423 条）、行為の差止
　め（360 条）などの原因となる（江頭 248 頁〜 249 頁）。その限りにおいて、現行の
　自己株式取得規制は、すべて事前の規制によって対処できているわけではなく、一部
　は事後的な規制に委ねられているといえる。

問題 6　自己株式の取得　67

から取得する、いわゆる相対取引は除かれており、株主を平等に取り扱う手続となっている。また、第3の場合も、市場での買入れは従来から株主平等に反しないと解されてきたし、公開買付けも全株主に平等に売却の機会を与えるものであるから、株主平等は問題とならない〔逐条(2) 404頁〔小林量〕参照〕。これに対して、第2の場合には相対取引ではあるが、実質的な理由から簡易な手続によることが許容されている〔詳しくはコラム①参照〕)。

第3の場合は、機動的に自己株式取得を行いたいという産業界（上場会社）の強い要望に基づいて平成15年改正によりこのような措置が導入されている（平成9年から13年までバブル崩壊後の株価を下支えする効果をねらって緊急的に導入されていた特別法による規制を復活させたとみることもできる。江頭252頁、255頁参照）。上場会社でなされる自己株式取得の大部分は、この特例（165条）により行われている。

(3)　特定の株主からの取得手続

特定の株主からの取得については、株式売却機会の平等を図り、グリーン・メイラーと呼ばれる特殊株主からの高値の取得を阻止するために、**株主総会の特別決議の承認**が必要であり、手続が厳格化されている（309条2項2号・160条1項・158条1項。なお、子会社からの取得の場合は特別に取り扱われる〔163条〕）。

特定の株主からの取得について決議する株主総会において、当該株主は、原則として議決権を行使できない（160条4項）。この規制は、株主総会において、株主は、自らに利害関係がある議案であっても議決権行使をすることができ、仮にその結果、著しく不当な決議がなされたときのみ、決議取消訴訟の対象となる（831条1項3号）、という原則的な扱いの例外的な規制として位置づけられる（140条3項も参照。なお〔問題18〕コラム②「株主総会決議における特別利害関係人の議決権行使と取締役会における特別利害関係人の議決権行使」も参照）。

自己株式を特定の株主から取得する場合、原則として、他の株主も特定の株主に自己をも加えたものを総会の議案とすることを請求できる（**売主追加請求権**。160条3項）。これは、他の株主にも株式の売却の機会を与えることにより株主間の平等を確保するためである（これが認められない例外的な場合について、コラム①参照）。

68　第1部　基本問題

具体的には、自己株式の取得決議にあわせて、158条1項の規定による通知を特定の株主に対して行う旨を株主総会で決議することができ（160条1項）、その場合には、他の株主も特定の株主に自己をも加えたものを総会の議案とすることを請求できる旨の通知を、株主総会の会日の一定の期間前までに株主に通知しなければならない（160条2項）。

　この期間は、株主総会の招集通知の発出期間を定める299条にそろえる形で公開会社か否かによって区分して規制されている。公開会社については2週間、非公開会社では1週間とされている（会社則28条。非公開会社であっても、書面または電磁的方法による議決権行使を認める場合には2週間）。

　さらに、これを受けて株主が会社に対して請求できる期間も定められている。定款で下回る期間を定めていない限り、上記の期間が2週間の場合には株主総会の会日の5日前、上記の期間が1週間の場合には3日前とされている（160条3項、会社則29条）[3]。

---

(3)　手続規制違反の自己株式の取得の効果については、無効と解されている（最判昭和43・9・5民集22巻9号1846頁〔ただし、自己株式の取得が原則禁止とされていた規制の下での判例であることに注意〕）。もっとも、多くの学説はいわゆる相対的無効説を採用しており、相手方が善意の場合には会社は無効を主張できないとする（江頭257頁）。したがって、譲渡人が、株式の譲受人が会社であって手続規制に違反していることについて悪意（重過失の場合も含まれよう〔龍田270頁〕）の場合にのみ、会社が無効を主張できることとなろう（自己株式の取得が市場取引において行われる場合は、この要件を満たすことは考えにくい）。

　無効を主張できるのは、会社のみであるとする見解に対し、違法取得した会社（取締役）が無効を主張することは多くの場合期待できないため、相手方からの無効の主張が認められるべきであるとする批判がある（江頭258頁）。

　手続に違反して取得された株式の時価が下落した場合は、取締役は会社に対して任務懈怠責任を負う余地がある。そこでの損害額について、裁判例においては、自己株式が消却されていない事例において、実際の取得価額と取得時点における株式時価との差額とする（大阪地判平成15・3・5判時1833号146頁）ものがある一方、自己株式の取得価額から処分価額を差し引いた額を会社の損害と解するものがある（東京高判平成6・8・29金判954号14頁）。

★ コラム ① 売主追加請求権が適用されない場合

会社法では、以下の四つの場合には、設問で問題となった売主追加請求権（160条3項）は認められていない。

第1に、株式に市場価格がありかつ取得価額が市場価格より低い場合である（161条）。

その理由は、市場価格のある株式は売却の機会があり、また、取得価格が市場価格以下であれば他の株主を害することもないからである（市場価格について、会社則30条参照）。

第2に、特定の株主が相続人その他の一般承継により非公開会社の株式を取得した場合である（162条）。その沿革として、平成13年改正前商法210条ノ3は、自己株式を取得できる例外的な場合として相続人から取得する場合が定められていた（上記規定の下である規定が新設された平成6年改正時において、その趣旨は、非公開会社について、会社が株主の相続人との合意に基づいて自己株式を取得することを認めることにより閉鎖性の維持を図ることにあると説明されていた〔吉戒修一『平成5年・6年　改正商法』（商事法務、1996年）426頁〕。平成13年改正により自己株式の取得が原則自由化されたことに伴い、上記規定は削除されたが、相続人等からの取得の際に他の株主からも取得しなければならないことの不都合性が指摘され、相続人等からの取得の場合についてはその例外とすべきであるとの実務上の要望が寄せられていたため、平成17年の会社法制定の際に162条の例外規定が設けられた（新解説40頁）。この例外は、公開会社については適用がなく、また、相続人等が株主総会において議決権を行使した場合には適用されない。そのため、実質的には相続等の一般承継から1年以内に適用されることが想定されている。

例えば、本件事例の事実とは異なり、Dが死亡し、Dの息子であるH、および娘であるIが、甲社の株式500株をそれぞれ相続したとして、Hから甲社に対して自らが相続した株式の買取請求がなされ、甲社が自己株式を取得する場合が考えられる。甲社は非公開会社であるため、Hが株主総会において議決権行使を行った場合を除いて、そのような場合に、Cは、売主追加請求権を有しない。

第3に、子会社からの取得の場合である（163条）。これは、子会社からの自己株式取得については簡易な手続で許容する必要があるからである。そもそも、子会社が親会社株式を取得する場合、親会社自身が取得する場合と同様の弊害が存在する。この弊害は完全親子会社の場合に限られず、持株割合が低い場合でも、多かれ少なかれ生じ、その弊害の程度について明確な限界を見出すことは困難である（大隅＝今井＝小林・概説425頁）。そこで、子会社による親会社株式の取得については、会社法においても、その取得事由が非常に限定されている（135条）。これについては、親会社自身による自己株式の取得についてさえ、一定の条件の下で取得が許容されていることとの均衡上、主体が異なる子会社による親会社株式の取得についても、理論上は、取得が許容されてもよいようにも思われる。しかしながら、仮に財源規制を設けるとすると、親会社・兄弟会社と合算した規制が必要となり、規制が著しく複雑になるため（江頭271頁参照）、一律に子会社による親会社株式取得は規制されている（親会社・子会社の定義についてはコラム③参照）。もっとも、やむをえ

70　第1部　基本問題

ない事由によって子会社が親会社株式を取得することが認められる場合がある（組織再編の際に承継する場合など。135条2項）。その場合、子会社は相当の時期にその有する親会社株式を処分しなければならない（同条3項）。その際の、処分の相手方として、親会社自身が候補となる。そのような場合、子会社以外の一般株主に売主追加請求権を認める必要はない（なお、取締役会設置会社では、そもそも子会社からの取得は、株主総会ではなく取締役会の決議によるため〔163条〕、株主総会の議案として売主追加請求権が行使される余地はない）。

　第4に、定款に特定の株主からの取得に関する定めが設けられ、売主追加請求権を排除している場合である（164条）。株式発行後にこの定款の定めを設けるためには、株主全員の同意が必要である（同条2項）。160条が定める売主追加請求手続は、株主平等に関わる規制であるが、原始定款で定めるか、全員の同意により定款が変更される場合には、他の株主に不測の損害が与えられることはなく、株主平等の問題はない。取得手続を簡便なものにしたいという会社の便宜を考慮し、この場合に、売主追加請求権を排除することが認められている（逐条(2) 400頁〔小林量〕参照）。

★★ **コラム**　②　相続人等に対する売渡しの請求

　前述のコラム①の第2の例外として挙げた事例の場合、Hが自ら株式を手放すことに同意していたため問題とならないが、仮に甲社にとってHが望ましくない株主であり、かつHが株式を保有したいと考えた場合は、甲社（および代表取締役B）にとっては不都合な事態が生じうる。すなわち、非公開会社において、いくら譲渡制限を設けていても、相続等による一般承継によって、会社にとって望ましくないと考えられる株主が出現してしまう可能性がある。

　そこで、そのような事態を防ぐために、会社法は、事前に定款の定めを置くことを認めている。具体的には、会社は、譲渡制限株式が相続その他の一般承継により移転した場合、会社が当該株主に対して、当該株式の売渡しを請求することができる旨の定款を定めておくことが可能である（174条・155条6号）。取得には、株主総会の特別決議が必要であり（309条2項3号）、また、一般承継から1年以内であることが要件となっている（176条1項）。

　コラム①で取り上げた162条による相続人等からの取得の特則と、174条の定款の定めによる取得制度の相違点として、174条の場合は、162条の場合と異なり、一般承継人の同意は不要であるが、予め定款の定めが必要であること、また、174条の場合は、公開会社であっても株式が譲渡制限株式であれば請求できる点などが挙げられる（なお、売買価格決定の申立制度として、177条も参照）。

> ★ **コラム** ③ **親会社・子会社**
>
> 　どのような場合に、親会社・子会社と判断されるかの基準について、会社法の下では、単純な議決権の過半数といった形式基準ではなく（平成17年改正前商211条ノ2第1項・3項参照）、実質的な基準によって判定される。これは、平成10年から、実質的な基準（支配力基準）が採用されていた、金融商品取引法（証券取引法）の規制に合わせるものといえる（企業内容等の開示に関する内閣府令1条26号・27号。財務諸表規則8条3項参照）。
>
> 　子会社とは、会社がその総株主の議決権の過半数を有する株式会社その他の当該会社がその経営を支配している法人として法務省令で定めるものをいい（2条3号）、親会社とは、株式会社を子会社とする会社その他の当該株式会社の経営を支配している法人として法務省令で定めるものをいう（2条4号）。
>
> 　法務省令において、①議決権の過半数を所有する場合（会社則3条3項1号。議決権の計算においては、自己だけでなくその子会社および子法人等も含まれる）、②議決権の40％以上でかつ一定の要件（自己が他の会社等の重要な財務および事業の方針の決定を支配する契約等が存在することなど）を満たす場合（会社則3条3項2号。例えば八参照）、③自己所有等議決権数（自己の計算で所有する議決権に自己の意思と同一の内容の議決権を行使することに同意している者が所有している議決権などを含めたもの）が50％を超えておりかつ一定の要件を満たす場合（会社則3条3項3号）に、親会社・子会社となることが規定されている（詳細については、龍田489頁参照）。なお、親会社・子会社には、外国会社や組合など会社以外の事業体が含まれることも明確にされている（会社則2条3項2号）。
>
> 　上記のように統一的な子会社概念が採用されているものの、あらゆる条文との関係で子会社の範囲が同一になるわけではなく、問題となる各条文ごとにその目的との関係で実質基準により子会社であるかどうかが判断されると解されている（大隅＝今井＝小林・概説154頁）。

2．事例への当てはめ

　まず、本件株主総会においては、取得する株式の数として1,000株（甲社は種類株式発行会社ではないため、種類について決議することは不要）、取得と引換えに交付する金銭等の内容およびその総額として1株当たり15,000円（総額15,000,000円）、および、取得することができる期間として決議から3カ月以内という1年以内の期間が定められており、156条1項各号の要件を満たしている。

　これに加えて、本件自己株式取得は、特定の株主であるDからの取得であるため（160条1項）、他の株主も特定の株主に自己をも加えた

ものを総会の議案とすることを請求できる旨の通知を、株主総会の会日の一定の期間前までに株主に通知しなければならない（同条2項）。甲社は非公開会社である（また、書面または電磁的方法による議決権行使も認められていない）ため、D（特定の株主）にCが自己を加えたものを総会の議案とすることを請求できる旨の通知を会社が行う期間は、299条1項の規定による株主総会の招集通知を発すべき時である1週間前である（160条2項、会社則28条1号）。本件通知は本件株主総会の会日である6月27日の10日前である17日になされており、甲社からの通知は適法になされている。

　本問において、自己株式の取得に関する議案の追加の請求の時期は、会社法施行規則28条1号に掲げる場合に当たるため、株主総会の日の3日前である（160条3項、会社則29条。定款で特段の定めは置かれていない）。Cからの請求は、会日の6月27日の4日前である23日になされており、適法になされている。

　本件議案の採決にあたり、Dは議決権を行使していない。このことは、160条4項の要件を満たす。しかしながら、Cによって上記のように適法になされた請求は、Bの指示によって本件株主総会において、議案に反映されなかった。本来であれば160条1項の「特定の株主」に、DだけではなくCも加えた株主総会決議がなされるべきところ、そのような扱いがなされていないため、本件自己株式取得は同項に違反している。

　なお、仮に特定の株主にCが加えられて決議がなされた場合、CおよびDの両者に対して158条1項の通知がなされ、これを受けてCおよびDは株式の譲渡しの申込みをすることとなる（159条1項）。その場合、例えば、両者とも1,000株の譲渡しの申込みを、申込期日（157条1項4号参照）までにした場合は、申込総数（2,000株）が取得総数（1,000株）を超えることになるため、申込期日において、按分して（本件の場合には、500株ずつ）の譲受けを甲社は承諾したものとみなされる（159条2項）。

問題6　自己株式の取得　73

★★ コラム ④ 自己株式の法的地位

会社は、取得した自己株式を、特に期間の制限なく保有することができる（従前は、相当な時期に処分することが義務づけられていた〔平成13年改正前商211条〕。現在も子会社の有する親会社株式については、相当な時期に処分することが義務づけられている〔135条3項〕）。

会社は、その保有する自己株式については、議決権を有しない（308条2項）。取締役が自らの支配権の強化に利用することを防止するためである。議決権以外の共益権も有しないと解されている。

剰余金配当請求権および残余財産分配請求権も有しない（453条かっこ書・504条3項かっこ書）。支払われた配当金を会社の利益として示すことは誤解を招くし、また、自己株式に残余財産請求権を分配すると、いつまでも清算事務を終了することができないからである（龍田268頁参照）。

株主に対して募集株式および募集新株予約権を割り当てる場合、自己株式に対する割当てはできないし（202条2項・241条2項）、自己株式に対して株式および新株予約権を無償割当てすることもできない（186条2項・278条2項）。

株式分割および株式併合については、自己株式についても一律に効力が生じると解するのが多数説である（神田104頁、龍田268頁。184条2項・182条2項参照。大隅＝今井＝小林・概説423頁は反対）。これに対し、会社の裁量が認められるべきだとの見解もある（江頭265頁）。

会計上の扱いについて、自己株式は、貸借対照表において資産としては計上されず、株主に対し交付した金銭等の帳簿価額相当額が、純資産の部から控除する形（△など〔〔問題12〕【資料1】参照）で表示される（会社計算76条2項5号）。

なお、会社は、保有している自己株式を消却することができる。この場合、消却する自己株式の数（種類株式発行会社では種類および種類ごとの数）を定めなければならない（178条1項）。取締役会設置会社では、この決定は取締役会決議によらなければならない（同条2項）。それ以外の会社の場合、旧有限会社法における取扱い（旧有23条ノ3第1項）を根拠として株主総会の普通決議を要するとする立場（江頭268頁〜269頁）と、会社にとって重要な意思決定とは言い難いことなどから、取締役（の過半数）による決定で足りる（348条2項）とする立場（コンメ(4)135頁〜136頁〔伊藤雄司〕）がある。178条の文言解釈からは、後者の結論をとることが素直ではなかろうか（後者の結論をとるものとして、龍田265頁）。自己株式を消却した場合、会計上、消却される自己株式の帳簿額（控除額）が減少し、それに対応する剰余金の額が減少する（会社計算24条2項・3項・29条2項4号）。

◆ 参考文献 ◆

- 鈴木千佳子・百選48頁
- 神田秀樹・百選50頁
- 岩原紳作「自己株式取得規制の趣旨と規制内容」争点66頁
- 梅本剛正「違法な自己株式取得・質受けの効力」争点67頁

〔小柿徳武〕

〔問題7〕 株主総会決議の瑕疵①
──招集通知漏れ・議決権の代理行使

◆ 事例 ◆

次の文章を読んで、以下の設問1〜4に答えなさい。

1. 甲株式会社は、平成13年に設立されたモバイルコンテンツの制作およ
   び電子絵本サービスの提供を目的とする、公開会社でない取締役会設
   置会社で、監査役設置会社であり、4月1日から翌年3月31日までを
   一事業年度とする。甲社の定款には、「当会社は、毎事業年度最終の株
   主名簿に記載された議決権を有する株主をもって、その事業年度に関
   する定時株主総会において、議決権を行使することができる株主とす
   る」旨の規定があり、また、第三者によって株主総会が撹乱されるこ
   とを防止する目的で、その定款に、「株主は、代理人をもって議決権を
   行使することができる。ただし、代理人は、当会社の株主に限るもの
   とする」という規定が置かれていた。甲社の定時株主総会は、創業以
   来、6月10日から25日のいずれかの日に開催するのが通例であった。
2. 甲社取締役には、A、B、およびCが就任し、Aが代表取締役に選定
   されていた。このうち、AおよびBは甲社創立当初から取締役に就任
   し、甲社の経営を指揮してきた。甲社は、創業以来、従来の携帯電話
   向けのコンテンツの制作に力を入れてきたが、スマートフォンアプリ
   の制作への取組みが遅れ、その結果、平成23年頃から、モバイルコン
   テンツ制作部門の業績が不振に陥っていた。そこで、甲社は、取引先
   のD株式会社に対し、他の株主の持株比率に影響を与えないようDに
   発行する株式をすべて完全無議決権株式とする条件で出資を依頼した。
   Dはこれを了承し、平成23年10月、甲社は適法な手続を経てDに
   2,000株を発行した。
3. 甲社は、計算書類の承認（議題①）、剰余金の配当（議題②）、取締役3
   名の選任（議案として、候補者A、BおよびE）（議題③）を議題とする
   平成26年度の決算にかかる定時株主総会（以下「本件株主総会」とい

問題7 株主総会決議の瑕疵①──招集通知漏れ・議決権の代理行使　75

う）を、平成 27 年 6 月 10 日に開催することを、同年 5 月 12 日の取締
役会で決定した。E は A の子である。その後、甲社は、平成 27 年 6 月
1 日に甲社代表取締役 A 名義で招集通知を発した。

4. 平成 27 年 3 月 31 日時点での甲社の発行済株式総数は 1 万株であり、
総議決権数は 8,000 議決権であり、同時点での株主名簿上の株主には、
D、F、G、および、H ほか 20 名があった。D は本件株主総会のすべ
ての事項につき議決権を有せず、F は 2,000 議決権を、G は 1,000 議決
権を有し、H は 3,000 議決権を有していた。

5. F は、前記モバイルコンテンツ制作部門の業績不振の原因は、A およ
び B の経営戦略の失敗にあると考えており、平成 23 年度以降、現経営
陣の方針に反対する発言をしていた。また、平成 26 年度の決算にかか
る定時株主総会で任期満了となる A および B を再任することは適切で
ないと考えていた。

6. A らは、F が本件株主総会に出席し、議決権を行使すれば、E の選任
と A、B の再任の決議の成立が危うくなると考え、F に対し招集通知
をしなかった。さらに、A らは、議決権を有しない者への招集通知は
不要であると考え、D に対しても、招集通知をしなかった。その他の
株主に対しては、適法に招集通知がなされた。H は取締役会を設置す
る株式会社（監査役設置会社である）であり、本件株主総会には、H 社
代表取締役 I に代わり、H 社の法務部長 J が出席し、J がすべての議
題につき H が有する議決権を行使した。

7. 本件株主総会には、F を除く議決権を有するすべての株主が出席し、
議題①および議題②については、出席株主の議決権すべての賛成によ
り決議が成立した。議題③については、出席株主の議決権の 3 分の 2
の賛成により、E を選任し、A および B を再任する決議が成立した。
その後、平成 27 年 6 月 11 日の取締役会において、E が代表取締役に
選定された。同月 20 日に、E の就任登記、ならびに、A および B の再
任登記がなされた。

8. 平成 27 年 6 月 12 日、招集通知が到着しないことを不審に思った F は、
親しい G に連絡をとり、招集通知がないことを伝えたところ、すでに
同年 6 月 10 日に本件定時株主総会が開催され、すべての議題につき、
可決する決議が成立したことを知った。さらに、翌日、F は、甲社に

問い合わせて、これを確認した。

9. 平成27年6月25日、Eは、甲社を代表し、乙株式会社と業務提携をなす契約を締結した。新代表取締役Eが代表する取引であったため、乙社は、同月24日に、甲社の登記を閲覧し、Eが甲社の代表取締役であることを確認していた。

〔設問1〕 Fは、平成27年7月1日に、本事例の取締役選任決議の取消しを求める訴えを提起しようとしている。このとき、Fは、いかなる事実を取消事由として主張しうるか。また、それらの主張は認められるか。

〔設問2〕 議題③につき、A、BおよびEを候補者とする議案に反対の議決権行使をなしたGは、決議のやり直しにより決議の結果が変わることをねらって、議題③につき決議取消しの訴えを提起することを考えた。Gは、いかなる事実を取消事由として主張しうるか。

〔設問3〕 本件株主総会の各決議の取消請求につき、裁量棄却は認められるか。

〔設問4〕 Fが〔設問1〕の訴えを提起し、本件株主総会における取締役選任決議の取消認容判決が確定した場合、平成27年6月25日の甲社と乙社との取引の効果はどうなるか。

◆ 解答へのヒント ◆

1.〔設問1〕

　株主総会決議取消しの訴えを提起するためには、(a)提訴をする者が原告適格を有すること（831条1項）、(b)被告適格を有する者（つまり会社〔834条17号〕）を被告として訴訟を提起していること、(c)当該決議の日から3カ月以内に取消訴訟が提起されていること（831条1項）といった訴訟要件を満たす必要があり、取消請求が認容されるためには、(d)当該決議に取消事由が認められること（831条1項各号）、(e)裁量棄却の対象とならないこと（831条2項）が必要となる。本問においては、特に(a)と(d)についての検討が必要となる。(a)について、決議取消しの

訴えの原告適格は、831条1項柱書に定められ、そこにいう「株主等」の定義は828条2項1号かっこ書に定められている。(d)について、決議取消事由は、831条1項各号に掲げられている。本事例におけるいかなる事実が、同項各号が掲げるどの取消事由に該当するかを整理することが必要となる。

310条1項は、代理人による議決権行使を認めている。同項が強行規定だとすれば、代理人資格を制限する甲社の定款規定が、同項に違反し無効とならないかを検討することが必要となる。定款規定が無効でないとすれば、非株主たるJによる議決権行使がこの定款規定に違反し、総会決議の瑕疵を構成しないか検討することが必要となる。

2.〔設問2〕

Gは、適法に招集通知を受けた株主である。このような株主も、他の株主への招集通知の欠缺を理由に決議取消しの訴えを提起することができるかどうか、検討することが必要となる。

3.〔設問3〕

831条2項は、決議取消事由が招集手続または決議方法の法令・定款違反といった手続に関するものであるときには、一定の要件を満たす場合、裁判所は、決議取消請求を棄却することができる旨を定める。ここでは、その要件を整理し、本件株主総会の各決議の瑕疵がその要件を満たすか否か検討することが必要となる。

4.〔設問4〕

決議取消認容判決の効力を確認したうえで、Eを選任する決議の取消請求を認容する判決が確定した場合に、Eが甲社を代表してなした乙社との取引は効力を有するか、検討することが必要となる。また、Eの選任決議の取消しが、乙社との取引の効力に影響を及ぼすとすれば、取引の相手方である乙を保護する手段も検討することが必要となる。

◆ 解説 ◆

1．出題の意図

〔設問1〕は、株主総会決議の取消事由としてどのようなものがある
か、事例の中から決議取消事由に該当しうる事実を見つけ出すことが
できるか確認すること、議決権を有しない株主は招集通知の対象とな
るかどうかを確認すること、および、株主総会における議決権行使の
代理人を株主に限る旨の定款規定は310条1項に抵触しないか、抵触
が問題にならないとすれば、他の会社が株主である場合に、その代表
者でなく従業員が議決権行使をすることは、前記定款規定への違反と
ならないか検討することを目的とする。

〔設問2〕は、〔設問1〕において確認した決議取消事由のうち、招
集通知漏れという瑕疵を主張できるのは、当該招集通知を受けなかっ
た株主に限られるか否かを検討するとともに、この点の検討を通じて、
決議取消しの訴えの本質をどのように理解すべきかを確認することを
目的とする。

〔設問1〕および〔設問2〕で、原告適格と決議取消事由の存在を確
認したうえで、当該取消請求が裁量棄却の対象となるか否かを検討す
るのが〔設問3〕である。

〔設問4〕は、取消認容判決の効力、および、〔設問1〕の取消請求
を認容する判決の確定によって生じる問題を検討するものである。

★ **コラム** ① **株主総会決議の取消し・無効・不存在**

取締役会の決議内容・手続に瑕疵がある場合につき、会社法は特別の定めを設け
ていない。このため、一般原則に従い、瑕疵ある取締役会決議は、その瑕疵の性質
如何にかかわらず、当然に無効であり、その無効は、誰から誰に対しても、いつい
かなる方法でも、主張することができる。また、無効確認訴訟が提起され、取締役
会決議の無効確認判決が確定した場合、その判決は、民事訴訟法の一般原則に従
い、相対効を有するにすぎない（民訴115条1項）。

これに対して、会社法は、瑕疵ある株主総会決議の効力の取扱いについて、次の
ように一般原則を修正する。すなわち、第1に、瑕疵ある総会決議による不利益か

問題7　株主総会決議の瑕疵①──招集通知漏れ・議決権の代理行使　79

ら株主を保護する必要がある一方で、決議後に新たな法律関係が積み重ねられ、決議から時間が経過するほど、決議の瑕疵を理由に法律関係を覆すことが多数の利害関係者に多大な影響を及ぼすことに配慮し、比較的軽微な瑕疵について決議の「取消し」という類型を設ける。831条1項に掲げられる事由が認められる場合、会社法は、当該決議は取消対象となるとする。決議の取消しは、訴えによってのみ主張でき、請求認容判決が確定するまでは、当該決議は一応有効なものと取り扱われる。さらに、提訴権者および提訴期間が限定される（831条1項柱書）。これは、同項1号の場合には手続が違法であるにすぎないこと、2号の場合には内容が会社の自治規則に違反するにすぎないこと、3号は、株主は原則として自己の利益のために議決権を行使してよいことと、他の株主の利益との調整を図るものである点で、瑕疵の程度が比較的軽微といえることから、法的安定性の確保の要請を重視し、会社の内部の者から取消しの訴えが提起された場合にのみ決議の効力を問題とするとともに、決議の効力を争うことができる期間を3カ月に限定するものである。

　これに対して、決議内容が法令に違反する場合には、その瑕疵は重大であるといえることから、上記のような取扱いはなされず、原則どおり、決議は当然「無効」となり、いつでも、誰でも、どのような方法でもこれを主張することができる。また、手続的瑕疵のうち、瑕疵の主張方法を訴えに限ることや提訴権者・提訴期間を限定することが適切でないほど重大なものについては、決議は、取消原因を有し、取消しの訴えの対象となりうることに加えて、「不存在」とも評価される。不存在も、いつでも（取消しの訴えの提訴期間経過後でも）、誰でも、どのような方法でも主張することができる。

　第2に、会社法は、それぞれの瑕疵を問題とする訴えの請求を認容する判決（決議取消し・無効・不存在含む）につき、多数の利害関係者との法律関係の画一的確定のため、民事訴訟法の一般原則を修正し、対世効を認める（838条・834条16号・17号）。前述のように、決議の取消しは訴えのみにより主張できるのに対し、無効・不存在は訴訟外でも主張可能であるが、決議無効確認訴訟（830条2項）や決議不存在確認訴訟（同条1項）の制度を利用し、無効・不存在確認判決に対世効をもたせることも可能となっている。決議無効確認訴訟および決議不存在確認訴訟については、提訴権者・提訴期間の定めはなく、確認の利益が認められればいつでも誰でも提起することができる。

2.〔設問1〕決議取消事由・議決権の代理行使

(1)　株主総会決議取消しの訴えの原告適格

　　株主総会決議を取り消し、その無効を主張するためには、**決議取消しの訴え**（831条1項）を提起し、その請求が認容され、決議取消しの判決（形成判決）が確定することが必要となる。831条1項柱書によれば、株主総会決議取消しの訴えを提起できるのは、次の者である。第

80　第1部　基本問題

1に、「株主等」である。「株主等」には、株主、取締役、清算人、監査役設置会社の監査役、および指名委員会等設置会社の執行役が含まれる（828条2項1号かっこ書）[1]。第2に、当該決議の取消しにより株主、取締役、監査役、清算人、または、346条1項により取締役、監査役もしくは清算人としての権利義務を有する者となる者である[2]。

このように提訴権者が限定されるのは、決議取消しの訴えの制度が、株主総会決議に、瑕疵として比較的軽微なものと理解できる手続上の瑕疵があるにすぎない場合や、決議内容の瑕疵が定款違反にとどまる場合には、決議を当然に無効とせず、会社関係者からの請求があってはじめて決議の効力を否定することで足りるとする考え方を基礎にもつ制度であるためである。

決議取消訴訟は**形成の訴え**である。形成の訴えとは、原告が、特定の権利または法律関係とその変動の原因となる法律要件を主張し、その変動を宣言する形成判決を求める訴えである。形成の訴えの対象とされる法律関係は、形成判決が確定してはじめてその変動の効果が生じ、それ以前は、何人も、当該法律関係の変動、および変動を前提とする法律関係を主張しえない。このような形成の訴えは、法が、法律関係の変動について一定の法律要件を定め、その要件に基づく変動が判決によって宣言されたときに当該法律関係の変動が生じる旨を規定している場合に限り認められる。

このように、形成の訴えについては、**形成判決による権利関係の変動が認められる要件が法定されている以上、その要件を満たす場合は、原則として当然に訴えの利益が認められる**（訴えの利益の有無は、例えば、有利発行を承認する総会決議の取消しの訴えが係属する間に当該決議に基づき新株発行が行われたときや、役員選任決議取消しの訴えの係属中、その決議に基づいて選任された役員がすべて任期満了により退任し、その後の

---

(1) 取消請求の対象が創立総会または種類創立総会の決議である場合には、「株主等」に加えて、設立時株主、設立時取締役、および、設立時監査役も提訴資格を有する（831条1項前段）。

(2) 取消請求の対象が創立総会または種類創立総会の決議である場合には、当該決議の取消しにより、設立時取締役および設立時監査役となる者も提訴資格を有する（831条1項後段）。

株主総会決議により役員が新たに選任されたときのように、決議後の事情の変化により決議を取り消す実益がなくなった場合に問題となるが、本事例ではこの点は問題とならない。〔〔問題16〕**3.** 参照〕）。

本問で提訴したのは甲社の株主Fであるから、決議取消しの訴えの**原告適格**を有することになる[3]。

(2) 提訴期間

決議取消しの訴えは、**決議の日から3カ月以内**に提起することが必要とされる（831条1項柱書）。これは、決議の効力を早期に確定させることを目的とするものである。本事例では、決議の日が平成27年6月10日であり、Fの訴訟提起は同年7月1日であるから、提訴期間内に訴えの提起がなされていることになる。

(3) 決議取消事由・議決権行使の代理人資格の制限

831条1項によれば、株主総会決議が取消対象となるのは、決議に次のいずれかの瑕疵が存在する場合である。すなわち、第1に、招集手続または決議方法が法令もしくは定款に違反し、または著しく不公正である場合（同項1号）、第2に、決議内容が定款に違反する場合（同項2号）、または、第3に、特別利害関係人の議決権行使により著しく不当な決議が成立した場合（同項3号）である。

㋐ 招集通知漏れ

本事例においては、まず、株主DおよびFに対して招集通知がなされていないことが決議取消事由に該当するかが問題となる。

株主総会を招集するためには、株主に総会への出席の機会と議決への参加の準備の機会を与えるために、株主に招集通知を発しなければならない（299条1項）[4]。その期日は、①非公開会社で書面投票または

---

[3] 議決権を有しない株主に原告適格を認めるかについては、争いがある。通説は、これを否定するが、議決権を有しない株主も決議内容の瑕疵に対しては決議取消訴訟を提起しうるとする少数説も存在する（新版注釈(5)329頁〔岩原紳作〕、洲崎博史「優先株・無議決権株に関する一考察（2・完）」民商91巻4号〔1985年〕557頁、弥永真生「会社の組織に関する訴えと株主の原告適格」慶應法学11号〔2008年〕191頁）。詳細は、江頭335頁注(5)、366頁注(2)参照。

電子投票を認める場合と公開会社の場合には株主総会の日の２週間前までに、②非公開会社で、書面投票または電子投票を認めていない場合は株主総会の日の１週間前（その非公開会社が取締役会設置会社でない場合には、これを下回る期間を定款で定めることも可能）までである。したがって、一部の株主に対する招集通知の欠如は、「招集手続が法令に違反する場合」（831条１項１号）に該当し、決議取消事由となる。

ただし、Ｄは本件株主総会のすべての事項につき議決権を有しておらず、会社法は、このような株主を招集通知の対象から除外している（299条１項・298条２項かっこ書・３項。299条１項にいう「株主」は、298条２項かっこ書にいう株主であり、この「株主」からは、株主総会において決議をすることができる事項の全部につき議決権を行使することができない株主が除外されている）。このため、Ｄに対する招集通知の欠如は、本件株主総会の各決議の瑕疵を構成しない。

したがって、Ｆは、自己に対する招集通知の欠如のみを取消事由として主張することができ[5]、その主張は認められることとなる。

(イ) 議決権の代理行使

次に、甲社の定款は、議決権行使の代理人資格を株主に限定するにもかかわらず、甲社株主ではないＪ（Ｈ社の従業員）が議決権を行使し、決議が成立していることから、決議方法が定款に違反していないか（831条１項１号）が問題となる。

a 310条１項と代理人資格を制限する定款規定の効力

310条１項は、**代理人による議決権行使**を株主に認めており、この規定は、株主の議決権行使の機会を拡大することを目的とするものであることから、強行法規であると解されている（逐条(4)132頁〔浜田道代〕）。そうすると、代理人資格を限定する会社の定款は、310条１項

---

(4) 取締役会設置会社においては、この招集通知は書面または電磁的方法によらなければならない（299条２項２号・３項）。

(5) 本事例のように招集通知が故意に一部の（経営陣に反対する派の）株主に発送されない場合には、その瑕疵は重大なものであり、瑕疵の主張方法を訴えに限ることや提訴権者・提訴期間を限定することが妥当でないとして、決議不存在とも評価すべきとする指摘もある（北村雅史ほか『現代会社法入門（第４版）』〔有斐閣、2015年〕165頁〔北村〕）。

問題７ 株主総会決議の瑕疵①──招集通知漏れ・議決権の代理行使 83

に違反し、無効となるのではないかが問題となる。

　判例は、310条1項は、議決権を行使する代理人の資格を制限すべき合理的な理由がある場合に、定款の規定により、相当と認められる程度の制限を加えることまでも禁止したものとは解されないとし、株主総会が株主以外の第三者によって攪乱されることを防止し、会社の利益を保護することを目的とする、代理人資格を株主に限る旨の定款規定は、合理的な理由による相当程度の制限であり、310条1項に違反せず、有効であるとする（最判昭和43・11・1民集22巻12号2402頁）。

　そうすると、形式的にみれば、法人が株式会社の株主である場合に、当該法人の代表者でなく、株主でもない従業員が、法人が有する議決権を代理行使することは、上記定款規定に抵触することになる。しかし、判例・下級審裁判例は、このような定款規定を画一的に適用しない。当該代理人の議決権行使により株主総会が攪乱され、会社の利益が害されるおそれがなく、当該代理人による議決権行使を認めなければ、株主の議決権行使の機会が奪われることとなる場合には、定款規定を限定的に解し、個別例外的に非株主による議決権行使を認めている。例えば、病気の株主や入院中の株主が、非株主たる息子や甥に議決権を代理行使させた事案につき、議決権の代理行使を拒否すべき実質的な理由はなく、また、これを拒否すると、前記株主の議決権行使を不当に制限する結果となるとして、息子・甥による議決権の代理行使が代理人資格を株主に制限する定款規定に違反しないとした下級審裁判例がある（大阪高判昭和41・8・8下民集17巻7・8号647頁）。また、判例は、P会社がQ会社の株主である場合に、P会社で雇用されている、Q会社の非株主である従業員が議決権の代理行使をすることにつき、会社の従業員は、会社の代表者の指揮・命令に服し、議決権行使にあたり、代表者の意図に反する行動をとることは考えがたいこと、また、従業員による議決権の代理行使を認めないとすれば、法人である株主の議決権行使の機会が奪われてしまうおそれがあることから、代理人資格を株主に限定する定款規定に抵触しないものと解する（最判昭和51・12・24民集30巻11号1076頁）。

　さらに、非株主である弁護士が議決権の代理行使をした事案につき、受任者である弁護士が本人たる株主の意図に反する行動をとることは

通常考えられないから、総会攪乱のおそれがないとして、議決権の代理行使を認める立場をとった下級審裁判例もあるが（神戸地尼崎支判平成12・3・28金判1090号24頁）、これに反対する裁判例も少なくない。それら反対する裁判例は、弁護士は一般に社会的信用が高く、総会を攪乱するおそれは低いといえるが、総会を攪乱するおそれのない職種の者であれば非株主であっても株主総会の会場への入場を許さなければならないと解すると、会社は、総会に非株主代理人が来場した際には、そのつどその者の職種を確認し、総会を攪乱するおそれの有無について個別具体的に検討しなければならなくなるという不都合が生じることを理由とする（宮崎地判平成14・4・25金判1159号43頁、東京高判平成22・11・24資料商事322号180頁。ほかに、東京地判昭和57・1・26判時1052号123頁は、主婦である株主が専門知識に欠けることを理由に非株主の弁護士に議決権の代理行使をさせた事案について、当該株主が主婦であることをもって自らその議決権を行使することが事実上不可能であるとは言いがたく、他の株主に議決権の代理行使を委ねる可能性がある以上、その議決権の代理行使を非株主の弁護士に委ねる必要性がないとして、弁護士による代理行使を定款規定に違反するとした）。

b　事例への当てはめ

　甲社の定款が議決権行使の代理人資格を株主に限定するにもかかわらず、H社の従業員で、甲社株主ではないJが議決権を行使し、決議が成立していることから、決議方法が定款に違反していないかが問題となる。

　株主に代理人による議決権行使を認める310条1項は、強行法規と解されている。しかし、同項は、議決権を行使する代理人資格を制限すべき合理的な理由がある場合に、定款により相当程度の制限を加えることまで禁ずるものではないと解される。甲社の代理人資格を株主に限定する定款規定は、株主総会が株主以外の第三者によって攪乱されることを防止し、会社の利益を保護することを目的とするものである。したがって、甲社の定款による制限は、合理的な理由に基づくものであり、また、議決権の代理行使を全面的に禁ずるものではないから、相当程度の制限であるといえ、310条1項に違反せず、有効であると考えられる。

そうすると、形式的に見れば、Jによる議決権の代理行使は、上記定款規定に抵触することになる。しかし、甲社の定款規定の目的が、第三者による総会攪乱の防止にある以上、当該代理人の議決権行使により株主総会が攪乱され、会社の利益が害されるおそれがなく、また、当該代理人による議決権行使を認めなければ、株主の議決権行使の機会が奪われることとなる場合には、非株主による議決権行使も認められるべきである。会社の従業員は、会社の代表者の指揮・命令に服し、議決権行使にあたり、代表者の意図に反する行動をとることは考えがたいこと、また、従業員による議決権の代理行使を認めないとすれば、会社である株主の議決権行使の機会が奪われてしまうおそれがあることから、会社が株主である場合に、その従業員が議決権の代理行使をすることは、代理人資格を株主に限定する定款規定に抵触しないものと解するべきである。したがって、Jによる議決権行使は、甲社の定款規定に違反せず、決議取消事由を構成しないものと解される。

以上より、Fは、非株主たるJによる議決権行使が決議方法の定款違反に該当することを主張したとしても、この主張は認められないこととなる。

★ **コラム** ② **議題と議案**

議題とは、会議の目的となっている事項のことであり、例えば、「取締役選任の件」とか、「剰余金の配当の件」といったものがこれに該当する。会社法は、「株主総会の目的である事項」と呼ぶ（298条1項2号）。「議案」（304条）とは、議題とされている事項についての具体的な提案であり、例えば、「Aを取締役に選任する」といった提案がこれに該当する。

★ **コラム** ③ **決議取消認容判決の対象となる範囲**

本事例では、平成27年6月10日に開催された株主総会で、計算書類の承認、剰余金の配当、および、取締役3名の選任の各決議が成立した。〔設問1〕においてFが取消しの訴えを提起したのは、このうち取締役選任決議についてである。この取消請求を容認する判決が確定した場合、その効力が否定されるのは、取締役選任

決議のみである。同じ株主総会において成立した計算書類の承認決議および剰余金の配当決議も、この取締役選任決議と共通の瑕疵を有するが、取消請求の対象となっていない以上、前記判決によりその効力が否定されるわけではない。

3．〔設問2〕他の株主に対する招集手続の瑕疵と決議取消しの訴え

　まず、Gは株主であるから、総会決議取消しの訴えの原告適格を有する（831条1項・828条2項1号かっこ書）。なお、本問では、Gは、議案に反対の議決権行使をなしており、決議を取り消すことに実益を有するが、Gが賛成の議決権行使をなしていたとすれば、決議に賛成であるにもかかわらず、その効力を争うことが可能であるのかが問題となりうる。通説は、**株主総会決議取消しの訴えは、株主が会社に対して法令・定款を遵守した経営を求める訴訟という性格を有しており**、これを提起するのに、決議の実質的内容に賛成であるか否かは問題でないと解している（新版注釈(5)331頁〔岩原紳作〕）。

　次に、Gがいかなる事実を取消事由として主張しうるかであるが、〔設問1〕について検討したように、Jによる議決権行使が甲社の定款規定に違反しないのだとすれば、GはJの議決権行使による決議方法の定款違反を取消事由として主張することはできない（反対に、〔設問1〕で、Jによる議決権行使が甲社の定款規定に抵触するとの立場をとった場合には、Gもこのことを決議取消事由として主張できることを論ずるべきこととなる）。

　本件株主総会の決議には、Fに対する招集通知の欠如という瑕疵がある。しかし、本問で原告となるのはGであり、**株主が、当該株主自身ではなく他の株主に対する招集手続の瑕疵を決議取消事由として主張し、決議取消しの訴えを提起することができるか否か**が問題となる。判例（最判昭和42・9・28民集21巻7号1970頁）・通説は、以下の理由により、これを認める。第1に、決議取消しの訴えは、株主が会社に対して法令・定款を遵守した経営を求める訴訟という本来的性格を有することである（新版注釈(5)331頁〔岩原〕）。第2に、もしその株主が適法な招集通知を受けて総会に出席したならば決議の結果は変わったかもしれず、このような可能性がある以上、他の株主にも決議の効力

を否認する利益があること（大隅健一郎編『株主総会』〔商事法務、1969年〕545頁〔今井宏〕）である。

　これに対して、株主は、自己に対する瑕疵のみを主張できるとする少数説も存在する（鈴木竹雄『新版会社法（全訂第5版)』〔弘文堂、1994年〕180頁）。招集通知は各株主の利益を保護するためのものであり、取消訴訟も株主の利益を保護を目的として、その訴権を行使しなければならないものである以上、各株主は自己に対する招集通知の瑕疵を主張する資格や決議取消訴権しか有していないと考えられることを理由とする。

　判例・通説の立場に従うとすれば、Gは、Fに対する招集通知の欠如を決議取消事由として主張することができる。

4．〔設問3〕裁量棄却

(1)　裁量棄却の要件

　株主総会決議に取消事由が存在しても、その瑕疵が招集手続または決議方法の法令・定款違反という手続上の瑕疵にすぎない場合には、裁判所は、①**その違反する事実が重大でなく、かつ、②決議に影響を及ぼさないものである**と認めるときは、取消しの請求を棄却することができる（831条2項）。この請求棄却事由は、「**裁量棄却**」と通称される。このような請求棄却事由は、手続の瑕疵の場合には、決議を取り消して再度決議をしても、同じ結果が生ずるだけとなる場合もあることから認められている。他方で、株主総会の適正な運営の確保の要請も重要であるため、手続的瑕疵が決議に影響を及ぼさない場合であっても、違反の事実が重大でないという要件が満たされない限りは取消請求を棄却することはできない（最判昭和46・3・18・民集25巻2号183頁）。

　学説においては、①の取消請求を棄却すべき重大でない瑕疵に該当するかどうかは、総会の招集または決議方法について定める法令・定款の規定が株主に保証している利益が侵害されているか否かにより決せられるべきであり、これらの法令・定款の規定は株主の利益の保証を目的としているのであるから、**取消請求を棄却すべき軽微な瑕疵と**

いうのは、取り上げるに値しない些細な瑕疵であって、それを問題にすることが権利濫用に近いと認められるような場合を意味すると解されている（新版注釈(5)378頁、380頁〔岩原〕）。

②の決議の結果に影響を及ぼさないという要件を満たすためには、瑕疵が決議の結果に影響を及ぼさないという蓋然性があるだけでは足りず、決議の結果に影響を及ぼさなかったことが明確であることが必要であるとするのが通説である（大隅健一郎「株主総会決議取消の訴と裁判所の裁量棄却」民商78巻臨時増刊号（二）〔1978年〕274頁）。このように考えるのは、決議の結果に影響を及ぼさなかった蓋然性または可能性でよいと緩やかに解すると、多数派の意見が決まっている以上、どのような瑕疵があっても取消請求は棄却されることになり、株主総会を開催する意義が失われてしまうと考えられるからである（新版注釈(5)377頁〔岩原〕参照）。決議の結果に影響を及ぼさないことが明確であると認められうる場合としては、非株主や代理人資格のない者による議決権行使等、集計違いと同視できる場合で、違法投票を除いても決議が有効に成立していたと認められるときがある（大隅・前掲274頁、新版注釈(5)377頁、381頁〔岩原〕）。

招集通知漏れについては、通知を受けなかった株主が総会に出席して意見を述べたならば、それが他の出席株主に影響を与え、ひいては決議の結果に影響を及ぼすこともありうるから、決議の結果に影響がなかったことの立証が原則として不可能であることを理由に、決議に影響がなかったとして棄却することはできないと従来解されてきた（大隅・前掲274頁、新版注釈(5)378頁〔岩原〕）。これに対して、招集通知を受けなかった者の持株がわずかである、同人は出席するつもりがなかった、あるいは、出席しても多数派と同じ意見であったという場合、通知漏れは決議に影響を及ぼさないのが通常であり、その者の意見変更の可能性、他の株主の説得の可能性は、多くの場合現実的でないとする見解もある（龍田192頁～193頁）。この見解は、現在の株式会社制度は、株主が総会を通じて経営に参与する仕組みを基礎に作られており、制度の基礎を無視する瑕疵はそれ自体重大であるとして、前記①の要件を満たさないことを理由に、招集通知漏れは裁量棄却の対象とならないとする（いずれの見解も、招集通知漏れは裁量棄却の対象とな

らないという結論である）。

(2) 事例への当てはめ

　本件株主総会の各決議には、Fに対して招集通知がなされなかったという瑕疵がある。

　決議取消請求が裁量棄却（831条2項）の対象となるためには、①その違反する事実が重大でなく、かつ、②決議に影響を及ぼさないという要件を満たす必要がある。

　②の要件については、(1)で述べたとおり、瑕疵が決議の結果に影響を及ぼさなかったことが明確である必要があると解するべきである。

　Fに対する招集通知を欠いたまま決議が成立した場合、Fが総会に出席して意見を述べたならば、それが他の株主に影響を与え、決議結果に影響を及ぼすことがありうると考えられ、招集通知の欠如が決議の結果に影響しなかったことが明確であるとはいえない。

　したがって、Fへの招集通知の欠如という瑕疵は、前記②の要件を充足しないことから、本件株主総会の各決議を対象とする取消請求は、裁量棄却の対象とならない（なお、裁量棄却が認められるためには、①・②両方の要件を充足する必要があるから、いずれか一方の要件を充足しないことを論ずれば、裁量棄却の対象とならないという結論が導かれる。ここでは②の要件のみを取り上げているが、①の要件についても、招集通知が、株主に対し株主総会への出席の機会と議決権行使の準備の機会を与えるものであることに鑑みれば、Fに対する招集通知の欠如は、取り上げるに値しない軽微な瑕疵とはいえないから、これを充足しないと考えられる）。

5.〔設問4〕決議取消認容判決の効力・取締役選任決議取消しと会社の取引の効力

(1) 取締役選任決議取消しと取引相手方の救済

　決議取消しの訴えが提起され、その請求を認容する判決が確定した場合、決議は、一般原則に従い遡及的に無効となり[6]、その判決は、第三者に対しても効力を有する（838条）。

　取締役選任決議の取消認容判決が確定した場合、当該決議により取

締役に選任され、その後の取締役会で代表取締役に選定された者は、決議の日に遡って取締役でないこととなり、取締役の地位を有しない以上、代表取締役としての地位は否定されることとなる（362条3項参照）。取締役選任決議が取り消された場合、その決議により取締役に選任され、その後の取締役会決議により代表取締役に選定された者が代表してなした取引は、代表権を有しない者が会社を代表して行われたことになるため、無権代表となり、会社が追認をしない限り、その効果は会社に帰属しないこととなる（民113条1項）。しかし、取引の相手方は、その者の代表権限を信頼して取引に入っていることから、このような相手方を保護することが必要となる。

㋐ 908条2項による保護

　取引の相手方を保護する手段として、第1に、不実の登記についての**908条2項の適用ないし類推適用**が考えられる。取消原因を有する決議により取締役に選任され、その後の取締役会で代表取締役に選定された者が代表取締役として登記された場合、その登記は、取締役選任決議の取消しにより不実の登記となる。商業登記は、既存の事実・法律関係を公示するもので、確保的・宣言的効力があるにすぎず、事実・法律関係が実体法上存在していなければ、登記があっても原則として何らの効力も生じない。しかし、このような取扱いを貫くと、登記を信頼した者が不測の損害を被り、商業登記制度の信用と機能が減殺されることになる。そこで、908条2項は、故意または過失により不実の事項を登記した者は、その事項の不実であることを善意の第三者[7]に対抗できないとする。

　代表取締役の取締役選任決議が取り消された場合、その決議によって選任された者が会社を代表してなした登記は、代表権のない者がなした無効の申請に基づくものとなる。908条2項は、不実の登記をし

---

(6)　会社法は、会社の行為や決定の無効が将来効しか有しない場合を明定しており（839条）、そこに株主総会決議取消しの訴え（834条17号）は含まれていない（839条かっこ書参照）。

(7)　ここでいう善意の第三者とは、登記と事実の不一致を知らない第三者を意味するが、不実の登記を信頼したことが必要か否かについては学説の見解は分かれている（詳細は、森本編・講義158頁注(19)〔小林量〕参照）。

た者に故意または過失がある場合に、その限りにおいて不実の登記という外観を作出したことの責任を課した規定であるから、同項が適用されるためには、**登記が申請権者の申請に基づいてなされたもの**であることを要する。ただし、判例・学説は、登記申請権者以外の申請による場合でも、登記申請権者が何らかの形で当該登記の実現に加功し、または当該不実登記の存在が判明しているのにその是正措置をとることなくこれを放置するなど、その**登記を登記申請権者の申請に基づく登記と同視するのを相当とするような特段の事情がある場合**には、908条2項の適用ないし類推適用により登記名義者の責任を肯定する（最判昭和55・9・11民集34巻5号717頁、落合ほか・商法Ⅰ121頁）。

　瑕疵のある株主総会決議により選任された取締役が、その後の取締役会決議により代表取締役に選定され、会社を代表して登記を申請した場合、取締役選任決議の取消しによって、当該代表取締役は遡及的に代表権を失い、当該登記は、代表権のない者がなした登記となるが、学説は、このような場合にも同項の類推適用を認める。その根拠は示されていないが、このような場合も、第三者保護の必要性があるとともに、会社側に帰責性があるとみることができ、類推の基礎があると考えられるためではなかろうか。したがって、908条2項により、会社は、会社を代表して取引をなした者が取締役でなく、代表権を有せず、その者が代表してなした取引が自己に帰属しないことを取引の相手方に対抗できないこととなる。

(イ)　354条による保護

　第2に、**表見代表取締役制度を定める354条の適用ないし類推適用**が考えられる。この制度は、会社が、代表取締役でない者が代表権を有するかのような外観を作出し、相手方がその外観を信頼して取引に入った場合に、取引の安全確保のため、当該第三者を保護しようとする表見法理である。同条を適用するためには、①**代表取締役でない取締役が、その名称において、会社を代表する権限を有するかのような外観が存在すること**、②**かかる外観の原因を会社が作出していること**、③**当該外観を第三者が重過失なく信頼したこと**が必要とされ（重過失があった場合には、悪意と同視され、保護の対象とならない〔最判昭和52・10・14民集31巻6号825頁〕）、これらの要件が満たされるとき、

会社は、表見代表取締役が代表権を有しないことを当該第三者に対抗できず、表見代表取締役の行為に対する第三者の信頼が保護されるという効果が生ずる。

要件の①に示したように、354条は、代表権を有しない「取締役」に代表権を有するかのような名称を付したことを要件とするため、本事例のように、取締役でない者が代表権を有するかのような外観が生じている場合に、同条を直接適用することはできない。しかし、同条は法一般に通ずる取引の安全の保護と禁反言の原則の一顕現にすぎないというべきことから（東京地判昭和27・2・4下民集3巻2号139頁）、判例・通説は、取締役でない使用人が代表取締役の了承の下に常務取締役の名刺を使用した事例につき、同条の類推適用を認める（最判昭和35・10・14民集14巻12号2499頁、新版注釈(6)191頁〔山口幸五郎〕、大隅＝今井・中巻221頁、江頭407頁注(12)）[8]。

また、本事例では、代表権のない者が代表権を有するかのような名称を使用することを、会社が許諾し、または、黙認したのではなく、代表取締役の選任決議が無効となったことにより、代表権のない者が代表権を有するかのような外観が生じており、この点でも、354条を直接適用することはできない。判例は、瑕疵があり無効となった取締役会決議により代表取締役を選定していた場合に、その者が会社を代表して締結した契約につき、354条を類推適用している（最判昭和56・4・24判時1001号110頁）。学説にも、代表取締役の取締役選任決議が無効となり、もしくは取り消され、または代表取締役を選定する取締役会決議が無効である場合に、当該決議の成立につき会社に責められるべき事情（実質上会社が代表取締役の外観を作出したと認めうべき事情）があるときは、同条の適用または類推適用を認める見解が多い（新版注釈(6)191頁〜192頁〔山口〕、大隅＝今井・中巻223頁）。これらの場合

---

[8]　取締役でも使用人でもない外部者が専務取締役の名称を使用して取引をした場合について、このような者は、会社の業務に従事しているわけではなく、会社から指揮監督を受ける立場にはないのが通常であることから、その者と会社との間に雇用関係に準じた関係が認められる場合は格別、そうでない場合には、354条の類推適用の対象とはならず、前記名称使用を許諾した会社につき名板貸人の責任（9条）が問題となる旨を判示した下級審裁判例がある（浦和地判平成11・8・6判時1696号155頁）。

にも、会社が、代表取締役でない者が代表権を有するかのような外観を作出し、相手方がその外観を信頼して取引に入ったといえ、前述の354条の趣旨が妥当するからである。

以上のような考え方によれば、本事例のように、代表取締役の取締役選任総会決議の取消認容判決の確定により、当該決議が無効となった場合に、その者が取締役選任決議の取消し前に代表取締役としてなした取引行為についても、354条を類推適用し、善意無重過失の取引相手方を保護することが可能である。

このほか、民法上の表見代理制度（民109条）による相手方の救済も考えられる。また、事実上の取締役理論により相手方の保護を図ろうとする見解もある（石山卓磨『事実上の取締役理論とその展開』〔成文堂、1984年〕145頁）。

(2)　事例への当てはめ

本事例において、Eを取締役に選任する総会決議を取り消す判決が確定したことにより、Eは、決議の日に遡って取締役でないことになり、代表取締役でないこととなる。代表権を有しない者が甲社を代表して乙社との取引をなしている以上、原則として、乙社との取引は甲社に帰属しない（民113条1項）。しかし、乙社は、Eの代表権を信頼して甲社との取引に入っており、このような乙社の保護を検討する必要が生じる。

(ア)　乙社を保護する手段として、第1に、**908条2項の適用可能性**が問題となる。Eは取消原因を有する決議により取締役に選任され、その後の取締役会で代表取締役に選定され、代表取締役への就任に伴う変更登記もなされたところ、その選任決議の取消しにより、決議の効力は遡及的に失われるから、Eが代表取締役である旨の登記は不実の登記となる。この登記は、Eが甲社を代表してなしたものであり、代表権を有しない者がなした無効の申請に基づくものであることになる。

908条2項が適用されるためには、原則として、登記が申請権者の申請に基づいてなされたものであることを要する。しかし、本事例のような場合にも、登記を信頼した第三者保護の必要性がある一方、不実の登記につき会社に帰責性があると評価できるから、908条2項の

類推適用により登記名義者甲社の責任を肯定すべきである。したがって、甲社は、908条2項の類推適用により、代表取締役でないEがなした取引が自己に帰属しないことを、Eが代表権を有しないことにつき善意無重過失の相手方に対抗することができないこととなる。

　乙社は、Eの取締役選任決議の取消しの訴えが提起される前に甲社との取引に入っており、Eが甲社の代表取締役であると信じたことにつき、乙社に重過失はないと考えられる。したがって、908条2項の類推適用により、甲社は、乙社に対し、Eが代表権を有せず、Eが代表した取引が自己に帰属しないことを対抗することができない。

（イ）　第2に、**354条の適用可能性**が問題となる。同条を適用するためには、代表権のない「取締役」が代表権を有するかのような外観が生じていることが必要となるため、選任決議取消認容判決の確定により、取締役でなくなったEが甲社を代表した本事例には、同条を直接適用することはできない。また、本事例では、代表権のない者が代表権を有するかのような名称を使用することを、会社が許諾し、または、黙認したのではなく、代表取締役の選任決議が無効となったことにより、代表権のない者が代表権を有するかのような外観が生じており、この点でも、354条を直接適用することはできない。

　しかし、同条は、会社が、代表取締役でない者が代表権を有するかのような外観を作出し、相手方がその外観を信頼して取引に入った場合に、当該第三者を保護しようとするものであるところ、本事例においては、乙社は、Eが代表権を有するかのような外観を信頼して取引に入ったといえ、そのような外観は、甲社取締役の故意による招集通知漏れという瑕疵ある取締役選任決議によって作出されたものであるから、甲社は当該外観に対する乙社の信頼の惹起につき、帰責性を有すると評価できる。そうすると、本事例にも、前述の354条の趣旨が妥当し、同条の類推適用を肯定することができる。したがって、甲社は、Eが代表権を有しないことにつき善意無重過失の第三者に、Eが代表した取引が自己に帰属しないことを主張することができないこととなる。

　甲社の取引の相手方乙社は、FによるEの取締役選任決議の取消しの訴えの提起前に甲社と取引をなしているから、取引時点で、Eに代

問題7　株主総会決議の瑕疵①──招集通知漏れ・議決権の代理行使　95

表権がないことにつき善意・無重過失であるといえる。したがって、354条の類推適用により、甲社は、乙社に対し、Eが代表してなした取引につき責任を負うこととなり、これにより乙社を保護することができる。

◆ 参考文献 ◆

●株主総会決議取消事由
・松井秀征「決議取消事由、決議不存在事由、決議無効事由とその効果の違い」争点 120頁
●代理人資格を制限する定款規定と議決権の代理行使
・高田晴仁・百選72頁
・松山三和子「定款による議決権代理行使の制限の効力」争点100頁
●他の株主に対する招集手続の瑕疵を理由とする決議取消しの訴え
・伊沢和平・百選80頁
・神田194頁
●決議取消しの訴えの裁量棄却
・岩原紳作・百選88頁
・土橋正「決議取消しの訴えと裁量棄却」争点116頁
●決議取消判決の効力、取締役選任決議取消しと取引の相手方の保護
・神田25頁（不実の登記）、218頁～219頁（表見代表取締役）
・道野真弘・百選104頁

［清水円香］

〔問題8〕 競業取引・会社の機会の奪取・従業員の引抜き

◆ 事例 ◆

次の文章を読んで、以下の設問1～3に答えなさい。

1. 甲株式会社は、パンの製造販売を事業目的とする取締役会設置会社であり、近畿地方一円と三重・福井県を販売区域としていた。甲社の取締役であるAは、甲社の取引先から、「福井県および滋賀県でパンの製造販売業を営む乙株式会社の発行済株式総数の60％を有するBがその乙社株式全部を売却する意向を有しているので、甲社が当該乙社株式を購入してはどうか」、との話をもちかけられた。Aは、この話を甲社には知らせずに、自ら、Bと交渉してBが有していた乙社株式全部を取得した。

2. Aが乙社の株式を取得した時から3カ月後に行われた乙社の株主総会において、Aは乙社の取締役に選任され、その直後に行われた乙社の取締役会において、Aは乙社の代表取締役に選定された。ここに至って、Aは、甲社の代表取締役Cに対し、Aが乙社を代表してパンの製造販売を行うことについて承認を求めたところ、Cは、Aの勝手な行為に激怒し、Aを口汚く罵ったので、以降、Aは、甲社の取締役会に出席することはなくなった。Aは、乙社の代表取締役就任後、精力的に乙社のパンの製造販売事業に従事し、その結果、乙社は、滋賀県と福井県における売り上げを伸ばしていった。

3. Aは、Cとの関係改善は不可能と考え、甲社の取締役を辞任して、乙社の経営に専念することを決意した。Aは、乙社の製造部門を強化するため、長年Aの下でパンの製造を担当してきたDら約200名の甲社の従業員に対し、甲社を退職して乙社に勤務するように勧めたところ、Dらのうち150名がこれに応じて甲社を退職した。Aは、Dらの退職と同時に自らも甲社の取締役を辞任するとともに、乙社を代表して、Dら150名を雇用した。

4. その後、乙社は急速に事業規模を拡大し、販売区域を京都府および三重県に広げていった。一方、甲社は、熟練した工場労働者を大量に乙社に奪われたことや、乙社が市場を拡大したことの影響を受け、業績が落ち込むようになった。

5. 甲社は、Aが、甲社の取締役在任中に、①甲社に無断で乙社株式を自ら取得したこと、②乙社の代表取締役に就任し、乙社のためにパンの製造販売事業に従事したこと、および③Dらに甲社を退職することを勧めたことにより、熟練した工場労働者を多く含む150名もの従業員が甲社を退職したこと、について、Aに対して損害賠償等を請求しようとしている。

〔設問1〕 上記②の行為について、甲社は、423条1項に基づき、Aの責任を追及できるか。Aに対して損害賠償を求める場合、甲社は、Aの任務懈怠のほか、何を証明しなければならないか。

〔設問2〕 上記①の行為について、甲社は、423条1項に基づき、Aの責任を追及できるか。また、甲社は、Aに対し、乙社株式の引渡しを請求することができるか。

〔設問3〕 上記③の行為について、甲社は、423条1項に基づき、Aの責任を追及することができるか。

◆ 解答へのヒント ◆

1.〔設問1〕

356条1項1号の「株式会社の事業の部類に属する取引」（以下「競業取引」という）に該当するための要件を明らかにしたうえで、Aが第三者である乙社の代表取締役としてパンの製造販売行為を行ったことが同号の取引に該当するかどうかを検討する。

取締役が競業取引を行おうとするときは、当該取引につき重要な事実を開示して、取締役会設置会社では取締役会の、それ以外の株式会社では株主総会の、それぞれ承認を受ける必要がある（356条1項・365条1項）。取締役がその承認を受けることなく競業取引を行えば会社に対して任務懈怠に基づく損害賠償責任を負うが（423条1項）、そ

98 第1部 基本問題

の場合に損害額の推定に関する規定（同条2項）が適用されることにも注意が必要である。

2. 〔設問2〕

取締役が、会社と同じ事業を行う他の会社を支配できるだけの株式を、会社に無断で取得することが、競業取引に該当するか、該当しないとすれば当該行為を行った取締役はどのような根拠によって会社に対して任務懈怠に基づく損害賠償責任を負うか、を検討する。競業取引に該当しないなら、任務懈怠の根拠は取締役の一般的義務（善管注意義務・忠実義務）の違反になるだろう。

このような事例では、金銭賠償よりも当該株式の引渡しを受ける方が、会社にとってより有利な救済となる可能性がある。〔設問2〕の後段については、当該株式の引渡請求が認められるための法律構成を検討し、本件事例に当てはめてそのような救済が可能かどうかを考察する。

3. 〔設問3〕

独立して競業会社を運営する予定の取締役が、在任中に従業員の引抜きを行うことが、取締役の任務懈怠となるかどうかが論点である。この場合も、取締役の一般的義務の違反が任務懈怠の根拠となるが、どのような引抜きが一般的義務違反となるかを含めて、具体的事例に当てはめて検討する必要がある。

◆ 解説 ◆

1. 出題の意図

　　取締役が、株式会社の事業と競争関係にある事業活動に従事するに際して行った諸々の行為、具体的には、競争会社を支配できる株式の取得、競業取引を競争会社の代表者として行ったこと、および競争会社の事業のための従業員の引抜きについて、当該取締役が、会社に対して、どのような根拠に基づいて責任を負うのかを考察することを目的とする。

　　〔設問1〕では、356条1項1号の**競業取引に該当する取引の範囲**を検討したうえで、本問の事例に当てはめて解答を導くことが求められる。同号の定めに違反した場合の損害額の推定（423条2項）にも言及すべきである。〔設問2〕では、取締役が競業会社を支配できる株式を取得する機会を会社に無断で自ら取得した場合の、取締役の任務懈怠該当性が問われている。これはいわゆる**会社の機会の奪取**に関係する論点である。〔設問3〕は、近時裁判例が多い**従業員の引抜き（退職勧奨）**が取締役の一般的義務に違反するかどうかを問題にする。〔設問1〕は取締役の競業避止義務違反に関する典型的問題であるが、〔設問2〕と〔設問3〕では、競業取引に関連して行われる行為について、会社法は取締役に対してどのような規律をしているかを考えさせる問題である。

2. 〔設問1〕取締役の競業取引

(1) 競業取引の意義

　　取締役は、会社の業務執行またはその決定に関与するので、顧客情報や営業上のノウハウなど会社の機密情報を知りまたは入手しやすい地位にある。このような立場にある取締役が、会社と競争する事業に従事するとき、本来会社の事業のために用いられるべき情報や取引関係等を、自己または第三者が行う競争的事業のために用いる危険性がある。そこで、会社法は、取締役が自己または第三者のために競業取

引を行うことを規制する。すなわち、取締役が自己または第三者のために株式会社の事業の部類に属する取引をしようとするときは、当該取引につき重要な事実を開示し、取締役会設置会社であれば取締役会の、それ以外の株式会社では株主総会の、承認を受けなければならない（356条1項1号・365条1項）。

「**株式会社の事業の部類に属する取引**」とは、会社が事業の目的として行う行為と市場において競合し、会社と取締役（または第三者）との間に利益の衝突をきたす可能性のある取引をいう。例えば製造販売を目的とする会社にとっては、製品の販売のほか、原材料の購入のように事業に付帯する取引もこれに含まれる（最判昭和24・6・4民集3巻7号235頁）。一方、金銭の借入れ、従業員の雇用、工場・店舗用の不動産の取得などその事業の維持便益のためになされる補助的行為は含まれない。取締役が、自己または第三者のために会社の事業と同種の事業を行う場合でも、市場が競業しなければ、「株式会社の事業の部類に属する取引」にはならない。ただし、現在は市場が競合していないが、会社が進出を具体的に計画している地域で、取締役が会社と同種の事業を行う場合には、「株式会社の事業の部類に属する取引」を行うものと解される。356条1項1号は、同項2号・3号の利益相反取引と同じく、取締役が会社の利益を犠牲にして自己または第三者の利益を図る危険性が特に大きい行為を類型化してそれを行うことを禁止するのであり、取締役の競争的行動すべてを規制範囲に含めるものではない。

356条1項1号では、取締役が「自己又は第三者のために」競業取引を行うことが規制される。「**自己又は第三者のために**」の意味については、「自己又は第三者の名において」と解する**名義説**と「自己又は第三者の計算において」と解する**計算説**の対立がある。名義説によると、取締役が自己を取引当事者として（自己のために）または第三者を代理もしくは代表して（当該第三者が取引当事者＝第三者のために）競業取引を行う場合が、356条1項1号の規制対象となる。一方、計算説によると、競業取引の経済的効果が取締役自身または第三者に帰属する場合に同号の規制対象になる。もっとも、いずれの場合も競業取引の行為者は取締役でなければならないから、両説に実質的な差異はほとんどない。

★ コラム ① 名義説と計算説

　取締役が自己または第三者のために競業取引を行うとすれば、①自己の名で自己の計算で、②自己の名で第三者の計算で、③第三者の名で自己の計算で、または④第三者の名で第三者の計算で、のいずれかの態様ですることになるが、名義説によっても計算説によっても、①～④はすべて356条1項1号に定める行為に該当する。取締役が、⑤自己の名で会社の計算で、あるいは⑥会社の名で自己（または第三者）の計算で、当該会社の事業の部類に属する取引をすることもありうるが、⑤は取引の経済的効果が会社に帰属しているので競業取引規制に含めて考える必要はない。⑥は取締役（または第三者）と会社の利益が相反しているが、これは競業取引規制としてではなく取締役の代表・代理権限の濫用の問題（〔問題10〕コラム「代表権の濫用」参照）として処理すべきであろう（龍田83頁）。

　なお、取締役・会社間の直接取引（356条1項2号）における「自己又は第三者のために」についても名義説と計算説の対立があるが、それについては自己のためにした場合にのみ損害賠償責任に関する特別規定（428条）の適用があるため、名義説と計算説を議論する実益がある（〔問題20〕4.(1)参照）。

(2) 事例への当てはめ

　Aは、乙社の代表取締役として、乙社のためにパンの製造販売事業に従事している。パンの製造販売は甲社の事業の目的行為であり、甲社と乙社はいずれも福井県と滋賀県を販売区域としているから、市場が競合している。したがって、Aが乙社を代表してパンの販売や原材料の仕入れをすれば、第三者である乙社のために、甲社の事業の部類に属する取引をすることになる。

　甲社は取締役会設置会社であるから、Aは、乙社の代表取締役に就任して、乙社のためにパンの原材料の仕入れとパンの販売を行うことについて、甲社の取締役会において、重要な事実を開示し、取締役会決議による承認を受けなければならなかった（356条1項・365条1項）。重要な事実とは、乙社の規模、事業内容、市場など、競業取引が甲社に及ぼす影響を判断するために必要な事実をいう。なお、Aが乙社の代表取締役に就任すること自体は「取引」には当たらないが、競争会社である乙社の代表取締役として甲社の事業の部類に属する取引をすることが予定される以上、Aは、代表取締役就任の際に、乙社のために行う競業取引について、甲社の取締役会の承認（毎回の取引についてではなく、ある程度の期間行われる取引を包括的に承認することも可能）を

求めておくべきであった。

　Aは、甲社の取締役会の承認を得ることなく乙社のために競業取引を行ったのであるから、356条1項1号・365条1項に違反したことになるため、取締役としての任務を怠ったことになり、甲社に対して損害賠償責任を負う（423条1項）。一般に、取締役の任務懈怠に基づき損害賠償を請求する場合、会社としては、取締役の任務懈怠のほか、任務懈怠と相当因果関係のある会社の損害額を立証する必要がある。しかし、取締役が、356条1項・365条1項の承認を得ることなく、自己または第三者のために競業取引を行った場合、当該競業取引によって取締役または第三者が得た利益の額は、当該競業取引によって会社が被った損害の額と推定される（423条2項）。このように、因果関係と損害額の立証責任が軽減されているのは、競業取引によって会社が被った損害額の立証が困難であることによる。したがって、甲社としては、Aが乙社を代表してパンの製造販売に係る取引をしたことにより乙社が得た利益の額を証明すれば、その額が甲社の損害額と推定される。Aがこの推定を覆すためには、Aの競業取引によって甲社が実際に被った損害額（あるいは甲社が損害を被っていないこと）を証明する必要がある。

3. 〔設問2〕競争会社を支配できる株式の取得

(1) 競業取引と会社の機会

　上述（2.(1)）のように、会社がその事業を遂行するために必要な行為、例えば工場・店舗用の不動産の購入などは、356条1項1号の「株式会社の事業の部類に属する取引」に含まれない。また、同業他社を買収すること、すなわち同業他社を支配できる株式を取得することは、会社の事業の拡大のためには有益な行為となりうるが、その会社が株式の取引を事業目的とするのでなければ、その会社の「事業の部類に属する取引」には該当しない。

　一方で、取締役は、会社に対して**善管注意義務**（330条、民644条）および**忠実義務**（355条）を負う。取締役が、会社の利益を犠牲にして、自己または第三者の利益を図る行為をすれば、会社に対する善管注意

義務・忠実義務の違反となりうる。特に、会社がその事業を行うために有益な取引を行う機会（「会社の機会」と呼ばれる）を、取締役が自己または第三者のために奪う場合は、取締役の善管注意義務違反・忠実義務違反の典型例となる。

★ **コラム** ② **会社の機会の奪取**

　会社の機会を奪うことが取締役の会社に対する善管注意義務・忠実義務違反になるという考え方は、アメリカの判例法上発展してきた会社の機会の理論（corporate opportunity doctrine）を参考にした議論に基づいている（詳しくは、北村雅史『取締役の競業避止義務』〔有斐閣、2000 年〕8 頁以下参照）。「会社の機会」とはどのような機会かについて、従来の議論を前提に考えると、①取締役がその職務遂行に関連して知りえた取引の機会、②会社がその事業の維持便益のために探し求めている取引の機会、あるいは③会社の財産、情報、従業員などを利用して取締役が入手しうるようになった取引の機会が、これに当たると解される。取締役は、会社の機会を会社に提供することを、取締役の善管注意義務・忠実義務から要請される。取締役がそれを会社に提供しないか、あるいは提供したが会社がそれを放棄していないのに取締役がそれを自己または第三者のために奪った場合には、取締役の善管注意義務・忠実義務違反となる。なお、取締役が自己のために会社の機会を奪った場合に、その行為により取締役が得た財産は会社に帰属し、会社はその財産の引渡しを請求できるとすれば、会社の救済としては優れているといえるが（英米法におけるいわゆる法定信託。北村・前掲 8 頁）、会社法の下での取締役の善管注意義務・忠実義務違反に対する会社の救済は、原則として損害賠償（423 条 1 項）である。

---

(2)　事例への当てはめ

　乙社の事業目的および市場は甲社のそれと競合する。しかし、Ａが行った乙社を支配できる株式の取得は、取引としては株式の売買であるから、甲社の事業の部類に属する取引には当たらない。したがって、Ａが甲社に無断で自ら乙社の株式を取得しても、その行為は 356 条 1 項に違反しない。

　乙社は福井県および滋賀県を市場としているので、乙社を支配できる株式を取得することは、甲社にとって、両県での市場を拡大するのに有益である可能性がある。そのため甲社の取引先は「Ｂがその有する乙社株式を売却する意向を有しているから甲社がそれを取得してはどうか」という旨をＡに伝えたものと考えらえる。このような状況下

での乙社株式の取得の機会は、Aがその職務遂行に関連して知りえたものであるため、会社の機会に該当し、Aがその機会を甲社に提供しないで自らBから乙社株式を取得すれば、善管注意義務・忠実義務に違反したことになる。したがって、甲社は、Aに対し、任務懈怠に基づく損害賠償を請求できる（423条1項）。この場合は、423条2項の適用はないので、甲社は、Aの善管注意義務違反・忠実義務違反と相当因果関係のある損害の額を立証しなければならない。

　423条1項の責任は金銭による賠償を内容とする。甲社としては、金銭ではなく、Aから乙社株式を引き渡してもらう方が、より有利な救済となる場合がある。コラム②において紹介したように、英米法では、会社の機会を利用してAが取得した乙社株式は、Aが甲社のために信託的に取得保有しているものとみなされ（法定信託）、甲社はその引渡しをAに対して請求できることになる。日本の裁判例にも、取締役が善管注意義務・忠実義務に違反して同業他社の株式を取得した事例において、委任の規定（民646条1項参照）またはその類推によって、当該株式を会社に引き渡すように取締役に命じたものがある（東京地判昭和56・3・26判時1015号27頁）。もっとも、その裁判例は、ワンマン経営をする代表取締役の下で取締役会がその機能を失い、取締役会は業務執行に関するすべての決定を当該代表取締役に委任していたと認められる状況の下で、当該代表取締役が同業他社の実質的にすべての株式を自ら取得したという事例についてのものであり、会社の機会の奪取の事例一般に適用できるものではない。

　本設問の事例では、Aは甲社の代表取締役でもワンマン経営者でもなく（代表取締役Cに罵られるとAは取締役会に出席しなくなったほどである）、甲社の取締役会が業務執行に関するすべての決定をAに委任していたという事例ではない。したがって、英米法のように法定信託の救済が認められていない日本法の下では、甲社は、Aに対し、取得した乙社株式の引渡しを請求することはできない。

★ **コラム** ③ **善管注意義務と忠実義務の関係**

会社と役員との関係は委任に関する規定に従うことから（330条）、取締役は会社

問題8　競業取引・会社の機会の奪取・従業員の引抜き　105

に対する一般的義務として善管注意義務を負う（民644条）。一方、取締役は会社に対する一般的義務として忠実義務を負うものとされている（355条）。そのため両者の関係が議論されている。忠実義務を善管注意義務とは性質の異なる義務と解する見解（異質説）は、善管注意義務が、取締役がその職務の執行にあたって尽くすべき注意の程度に関する規範であるのに対し、忠実義務は、取締役が会社の利益を犠牲にして自己または第三者の利益を図ることを禁止するものであり、両者は機能する場面が異なると説く。これに対し、通説および判例（最大判昭和45・6・24民集24巻6号625頁）は、忠実義務は善管注意義務を具体的かつ注意的に規定したにとどまり、会社法は通常の委任関係に伴う善管注意義務とは別個の高度な義務を忠実義務として規定したものではない、と解している（同質説）。

異質説によれば、会社の利益を犠牲にして自己または第三者の利益を図ってはならない義務が、355条によってのみ取締役に課されていることになりそうだが、そうすると、同様の規定がない会計参与や監査役（これらも「役員」に該当するから会社に対して善管注意義務を負う。329条1項・330条）さらには受任者一般の義務の内容が、取締役とは大きく異なることになって妥当ではない。なお、法律上、法人の理事などについて、取締役にならって、善管注意義務のほか忠実義務を負う旨を定めることが多くなっている（一般法人64条・83条・172条1項・197条参照）。

4．〔設問3〕従業員の引抜き

(1) 従業員の引抜きと善管注意義務・忠実義務

取締役であった者が、退任後、それまでの経験を活かすため、同業他社に転職し、あるいは自ら同種の事業を行う会社を設立することがある。その際、当該取締役が、自己の退任後の事業に従事させるため、もとの会社の従業員を引き抜いたとき、その取締役はもとの会社に対してどのような責任を負うだろうか。

従業員の引抜きが、取締役退任後に行われるなら、会社法上の取締役の責任は生じない。退職後の引抜きは、その態様によっては不法行為を構成する可能性があるが、労働者の獲得には基本的に自由競争原理が働くから、背信的で、一般に許容される転職の働きかけを超えるような社会的相当性を欠く手段を用いて行われる場合を除いて、引抜きが不法行為となることはないであろう。

一方、従業員の引抜きは、取締役が、自己または第三者の利益を図るため、会社・従業員間の雇用関係を取締役が退任後にその事業に従事する別会社との雇用関係に引き直すよう働きかける行為であるから、

それが取締役在任中に行われる限り、当該取締役の善管注意義務・忠実義務の違反が問題となる。なお、会社と同じ事業のために従業員を奪う場合でも、雇用関係の奪取（退職勧奨）は会社の事業の部類に属する行為ではないので、356条1項1号の競業取引に該当せず、したがって、取締役が取締役会の承認を得ることなく従業員の引抜きを行った場合でも、423条2項の適用はない。

取締役による従業員の引抜きが善管注意義務・忠実義務違反となるかどうかについて、学説は、従業員の引抜きはそれだけで善管注意義務・忠実義務の違反となるとする立場（厳格説）と、取締役と引抜きの対象である従業員との従来の関係等諸般の事情を考慮して不当な態様のもののみが善管注意義務・忠実義務違反となるとする立場（不当勧誘説）に分かれる。不当勧誘説が考慮すべきとする事情は、引抜きの対象が引き抜いた取締役の子飼いの部下であったかどうか、引抜きの対象人数など引抜きが会社に及ぼす影響の大きさ、取締役が会社（他の取締役など）と対立して退任・独立する場合には会社側と退任取締役側のいずれに非があったかなどである（両説について、北村雅史「従業員の引抜きと取締役の忠実義務」法教388号〔2013年〕113頁参照）。このような学説の対立を反映して、裁判例には、厳格説に親和的な判示をするものと不当勧誘説に依拠した判示をするものがある（東京高判平成元・10・26金判835号23頁、東京地判平成11・2・22判時1685号121頁など）。

(2) 事例への当てはめ

Aは、甲社の取締役を辞任して乙社の経営に専念することを決意してから、実際に甲社の取締役を辞任するまでの間に、Dらに対して退職勧奨を行った。すなわち甲社の取締役在任中に引抜きをしたことになるので、Aには甲社取締役としての善管注意義務・忠実義務違反が問題となる。

厳格説をとれば、Aは、引抜きをしたこと自体によって善管注意義務・忠実義務違反の責任（423条1項）を問われることになる。不当勧誘説の立場を前提にすると、Aの独立についてAと甲社のいずれに非があったのかや、Dら引抜き対象者がAの子飼いの部下であったかど

うかは、事例からは必ずしも明らかではないが、Aが実際に引き抜いた150人の多くが熟練した工場労働者であったために甲社の業績が落ち込むようになったことからすると、引抜き人数は甲社に相当の影響を及ぼす程度であったとみることができる。よって、不当勧誘説によっても、Aの行為は善管注意義務・忠実義務違反に該当すると考えられよう。

したがって、いずれの立場によったとしても、甲社は、Aに対して、任務懈怠に基づく損害賠償を請求できる（423条1項）。この場合も423条2項の適用がないので、甲社は、Aの善管注意義務違反・忠実義務違反と相当因果関係のある損害の額を立証しなければならない。

◆　参考文献　◆

・森田章「取締役・執行役の善管注意義務と忠実義務」争点138頁
・神作裕之「取締役・執行役の競業避止義務に違反する場合」争点140頁
・牛丸與志夫・百選114頁
・田村詩子・百選（初版、2006年）126頁

［北村雅史］

〔問題9〕 利益相反取引

◆ 事例 ◆

次の文章を読んで、以下の設問1～4に答えなさい。

1. 甲株式会社（以下「甲社」という）は、水産物の卸売業を行う会社であり、取締役会設置会社で監査役設置会社である。甲社の代表取締役はAであり、その他の取締役には、Aの息子BとAの叔母で資産家のCが就任している。

2. 食品スーパーと漁協との直接仕入れが増加し、卸売りを経由する取引が減少したことにより、甲社は事業規模が縮小し、経営危機を迎えた。AはCに対して援助を求めたところ、Cは個人資金より1億円を甲社に贈与した。

3. Cから得た資金により、甲社は危機を脱した。その後、甲社は、業務拡張のために、食品スーパーを業とする乙株式会社（以下「乙社」という。取締役会設置会社で監査役設置会社）を100％出資により設立した。乙社の代表取締役にはA（会長）とAの娘婿のD（社長）が就任し、その他の取締役は、従業員出身のEであった。乙社は順調に発展し、甲社は有する乙社株式の一部を取引先と乙社従業員に譲渡し、現在、甲社は乙社の発行済株式総数の80％を有する。

4. 乙社は開業時より現在まで水産物を甲社より仕入れている。

5. 甲社は、冷凍アラスカ紅鮭を丙社より6,000万円で購入したが、支払期日に代金債務を弁済することができなくなった。Aは、丙社に分割弁済を申し入れたところ、丙社はそれに応じる代わりに、甲社の丙社に対する6,000万円の債務につき、乙社が連帯保証をすることを要求した（以下「本件連帯保証」という）。6,000万円の債務の保証は乙社にとっては、多額の借財（362条4項2号）に該当するものであり、丙社は、その際、乙社の本件連帯保証について乙社の取締役会決議による承認を受けたうえ、承認決議に関する取締役会議事録の写しを交付するよう請求した。

問題9 利益相反取引 109

6. Aは、乙社の取締役会を開催しなかったが、「乙社取締役会を開催しD、Eが出席し、D、Eの賛成で本件連帯保証の実施が承認された」とする取締役会議事録を偽造し、丙社に交付した。

7. 甲社は、丙社に対して、6,000万円の債務のうち、4,500万円は分割期日に弁済したが、残金については支払えなかった。そこで丙社は乙社に連帯保証の履行を求めた。

〔設問1〕事実2.のCから甲社への贈与には、甲社の取締役会の承認が必要か。

〔設問2〕事実4.につき、以下の問いに答えなさい。

(1) 甲社が乙社の発行済株式の100%を有していたときに、乙社による甲社からの水産物の仕入れにつき、会社法上、甲社および乙社に必要な手続はどのようなものか。

(2) 甲社が乙社の発行済株式の80%を有している現在、乙社による甲社からの水産物の仕入れに必要な手続は、(1)の場合と異なるか。

〔設問3〕事実7.につき、以下の問いに答えなさい。

(1) 丙社の乙社に対する本件連帯保証債務の履行請求は認められるか。

(2) 仮に乙社をDが代表して本件連帯保証を実行しているとした場合に結論に差はあるか。

◆ 解答へのヒント ◆

本問は、利益相反取引に関する問題である。

1．〔設問1〕・〔設問2〕(1)

形式的に会社と取締役とが取引を締結し、直接取引に該当する場合であっても、実質的には両者の利害が対立しないときにまで利益相反取引に関する規制を適用すべきかが問題となる。

2．〔設問2〕(2)

利益相反取引のうち、第三者のためにする直接取引（365条1項・356条1項2号）の適用範囲が問題となる。甲社を代表取締役Aが代表

し、乙社を代表取締役AまたはDのいずれかが代表する。それぞれを場合分けして、直接取引該当性に変化があるかを検討してほしい。

3. 〔設問3〕

356条1項3号に規定する間接取引の該当性が問題となる。この該当性に関する判例の立場は明確ではなく、認定基準を自ら示しつつ自分の考えを考えてほしい。

間接取引に該当するとした場合には、取締役会の承認決議がないため、乙社は本件保証契約の無効を主張しうる。しかし、判例では、会社は、取締役会決議を経ていないこととともに、相手方である第三者が悪意であることを主張しなければ、その無効を相手方である第三者に主張できないことが確立している（最大判昭和43・12・25民集22巻13号3511頁）。判例法理の枠組みに沿って判断することが求められる。

◆ 解説 ◆

1．出題の意図

(1) 利益相反取引とは

　会社と取締役または取締役が代理人を務める第三者との間に直接法的効果が帰属する行為は、**直接取引**と呼ばれ、会社の代表者がそれを実行するためには、株主総会（取締役会設置会社にあっては、取締役会）の承認が必要である（356条1項2号・365条1項）。会社が取締役の債務を保証することやその他取締役以外の者との間で会社と取締役との利益が相反する取引（**間接取引**）をしようとする場合（356条1項3号・365条1項）も同様に、株主総会（取締役会設置会社にあっては、取締役会）の承認が必要である。これらの取引を総称して、利益相反取引という[1]。

　直接取引につき手続規制が行われるのは、取締役が、個人として、

---

[1] 「直接取引」「間接取引」「利益相反取引」の用語の使用方法については、おおよそコンセンサスがあるが、これらの取引の一部または全部を指す用語として「**自己取引**」という用語がある。

　平成17年改正前商法265条1項は直接取引として「取締役ガ会社ノ製品其ノ他ノ財産ヲ譲受ケ会社ニ対シ自己ノ製品其ノ他ノ財産ヲ譲渡シ会社ヨリ金銭ノ貸付ヲ受ケ其ノ他自己又ハ第三者為ニ会社ト取引ヲ為ス」ことを例示していた。このため、取締役が自己または第三者の名をもって会社と取引する直接取引一般は、「自己取引」と呼ばれたり、直接取引と間接取引とを総称する用語として「自己取引」が用いられたりした。また、平成17年改正前商法265条が規制する取引（現行の会社365条1項2号・3号）全般を「自己取引」と呼び、会社法356条1項2号に相当する取引を「直接取引」、会社法356条1項3号の間接取引が取締役と会社との利益が相反する取引であるとして、「利益相反取引」と呼ぶ場合もある（小林公明『取締役の自己取引・競業取引（新版）』〔商事法務、2000年〕5頁）。

　他方、自己または第三者の名をもってするかを問わず自己の計算で行われる直接取引や、会社の損害発生により取締役が利得することになる間接取引も、「自己のためにする取引」であるとして「自己取引」と呼ぶ見解もある（例えば、山口幸五郎「取締役の利益相反取引」上柳克郎ほか編『会社法演習II株式会社〔機関〕』〔有斐閣、1983年〕142頁〜143頁）。

　以上のように、「自己取引」という用語にどのような意味をもたせるかは論者によって異なる。

または、第三者のために（第三者の代理人もしくは代表者として）、自身が取締役を務める会社と取引をするとき、自身または第三者の利益のために取締役としての地位を利用するおそれがあるからである。また、会社と取締役以外の者との間での取引（間接取引）でも、それによって会社と取締役との利益が相反する場合には、同様の危険が生じうる。

(2) 直接取引の適用範囲

直接取引に対する規制は、民法 108 条にいう自己契約・双方代理と規制と同種の内容である（356 条 2 項参照）。自己契約は、代理人が相手方となり、締結された契約である。双方代理は、同一の法律行為の双方の代理人が同一人物である場合を指す。代理人が自身またはどちらか一方の当事者の利益のために、本人（どちらか一方の本人）の利益を犠牲にしかねないことから、無権代理とみなされる（最判昭和 47・4・4 民集 26 巻 3 号 373 頁）[2]。会社が取引をする場合、会社の代表者が、相手方またはその代理人でなくとも、その同僚の関係にあれば、自己契約または双方代理に類似の利害状況が発生することから、会社法上の直接取引の規制対象は民法 108 条よりも広い。

このため、形式的には直接取引の適用範囲内に存する取引であるが、実質的には会社と取締役（またはその者を代理人とする第三者）とで利害が対立しない場合にまで、規制の対象としてよいかは疑問となる（〔設問 1〕、〔設問 2〕(1)で扱う）。逆に、形式的には適用範囲外に存する取引であるが、実質的に同種の危険がある場合に、規制の対象としなくてもよいのかという疑問も生じる（〔設問 2〕(2)で扱う）。

---

(2) 民法改正案 108 条 1 項は、自己契約・双方代理につき無権代理となることを明定した。

このほか、民法改正案は、新たに、自己契約・双方代理に該当しなくとも、代理人と本人との利益が相反する行為についても、無権代理とみなすことにした（民法改正案 108 条 2 項）。会社法 356 条 1 項 3 号は、民法改正案 108 条 2 項の規制を、対外的な業務執行を行う業務執行取締役（代表取締役および会社を代理する業務執行取締役）以外の取締役と会社との利益が相反する行為に拡張するものと位置づけることになろう。

(3) 間接取引の適用範囲

　昭和56年改正以前は、法は直接取引のみを規制対象としていた（昭和56年改正前商265条）。もっとも、判例は直接取引と同様の危険があるのであれば、会社が取締役以外の者との取引をする場合であっても、規制対象としてきた。取締役の個人債務につき、その取締役が会社を代表して、債務引受けをしたり（前掲最大判昭和43・12・25）、連帯保証をしたりすること（最判昭和45・3・12判時591号88頁）も利益相反取引に該当するとされた。さらに、甲乙両会社の代表取締役が、甲会社の債務につき、乙会社を代表して保証をなす場合も、甲会社の利益にして、乙会社に不利益を及ぼす行為であって、取締役が第三者のためにする利益相反取引に該当するとされた（最判昭和45・4・23民集24巻4号364頁）。

　判例は、会社が、取締役または第三者のために委託に基づく保証を行う際に、取引の名義上は取締役が登場しなくとも、取締役が会社と交渉をして委託に基づく保証をさせていることが、自己または第三者のために会社と取引を締結する者が取締役である場合に類似するとして、利益相反取引の規制を適用すべきとしたと考えられる（いわゆる**「第三者のための間接取引」**）。昭和56年改正商法は、この判例の展開を踏まえ、会社と取締役以外の者との取引により拡張された領域に成文法上の根拠を付与することを目的として、間接取引（昭和56年改正商265条1項〔会社356条1項3号〕）を明記した。しかし、**間接取引**（会社356条1項3号）は、取締役がその地位を利用して会社の利益の犠牲の下に自己の利益を生じさせることの抑止を正面から掲げたため、**第三者のためにする間接取引**が条文上どう扱われるかが明確ではなくなった。〔設問3〕は、いわゆる第三者のためにする間接取引を、現行法の下で、どのように把握するかを尋ねている。

★ ■コラム■　① **利益相反取引の承認機関**

(1)　**取締役会設置会社でない会社（取締役会設置会社との比較）**
　会社の機関構造が株主総会と取締役とのみからなる会社にあっては、利益相反取引の承認機関は、株主総会である（356条1項）。このような会社にあっては所有と

経営との分離が徹底されておらず、株主総会が会社の組織・運営・管理その他一切の事項につき決定できる（295条1項）からであり、会社の中心的な意思決定機関とされているからである。

　これに対して、取締役会設置会社では、所有と経営の分離が図られ、株主総会の決議事項は法令定款所定の事項に限られ（295条2項）、会社の運営・管理上の意思決定は、取締役会に委ねられる。利益相反取引の承認も会社の運営上の意思決定として、取締役会の決議事項とされる（365条1項）。取締役会による承認の有無にかかわらず、利益相反取引を行った取締役は、当該取引後遅滞なく、当該取引についての重要な事実を取締役会に報告しなければならない（365条2項）。実行された利益相反取引が承認した範囲にとどまっているかを確認するなどの事後的なチェックを行うためである。

(2)　**指名委員会等設置会社と監査等委員会設置会社**

　取締役会設置会社のうち、指名委員会等設置会社においては、取締役は業務執行を行うことができず（415条）、会社の業務執行に関する意思決定や業務執行は、執行役が行う（418条）。このため、指名委員会等設置会社にあっては、取締役と執行役につき、利益相反取引規制が適用され、取締役・執行役の直接取引、間接取引につき、取締役会の承認が必要となり（356条・365条・419条2項）、実施後は利益相反取引を行った取締役・執行役は当該取引に関する重要事実を取締役会に報告しなければならない（419条2項・365条2項）。

　監査等委員会設置会社にあっても、取締役会が利益相反取引の承認機関であり（365条1項・356条1項）、実施後は利益相反取引を行った取締役は当該取引に関する重要事実を取締役会に報告しなければならない（365条2項）。監査等委員会設置会社の利益相反取引の規律には、他の機関構成を採用する会社と異なり、取締役会の承認とは別に監査等委員会の承認があった場合に、監査等委員会の承認に特別の効果が認められている（423条4項）。この特別の効果の付与は、監査役会や監査委員会が監査機能しか有さない監査機関であることに対して、監査等委員会が、監査等委員である取締役以外の取締役の人事について意見陳述権（342条の2第4項）を有するため、社外取締役には利益相反取引の監督の機能を強化する役割が期待できるからであり（一問一答・平成26年改正45頁）、結果として、社外取締役の導入促進という目的で整備された監査等委員会設置会社の利用へと誘導するという政策目的をもつ（岩原紳作「『会社法改正の見直しに関する要綱案』の解説⑴」商事1975号〔2012年〕13頁参照。〔問題26〕）。

2．〔設問1〕形式的には直接取引に該当するが、会社と利害が客観的・抽象的には対立しない場合1

(1)　**客観的・抽象的には会社と取締役との利害対立しない場合**

　直接取引規制の対象は、会社と取締役との間の一切の財産上の法律

問題9　利益相反取引　115

行為（単独行為も含む）である。もっとも、行為の性質上、客観的・抽象的に会社と取締役との間で利害が衝突しない行為につき、規制を課す必要はなく、**直接取引規制の対象から除かれる**。会社が取締役から負担のない贈与を受ける場合（大判大正9・2・20民録26輯184頁）、債務を履行する場合（大判昭和13・9・28民集17巻1895頁）、そして相殺適状にある債権債務を相殺する場合（最判昭和38・12・6民集17巻12号1664頁）、取締役が会社を受取人として約束手形を振り出す場合[3]（大判昭和9・1・23新聞3673号15頁）や会社を被裏書人として裏書をする場合（大隅＝今井＝小林・概説229頁）、隠れた手形保証の目的で取締役が会社振出の約束手形の受取人となって裏書をする場合（大阪高判昭和38・6・27高民集16巻4号280頁）などがこれに当たる。

普通取引約款に従い、取締役が会社と取引を行う場合も、会社・取締役の取引条件の設定に裁量の余地がないために、直接取引規制を適用する必要はないとされる（東京地判昭和57・2・24判タ474号138頁）。

⑵　事例への当てはめ

Cが甲社に1億円を贈与した行為は、会社と取締役との財産上の法律行為に該当するため、形式的には、取締役が自己のためにする直接取引（365条1項・356条1項2号）に該当する。しかし、贈与は、負担付贈与でない限り一方的に会社に利益を与える行為であり、会社に損害を与えることは客観的・抽象的にも存在せず、直接取引規制を及ぼす必要はない。

もっとも、1億円の贈与は資力のない甲社にとって重要な財産の譲受けに該当し（〔問題10〕2.⑵参照）、取締役会の決議が必要である

---

[3]　そもそも、手形行為に356条1項2号の適用があるかについては、かつて議論があったが、最大判昭和46・10・13民集25巻7号900頁は、手形行為により行為者は、原因関係とは別個の手形債務を負い、手形債務は、挙証責任・抗弁切断・不渡処分といった点で原因債務に比較して厳格な責任であり、会社と取締役とが当事者となる手形行為は、原因関係とは別に、商法265条（当時。現在の356条1項2号）の適用があるとしている。もっとも、本文に引用した前掲大判昭和9・1・23、前掲大阪高判昭和38・6・27などの場合は、客観的に、会社の利益が害されず、承認は不要である。

（362 条 4 項 1 号）。

　以上からは、C から 1 億円の贈与を甲社が受けるにあたっては、取締役会決議による決定が必要である。

3．〔設問 2 〕(1)形式的には直接取引に該当するが、会社と利害が客観的・抽象的には対立しない場合 2

(1)　親子会社と利益相反取引規制

　親会社と子会社との取締役が兼任している場合にあって、親会社の取締役が子会社を代表して親会社との間で行った取引は、親会社にとって直接取引となり、利益相反取引規制の適用がある。子会社に親会社以外の株主が存在する場合には、子会社の利害と親会社の利害とが完全に一致するわけではないからである。もっとも、当該子会社が100％子会社である場合には、子会社の利害は、親会社が有する子会社株式の価値に反映されるため、親会社の利害と完全に一致する。親会社からみれば、利害衝突がないとして、**100％子会社との取引は利益相反取引とはならない**。他方、子会社からみても、子会社の取締役が親会社を代表して子会社と取引すれば形式上、直接取引に該当するが、親会社が 100％株主であれば、実質上利害衝突がないとして、利益相反取引規制の対象とはならない。100％子会社とその親会社との取引は、子会社の 100％株主の承認を得てなされていると評価できるからである（最判昭和 45・8・20 民集 24 巻 9 号 1305 頁、最判昭和 49・9・26 民集 28 巻 6 号 1306 頁）。

(2)　事例への当てはめ

　乙社による甲社からの水産物の仕入取引は、甲社の取締役である A が乙社の代表取締役として契約を締結しているのであれば、形式的には甲社からみて利益相反取引（第三者のための直接取引〔365 条 1 項・356 条 1 項 2 号〕）に該当する。他方、本件水産物の仕入取引が乙社の取締役である A が甲社を代表しているので、乙社にとっても形式的には利益相反取引（第三者のための直接取引〔356 条 1 項 2 号・365 条 1 項〕）に該当する。

問題 9　利益相反取引　**117**

しかしながら、乙社との取引により甲社の利益が害されたとしても、乙社がそれによって得た利益は乙社の株式の価値に反映される。甲社からみた場合、甲社が乙社の発行済み株式のすべてを有しているので、甲社は、乙社との取引により損害を被るが、自身が有する乙社株式の価値がその分上昇することになる。このため、甲社と乙社との取引は、甲社からみれば、客観的・抽象的に乙社との間で利害が衝突するものではない。他方、乙社からみれば、甲社との取引により甲社が乙社の利益を犠牲にして、利益を確保する可能性は否定できないが、100％株主である甲社との取引の実施は、当該取引の実施につき会社の承認に相当する総株主の同意があることになる。このため乙社が甲社と取引をすることには実質的に利害衝突は存在しないと評価できる。

　以上の検討からは、甲社、乙社のいずれの会社からみても、実質的には利害が対立していないとして、両社において利益相反取引としての承認は不要となり、甲社および乙社にあっては、日常業務として代表取締役の裁量のみにより水産物の仕入取引をすることができる。

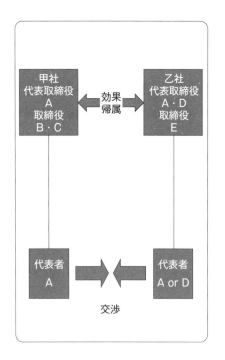

4．〔設問2〕(2)第三者のためにする直接取引の該当性

(1) 直接取引該当性
(ア) 乙社からみた場合

　356条1項2号の「自己または第三者のために」とは、名義で判断するとされ（大隅＝今井＝小林・概説229頁など）、**法的効果の帰属する主体**が誰であるかで決定される。自己のためにする直接取引は、会社と取締役との間に効果帰属する取引を取締役が締結する場合を指し、第三者のためにする直接取引とは、取締役が第三者の代理人（代表者）として、会社と取

引を締結しようする場合を指す。

　乙社からみれば、乙社の取引の相手方またはその代理人（代表者）が自社の取締役であれば、直接取引となる。

(イ)　甲社からみた場合

　甲社にとって直接取引に該当するかは、甲社の取引相手である乙社の代表者が甲社の取締役であるかによって決定する。乙社の代表取締役はA、Dの2名であり、それぞれが単独で、甲社との水産物の仕入取引を実施しうる。甲社の取引相手である乙社の代表者がAである場合は、甲社からみて自社の取締役が取引相手である乙社を代表しているから、利益相反取引に該当する。

　他方、Dが乙社を代表している場合には、甲社からみて取引相手である乙社の代表者は、自社の取締役ではないDであることから、直接取引には該当しない（大隅＝今井＝小林229頁）。これは、条文からの素直な解釈である。

　もっとも、次のような異論が述べられる。乙社の代表取締役Aが甲社の取締役である以上、甲社と乙社の取引にあっては、甲社とAとの利害が対立するといえる。乙社を誰が実際に代表しても、乙社の代表取締役にAが就任している以上、甲社からみて、第三者のための直接取引（356条1項2号）に該当するとすべきであるとも主張される（前田雅弘「取締役の自己取引——商法265条の適用範囲の再検討」森本滋ほか編『企業の健全性確保と取締役の責任』〔有斐閣、1997年〕305頁〜306頁、森本滋「取締役のいわゆる利益相反取引の範囲」金法1026号〔1983年〕20頁）。しかしながら、Aが乙社を代表していない以上、現行法の解釈からはこのような見解は疑問である。

　条文に素直な解釈をする場合でも、乙社を誰が代表したかは、実質的に判断すべきであり、Dが乙社を代表して甲社と取引するときも、その取引の決定・執行につき実質的にAが関与しているのであれば、Aが代表しているとして、直接取引に該当するとしてもよい（大隅＝今井＝小林・229頁注(173)）。

(2)　事例への当てはめ

　乙社による甲社からの水産物の仕入取引が、乙社にとって直接取引

問題9　利益相反取引　119

に該当するかは、乙社の取引相手である甲社の代表者が乙社の取締役であるかにより決定する。甲社の代表者がＡであり、乙社の取締役であるから、356条1項1号の第三者のためにする直接取引となり、乙社の**取締役会決議による承認**が必要となる。

　他方、甲社にとって、乙社による甲社からの水産物の仕入取引は、直接取引に該当するか。

　乙社の代表者が乙社代表取締役Ａの場合、Ａは甲社の取締役であるから、この仕入取引は、356条1項1号の第三者のためにする直接取引となり、甲社の取締役会決議による承認が必要となる。

　乙社の代表者が、乙社代表取締役Ｄの場合、Ｄは甲社の取締役ではないから、356条1項1号の第三者のためにする直接取引には原則として該当しない。このため原則として、甲社では取締役会決議による承認は不要であり、日常業務として甲社の代表取締役Ｄの判断で取引をすればよい。

　もっとも、乙社を誰が代表したかは実質的に判断すべきであり、Ｄが乙社を代表して甲社と取引するときも、Ａがその取引の決定・執行に実質的に関与しているときは、Ａが代表していると評価しうる。乙社の代表取締役会長がＡであり、乙社の代表取締役社長がＤであるため、Ａが業務全般を総括し、ＤがＡの指揮命令下に存在すると評価できる場合には、Ｄが乙社を代表するときでも、実質的にＡが代表していると評価でき、直接取引に該当するとして、甲社の取締役会決議による承認を要求すべきである。

★ 　コラム　　②　**取締役会設置会社における利益相反取引の承認時期**

　取締役会設置会社において、取締役が利益相反取引をする場合には、事前に、当該取引に関する重要事実を開示し、取締役会の承認を得ることが必要である（365条1項・356条1項）。直接取引がなされる場合、その承認のための取締役会決議においては、相手方である取締役は、特別利害関係人として議決に加わることはできず、間接取引がなされる場合には、間接取引につき利益が相反する取締役は、特別利害関係人として議決に加わることはできない（369条2項。〔問題20〕コラム④「特別利害関係人がいる場合の取締役会決議の定足数」参照）。

　承認にあたっての重要事実の開示は、承認すべきか否かを判断するための資料を

取締役会が確保するために行われる。虚偽の情報や開示不足に基づく取締役会決議は、瑕疵を帯びることになる。瑕疵を帯びる取締役会決議は、無効である。

　個々の利益相反取引をする前に、取締役会決議の承認が原則として必要であるが、例えば、代表取締役が兼任する会社の間で反復継続的に利益相反取引が行われるような場合には、必ずしも個々の取引について逐一取締役会の承認が要求されるわけではなく、ある程度包括的に承認することもできる。取締役会設置会社では、利益相反取引実行後、利益相反取引に関する重要事実が取締役会に報告される（365条2項）。包括的な承認の対象となった利益相反取引につき、事情の重要な変更により承認時と問題状況が異なれば、事情変更後は包括的な承認は効果を失い、改めて取締役会の承認を必要とする、と解されている（新版注釈(6) 218頁〔本間輝雄〕）。

　取締役会の承認のない利益相反取引は、無効（相対的無効）となる（後述5.(2)）。もっとも、事後的に取締役会が承認（追認）することまでも否定されるわけではなく、追認により取引を有効とすることができる（東京高判昭和34・3・30東高民時報10巻3号68頁）。

5．〔設問3〕間接取引の該当性と取締役会決議による承認を欠く利益相反取引の効力

(1)　間接取引該当性

　間接取引も、取締役会（取締役会が設置されない会社にあっては株主総会）の承認を得なければ、**相対的無効**となり（後述(2)）、それにより取引相手・第三者保護は図られるので、356条1項3号の適用対象を限定する必要は必ずしもない。しかし、会社が第三者との間で行う取引によって生じうる会社と取締役との利益相反は、程度の大小を問わなければ、無限にありうるので、そのすべてが規制対象となれば、実務における取扱いの混乱が生じかねない。この点を考慮すれば、適用範囲の設定には明確性が必要となる。**適用範囲の設定の基準は、直接取引と同程度の危険が発生するおそれがあるか**ということになろう。

　それでは、何をもって、そのおそれの有無を判断するか。

　第1の見解は、間接取引の適用範囲を、**会社と利害対立する取締役がその地位を利用して会社に働きかけ、当該契約が成立したかという点を基準として決定**している。直接取引の規制根拠は民法108条と同様に、取引の締結時に取締役が会社の利益を犠牲にして、自己または第三者の利益を優先させることの防止という点に求めれるからである。

この第1の見解に基づけば、間接取引とは、会社が取引を行う際に、委託に基づく保証のように、会社と利害の対立する取締役が会社に働きかけ、会社が第三者との間で取引を締結する事例や、二つの会社（R社とS社）の代表取締役を兼任する者が、R社の第三者に対する債務につき、S社を代表して**保証**するような場合（前掲最判昭和45・4・23）となる。反対に、二つの会社（R社とS社）の代表取締役が兼任されている場合であっても、R社の第三者に対する債務につきS社が保証を行うときに、保証契約を兼任する代表取締役以外の者が代表して締結すれば、間接取引規制の対象とするべきではないとされる（大隅＝今井＝小林・概説230頁）。

　他方、第2の見解は、**間接取引の規制の対象を、取締役がその地位を利用し、会社の利益を犠牲にして自己の利益を図る危険性が類型的に高い取引**とする。356条1項3号が例示する取引と同程度に、外形的客観的に会社の利益を犠牲にして取締役に利益が生じうることが明らかな取引類型であれば、間接取引規制の対象とする。第2の見解に基づけば、代表取締役が兼任している二つの会社（R社とS社）にあって、R社の第三者に対する債務につきS社が保証契約を締結する場合は、その類型に該当すると説明することになろう。代表取締役の地位の重要性を考慮すれば、兼任する代表取締役以外の者がS社を代表しても、利益相反取引に該当するとされる（コンメ(8)83頁〔北村〕）。なお、R社の取締役がS社の代表権のない取締役や監査役などを兼ねるにすぎない場合には、S社の第三者に対する債務につきR社が保証するとしても、形式的・類型的に会社の利益を犠牲にして取締役に利益が生じるとまでは判断できない（東京地判平成10・6・29判時1669号143頁）。

　間接取引が直接取引に該当しない会社と第三者との間の取引の規制であり、間接取引と直接取引の判断の尺度が異なることを前提とすれば、第2の見解の方が適当であろう。

★★ **コラム** ③ **直接取引規制と間接取引規制の交錯**

　P株式会社の代表取締役Xが全株式を有するQ株式会社とP社とが取引をする場

合、Q社の営業上の損益からくる経済上の結果はそのまま株主であるX個人に直結する関係にあることから、Q社は実質的にXであるとして、Q社をX以外の者が代表するかにかかわらず、365条1項2号の直接取引に該当するとする下級審判例がある（名古屋地判昭和58・2・18判時1079号99頁）。

Xが、Q社の全株式を有していなくとも、発行済株式総数または議決権総数の過半数を有している場合も、P社代表取締役Xは、Q社を意のままに操ることができる。このため、P社とQ社との取引も、Q社をX以外の者が代表するかにかかわらず、直接取引規制の対象とすべきとされる（龍田79頁、前田・前掲308頁）。しかし、直接取引の「自己または第三者のために」という要件を名義で判断することを考慮すれば、少なくともQ社をX以外のものが代表したときには、直接取引に該当する余地はない。もちろん、実質的にQ社の利益がXの利益と一致することを重視すれば類推適用の可能性はあろう。このため、P社とQ社との取引につき、利益相反取引規制を適用（類推適用）することは許容しうるとしても、P社とXと利益が完全に一致しない場合（XがQ社の全株式を有していない場合）には、P社とQ社との取引につき直接取引規制を及ぼすことは難しい。

それでは、このような関係を間接取引として把握することは可能であろうか。間接取引の該当性を、取締役がその地位を利用し、会社の利益を犠牲にして自己の利益を図る危険性が類型的に高い取引かという点によって判断する立場（上述第2の考え方）であれば、P社からみれば、Xが全株式を有していようがいなかろうが、X主導でP社の利益を害することには変わらないから、XがQ社の支配株主であれば、間接取引に該当すると主張される（コンメ⑻83頁〔北村〕）。さらに、この立場からは、会社が取締役の配偶者や未成年の子と取引を行う場合や、会社が取締役の配偶者や未成年の子の債務を保証する場合も間接取引に該当するとする（仙台高決平成9・7・25判時1626号139頁、前田・前掲309頁）。夫婦や親子が家計を共通にすることが実態的に多いことを論拠とする。

たしかに、取締役会の承認がない間接取引の効力は、相対的無効とされること（後述）から、取引相手・第三者保護の観点からは、このように適用範囲を柔軟にとらえても問題はない。しかし、事前に取締役会の承認を要求する利益相反取引規制は適用範囲が明確でなければ、実務の取扱いに混乱を引き起こしかねず、個別具体的な事情で適用の有無を決定すべきではなかろう。また、そもそも、間接取引を356条1項3号に例示される保証のような信用供与行為に限定するとの見解（森本・前掲20頁）からは、信用供与行為でない領域において間接取引該当性を肯定することは批判されよう。

(2) 取締役会決議による承認のない利益相反取引の効力

利益相反取引につき、取締役会決議の承認を得ていない場合には、当該利益相反取引は**無効**になる。とりわけ、直接取引にあっては、会社は、相手方である取締役または取締役が代理した直接取引の相手方に対しては常に無効を主張できる。しかし、判例は、間接取引の相手

方（前掲最大判昭和43・12・25）や、会社が取締役を受取人として振り出した約束手形の譲受人（前掲最大判昭和46・10・13）という第三者に対しては、取引安全の観点から、会社は、取締役会決議を経ていないこととともに、相手方である第三者が悪意であることを主張しなければその無効を第三者に主張できないとした（**相対的無効**）。この場合の悪意（重過失も含まれるとする見解が多い）は、当該取引が利益相反取引に該当することと、取締役会決議を経ていないことという二つの点に関する認識となる。根拠は薄弱であるとの批判があるにせよ、判例の取扱いの政策的妥当性は学説上も支持されている。間接取引の相手方や直接取引である手形行為に関する第三者にとどまらず、会社から取締役に譲渡された不動産の転得者との関係も相対的無効として同様の取扱いがなされよう（江頭443頁。弥永205頁注(126)は民94条2項類推等で対処すべきとする）。

(3) **事例への当てはめ**

(ア) **〔設問3〕(1)Aが乙社を代表した場合の丙社の乙社に対する保証債務の履行請求の可否**

甲社の丙社に対する6,000万円の債務につき、乙社が丙社との間で締結した連帯保証契約の履行を丙社は乙社に求めた。この連帯保証契約は、間接取引に該当すれば、その締結に際して、乙社の取締役会決議による承認を必要とする（365条1項・356条1項3号）。取締役会の承認を得ていない本件では、①本件連帯保証契約が間接取引に該当するか、②間接取引に該当するとなれば、取締役会の承認を得ていないことが本件連帯保証契約の有効性に影響を与えないかが問題となる。以下、順に検討する。

まず、乙社が締結する連帯保証契約は間接取引に該当するかを検討する。会社と第三者との取引にあっては、多かれ少なかれ取締役と会社との利益が相反する危険性は存在するため、間接取引としての適用範囲を明確化する必要がある。356条1項3号に例示されている取引や直接取引と同程度の利益相反の危険性が外形的・客観的にあれば、会社と取締役との利益が相反すると考えてよい。そうであれば、二つの会社の代表取締役を兼任する者が、一方の会社の第三者に対する債

務につき、他方の会社を代表して保証するような場合は、兼任代表取締役の存在により、その取締役と保証する会社との間に利益相反性が外形的・客観的に存在するといえ、間接取引に該当する。本件では甲社の代表取締役を兼任するＡが乙社を代表して債務保証をしているので、前記第１の見解、第２の見解のいずれにおいても間接取引に該当する。

　それでは次に、乙社の連帯保証契約の効力について検討する。乙社の連帯保証契約は、間接取引に該当し、取締役会決議による承認が必要であるが、本件では承認されておらず、**無効**となる。しかしながら、取引の安全を考慮すれば、会社は、取締役会決議を経ていないこととともに、相手方である第三者が、本件保証契約が利益相反取引に当たるが取締役会決議の承認を得ていないことにつき悪意または重過失があることを主張しなければ、その無効を第三者に主張できないとすべきである（**相対的無効**）。丙社は、Ａに取締役会議事録を請求したところ、Ａより、本件保証契約の実施を承認する取締役会決議がＤ、Ｅの賛成により成立したとする、偽造された取締役会議事録の交付を受けていることから、取締役会決議を経ていないことに関して悪意・重過失があったとは評価できない。

　以上からは、乙社は本件保証契約の無効を丙社に主張することは認められず、丙社の乙社に対する保証契約の履行請求は認められる。

(イ)　〔設問３〕(2)Ｄが乙社を代表した場合

　甲社と乙社は、代表取締役をＡが兼任する会社であるが、乙社にあって甲社の債務を連帯保証する保証契約の締結をＡ以外の代表取締役であるＤが締結している。Ａがその地位を利用して保証契約を締結していない以上間接取引に該当しないとも考えられなくはない。しかし代表取締役の地位の重要性を考慮すれば、乙社をＡ以外のＤが代表していても、乙社とＡとの間に利益が相反する危険性の程度に大差がなく、兼任代表取締役が存在する会社の一方が他方の会社の第三者に対する債務の保証契約を締結することは類型的に会社の利益を犠牲にして自己の利益を図る危険性が高く、第２の見解によれば、この場合も間接取引に該当する。取締役会決議による承認を欠く間接取引の効力は相対的無効であり、間接取引に該当することおよび取締役会決議に

問題9　利益相反取引　125

よる承認を得ていないことに対して相手方が悪意・重過失の場合にしか会社は無効主張できない。本件保証契約が乙社にとって間接取引に該当し、乙社取締役会決議を経ていないことにつき丙社が善意無過失であれば丙社の乙社に対する履行請求が認められ、結論は(1)と変わらない。

　なお、第1の見解に基づけば本件保証契約は間接取引には該当しない。しかし本件保証契約は、多額の借財には該当するため、取締役会決議による決定が必要となる。Dの保証契約締結は取締役会決議を欠く代表取締役の行為となるが、本件事例では、丙社が取締役会決議がないことにつき善意・無過失であれば、効力は否定されず（民93条類推）、履行請求が認められる。

◆　参考文献　◆

・河内隆史「利益相反取引の範囲と違反取引の効力」争点 142 頁
・前田雅弘「取締役の自己取引——商法 265 条の適用範囲の再検討」森本滋ほか編
　『企業の健全性確保と取締役の責任』（有斐閣、1997 年）
・森本滋「取締役のいわゆる利益相反取引の範囲」金法 1026 号（1983 年）12 頁
・浜田道代・百選 116 頁
・山本為三郎・百選 120 頁

[山田泰弘]

〔問題 10〕 代表取締役の専断的行為の効力・取締役の解任

◆ 事例 ◆

次の文章を読んで、以下の設問 1 ～ 2 に答えなさい。

1. 甲株式会社は、電子部品、電気機器の製造および販売を目的とする公開会社でない取締役会設置会社であり、監査役設置会社である。平成 26 年度の甲社の貸借対照表における資産の総額は 50 億円であり、取締役には、A、B、C、および D の 4 名が就任していた。このうち、A および B が代表取締役に就任し、B が代表取締役社長であった。甲社の定款には、「株主総会は、法令に別段の定めがある場合を除き、取締役会の決議により代表取締役社長が招集する。代表取締役社長に事故があるときは、予め取締役会の定めた順序により他の取締役がこれにあたる。」との規定があった。

2. 甲社は、α 製品とその関連製品の開発・製造を中心に事業を展開してきたが、平成 19 年以降、α 製品よりも性能の高い β 製品とその関連製品の開発・製造に力を入れることとし、β に関する専門知識を有する A の指揮命令の下で、同じく β に関する専門知識を有する C を中心として、研究開発を展開していたが、平成 26 年頃より、β に係る研究開発費の負担から甲社の財務状態が悪化し、β 事業の継続により甲社が倒産するおそれが認識されるようになった。

3. そこで、平成 27 年 4 月 10 日の甲社の取締役会（以下「本件取締役会」という）において、甲社と乙社との間で、β 製品とその関連製品の開発・製造・販売事業を譲渡する合意をなすことが審議された。A および C はこれに強く反対する意見を述べたが、C は、B および D の説得に応じ、B、C および D の賛成（A は反対）により、β 事業の譲渡を認める決議が成立した。甲社は、今後は、従来取り組んできた α 製品とその関連製品の改良をめざし、同製品の開発・製造に注力することとなった。

4. 平成27年6月10日、本件取締役会の決議に基づき、甲社の株主総会において、β事業の譲渡を承認する決議がなされた。甲社と乙社は、平成27年7月1日、甲社のβ事業を、同年8月3日をもって乙社に譲渡する事業譲渡契約を締結した。契約には、甲社が乙社と競業する行為をしないこと等の取決めが含まれた。

5. 平成27年10月1日、Aは、再び甲社内でβ事業を展開することをめざし、甲社を代表して、β製品の研究に係る機材を2億円で丙社から購入し、甲社の研究施設を用い、甲社の費用でβ製品の開発を続け、これにより甲社に損失が発生した。

6. そこで、取締役会決議を経て、Bは、取締役Aの解任、取締役Cの解任、Eの取締役選任、および、Fの取締役選任を議案とする臨時株主総会を招集した。この臨時総会は平成27年12月1日に開催され、Aの解任の理由として、Aが独断で丙社から機材を購入し、β製品の研究を続け、甲社に損失をもたらしていることが、また、Cの解任、EおよびFの選任の理由として、甲社はβ事業から撤退し、α事業を主力に据えることとしたため、β製品に詳しくα製品についての知識に乏しいCよりも、甲社で長年α事業に従事してきたEおよびFを取締役として、α事業を主導させることが適切であると考えられることが、株主総会参考書類に記載されるとともに、株主総会においてBから説明され、各議案を可決する決議が成立した。

〔設問1〕 甲社は、平成27年10月1日の丙社との契約の無効を主張することができるか。

〔設問2〕 AおよびCは、甲社に対し、解任によって生じた損害の賠償を請求することができるか。会社法に基づき損害賠償請求をなしうる場合、その賠償の対象にはどのようなものが含まれるか。

◆ 解答へのヒント ◆

1.〔設問1〕

丙社からの機材の譲受けが、362条4項1号の「重要な財産の譲受け」に該当するとすれば、当該譲受けには取締役会決議が必要となり、

甲社は取締役会決議を欠くことを理由に丙社との契約の履行を拒むことができるのではないかが問題となる。そこで、丙社との取引が「重要な財産の譲受け」に該当するかどうか、該当するとすれば、代表取締役が取締役会決議なく単独でこのような行為をした場合の当該行為の効力を検討することが必要となる。

2. 〔設問2〕

取締役は、いつでも、株主総会決議により解任可能であるが、これにより解任された者は、解任につき正当な理由がある場合を除き、会社に対し、解任による損害の賠償を請求することができる（339条）。そこで、平成27年12月1日の株主総会においてBが説明したAの解任の理由とCの解任の理由を参照し、これが、ここでいう正当な理由に該当するかを検討することが必要となる。また、解任に正当な理由が認められない場合には、339条2項に基づく会社による賠償の対象となる損害にはどのようなものが含まれるかが問題となる。

◆ 解説 ◆

1. 出題の意図

　〔設問1〕は、362条4項により**取締役会決議が必要とされる行為へ**の**該当性の判断基準**と、それに該当する行為を、取締役会決議なく、**代表取締役が単独でなした場合の当該行為の効力**についての理解を確認することを目的とする問題である。

　〔設問2〕は、339条2項の**「正当な理由」の解釈**と同項に基づく**会社の損害賠償の範囲**についての理解を確認することを目的とする問題である。

2. 〔設問1〕取締役会決議を必要とする取締役の行為

(1) 問題の所在

　会社法は、362条4項各号に定める事項その他の重要な業務執行の決定は取締役に委任することはできず、取締役会の決議をもって決定することを要求する。これは、**重要な業務執行の決定について慎重な決定を求める**とともに、**代表取締役の専横を防止する**ことを目的とするものである（コンメ(8)222頁〔落合誠一〕）。

　丙社との取引が362条4項により取締役会の承認が要求される行為なのであれば、Aは取締役会決議なくそのような行為をなすことができず、Aが甲社を代表して行った丙社との取引の効力が問題となりうる。そこで、362条4項の対象となる行為と、同項違反の行為の効力を検討することが必要となる。

(2) 重要な財産の処分・譲受け（362条4項1号）の該当性基準

　判例（最判平成6・1・20民集48巻1号1頁）は、362条4項1号にいう**重要な財産の処分**に該当するかどうかは、①当該財産の価額、②その会社の総資産に占める割合、③当該財産の保有目的、④処分行為の態様および⑤会社における従来の取扱い等の事情を総合的に考慮して判断すべきであるとする。学説においても、重要であるか否かは、会

社の規模・状況等とその金額、企業組織上の地位、従来の扱いを勘案して判断するほかなく、すべての会社を通ずる画一的規準を定めることができないのはもちろん、同一の会社でも会社の状況や取引の性質等により扱いを異にすべき場合もありうるとする見解（鈴木＝竹内275頁）、重要であるか否かは、一般抽象的に決することはできず、各場合につきその会社の規模・事業の性質・業務または財産の状況などに照らして、代表取締役の決定に委ねることが相当かどうかの見地から判断しなければならないとする見解（大隅＝今井・中巻185頁）などが主張されている（通説とされる〔中東正文・百選132頁参照〕）。このように、重要であるか否かは、対象となる財産の量的要素のみならず、**質的要素にも着目して、総合的に判断**がなされる（コンメ(8)223頁〔落合〕）。

　前記①について、会社の規模や資産の状況がさまざまであることを考えると、①そのものから当然に重要と判断される例は少なく、②などとの関係において、重要性が判断されるべきである（森本滋「判批」民商112巻1号〔1995年〕78頁）。

　前記②については、対象となる財産の価額の会社の総資産に占める割合がどの程度であれば、重要な財産の処分・譲受けに該当するかが問題となるところ、実務界を中心に一応の目安が提示されており、会社の貸借対照表上の総資産の1％に相当する額を目安とすべきとするもの（東京弁護士会会社法部編『新・取締役会ガイドライン』〔商事法務、2011年〕142頁）、会社の総資産の0.1％から0.9％が目安となるとするもの（商事法務研究会編『取締役ハンドブック（新訂第3版）』〔商事法務、2000年〕310頁）等がある。

　前記⑤については、実務では、取締役会に付議する基準を内規等で定めている例が多く、そのような内規や慣行が考慮される（さいたま地判平成23・9・2金判1376号54頁参照）。ただし、この基準を徹底すると、取締役会決議で決定すべきか否かの問題が、事実ないし慣行の問題に帰してしまうこととなるため、この基準はあくまでも副次的な判断材料と考えるべきであるとされる（森本・前掲79頁）。前掲最判平成6・1・20の最高裁調査官解説も、会社が「重要な財産の処分」に当たるべき案件を当該会社では従来から取締役会決議を経ないで処理してきたとしても、そのような違法な取扱いが当該会社に限っては適法

になるという趣旨ではないとしている（野山宏・最判解民事篇平成 6 年度 13 頁）。

なお、362 条 4 項 1 号から 7 号に定める事項は、**例示列挙**であるため（同項柱書参照）、同項各号のいずれかに該当しなくとも、これらと同程度の重要性がある業務執行事項の決定も、取締役会決議によることを要し、代表取締役、経営会議等の下部機関に委ねることはできない（コンメ(8)222 頁〔落合〕）[1]。

(3) 362 条 4 項違反の対外的取引の効力

362 条 4 項により取締役会決議の要求される行為を、同項に違反して、代表取締役が単独でなした場合、当該行為は、同項の趣旨を考慮すると、本来、無効となるべきである（龍田 114 頁、コンメ(8)18 頁〔落合〕）。しかし、当該行為が対外的な業務執行である場合には、取引の相手方等の第三者の利益にも配慮した解決が必要となる。そこで、両者を調整する観点から、**362 条 4 項に違反した対外的取引の効力**について、次のような見解が主張されている。

判例は、代表取締役が、会社の業務に関し一切の裁判上または裁判外の行為をする権限を有する点に鑑みれば、代表取締役が、362 条 4 項の対象となる対外的取引行為を、取締役会決議を経ずになした場合でも、当該取引行為は、内部的意思決定を欠くにとどまるから、原則として有効であって、ただ、相手方が取締役会決議を経ていないことを知りまたは知ることができたときに限って、無効であるとする（最判昭和 40・9・22 民集 19 巻 6 号 1656 頁）。これは、心裡留保による意思表示の効力を定める民法 93 条を類推適用する考え方である（豊水道祐・最判解民事篇昭和 40 年度 350 頁）。

この考え方に対しては、第 1 に、代表取締役は、その行為の効果を会社に帰属させる意思を有している以上、心裡留保とみることはできない（前田 480 頁）、第 2 に、この考え方の下では、相手方は善意・無

---

[1] 例えば、年間事業計画の決定、年間予算の設定・変更、主力製品の決定・変更、年間新規採用予定人員の決定等は、362 条 4 項が列挙する事項と同程度の重要性があるとする見解がある（前田 465 頁）。

過失でなければ保護を受けられず、軽過失があるにすぎない者が保護の対象とならないのは問題である（龍田114頁）との批判がある。また、取締役会の承認を必要とする趣旨は会社ないし株主の保護にあるから、第三者に取締役会決議があるかどうかの調査義務を課すのは妥当でなく、さらに、利益相反取引に際しての取締役会決議を欠いた場合との均衡からも、善意でかつ重大な過失がないことで足りると解すべきであり、近時の最高裁も、軽過失のある第三者は保護されるという考え方をとっていると解される（最判平成11・11・30金判1085号14頁、最判平成12・10・20金法1602号49頁参照）とも指摘されている（大隅＝今井＝小林・概説217頁〜218頁注⒃）。

このほかに、代表取締役は代表権の範囲内で有効に会社を代表して行為できるのであり、取締役会の決議は内部的意思決定手続であるから、その手続を欠いても代表行為は有効であるが、当該行為が362条4項の対象であること、および必要な取締役会決議を欠くことにつき悪意の者や重過失のある者が取引の有効を主張することは信義則違反または権利濫用（民1条2項・3項）であるから許されないとする、一般悪意の抗弁により解決を図る見解（大隅＝今井・中巻204頁）が主張される。

さらに、349条5項を適用または類推適用し、当該行為が362条4項の対象であるにもかかわらず取締役会決議を経ていないことにつき、第三者が善意・無重過失の場合には、会社は行為の無効を当該第三者に対抗できないとする見解も主張される（龍田114頁注㉟は、同項の類推適用によるべきとする。前田480頁は、この場合、まさに代表取締役がその権限に加えられた制限に反して行為をなしたことになるとして、同項を適用すべきとする）。代表取締役の代表権は、会社の業務に関する一切の裁判上・裁判外の行為に及ぶ（349条4項。例外として、364条・386条）。ただし、内規によって、会社が自主的に代表取締役の代表権に制限を加えることは可能である（例えば、ある代表取締役の代表権を、会社が行う数種の事業のうち一部に限定するとか、担当地区を限定する、一定金額を超える取引について取締役会の承認を要する旨の制限をなす等）。しかし、このような会社の自主的制限を、取引相手方等会社外の第三者が確認・調査をすることは困難であり、その違反を根拠に代表行為が無効

とされてしまうと、第三者は不測の損害を被ることになる。そこで、349条5項は、上記のような制限を、善意の第三者に対抗することができないこととする。このように、349条5項は、会社の自主的制限を対象とするものであり、法令による制限は基本的にはその対象外と解されている（逐条(4)390頁〔稲葉威雄〕）。したがって、362条4項違反の行為の効力につき、349条5項に依拠して会社の利益保護と第三者保護の調整を図る場合には、同項の類推適用によるのが適切であろう。

(4) 事例への当てはめ

Aが甲社を代表して丙社から買い入れた機材の価額（2億円）は、甲社の平成25年度の貸借対照表の総資産の額（50億円）の4％を占めており、量的な観点から重要であるといえそうである。また、甲社がβ製品の研究に係る機材を購入することは、β製品につき乙社との競業を禁ずる甲乙間の契約に抵触するおそれがあり、質的な点でも、取締役会の決議を経て慎重に判断すべき重要な取引であるといえるであろう。したがって、丙社との取引は、362条4項により取締役会決議の要求される取引であると解される。

このため、Aが取締役会決議を経ずに丙社となした取引は、362条4項に違反することとなるが、この場合でも、当該取引行為は、内部的意思決定を欠くにとどまるものと理解できる。したがって民法93条の類推適用により、丙社との取引は原則として有効であって、丙社が、当該取引が362条4項により取締役会決議の要求される行為であること、および、取締役会決議を経ていないことを知りまたは（容易に）知ることができたときに限って無効となると解される。

★★ コラム 代表権の濫用

本問の事例は、代表取締役が、自己または第三者の利益を図る意図を有しているかどうかにかかわらず、362条4項による代表権の制限に反して会社を代表し、第三者と取引をした場合を取り上げたが、このほかに、代表取締役が、自己または第三者の利益を図る目的で、その代表権の範囲内において、会社を代表して第三者と

取引をした場合にも、その取引の効力の理解につき、会社の利益の保護と取引の相手方等の第三者の保護の調整が問題となる。たとえば、会社資金の調達のためという名目で、会社名義で第三者から金員を借り入れたが、代表取締役の真意は、自己の借金の返済に充てることにある場合や第三者の便宜を図ることにある場合等がこれに該当する。代表取締役の代表権は会社のために行使すべきものであるから、この場合、その代表行為は、権限の濫用となる（コンメ(8)21頁〔落合〕）。

現行法は、代表権の濫用によって対外的な業務執行がなされた場合の当該行為の効力についても、明文規定をもたない。そこで、判例・学説は、会社の利益保護と第三者の利益の保護の調整の観点から、そのような行為の効力についての解釈を示してきた。その根拠となる法律構成や、第三者の保護の範囲については、次のような争いがある。その見解の対立は、2.(3)で述べた362条4項違反の対外的取引の効力についての学説の対立と類似する。

第1に、判例は、代表取締役の代表行為（表示）と真意に不一致があるとして、民法93条ただし書を類推適用し、第三者が当該代表者の真意を知りまたは知りうべきものであったときは、当該行為はその効力を生じないとする（最判昭和38・9・5民集17巻8号909頁、最判昭和51・11・26判時839号111頁）。しかし、民法93条にいう真意は、法律行為をなす効果意思の意味であるところ、代表権濫用の場合、代表取締役は、行為から生ずる経済的利益を奪おうとしているだけで、代表行為の効果を会社に帰属させる意思は有しているのであるから、内心的効果意思と表示は一致しているといえ、心裡留保と類似するとは言い難い（新版注釈(6)170頁〔山口幸五郎〕）。また、取引安全のために付与された代表取締役の包括的代表権を排除してまで民法上の心裡留保と同じ規制をする必要性は乏しいこと、代表取締役と会社との利益が相反する取引（356条1項3号）の相手方ですら取締役会の承認がないことにつき悪意でない限り取引の無効を主張されないにもかかわらず、表面上行為者と会社の利益が反しない代表権の濫用の場合に、相手方に軽過失があれば取引を無効として、相手方に調査等を要求するのは、均衡を失することが指摘されている（江頭428頁注(5)）。

第2に、自己または第三者の利益を図るためとはいっても、代表取締役は、権限内の行為をなしているのであるから、その行為は原則として有効に会社に帰属し、ただ、悪意の相手方による取引の有効性の主張は、信義則に反し（民1条2項）、または権利濫用（同条3項）として許されないとして、一般悪意の抗弁により解決を図る見解が主張される（鈴木＝竹内287頁、大隅＝今井・中巻216頁）。

第3に、代表権の行使にあたってその濫用が許されないことは当然の前提であって、そのことは代表権の当然の制限ということができるから、代表権の濫用の場合における代表行為の効力についても、349条5項を適用すべきであるとする見解（前田481頁）、および、権限濫用を知りながら取引をした相手方は、違法行為に加担したのであり、このような相手方に対しては会社が履行を拒める方がよく、また、この場合も、代表取締役の権限に会社が加えた制限を超えて取引がなされた場合と事情が似るから、349条5項を類推し、会社は、権限濫用であることにつき善意・無重過失の第三者に対しては、権利濫用の主張ができないとすべきであるとする見解（龍田108頁）が主張される。しかし、代表権の濫用は、代表権の制限違反

ではなく、権限濫用行為も客観的に代表取締役の決定権限の範囲内の行為である以上、これをもって内部的制限の問題と解するのは適切でないとの批判がなされる（新版注釈(6)171頁〔山口〕）。

民法改正案は、代理権の濫用に関し、前記判例法理に従った、次のような規定を新設している。すなわち、「代理人が自己又は第三者の利益を図る目的で代理権の範囲内の行為をした場合において、相手方がその目的を知り、又は知ることができたときは、その行為は、代理権を有しない者がした行為とみなす」（民法改正案107条）。

3.〔設問2〕取締役の解任の「正当な理由」と損害賠償（339条2項）

(1) 問題の所在

取締役は、株主総会決議により、いつでも解任可能であるが、解任に正当な理由がある場合を除き、解任されたことによって生じた損害の賠償を、会社に対し、請求することができる（339条）。そこで、339条2項に基づきＡおよびＣが解任による損害の賠償の請求をなすことができるかを判断するに際しては、Ａの解任およびＣの解任が正当な理由によるものかどうかを検討することが必要となり、解任が正当である場合には、その損害の内容が問題となる。

(2) 339条2項の「正当な理由」

339条2項が定める**会社の損害賠償責任の法的性質**の理解については、学説上争いがある（詳細は、コンメ(7)528頁～529頁〔加藤貴仁〕参照）。不法行為責任と解する見解や債務不履行責任と解する見解も主張されるが、通説は、株主総会による解任の自由の保障と取締役の任期に対する期待の保護との調和を図ることをその趣旨とする法定責任と理解する（江頭395頁注(7)、大阪高判昭和56・1・30下民集32巻1～4号17頁。この立場をとる他の文献については、新版注釈(6)69頁〔今井潔〕参照）。同項にいう**正当な理由の意義**は、この趣旨を踏まえて解釈される必要がある（コンメ(7)534頁〔加藤〕）。

例えば、取締役に職務執行上の不正行為や法令違反行為があった場合、心身の故障などにより客観的に職務遂行に支障をきたすような状態になった場合に解任に正当な理由を認めることにほぼ争いはない（コ

ンメ(7) 535 頁〔加藤〕、新版注釈(6) 71 頁〔今井〕、最判昭和 57・1・21 判時 1037 号 129 頁）。また、多くの学説は、能力の著しい欠如や独断的職務遂行をなす等の職務への著しい不適任も、正当な理由に該当するとする（新版注釈(6) 71 頁〔今井〕、大隅＝今井・中巻 176 頁、鈴木＝竹内 272 頁注⒁、江頭 396 頁注(7)、秋田地判平成 21・9・8 金判 1356 号 59 頁）。このほか、下級審裁判例には、解任対象の取締役の能力不足により、当該取締役担当事業部門の収益がほとんどなかったという状況の下で、会社が当該事業部門から撤退することとしたことに伴い、当該取締役を解任した場合に、解任の正当な理由を認めたものがある（横浜地判平成 24・7・20 判時 2165 号 141 頁）。他方、単に、取締役としてより適任な者がいるという理由だけでは、解任に正当な理由があるとはいえないとする見解（近藤光男「会社経営者の解任」鴻常夫先生還暦記念『80 年代商事法の諸相』〔有斐閣、1985 年〕404 頁）、軽微なあるいは一時的な病気を理由に取締役を解任する場合にも、正当な理由は認められないとする見解（鈴木千佳子「株主総会による取締役の解任に関する一考察」法研 66 巻 1 号〔1993 年〕182 頁）も主張されている。

　経営判断の失敗を理由とする取締役の解任に、正当な理由が認められるか否かについては、経営判断の失敗を根拠に任務懈怠責任（423 条 1 項）が認められるのは稀であり、経営判断の失敗を理由とする解任に正当な理由を認めないと、経営判断の失敗に対して株主が責任追及する手段が著しく制限されてしまうとして、経営判断の失敗による解任に正当な理由を認める見解（近藤光男『会社支配と株主の権利』〔有斐閣、1993 年〕173 頁）と、これを正当な理由とすると、取締役の経営判断が萎縮することとなってしまうことを根拠に、正当な理由とは認めない見解（潘阿憲「取締役の任意解任制」前田重行先生古稀記念『企業法・金融法の新潮流』〔商事法務、2013 年〕111 頁、江頭 396 頁注(7)）とが対立する（学説の対立の詳細は、コンメ(7) 538 頁～ 539 頁〔加藤〕参照）。

⑶　339 条 2 項に基づく損害賠償の範囲

　339 条 2 項は、解任に正当な理由がない場合に取締役の任期に対する期待を保護しようとするものであるから、同項に基づき賠償されるべき損害の範囲は、取締役が解任されなければ残存任期中と任期満了

時に得られたであろう利益（所得）の喪失による損害とされる（新版注釈(6)72頁〔今井〕、前掲大阪高判昭和56・1・30）。これに、任期満了までおよび任期満了時に得られたであろう取締役としての報酬が含まれることにつき、争いはない（大隅＝今井・中巻176頁、鈴木＝竹内272頁注⑮、江頭395頁注(7)、前田409頁、神戸地判昭和54・7・27判時1013号125頁、前掲大阪高判昭和56・1・30、東京地判昭和63・2・26判時1291号140頁）。

　任期を満了したならば受給していた可能性が高い賞与や退職慰労金なども、賠償の請求が可能な損害に含まれると解されているが（新版注釈(6)72頁〔今井〕、逐条(4)327頁〔奥島孝康〕）、任期満了時に受給していた可能性をどの程度必要とするかにつき、学説に差異がある（コンメ(7)531頁〔加藤〕）。受給の可能性が相当に高い場合に限るとする見解（弥永161頁）や、退職慰労金に関する定款の定め、株主総会決議、慣行が存在しない場合には、解任された取締役が賠償請求できる損害に退職慰労金は含まれないとする裁判例がある（前掲神戸地判昭和54・7・27、前掲大阪高判昭和56・1・30）。

　慰謝料、および、損害賠償請求の訴えを提起した場合に要する弁護士費用は、会社に対して賠償請求できる損害に含まれないと解する立場が有力である（大隅＝今井・中巻176頁、近藤・前掲「会社経営者の解任」412頁注㊻、前掲神戸地判昭和54・7・27、前掲東京地判昭和63・2・26）。他方で、不当応訴等の特段の事情がある場合には、弁護士費用による損害も、会社に対して賠償請求ができる損害に含まれるとする見解（前掲大阪高判昭和56・1・30）、慰謝料は会社に対して賠償請求できる損害に含まれるとする見解などもある（コンメ(7)532頁〔加藤〕参照）。

　なお、取締役の解任に伴い、339条2項のほかに、民法651条2項または民法709条を根拠として、会社に対し損害の賠償を請求することが認められる可能性がある。

⑷　事例への当てはめ

㋐　Aの解任理由と「正当な理由」

　Aの解任の理由は、Aが独断で丙社から機材を購入し、β製品の研究を続け、甲社に損失をもたらしていることである。Aが独断で丙社

から機材を購入する行為は、2.(4)で検討したように、362条4項によって取締役会の承認が要求される行為であり、これを独断で行うことは、同項に違反する法令違反行為となる。

したがって、Aの解任には「正当な理由」があると解され、Aの任期に対する期待は保護されず、Aは、339条2項に基づき、会社に対して解任による損害の賠償請求をなすことができない。

(イ)　Cの解任理由と「正当な理由」

Cの解任の理由は、甲社の経営方針の転換に伴い、α製品についての知識・経験のより豊富な者を取締役とすることが適切であると判断されたことである。Cに職務執行上の不正行為、法令違反行為、または心身の故障等があったわけではなく、Cの解任には「正当な理由」は認められないと解される。株主総会は、このような解任も自由になすことができるが、その一方で、Cの任期に対する期待は保護される必要があり、Cは、339条2項に基づき、甲社に対し解任による損害の賠償を請求することができる。

次に、Cが甲社に対し賠償を請求できる損害にいかなる損害が含まれるのかが問題となる。339条2項は、取締役の任期に対する期待を保護し、解任された取締役に任期満了時の経済状態を保障しようとするものであることから、賠償されるべき損害には、Cが解任されなければ残存任期中に得られたであろう取締役としての報酬が含まれ、このほか、賞与・退職慰労金に関する定款の定め、株主総会決議、または慣行が存在する等、支払を受けた可能性が高いと判断できるときは、賞与や退職慰労金も含まれる。

◆　参考文献　◆

●取締役会決議が必要な重要な財産の処分および譲受け・必要な取締役会決議を経ない
　代表取締役の行為の効力
・中東正文・百選 132 頁
・山田廣己・百選 134 頁
・宮島司「株式会社の代表と代表者の権限濫用行為の効力」争点 132 頁
●取締役の解任
・近藤光男・百選 96 頁

[清水円香]

〔問題 11〕 取締役の第三者に対する責任

◆ 事例 ◆

次の文章を読んで、以下の設問 1 ～ 4 に答えなさい。

1. 甲株式会社は、平成 10 年に設立されたピザ・パスタ等の食品の製造販売を業とする取締役会設置会社であり、創業者である A は、甲社の唯一の代表取締役として経営全般を統括していた。甲社の設立に際して、A はそれまで個人で行っていたピザ・パスタ等の製造販売の営業を現物出資し、B ら A の友人 4 名が金銭を出資した。甲社の発行済株式総数は 1 万株であり、そのうち A が 6,000 株を保有し、B ら 4 名がそれぞれ 1,000 株ずつ保有している。甲社の発行済株式総数および株主構成と各株主の持株数は、設立以来現在（平成 25 年 11 月とする）に至るまで変わっていない。なお、甲社は種類株式発行会社ではなく、甲社の定款には、その株式の譲渡による取得について取締役会の承認を要する旨の定めがある。

2. 甲社では、設立以来平成 22 年 6 月まで、A のほか C および D の 3 名が取締役となっていた。C は、長年、常務取締役として A を補佐してきたが、平成 22 年 6 月に持病の悪化を理由として取締役を辞任したにもかかわらず、現在に至っても退任登記がされていない。D は、平成 22 年 7 月から常務取締役として A の経営を補佐している。E は、平成 22 年 6 月に取締役に選任されたが、A から名前だけ取締役になってほしいと頼まれたものであって、事実上甲社の経営にはまったく関与しておらず、甲社から報酬も受け取っていない。なお、甲社の定款には、取締役の任期を選任後 7 年以内に終了する事業年度のうち最終のものに関する定時株主総会の終結の時までとする定めがある。

3. 甲社は、平成 22 年後半から 23 年前半にかけて A の主導で行った海外進出等の事業拡大が裏目に出て、業績が急速に悪化し、平成 24 年 3 月には債務超過状態に陥った。しかし、A は経営改善のための措置を特に講じることもなく、確たる根拠もないのに不採算の海外部門に多額

140 第 1 部 基本問題

の資金を投入し続け、営業資金の不足分を補うため金融業者から高利の借入れを繰り返すなど漫然と経営を継続したので、甲社の財産状態は悪くなる一方であった。そして、平成 25 年 10 月、甲社は支払不能になり破産手続開始の決定を受けるに至った。

4. パスタの製造機械の販売業者である乙は、平成 22 年 8 月に、甲社との間でパスタの製造機械を 3,000 万円で売り渡す契約（以下「本件売買契約」という）を締結し、目的物を甲社に引き渡した。甲社は、売買代金を 10 年間の分割払で支払うこととしていたが、平成 24 年 3 月以降の代金支払を行わないまま破産手続開始の決定を受けたので、乙は残代金相当額の損害を被った。

〔設問 1〕 乙は、Aに対して損害の賠償を請求できるか。
〔設問 2〕 乙は、Cに対して損害の賠償を請求できるか。なお、甲社の定款には取締役の員数についての定めはないものとする。
〔設問 3〕 乙は、Eに対して損害の賠償を請求できるか。
〔設問 4〕 Bは、甲社が破産手続開始の決定を受けたことにより、その有する甲社株式が無価値になったことについて、Aに損害賠償を請求できるか。

◆ 解答へのヒント ◆

1．〔設問 1〕

　まず、429 条 1 項により賠償請求を行えるのは直接損害か間接損害かあるいはその両方か、取締役の悪意・重過失は任務懈怠について必要か第三者への加害について必要かなど同項の解釈に関する問題点について、通説・判例の立場を明らかにする。

　そのうえで、乙の損害が間接損害であること、Aは任務懈怠に対して悪意・重過失が認められうること、などを設例の事実関係から導き出し、乙がAに対して 429 条 1 項の責任を追及できるかどうかを検討する。

　このほか、不法行為責任の追及や法人格否認の法理の適用など、他の理論構成による責任追及の可能性にも言及すべきである。

問題 11　取締役の第三者に対する責任　141

2．〔設問2〕

取締役を退任したのに取締役として登記されている者は、不実登記の効力に関する908条2項の類推適用により429条1項の責任を負う場合がある。それはどのような場合かを最高裁判所の判例をもとに考察し、本設問の事例に当てはめて検討する。本設問の事実関係から判断できないときは、場合分けあるいは仮定によって結論を導く必要がある。

3．〔設問3〕

いわゆる名目的取締役も法律上取締役として扱われることを基礎に、Eの監視義務違反の責任の成否について検討する。名目的取締役は取締役としての職務を何ら行っていないのであるから、悪意または重過失によって任務を怠ったことは否定できないはずである。名目的取締役の429条1項の責任を扱った裁判例は多いが、会社法制定の前後で、株式会社の取締役の員数に関する規制がどのように変わったかについて学習しておくことも有益である。

4．〔設問4〕

取締役の任務懈怠によって株式価値が下落した場合の株主の損害は、いわゆる間接損害に該当する。これにつき429条1項によって取締役に賠償責任を負担させることができるかどうかを、会社法における他の救済手段の存否や、仮に賠償責任を認めるとすれば取締役の会社に対する責任にどのような影響が生じるかといった問題に配慮して、検討する。

◆ 解説 ◆

1．出題の意図

　　取締役の放漫経営により株式会社が倒産した場合に、会社に対する債権を回収できず損害を被った会社債権者が、取締役に対し損害賠償を求めるという、429条1項が適用となる典型的な事例をもとに、同項の責任をめぐる諸問題を考察することを目的とする。

　　〔設問1〕では、429条1項の法的性質、悪意・重過失の対象、不法行為責任との関係等の主要論点を検討したうえで、本設問の事例に当てはめて解答を導くことが求められる。〔設問2〕では、すでに取締役を辞任していたが登記簿上はいまだ取締役となっている者が、429条1項の責任を負うかどうかが問われる。〔設問3〕では、実際に裁判例の多い、いわゆる名目的取締役の責任を扱っている。以上は、基本的な会社法の教科書と重要な最高裁判所の判例の学習によって得た知識を、具体的な事例に当てはめて解答を導けるかが試される問題である。〔設問4〕は、取締役の任務懈怠によって株式価値が下落した場合に、株主が429条1項に基づき救済を受けることができるかどうかを問うものである。取締役の会社に対する責任と第三者に対する責任の関係に配慮して、株主と債権者の利害をいかに調整するかという応用力が試されることになる。

★ **コラム**　　①　**取締役の任期**

　取締役の任期は、原則として、選任後2年以内に終了する事業年度のうち最終のものに関する定時株主総会の終結のときまでであり、定款または株主総会の決議により、その任期を短縮することは可能である（332条1項）。株主総会の権限が制約されていることなどから、2年以内ごとに株主の信任を問う必要があるからである。監査等委員会設置会社と指名委員会等設置会社では、取締役が株主の信任を受けるインターバルはさらに短く、取締役（監査等委員会設置会社では監査等委員でない取締役）の任期は、選任後1年以内に終了する事業年度のうち最終のものに関する定時株主総会の終結のときまでであり、定款または株主総会の決議により、その任期を短縮することができる（同条3項・6項）。

　一方で、公開会社でない株式会社では、株主があまり変動せず、短い周期で株主

問題 11　取締役の第三者に対する責任　143

の信任を問う必要性がないと考えられるため、定款により、取締役の任期を選任後10年以内に終了する事業年度のうち最終のものに関する定時株主総会の終結のときまで伸長することができる（同条 2 項）。本設問の甲社の定款に、取締役の任期を選任後 7 年以内に終了する事業年度のうち最終のものに関する定時株主総会の終結のときまでとする旨の定めがあるのは、甲社が公開会社でない株式会社であるからである。

2.〔設問 1〕取締役の第三者に対する責任

(1) 429 条 1 項の趣旨・責任発生要件

429 条 1 項は、役員等がその職務を行うについて悪意または重大な過失があったときは、当該役員等は、これによって第三者に生じた損害を賠償する責任を負う、と定める。

会社が倒産状態に陥った場合、会社に対する債権を回収できなくなった債権者は損害を被る。合名会社または合資会社では、会社の財産をもってその債務を弁済することができない場合に、社員が会社の債務を弁済する責任を負うが（580 条。なお合資会社の有限責任社員の責任は、その出資の価額のうちすでに出資を履行した額を除いた額を限度とする）、株式会社では、会社の債権者は、株主に対して会社の債務の履行を請求することができない（104 条。株主有限責任原則）。429 条 1 項は、このような場合に会社債権者を救済する機能を有する。

役員等の職務上の義務の違反によって第三者に損害が生じる場合としては、取締役の義務違反（放漫経営など）により会社の財産状態が悪化したため、会社債権者がその債権を回収できなくなった場合のように、役員等の行為により会社が損害を被り、その結果会社債権者に損害が生じたとき（この場合の第三者の損害を「**間接損害**」という）と、取締役が、すでに会社の財産状態が悪化しており支払見込みがないのに会社の状況が良好であるとみせかけて第三者を会社との取引に誘引する場合のように、役員等の行為により直接第三者に損害が発生したとき（この場合の第三者の損害を「**直接損害**」という）の、双方が考えられる。

429 条 1 項の賠償責任の対象となる第三者の損害について、学説は、

144　第 1 部　基本問題

直接損害と間接損害の両方を含むとする説のほか、直接損害に限るとする説や間接損害に限るとする説に分かれている。通説および判例（最判昭和 44・11・26 民集 23 巻 11 号 2150 頁）は、**429 条 1 項の損害は直接損害・間接損害の双方を含むとする。**この立場は、同項の責任を役員等の義務違反によって損害を受けた第三者を保護するために法律上特に設けられたもの（法定責任）であると理解する。直接損害に限るとする説は、429 条 1 項を不法行為責任（民 709 条）の特則と位置づけ、役員等に悪意・重過失がある場合に限り不法行為に基づく責任を課したのが 429 条 1 項であると理解する（前掲最判昭和 44・11・26 の松田二郎裁判官の反対意見）。この説は、役員等の職務内容の複雑さから役員等に軽過失による不法行為責任を免れさせるのが同項の趣旨であると解する。間接損害に限るとする説は、直接損害については不法行為責任を追及すれば足りることを理由とする。

　通説・判例は、**役員等が任務懈怠につき悪意・重過失があれば、第三者は 429 条 1 項の責任を追及でき、**役員等が第三者に対して不法行為責任を負う要件が満たされるとき、**第三者は、429 条 1 項と不法行為のいずれの責任も追及しうる（両賠償請求権は競合する）**と解する。これに対し、同項を不法行為責任の特則であると解する見解は、同項の責任を追及するためには役員等に第三者に対する加害についての悪意・重過失があることが必要であるとする。

(2)　事例への当てはめ
——乙はＡに対し 429 条 1 項の責任を追及できるか

　通説・判例の立場をもとに、〔設問 1〕を考えてみよう。

　本設問の乙は、甲社の財産状態が悪化する前に甲社との間で本件売買契約を締結した（平成 22 年 8 月）。その後、海外進出の失敗（平成 22 年後半から 23 年前半）とＡの放漫経営のため甲社の財産状態が悪化したことにより、乙は、甲社が債務超過状態に陥った平成 24 年 3 月以降の売買代金を回収できなくなった。この場合の乙の損害は、Ａが職務を行うにつき悪意・重過失があったとすれば、それにより甲社が損害（会社財産の喪失）を被った結果生じたものであり、間接損害となる。

　本設問におけるＡの問題となる行為は、海外進出を主導したこと、

および、その失敗による財産状態の悪化に対して経営改善のための措置を特に講じることもなく、漫然と経営を継続したことである。海外進出については、そのための情報を適切に入手するなど海外進出を判断するまでの過程に不注意がなかったのであれば、その結果については原則として任務懈怠があったとはいえない（経営判断原則）。しかし、代表取締役として、海外進出の失敗による財産状態の悪化に対し何ら改善策を講じず漫然と経営を継続したのであれば、重過失による任務懈怠があったと判定される可能性がある。乙社としては、このようなAの任務懈怠の結果損害を被ったことを証明すれば、Aに対して429条1項の損害賠償責任を追及できる。

(3) それ以外の責任追及の可否——不法行為責任・法人格否認の法理

通説・判例によれば、第三者は、429条1項のほか不法行為責任も追及できる。もっとも、本設問では、Aには乙の権利を侵害することにつき故意または過失があったとみることは難しい。仮に、本件売買契約が甲社の財産状態が悪化した後に締結された場合でも、通常の取引上の駆け引きの範囲を逸脱するような不当な手段（例えば、甲社の財産状態が良好であるように粉飾した計算書類を作成してそれを乙に提示し、甲社の財産状態の悪化を乙が気づかないように仕向けるなど）をAが用いたのでない限り、不法行為責任の成立は困難であろう。

★★　コラム　②　虚偽記載等による取締役の第三者に対する責任

429条2項は、取締役が、①株式・新株予約権・社債もしくは新株予約権付社債を引き受ける者の募集をする際に通知しなければならない重要な事項についての虚偽の通知や募集のために用いた資料の虚偽記載等、②計算書類および事業報告ならびに臨時計算書類に記載・記録すべき重要な事項についての虚偽の記載・記録、または③虚偽の登記・公告を行った場合には、当該取締役は、その行為をすることについて注意を怠らなかったことを証明できなければ、①から③によって第三者が被った損害を賠償しなければならない、と定める。したがって、粉飾された計算書類を作成・開示した取締役は、それにより会社の業績や財産状態が良好であると信じて取引に入り損害を被った会社債権者に対して、429条1項のほか2項によっても損害賠償責任を負う可能性がある。2項の責任は、不実の情報開示を信頼した第三者を保護するため、取締役は軽過失の場合でも責任を負う点、および（無）過失の

立証責任が取締役側にある点において、1項の責任よりも取締役にとって厳しいものとなっている。

　なお、（本件の事実関係のみからは判断できないが）甲社の実態がA個人の営業であり、甲社の法人格が形骸化していると認定される場合には、乙は、甲社の法人格を否認して、甲社に対する契約上の請求権（履行請求権または債務不履行に基づく損害賠償請求権）を背後にいる株主Aに対して行使することができる。これを**法人格否認の法理**という。背後にいる株主は当該会社の取締役であることが多いことから、法人格否認の法理は、429条1項の代替的機能を有する場合がある。

★ **コラム** ③ **法人格否認の法理**

　法人としての資格（法人格）は、団体を権利義務の主体とするに値すると認められるときに、法律によって与えられる。株式会社についていえば、会社企業がその構成員（株主）とは独立して、適正に活動していることが、法人格を与える前提である。しかし、会社によっては、その事業が背後にいる株主の営業と区別できず、会社の法人格がまったく形骸化している場合（これを「形骸事例」という）や、背後にいる者が法律の適用を回避する（例えば、営業譲渡をした者が、商法16条が定める競業避止義務を免れるため会社を設立して当該会社に競業をさせる場合など）ため法人制度を濫用する場合（これを「濫用事例」という）がある。このような場合には、法人格の形式的独立性を貫くことが、かえって正義・衡平に反することになる。そこで、判例および学説は、正義・衡平の理念から、特定の事件の解決のために、会社の法人格を否認してその背後にいる株主を会社と同一視することを認める。これを法人格否認の法理という（最判昭和44・2・27民集23巻2号511頁）。

　裁判例では、形骸事例とされ法人格が否認されるためには、①会社が背後者の実質的な一人会社である、②会社と背後者の業務・財産が継続的に混同されている、③株主総会の開催など会社法上要求される機関の運営が無視されている、といった要因の存在が必要とされている。濫用事例に該当するためには、背後にいる株主が会社を意のままに支配していること（支配の要件）、および当該株主が違法または不当な目的をもって法人制度を利用していること（目的の要件）が必要であると解されている。

　なお、詐害的な会社分割の事例において法人格否認の法理により債権者の救済が図られる場合があることについて〔問題23〕6.(2)。

3．〔設問2〕登記簿上の取締役の第三者に対する責任

(1) 不実登記の効力に関する規定の類推適用

Cは、平成22年6月に甲社の取締役を辞任しているので、乙が甲社と本件売買契約を締結した時（同年8月）にはすでに取締役ではない。また、甲社は取締役会設置会社であるため取締役の員数は3人以上であり（331条5項）、甲社の定款に取締役の員数の定めがないから、Cが辞任しても、A、D、Eが取締役の地位にある以上、取締役に欠員は生じず、Cは、辞任した後もなお、取締役としての権利義務を有することはない（346条1項）。したがって、Cは、辞任した後に乙社に生じた損害につき取締役として責任を負うべき立場にはない。ただ、Cは、辞任後も退任の登記がされておらず、登記簿上は、現在に至るまで甲社の取締役である。この点をどのように考えるか。

取締役でないが登記簿上取締役となっている者が429条1項の責任を負うか否かについては、二つの重要な最高裁判所の判例がある。第1に、取締役に選任されていない者が取締役への就任の登記を会社が行うことに承諾を与えた場合、同人は、不実の登記の出現に加功したものといえるから、**不実登記の効力に関する908条2項の類推適用**により、善意の第三者に対して自己が取締役でないことを対抗できず、その結果、429条1項の責任を負うとするものがある（最判昭和47・6・15民集26巻5号984頁）。第2に、取締役を辞任したが退任登記がされないでいる者は、辞任したにもかかわらずなお積極的に取締役として対外的または内部的な行為をあえてした場合でなければ429条1項の責任を負わないが、会社代表者に対して辞任登記を申請しないで不実の登記を残存させることに明示的に承諾を与えていたなどの特段の事情が存する場合には、908条2項の類推適用により、善意の第三者に対して同人が取締役でないことを対抗できない結果、429条1項の責任を負うとするものがある（最判昭和62・4・16判時1248号127頁）。以上の二つの判例が、908条2項の類推適用を問題とするのは、同項にいう「不実の事項を登記した者」とは登記申請権者である会社を意味するため、取締役として登記されている者について同項を直接適用することができないが、その者が何らかの形で不実登記の出現に

加功している場合には、類推適用の基礎があると解されるからである。

(2) 事例への当てはめ

　本設問のCは、持病の悪化を理由として取締役を辞任しているので、その後、対外的にも内部的にも甲社の取締役としては行動していないと考えられる。そうすると、Cは法律上も事実上も甲社の取締役ではないので、辞任後に生じた事実について、取締役としての責任を本来負わないはずである。ただし、仮に、Cが、甲社代表取締役Aに対して、取締役退任登記をせず不実の登記を残存させることについて明示的に承諾を与えたような場合には、908条2項の類推適用により、Cは、善意の第三者に対して自己が取締役でないことを対抗できなくなる。その場合、乙がCがすでに取締役でないことにつき善意であれば、乙はCに対して429条1項の責任を追及できることになろう。Cは、Aの業務執行の監視など取締役として果たすべき義務を履行していないので、次に述べるEと同じく悪意または重過失によりその任務を懈怠したものと考えられる。

4.〔設問3〕名目的取締役の第三者に対する責任

(1) 名目的取締役とは

　Eは、法律上有効に甲社の取締役に選任されたが、Aから名前だけ取締役になってほしいと依頼されて取締役就任を承諾したにすぎず、実際に取締役としての職務を行っていない。このような立場の者を**名目的取締役**という。名目的取締役であっても法律上は取締役であるから、会社法上、取締役としての職務を行うことが義務づけられ、それを行わないことは取締役の任務懈怠となる。**取締役には、他の取締役の職務の執行を監視する義務がある**ところ、最高裁判所は、取締役が、他の取締役に会社業務の一切を任せきりとし、その業務執行に何ら意を用いることなく、それらの者の不正行為ないし任務懈怠を看過するに至った場合には、その取締役もまた悪意・重過失によりその任務を怠ったものと解するのが相当である、と判示する（前掲最判昭和44・11・26）。なお、そのような場合でも、実際に業務執行を行っていた取

問題11　取締役の第三者に対する責任　149

締役が 429 条 1 項の要件を欠くために同条の責任を負わないのであれば、他の取締役は、監視義務の懈怠があるとしても条理上同条の責任を負わないとする判例がある（最判昭和 45・7・16 民集 24 巻 7 号 1061頁）。

下級審裁判例には、名目的取締役には任務懈怠について重過失がない、あるいは任務懈怠と第三者の損害との間に相当因果関係がない、といった理由により、名目的取締役の 429 条 1 項の責任を否定するものが散見される。これは、平成 17 年改正前商法の下で、株式会社はいかに閉鎖的で小規模であっても 3 名以上の取締役を必要としたから、人数合わせのために名目的取締役を選任せざるをえなかった事情を、あるいは考慮したのかもしれない。会社法は、公開会社でない株式会社について取締役会を設置しないことを認め、取締役会設置会社でなければ取締役は 1 名以上であれば足りることとなった。したがって、現行法の下では法律上の要件を形式的に満たすため名目的取締役を選任する必要はなくなった。

(2) 事例への当てはめ

本設問のEは、法律上取締役でありながら、Aによる任務懈怠に対して取締役としての監視義務をまったく果たしていない。一般に取締役は、代表取締役の業務一般につき、これを監視し、必要があれば取締役会を自ら招集するなど取締役会を通じて業務執行が適正に行われるようにする職務を有する（最判昭和 48・5・22 民集 27 巻 5 号 655 頁）。そのような取締役に要求される義務をまったく果たさなかったEは、任務懈怠につき悪意または重過失があったことを否定できないであろう。したがって、仮にEが監視義務を適切に果たしたとしても、乙には損害が生じたといった事情（任務懈怠と損害との間に因果関係がないこと）がない限り、乙はEに対して 429 条 1 項に基づき損害賠償を請求できる。

5. 〔設問4〕株式価値の下落による損害と 429 条 1 項

取締役の任務懈怠により会社に損害が生じた結果、当該会社の株式

の価値が下落したことにより、株主が損害（上記 2．(1)における間接損害）を被った場合、株主は 429 条 1 項に基づき取締役の責任を追及できるかどうかが、本設問の論点である。

　多数説は、会社財産の減少による株価下落という損害に対しては、株主代表訴訟によって会社財産を回復することにより救済すべきであるから、当該損害について、株主は 429 条 1 項による損害賠償請求をすることはできないという（神田 263 頁。東京地判平成 8・6・20 判時 1578 号 131 頁）。これに対しては有力な反対説もある（江頭 504 頁）。公開会社では、株主代表訴訟は 6 カ月前から引き続き株式を有していなければ提起できず（847 条 1 項）、また本設問との関係では、破産手続開始の決定があると破産財団の管理処分権が破産管財人に専属するため（破 78 条）、会社自身が取締役の責任を追及する訴えを提起する権能を喪失し、その権能を前提とする株主代表訴訟も提起できなくなることから、株主代表訴訟による救済は、必ずしも 429 条 1 項の代替手段となるわけではない。しかし、仮に、株価下落について株主に 429 条 1 項の賠償請求を認めると、賠償責任を果たした役員等の会社に対する任務懈怠責任（423 条 1 項）はその額だけ縮減されると解さざるをえなくなるであろう（さもなければ、役員等は二重の損害賠償責任を負担することになる）。このような扱いは、423 条 1 項の責任の免除には原則として総株主の同意を要求するなど厳格な規制を設けている会社法の規定（424 条～ 427 条）の趣旨に反し、また株主が債権者に優先して会社から救済を受けることになって不適切である（502 条参照）。したがって、株主は、特段の事情がない限り、株価下落による損害については、429 条 1 項の第三者に当たらないと解すべきである。

　したがって、本問において、Bは、株価下落について 429 条 1 項によりAに損害賠償を請求することができないと解される。

◆　参考文献　◆

● 429 条の趣旨・要件
・洲崎博史・百選 146 頁
・伊藤雄司「取締役等の第三者に対する責任の性質」争点 166 頁
● 登記簿上の取締役と 429 条 1 項の責任
・久保寛展・百選 150 頁

・丸山秀平「取締役として登記されているだけの者の第三者に対する責任」争点 168 頁

● 429 条 1 項の第三者に株主が含まれるか

・リークエ 251 頁〜 253 頁

・江頭 504 頁〜 505 頁

［北村雅史］

〔問題 12〕 違法配当

◆ 事例 ◆

次の文章を読んで、設問に答えなさい。

甲株式会社（同社は種類株式発行会社ではなく、公開会社であり、監査役会設置会社である）の第57期の貸借対照表は【資料1】のようなものであった。この決算に基づき、甲社は1株当たり1,000円の配当を行った（同社の配当時の社外株式数は1,000万株である）が、実は甲社の同期における決算は粉飾決算によるものであり、同期の繰越利益剰余金の額は−15.5億円であったことが判明した。

〔設問〕 この配当をめぐって、会社関係者にはどのような責任が生ずるか。

【資料1】

第57期貸借対照表

(単位・百万円)

（資産の部）		（負債の部）	
流動資産		流動負債	
現預金	2,250	支払手形	1,000
半製品	815	買掛金	650
原材料	30	未払金	50
受取手形	400	固定負債	
売掛金	800	社債	3,500
未収金	500	長期借入金	800
繰延税金資産	20	長期未払金	100
固定資産		特別修繕引当金	300
有形固定資産		**負債合計**	**6,400**
建物	4,125	**純資産の部**	
土地	6,980	株主資本	
機械装置	4,100	資本金	7,000
無形固定資産		資本剰余金	
ソフトウェア	80	資本準備金	2,500
のれん	1,000	その他資本剰余金	
その他無形資産	5	減資差益	500
投資その他の資産		資本準備金減少差益	7,000
投資有価証券	4,870	利益剰余金	
子会社株式	625	利益準備金	500
出資金	2,000	その他利益剰余金	
長期貸付金	1,800	特別償却準備金	50
貸倒引当金	△150	繰越利益剰余金	8,650
繰延資産		自己株式	△800
株式交付費	200		
開発費	1,350	**（純資産合計）**	**25,400**
資産合計	**31,800**	**負債・純資産合計**	**31,800**

◆ 解答へのヒント ◆

　甲社でなされた配当が違法配当であるかどうかが問題となり、その関係で甲社の 57 期の分配可能額がいくらであったのかを知る必要がある。違法配当であった場合には、会社法が定める会社関係者の民事上・刑事上の責任が問題となる。

◆ 解説 ◆

1．剰余金の配当

　　会社法は、会社から株主への会社資産の流失について横断的な財源
規制をかけることとし、剰余金の配当という概念を採用している。**剰
余金の配当**には、自己株式取得以外の、利益の配当および資本金・準
備金の減少に伴う株主への払戻しが包含される。そして、剰余金の配
当と自己株式取得の双方について、会社法は同様の財源規制をかけ、
これらのものは分配可能額の範囲内でなされることとされている。

2．分配可能額

(1)　算出方法
　　分配可能額の算出方法は 461 条 2 項で定められており、分配可能額
は、以下の①と②の合計額から、③④⑤⑥の合計額を控除して得られ
た額である（461 条 2 項、会社則 116 条 14 号、会社計算 156 条〜 158 条）。

　　①　剰余金の額
　　②　株主総会または取締役会の承認を受けた臨時計算書類のうち損
　　　　益計算書に記載された、臨時計算書が対象とする期間の利益の額
　　　　として法務省令（会社計算 156 条）で定める各勘定科目に計上した
　　　　額の合計額と、当該期間中に自己株式を処分した場合における当
　　　　該自己株式の対価の額の合計額
　　③　自己株式の帳簿価額
　　④　最終事業年度の末日後に自己株式を処分した場合における当該
　　　　自己株式の対価の額
　　⑤　臨時計算書類につき株主総会等の承認を受けた場合における期
　　　　間の損失額として法務省令で定める各勘定科目（会社計算 157 条）
　　　　に計上した額の合計額
　　⑥　その他、法務省令（会社計算 158 条）で定める各勘定科目に計上
　　　　した額の合計額

このように、分配可能額は、①剰余金に、②を加えた額から、③④⑤⑥の合計額を控除することにより得られる額であり、したがって、算定の基礎となる額は①の**剰余金**である。

それでは剰余金とは何かであるが、これは 446 条が定めている。同規定は複雑なものとなっているが、同条 1 号は空振りの規定となっており、会社計算規則 149 条・150 条とあわせて読むと、要するに剰余金とは、その他の利益剰余金とその他の資本剰余金の合計額に最終事業年度末日後の資本金・法定準備金の取崩額、自己株式の処分差額を加算し、自己株式の消却額、配当額、資本組入金額等を控除した額である。この額に②が加算されるのは、最終事業年度後に期中になされた臨時決算の結果を反映するためである。控除項目については、③で自己株式の帳簿価額が控除され、④で自己株式の処分対価が控除されている。これは、前者は保有する自己株式の資産性が否定されることによるものであり（〔問題 6〕参照）、後者は、当該自己株式の処分による増減は決算手続を経ておらず、決算手続を経ていないものは認識しないという考え方に基づくものである。したがって、結局、その他資本剰余金とその他利益剰余金の合計額に資本等の期中の取崩額を加え、そこから自己株式の帳簿価額とすでに使用した自己株式の対価分を減額したものが分配可能額となる。

なお、上記の配当財源と別に、会社の純資産額が 300 万円を下回る場合には、剰余金の配当・自己株式の取得はできないものとされている（458 条、会社計算 158 条 6 号）。これにより、最低資本金を 300 万円とする制度が実質上維持されている（コラム①参照）。

★ **コラム** ① **最低資本金制度**

資本金は後述のように（コラム⑤参照）、債権者保護のために緩衝器としての機能等を有しているが、その額があまりにも少額であるときはその債権者保護機能を十分に果たせないおそれがある。この点に鑑み、平成 2 年の改正により、株式会社について最低資本金制度が導入され、株式会社の資本金は 1,000 万円以上（平成 17 年改正前商 168 条ノ 4）とされた。また、有限会社（コラム②参照）の資本金はそれ以前は 10 万円であったのが、同年の改正により 300 万円以上（平成 17 年改正前有限 9 条）に引き上げられた。しかしその後のバブル崩壊後の不況の下、新たな事業の創

出という観点から起業を促進する必要があることから、最低資本金の要求がその促進の障害となっているとの批判がなされた。そこで、平成14年にはいわゆる確認株式会社・確認有限会社という制度が導入され、これらの会社については、設立の日から5年間は最低資本金制度の規制を免除するという特例措置も設けられた（旧新事業創出促進法10条、旧中小企業新事業活動促進法3条の2）。ただ、この規制の下でも配当との関係では株式会社では資本金が1,000万円、有限会社では300万円とみなして配当可能額を算定するこことし（旧新事業創出促進法10条の12第1項・4項）、この限りで5年間の特例期間中においても最低資本金制度を維持していた。

このような動きを受けて、会社法は、最低資本金制度については、①設立等に際して払い込むべき金銭等の価額、②剰余金分配規制における純資産額、③資本として表示することができる額のそれぞれの下限規制としてとらえたうえで①、③についてはこれを廃することとした。すなわち、①については、会社設立時のものは、会社債権者の保護に役立つところは少なく、創業の足枷になる、会社債権者の保護については、法人格の濫用、取締役の対第三者責任等の他の規制の運用により対処しうるとの理由から、設立時の最低限は法定しないこととされた。そして、会社法の下、設立時に発行する株式について、最低発行価額、発行すべき株式数に関する規制がないことから、会社法上資本金1円での設立が可能となった。また、③の局面での下限も撤廃された。

しかし、従前の確認株式会社・確認有限会社と同様、②の局面においては、最低資本金制度を維持することとし、また、会社法では有限会社も株式会社に取り入れられたことから、実質において、確認有限会社の場合と同様の額での最低資本金制度を維持しているわけである。

★ **コラム** ② **有限会社・特例有限会社**

⑴ 有限会社とは、有限会社法に基づいて設立された会社であった。有限会社は、株式会社が自然発生して発展したのと異なり、ドイツの学者により、小規模な閉鎖会社にとどまりつつ、出資者である社員が有限責任を享受することを可能とする形態として考案されたものであり、日本法にもこれが有限会社法により導入されていた。

有限会社の社員も有限責任しか負わないことから、上述のように、有限会社においても資本制度が採用される一方、その立法目的から制度上も閉鎖的・非公開的性質を有する会社であった（社員数の制限〔50人以下〕、持分譲渡の制限〔社員以外の者への譲渡に際しては社員総会による承認が必要〕、新出資公募の禁止等）。

このように、有限会社は小規模な閉鎖的な会社として位置づけられ、それにふさわしい制度が設けられていた。しかし、現実には小規模で閉鎖的な会社の大多数において株式会社形態がとられていた。そして、そのような会社には、株式会社に対する厳格な法規制を遵守する意図も能力もなく、そこでは株式会社に関する規制が形骸化しており、また、そのような形骸化している規制は有限会社には課されてい

ないものであった（法務省民事局参事官室「会社法制の現代化に関する要綱試案　補足説明」商事 1678 号〔2003 年〕41 頁〜42 頁。一問一答 12 頁参照）。

　(2)　平成 17 年商法改正によって成立した「会社法」は、当時の商法第 2 編、有限会社法、株式会社の監査等に関する商法の特例に関する法律（商法特例法）などの規定を再編成して、一つの法典としたものである。会社法制定に際しては、株式会社制度のなかに有限会社法制の実質を取り込むことが適切な企業形態の選択を促すとの観測の下に有限会社制度を廃止し、かつ、定款でその発行するすべての株式について譲渡制限をした会社に旧有限会社と同様の規制を認めるなどの制度の見直しが行われた（前掲「会社法制の現代化に関する要綱試案　補足説明」第 4 部第 1.1 を参照）。

　また、会社法は、機関に関する規定につき、株式会社を大規模公開会社であることを前提にしていた従来の制度とは異なり、原則として、小規模で閉鎖的な会社（公開会社〔2 条 5 号〕でなく、取締役会設置会社でないもの）をベースに規定し、公開会社等、それに複雑な規定が加わった場合の規定を置いている（コンメ(7) 6 頁〜8 頁〔岩原紳作〕）。

　公開会社でない会社については、従来の有限会社に相当する規制とほぼ同様の規制がされているが、若干の違いがある。そこで、会社法施行時に存在していた有限会社は、従前どおり「有限会社」の商号を用い、実質的に旧有限会社に近い規律の下にとどまることもでき、このような会社は「特例有限会社」と呼ばれる。（会社法整備法 2 条・3 条。江頭 3 頁注(3)）。特例有限会社も会社法上の株式会社であって、特例以外の株式会社の規定は適用される。また、特例有限会社は、定款変更（株式会社への商号変更）と登記により会社法に基づく通常の株式会社に移行することができる（会社法整備法 45 条・46 条）。

〔釜田薫子〕

(2)　のれん等調整額

　以上が分配可能額の概要であるが、その算出に際してさらに控除される金額として⑥のものがあり、ここでは本件貸借対照表において計上されている**のれん**（コラム③参照）と**繰延資産**（コラム④参照）との関係で問題となりうる「**のれん等調整額**」について述べる。

　繰延資産を架空資産とみる立場から、従来の商法では、配当可能利益算出に際して繰延資産の一定額が控除額とされたが、会社法は、企業結合に関する会計基準の適用に伴い、計上されるのれんの額が多額になることを考慮して、のれんの一定額についても控除項目とすることとした。すなわち、のれんの 2 分の 1 の金額と繰延資産の合計額を「のれん等調整額」とし、これを次に述べるように、その額の大きさに

応じた一定額について分配可能額から控除することとしている（会社計算 158 条 1 号）。

① のれん等調整額が資本等金額（最終事業年度の末日における資本金の額および準備金〔法定準備金である。会社計算 2 条 2 項 20 号、会社 445 条 4 項〕の額の合計額）以下である場合には零とする（会社計算 158 条 1 号イ）。すなわち分配可能額の算定上は減算しない。バッファーとしての機能を有する資本金と法定準備金の金額がのれん等調整額によって生じうる損失等をカバーしていると考えられたことによる（コラム⑤参照）。

② のれん等調整額が資本等金額および最終事業年度の末日におけるその他資本剰余金の額の合計額以下である場合（①の場合を除く）には、のれん等調整額から資本等金額を減じて得た額を分配可能額から控除する（会社計算 158 条 1 号ロ）。これは、資本等金額でカバーし切れていない部分を、分配可能額から減算するものである。

③ のれん等調整額が資本等金額および最終事業年度の末日におけるその他資本剰余金の額の合計額を超え、かつのれんの 2 分の 1 の額が、資本金等金額およびその他資本剰余金額の合計額以下の場合には、上記の②と同様の金額が減算される（会社計算 158 条 1 号ハ(1)）。また、上記ののれんの 2 分の 1 の額が、資本金等金額およびその他資本剰余金額の合計額を超える場合には、その他資本剰余金額と、繰延資産の全額が減算される（会社計算 158 条 1 号ハ(2)）。

★ **コラム** ③ **のれん**

　従来、のれん（暖簾）とは、得意先関係・仕入先関係・営業の名声・営業上の秘訣など、法律上は物でも権利でもないが経済上は重要な財産価値を有する事実上の関係を意味し、一定の正の価値があるものをいう、とする考え方がとられていた。しかし今日では、企業結合会計において、パーチェス法（purchase method）が採用されているところ、それは、企業結合における会計を、当事会社の一方による他方の会社の取得として処理する考え方であり、これによると、例えば吸収合併の場合、取得する側である存続会社は消滅会社の資産・負債を合併の効力発生時の時価で受け入れ、合併対価として株式を発行したときは、その株式の時価総額をもって資本増加額とするのが原則である（現金その他の資産も併せ交付するときは、その金額と資本増加額の合計額が取得の対価となる）。そして、資産および負債の正味受入価

額と取得の対価に差があるときは、その差額がのれんとされる（企業会計基準 21 号〔企業結合に関する会計基準〕31 項）という、いわゆる差額のれんの考え方が採用されている。これにより企業再編に際して多額ののれんが計上される場合が出てきたわけである。

★ コラム　④　繰延資産

　繰延資産とは、本来すでに支出した費用であるが、その支出の効果が次期以降に継続するので、それを支出した単年に費用として負担させることが期間損益の対応という観点から適当でない場合に、費用と収益を対応させるために、特定の目的のために支出した金額を貸借対照表の資産の部に計上して、後の数年度にわたって漸次償却するという会計上の技術である。従前は、繰延資産の架空資産としての性格に鑑み、繰延資産として計上しうるものと償却期間を法定していたが、会社法は、これらについて特に規定せず、会計基準に委ねている。

　現在、会計基準において計上が認められている繰延資産は、①株式発行費、②社債発行費（新株予約権の発行に係る費用を含む）、③創立費、④開業費、⑤開発費である。①は株式募集のための広告費、証券会社の取扱手数料、目論見書・株券等の印刷費、変更登記の登録免許税その他株式交付のために直接支出した費用、②は社債・新株予約権募集のための広告費、証券会社の取扱手数料、目論見書・社債券等の印刷費、登録免許税その他社債・新株予約権発行のために直接支出した費用などである。③は創業費ともいい、定款その他の諸規則作成のための費用、株式募集その他のための広告費、目論見書・株券等の印刷費、創立事務所の賃借料、設立事務に使用する使用人の給料、創立総会の費用その他会社設立事務に関して必要な費用、設立登記の登録免許税等がこれに含まれる。また、④の開業費は、会社成立後営業開始時までに支出した開業準備のための費用をいい、土地・建物等の賃借料、広告宣伝費、通信交通費、事務用消耗品、支払利子、使用人の給料、電気ガス水道料等がこれに当たる。⑤の開発費は、生産能率の向上または生産計画の変更等により、設備の大規模な配置換えを行った場合等の費用である。

★ コラム　⑤　資本金の意義と機能

　資本金とは、株式の発行対価に基づいて算出され、貸借対照表の純資産の資本の部に計上され、登記、公告によって公示される一定の計算上の数額であり、会社が有すべき財産の理想的数額である。会社が特定の時点において現に有する会社財産とは異なる。株式会社は物的会社の典型であり、会社債権者の拠り所となるのは会社財産に限られている。したがって、会社債権者保護のためには会社財産の充実を図ることが必要不可欠である。そこで会社法は、この資本金額に資本金の財産確保

問題 12　違法配当　161

機能とバッファー（緩衝器）としての機能を通じて債権者保護機能を付与し、会社にその存立中は、少なくともこの資本金額に相当する額の現実の資産を保持させるように努めている。

資本金が財産確保機能とバッファーとしての機能を通じて債権者保護機能を果たしているとの意味は次のような意味である。

財産確保機能を通じた債権者保護は設立の場合に顕著であるが、設立直後の会社と取引に入る者にとっては、会社がその取引から生ずる債務を支払うだけの資産をもっているか否かが問題である。会社法は、会社設立時に発行される株式の発行価額総額は原則として資本金となるとしている（445条1項）から、少なくとも会社は資本金額分の財産をもっているということがわかるので、取引に入る者にとっては、会社が確実にそれだけの財産をもっていることが重要である。そこで、設立時に資本金額分の財産を必ず会社に確保させる資本充実原則というものを会社法はとっているし、また会社の設立前に開業準備行為、営業行為はできないものとして（〔問題2〕参照）、会社が法的に設立した時点で債務を抱えることのないようにしている。

次にバッファーとしての機能であるが、会社が債権者に対して債務を支払うことができる。

ということであれば、会社はその債務額に見合った財産を保持していればそれでよいともいえそうである。しかし、債務にちょうど見合った額しか会社が保持していない場合、予想外の営業不振等による不測の損失が生じたときに、債務の全額の支払が困難な状況に容易に立ち入ってしまう。そこで会社法は不測の損失が生じた場合でも、会社の資産額が簡単に債務額以下にならないように、余分に一定の財産をバッファーとして保持させることにした。これが資本金のバッファーとしての機能であり、債務を支払うのに必要な額に加えて資本金額分の財産を会社に保持させているわけである。このためにも資本金額相当の財産を現実に会社が有する必要があり、ここでも資本充実が重要であるとともに、会社の総資産額から債務額を控除した額（純資産額）が資本金額を下回らないようにする必要がある。配当財源となる分配可能額の算出方法は、上記のようなものであるが、要するにこの額は、純資産額から資本金と法定準備金の合計額を控除したものであり、資本金と法定準備金に配当阻止数としての機能を付与している（資本維持原則）。

しかし、会社の営業不振等により会社の資産状況が悪化することはこれは止めようがない。したがって、会社法は資本金制度を通じて株主への配当により会社財産が食い潰され、債権者が害されることを阻止しようとしているのであり、その意味で資本金は債権者と株主の利害調整装置である。

3．本件での分配可能額の算定

甲社の剰余金は、貸借対照表上は、その他利益剰余金の87億円（86.5億円＋0.5億円）とその他資本剰余金の75億円（70億円＋5億円）の合

計額で、162億円である。そして、のれん等調整額は、本件の場合20.5億円（〔のれん＝10億円〕× 1/2 +〔繰延資産＝2億円 + 13.5億円〕）であり、これは資本等金額である100億（〔資本金＝70億〕+〔資本準備金＝25億〕+〔利益準備金＝5億〕）を超えていないので、本件では問題とはならないが、自己株式を8億円保有しているので、この額が控除される（461条2項3号）ため、分配可能額は154億円である。そして、この分配可能額の範囲内で配当総額が100億円の配当が実施されたことになっている。しかし、実際には繰越利益剰余金は－15.5億円であったことから、その他利益剰余金の額は－15億円であるから、分配可能額は52億円しかなかったことになり、すると、本件でなされた配当は分配可能額を超えてなされていたものであるから、違法配当（配当財源がない場合、あるいはこれを超えてなされた配当）であったことになる。違法配当がなされた場合について、会社法はそのような配当を受け取った株主と配当を実施した取締役の民事上・刑事上の責任について規定している。

4．違法配当の民事・刑事責任

⑴　民事上の責任
㋐　業務執行者等の責任
　業務執行者等は支払われた違法配当額を支払う義務を株主と連帯して負う（462条1項）。責任主体は、当該業務を行った業務執行者（業務執行取締役〔2条15項イかっこ書〕。462条1項かっこ書）のほか、違法配当に職務上関与した者（会社則116条15号、会社計算159条8号）、さらに、違法配当議案の提案に関係した者（462条1項6号）、である。
　この責任は**過失責任**であるが、無過失の立証責任は責任主体側にあり、業務執行者等がこの責任を免れるためには、職務を行うにつき注意を怠らなかったことを証明しなければならない（462条2項）。
　違法配当の場合の支払うべき金額は、交付された金銭等の帳簿価額に相当する金額である（462条1項）。この責任には、任務懈怠責任についての責任制限規定の適用はなく、その免除にしても、分配可能額を超えて分配した部分については、総株主の同意をもっても免除する

問題12　違法配当　**163**

ことができない（同条3項）。後述のように、株主は受け取った違法配当の返還義務を負い、全額の返還がなされれば会社に損害は生じない。しかし、株主数の多い公開会社において多数の株主に対して返還請求やそのための訴訟を起こすということは、これに要する費用や労力との関係等からしてその実効性に問題がある。そこで、そのような違法な配当をした業務執行者にとりあえず全額弁済させる方が、違法配当の抑止的効果という観点からも望ましいことから、業務執行者にこのような責任が課されている。この株主との連帯責任である支払義務を履行した業務執行者等は株主に対して求償することができるが、その求償の請求に応ずる義務を負う株主は、違法配当であることにつき悪意で配当を受け取ったものに限られる（463条1項）。自ら違法配当をした業務執行者等が善意の株主に対しても求償できるとするのは適当でないからである。

(イ)　**株主の責任**

　違法配当の場合には、その行為により金銭等の交付を受けた株主も、会社に対して、当該金銭等の帳簿価額に相当する金銭の支払をする義務を負う（462条1項）。分配可能額に関する法の規定に違反する行為は無効であり、株主は不当利得によりこの返還義務を負うことになる（コラム⑥参照）。

　このほか、会社債権者も、上記の株主に対して、その交付を受けた金銭等の帳簿価額に相当する金銭を、当該債権者が会社に対して有する債権額の範囲内で支払うよう請求することができる（463条2項）。これは債権者代位権の特則であり、期限前の裁判上の代位（民423条2項）は不要と解されているが、会社の無資力を要件とすべきかについては、説が分かれている（江頭679頁参照）。

(2)　**刑事上の責任**

　違法配当の場合の刑事責任として、取締役等が法令または定款の規定に違反して剰余金の配当をした場合、5年以下の懲役もしくは500万円以下の罰金に処され、あるいは併科される（963条5項2号）。

5．配当後に欠損が生じた場合の責任

　以上は違法配当に際しての責任であるが、会社法は配当時は違法配当ではなかったが、配当後の決算で欠損が生じた場合の業務執行者の責任を規定している。

　すなわち、剰余金の配当をした日の属する事業年度末にかかる計算書類の承認の日において 461 条 2 項 1 号の金額を同項 3 号・4 号および 6 号の合計額が上回るとき（要するに欠損が生じた場合である。会社計算 151 条参照）は、当該行為に関する職務を行った業務執行者（465 条1 項・462 条 1 項・2 条 15 号イかっこ書、会社則 116 条 15 号、会社計算 159 条 8 号）は、その職務を行うにつき注意を怠らなかったことを証明できない限り、会社に対し連帯して、当該欠損額と配当額とのいずれか少ない額を支払う義務を負う（465 条）。この責任は、会社法制定前は、中間配当を行ったときに期末で欠損が生じた場合の責任であったが、会社法の下では期中に何回でも配当しうるとされていることから、中間配当を行った場合の責任とは限定されていない。

　なお、この責任は、剰余金の配当が定時株主総会決議（取締役会決議によりうる場合の取締役会決議）に基づく場合（465 条 1 項 10 号イ）、および資本金・法定準備金の減少に伴いなされる剰余金の配当で、かつ配当額が当該資本金・法定準備金の減少額を超えない場合（減少額の全部または一部を準備金・資本金とする定めがない場合。465 条 1 項 10 号ロ・ハ）には負わない。従来、定時総会における配当、資本金・準備金の減少に伴う払戻しの場合には、このような責任は課されていなかったから、これと平仄を合わせたものである。

6．事例への当てはめ

　本件では、違法配当がなされたわけであるから、同配当は無効であり（コラム⑥参照）、配当を受け取った株主は、その受取額を返還する義務を負う。

　また、前述の責任主体に該当する取締役も違法配当額である 100 億円を支払う義務を負う。本件の場合、これら取締役の責任は違法に配

当された 100 億円であるが、実際に存した分配可能額 52 億円の範囲内では、総株主の同意をもって免除しうるが、分配可能額を超えてなされた 48 億円については、総株主の同意をもってしても、これを免除することはできない。また、刑事上の責任が問題となる。

　なお、本問は違法配当をめぐって生ずる関係者の責任が問われているが、実際とは異なる虚偽の貸借対照表が作成されていたことになり、これにより第三者に生じた損害に対する責任が問われる可能性がある（429 条 2 項 1 号ロ・ニ）。また、甲社は公開会社であるところ、その資本金は 70 億円であり、大会社であるから、会計監査人による会計監査と、監査役会による監査がなされていることになり（328 条 1 項）、これらの監査に際して、粉飾決算であるにもかかわらず、それを見逃していた場合にも、これらの者の会社に対する任務懈怠責任（423 条）と第三者に対する責任（429 条 2 項 3 号・4 号）が問題となる。

★ **コラム** ⑥ **違法配当の効果**

　461 条についての立案担当者の説明によると、同条違反の剰余金配当等の場合にはその行為自体は無効でないという。その理由として、これを無効とすると、会社から受けた金銭等の返還は民法上の不当利得返還請求権の問題となる結果、例えば自己株式の取得が分配可能額違反の場合には、株主と会社の間の二つの不当利得返還請求権が同時履行の関係に立つと解されることとなり（民 533 条類推）、株主が交付した株式の会社からの返還またはこれに相当する金銭の返還があるまでは、自らが交付を受けた金銭等の返還をしないという主張を許すことになってしまう、と述べている。そして、会社法が有効説をとっていることは 463 条 1 項が「効力を生じた日における」と表現していることからも明らかであるという。

　しかし、これについては学説の反対が強い（江頭 258 頁、679 頁、神田 305 頁など）。

　配当関係の法令違反の株主総会決議・取締役会決議が無効であるのに、その決議に基づく会社の内部行為である配当がなぜ有効となるのか、462 条 1 項に定める責任額が分配可能額を超過する額でなく株主等が交付を受けた金銭等の帳簿価額全額とされるのは、取得が無効であることを前提としたものであり（江頭 258 頁）、その結果の方が会社債権者保護のうえで優っている。自己株式の返還義務との同時履行の抗弁は、自己株式の取得を有効と解したときにも発生する問題である（神田 305 頁）、などと主張されている。無効説に賛成すべきである。462 条 1 項は、不当利得返還請求の際に個々の株主の事情に起因して生ずべき「返還すべき範囲」についての問題を返還額を一律にすることにより解決している点に意義があると解すべきである（大隅＝今井＝小林・概説 335 頁）。

◆ 参考文献 ◆

・法務省民事局参事官室「会社法制の現代化に関する要綱試案　補足説明」商事 1678 号
（2003 年）41 頁〜 42 頁
・一問一答 12 頁
・江頭 3 頁、258 頁、679 頁
・神田 305 頁
・大隈＝今井＝小林・概説 335 頁

［小林量／コラム②：釜田薫子］

〔問題 13〕 新株の有利発行・不公正発行

◆ 事例 ◆

次の文章を読んで、以下の設問 1 〜 2 に答えなさい。なお、各設問はそれぞれ独立のものとする。

1. 甲株式会社は、衣服の製造販売を業とする公開会社である。甲社は、種類株式発行会社ではない。甲社の発行済株式総数は 1 万株であり、A が 6,000 株、B が 2,000 株、C および D がそれぞれ 1,000 株ずつ保有している。A は、甲社創業以来、代表取締役として甲社の経営を続けてきたが、高齢のため引退することとし、平成 20 年 6 月に取締役の地位から退いた。平成 20 年 6 月以後、甲社の取締役は、B、C および D の 3 人であり、B が代表取締役である。

2. 甲社は、近年、事業環境の変化にうまく対応できず、業績が悪化した。平成 24 年度から 3 期連続で赤字決算となり、平成 27 年度決算も赤字の見通しである。そのため、B、C および D は、従前の経営方針を抜本的に見直すことを決め、ブランドイメージの刷新、製品デザインの変更、工場設備の入替え、店舗の改装、販売ルートの拡充などを内容とする新たな事業計画（以下「本件事業計画」という）を策定した。また、B らは、本件事業計画の実施に必要な資金を調達するため、取引銀行と融資の交渉を始めた。もっとも、取引銀行は、甲社の財務状況の見通しや本件事業計画の実現可能性について慎重な見方を示し、交渉は難航していた。

3. A は、B ら経営陣による経営方針の変更について、当初は静観していたが、平成 28 年 1 月、本件事業計画には根本的な欠陥があるとして異を唱え始めた。そして、同年 6 月開催の甲社の定時株主総会において、同総会終了時に任期満了となる B らを取締役として再任せず、A 自身、E（A の子）および F（甲社従業員）を取締役として選任する方針を打ち出した。これを知った B らは、B らを再任するように A を説得しようとしたが、A は説得に応じず、むしろ、B らを無能と非難するばか

168 第 1 部 基本問題

りであった。

4. その後、Bらは、同年2月22日開催の取締役会において、乙株式会社に対して、募集株式の数：5,000株、払込金額：1株当たり1万円、払込期日：平成28年3月14日とする新株発行を第三者割当ての方法により行う旨の決議をした（以下「本件新株発行」という）。衣服の小売を業とする乙社は、甲社と従前から取引関係にあり、また、Bらと乙社の代表取締役Gは飲み友達であった。Bらは、乙社と資本業務提携をすることで販売ルートの拡充と販売ノウハウの獲得を実現し、また、本件新株発行で得られる資金は、本件事業計画の実施のために用いると説明している。甲社は、本件新株発行に係る公告を同年2月23日付官報に掲載した（以下「本件公告」という）。

〔設問1〕 本件公告を見て本件新株発行がされることを知ったAは、本件新株発行をやめさせるために、どのような措置をとることができるか。本件新株発行当時の甲社株式の公正な価額が（Ⅰ）1株2万円の場合と（Ⅱ）1株1万円の場合とに分けて検討しなさい。

〔設問2〕 Aは本件公告の存在に気づかず、本件新株発行は、その効力が生じた。平成28年6月開催の甲社の定時株主総会の場で、初めて本件新株発行の事実を知ったAは、本件新株発行の効力を争うために、どのような措置をとることができるか。本件新株発行当時の甲社株式の公正な価額が（Ⅰ）1株2万円の場合と（Ⅱ）1株1万円の場合とに分けて検討しなさい。

◆ 解答へのヒント ◆

1.〔設問1〕

〔設問1〕では、Aが、本件新株発行の効力が発生する前に、本件公告によりその発行の事実を知った場合にいかなる措置をとりうるかが問われている。新株発行の効力発生前であるから、新株発行の差止請求が検討の対象となる。

問題13 新株の有利発行・不公正発行 169

(1) Ⅰの場合

Ⅰの場合には、甲社株式の公正な価額と本件新株発行における払込金額を比較して、当該払込金額が「特に有利な」払込金額といえるかどうかを検討する。それが肯定される場合には、有利発行に関する会社法の規定を適切に引用しつつ、新株発行の差止請求が認められるかどうかを検討する。

(2) Ⅱの場合

Ⅱの場合には、甲社株式の公正な価額と本件新株発行における払込金額が同額であるから、本件新株発行が有利発行と評価される余地はない。他方、本件新株発行が不公正発行であれば、新株発行の差止請求が認められる可能性がある。そこで、本件新株発行が著しく不公正な方法による発行であるといえるかどうかを検討する。その際、主要目的ルールを本件事実関係に適切に当てはめることが必要となる。

2.〔設問2〕

〔設問2〕では、Aが、本件新株発行の効力が生じた後に、その発行の事実に気づいた場合に、いかなる措置をとりうるかが問われている。新株発行の効力発生後であるから、新株発行の無効の訴えが検討の対象となる。

まず、何が新株発行の無効事由となるかについて、判例・通説の立場を、その趣旨を明らかにしつつ、論じることが必要である。そのうえで、本問の事実関係において問題となりうる法的瑕疵をそれぞれ取り上げ、それが無効事由に当たるかを検討する。具体的には、募集事項の公示、有利発行に必要な株主総会の特別決議の欠缺、不公正発行を検討すべきである。

◆ 解説 ◆

1. 出題の意図

　　大株主と取締役の間で対立が生じている状況において、取締役会決議によって第三者割当ての方法による新株の発行がなされる場合に、この新株発行に反対する株主は、いかなる法的措置をとりうるかを検討し、それらの措置についての理解を深めることが本問の目的である。

　　〔設問1〕は、新株発行の効力発生前にとりうる措置として、**新株発行の差止請求**が問題となる。〔設問2〕は、新株発行の効力発生後にとりうる措置として、**新株発行の無効の訴え**が問題となる。いずれも、関連条文、重要な最高裁判所の判例や基本的な学説・下級審裁判例を理解したうえで、その知識を具体的な事例に当てはめて、結論を導くことが求められる。

★★ 〔コラム〕 ① **株式会社の資金調達の方法とそれらの相違**

　企業が事業活動を行うためには、一定の資金が必要不可欠である。そこで、株式会社は、さまざまな方法で資金を調達する。新株の発行もその一つである。

　株式会社の設立時には、発起人（募集設立の場合は、発起人および発起人以外の者）が設立時発行株式を引き受け、出資しなければならない（25条1項各号参照）。まず、この設立時の出資によって株式会社の財産的基礎が形成される。

　株式会社の成立後は、第1に、その事業活動によって利益が得られれば、その利益を、剰余金の配当として、株主に分配することなく、会社内に留保しておき、新規の設備投資等に当てることができる（内部資金の利用）。第2に、内部資金だけでは資金が不足する場合や、事業活動で損失を出したような場合には、会社外部から資金を調達することが必要になる。外部からの資金調達方法のうち主要なものとして、①銀行等からの借入れ、②株式の発行、③社債の発行がある。会社法は、外部からの資金調達のうち株式の発行（②）と社債の発行（③）について、詳細な規律を定めている。

　外部から資金調達するための三つの方法（①〜③）を比較すると、まず、銀行等からの借入れ（①）とは異なり、株式の発行（②）と社債の発行（③）は、資本市場を通じた資金調達であり、広く多数の者から資金を集めることができる（その結果、巨額の資金調達が可能となる）。

　次に、株式の発行（②）と社債の発行（③）については、次のような相違がある。社債は会社の債務であり、発行時に定めた償還期限・利率で、元本の償還（返済）

問題13　新株の有利発行・不公正発行　**171**

と利息の支払をしなければならない（銀行等からの借入れも会社の債務である点で同じ）。これに対して、株式の場合は、原則として出資額の返還はなされないし、株主は会社から剰余金の配当を受ける権利を有してはいるが、具体的に配当を受ける時期・額は、事後的に株主総会の決議があって初めて確定する。

さて、会社法は、株式の発行（②）を「募集株式の発行等」として規律し（その意味についてコラム②「『募集株式の発行等』と『新株の発行』」参照）、その方法として二つの方法を定める。すなわち、(i)「株主に株式の割当てを受ける権利を与える場合」（202条）と、(ii)「(i)以外の場合」である。(i)を「株主割当て」と呼ぶ。(ii)は、実態に即して、講学上さらに2類型に分けられる。第1が「第三者割当て」（縁故者に対してのみ募集株式の申込みの勧誘・割当てを行う方法）であり、第2が「公募」（不特定・多数の者に対し引受けの勧誘をする方法）である。そこで、新株の発行は、「株主割当て」、「第三者割当て」、「公募」の3類型に分けて議論されている。

★★ **コラム** ② 「募集株式の発行等」と「新株の発行」

会社法は、新株の発行に関する規律（199条以下）において、「募集株式」、「募集株式の発行等」という用語を用いる。単に「株式」や「新株」といわないのは、会社法が、新株の発行と自己株式の処分を同一の規整の下に置いているからであり、発行される新株と処分される自己株式をあわせて「募集株式」といっている（「募集株式」の定義規定は、199条1項柱書にある）。新株の発行と自己株式の処分は、会社がその株式を会社以外の者に割り当てるという点で経済的実質が同じである。そこで、新株発行に関する規制の潜脱を防ぐため、会社法は、自己株式の処分を、新株発行と同一の規律の下に置くのである。なお、自己株式の処分に先立つ、自己株式の取得については、〔問題6〕参照。

2.〔設問1〕新株発行の差止め

(1) 新株発行の手続

〔設問1〕では、本件新株発行に反対するAが、本件新株発行をやめさせるために、いかなる措置をとりうるかが問われている。

そこで、関連する会社法の規律を概観してみよう。まずは、**新株発行の手続**をみることにする。なお、考察の前提として、本問の甲社は、公開会社（2条5号）に当たることを確認しておこう。

さて、新株発行に関する規律は、非公開会社のための規定を基本に据えて、公開会社のために例外規定を置くという形式をとっているた

172 第1部 基本問題

め、非常に複雑である。公開会社に係る規律は、次のようにまとめることができる。**原則として、募集事項（199条1項各号）の決定は、取締役会の決議で行うことができる**（201条1項による199条2項の読替え）。このときには、会社は、払込期日の2週間前までに、株主に対し、募集事項を通知または公告しなければならない（201条3項・4項。この公示の趣旨についてコラム③参照）。

以上のように、公開会社では、原則として取締役会決議のみで新株を発行できる。しかし、その例外となる場合が定められている。例外の第1は、**有利発行**である。株主割当てのときを除き（202条5項）、新株発行における払込金額が新株の引受人に特に有利な金額である場合（199条3項〔有利発行〕）には、株主総会の特別決議で募集事項を決定しなければならず（201条1項前段・199条2項・309条2項5号）、その株主総会において、引受人に有利な払込金額で引受人を募集することを必要とする理由を説明しなければならない（199条3項）。

例外の第2は、**支配権の異動を伴う発行**である。募集事項および割当先の決定（204条1項）を取締役会が行った結果として、支配権の異動が生じる場合（具体的には、新株の引受人が株主となった場合に有することとなる議決権の数が総株主の議決権の数の2分の1を超える場合）には、会社は、払込期日の2週間前までに、株主に対し、当該引受人（特定引受人）の氏名・名称等を通知または公告しなければならない（206条の2第1項・2項）[1]。そして、総株主の議決権の10分の1以上の議決権を有する株主が、通知・公告の日から2週間以内に特定引受人による引受けに反対する旨の通知をした場合には、会社は、払込期日の前日までに、株主総会決議[2]によって、特定引受人に対する新株の割当ての承認を受けなければならない（206条の2第4項）[3]。

---

(1) 特定引受人が当該会社の親会社である場合と株主割当ての場合には、適用が除外される（206条の2第1項ただし書）。

(2) 議決要件は、普通決議（309条1項）と同じく出席株主の議決権の過半数であるが、定足数が加重されている（206条の2第5項）。これは、役員の選任・解任をする株主総会決議と同じ要件であり（341条）、両者の類似性をその理由とする。

★★ **コラム** ③ **発行可能株式総数**

　株式会社が発行することができる株式の総数のことを発行可能株式総数という（37条1項）。発行可能株式総数は、会社設立時の定款に記載することを要し（37条1項・98条。ただし、公証人の認証時点では記載していなくてもよく、会社の成立時〔設立登記をした時〕までに定めればよい）、また、定款変更により発行可能株式総数の定めを廃止することはできない（113条1項）から、定款の絶対的記載事項だということになる。

　公開会社における発行可能株式総数については、いわゆる「4倍規制」が存在する。すなわち、公開会社を設立する際の発行可能株式総数は、設立時発行株式の総数の4倍を超えてはならず（37条3項本文）、定款変更によって発行可能株式総数を増加させる場合にも、発行済株式総数の4倍を超えることができない（113条3項1号。そのほか4倍規制に係る規律として、113条3項2号・180条3項・814条1項）。公開会社の株式発行は、定款で定められた発行可能株式総数の範囲内においては、原則として株主総会決議を必要とせず、取締役会決議のみですることができる（いわゆる「授権資本〔株式〕制度」）。その際に、取締役会に無限定の授権を与えないようにすることを目的として（江頭70頁）、4倍規制が置かれている。

　したがって、解説の本文で、公開会社では原則として取締役会決議のみで募集株式の発行をすることができると説明しているが、これは、あくまで上記の発行可能株式総数の枠内での話であることに注意が必要である。

(2)　**法的瑕疵のある新株発行に対する措置**

　次に、法的瑕疵のある新株発行に対する措置をみてみよう。

　会社法は、新株発行の手続に法的な瑕疵がある場合に、それに対抗するための措置として、新株発行の効力発生前においては、①株主は、**新株発行の差止め**を請求することができる、と規定する（210条）。さらに、新株発行の効力発生後は、②**新株発行の無効の訴え**（828条1項2号）や、③関係者の**民事責任の追及**（取締役の損害賠償責任〔423条1項・429条1項、民709条〕および取締役の財産価額填補責任〔213条1項〕、通謀引受人の差額支払責任〔212条1項〕、仮装払込みの場合の取締役の払込担保責任〔213条の3〕等）も考えられる[4]。

---

(3)　ただし、当該会社の財産状況が著しく悪化している場合に、当該会社の事業の継続のため緊急の必要がある場合には、株主総会の承認は不要となる（206条の2第4項ただし書）。承認を得る時間的余裕がないからである。

(4)　新株発行の不存在の確認の訴え（829条1号）もある（詳しくはコラム⑤参照）。

これら各種の対抗措置のうち、②の新株発行の無効の訴えについては、〔設問2〕で検討するように、無効が認められる場合を極めて限定的に解釈するのが判例・通説である。③の民事責任の追及は、金銭的解決が可能な場合にしか意味をもたない。そのため、①の新株発行の差止請求が最も重要な対抗手段ということになる。

〔設問1〕では、Aが、本件新株発行の効力が発生する前に、本件公告によりその発行の事実を知った場合に、いかなる措置をとりうるかが問われているから、①の**新株発行の差止請求の可否**が問題となる。

★★　**コラム**　④　**新株発行の差止請求権と仮の地位を定める仮処分命令**

新株発行の差止請求は、通常、差止めの仮処分命令（民保23条2項の「仮の地位を定める仮処分命令」）の申立てとして行われる。

新株発行の差止請求権は、210条の文言上「訴えをもってのみ主張できる」などと規定されていないことからわかるように、株主は、訴訟外で、会社に対して請求することができる。しかし、実際上、訴訟外の請求を受けたからといって、会社が新株発行を中止することは考えにくい。そこで、株主としては、裁判上請求することが考えられるが、通常の訴訟により請求すると、結論が出るまで時間がかかるので、その間に発行の効力が生じてしまう可能性が高い。発行の効力が生じると、差止請求は訴えの利益を欠くこととなり、訴えが却下されてしまう（差止請求は空振りで終わる）。したがって、短期間で発せられる新株発行の差止めの仮処分命令を求めることが必要となるのである。

なお、公開会社において、取締役会決議により株主割当て以外の方法で新株発行を行う場合（201条1項・199条2項）には、払込期日の2週間前までに、募集事項を公示（株主に対する通知または公告）しなければならない。その趣旨は、株主に、新株発行の差止請求をする機会を与えることにある。募集事項の公示の時期が、払込期日（すなわち新株発行の効力発生日）の2週間前とされているのは、通知・公告後2週間の期間内に、新株発行の差止めの仮処分命令を取得できるという考え方に基づく（株券喪失登録制度において、抹消申請通知の後2週間を経過した日に、株券喪失登録を抹消することとされている〔225条3項・4項〕のも同様に、喪失登録者がその期間内に仮処分を取得できるようにするためである〔詳しくは、コンメ(5)298頁〔大塚龍児〕〕）。

民事保全法23条2項にいう仮の地位を定める仮処分命令は、民事訴訟の本案の権利関係について、仮処分命令を申し立てる人（「債権者」と呼ばれる）に生じる著しい損害または急迫の危険を避けるために、暫定的に権利実現を認めるためのものであり、仮処分命令が発せられた後に、本案の訴訟が行われるのが本来のあり方である。しかし、新株発行の差止請求の場合は、一旦差止めの仮処分命令が発せられ

問題13　新株の有利発行・不公正発行　**175**

れば、会社は新株の発行をすることができない。そうすると、仮処分命令を申し立てた株主としては、自らの望む状態が達せられたことになるので、それに満足し、改めて新株発行の差止めを求める通常の民事訴訟（本案の訴訟）を行うことはない。このように、仮の地位を定める仮処分命令については、それが発せられれば本案訴訟で勝訴したのと同様の結果が得られる場合があり、この場合の仮処分命令を講学上「満足的仮処分」と呼ぶ。

★★ **コラム** ⑤ **新株発行の不存在の確認の訴え**

　法定の新株発行手続も払込金額の払込みもまったくなされていないのに、新株発行による変更の登記のみが存在するなど、新株発行の実体が存在しないのに、その外観が存する場合には、新株発行の無効の訴えによることなく、当該発行が不存在であることを、誰からでも、誰に対しても、いつでも、いかなる方法でも主張できる。そして、新株発行が不存在であることを対世効のある判決をもって確定する必要がある場合に用いるのが、新株発行の不存在の確認の訴えである（829条1号）。

　新株発行の不存在の確認の訴えは、出訴期間の制限はなく、確認の利益が認められる限り原告適格に制限がない。また、新株発行の不存在を確認する旨の請求認容判決は、第三者に対してもその効力を有する（対世効。838条）。

　新株発行の不存在事由は、新株発行の手続をまったく欠いている場合（物理的に新株発行に該当する事実が存在しない場合）がその典型例として考えられている。これに加えて、物理的には新株発行に該当する事実が存在するような外観を呈していても、その手続的、実体的瑕疵が著しいため不存在であると法的に評価される場合も含むとする下級審裁判例がある（東京高判昭和61・8・21判時1208号123頁）。さらに、学説では、原告株主が新株発行無効の訴えの提訴期間を遵守できなかった事情および被告会社側の帰責事由を考慮して、提訴期間の制限を課すことが妥当でない場合には、不存在を認定すべきであるとする見解もある（岩原紳作「判批」ジュリ947号〔1989年〕123頁）。

---

(3)　新株発行の差止めの要件

　新株発行の差止請求が認められるために必要な要件は、第1に、**差止事由が存在すること**（210条各号）、第2に、当該発行により**株主が不利益を受けるおそれのあること**（同条柱書）である。第1の差止事由としては、法令・定款違反の発行（同条1号）と、著しく不公正な方法による発行（同条2号）が規定されている。

　このうち、**法令・定款違反の発行**については、それ自体は、特に問題はないだろう。各種の法令・定款規定の解釈・適用の結果による。

よく争われるのは、公開会社において、有利発行に当たるのに、その場合に必要な株主総会決議を経ないで発行されるというケースである。

　これに対して、著しく不公正な方法による発行については、それだけでは何のことかわかりにくい。一般的には、**著しく不公正な方法による発行**とは、不当な目的を達成する手段として新株の発行が利用される場合を指すとされ、具体的には、会社の支配権につき争いがあるときに、取締役が自己の支配権を維持・争奪する目的で行われる新株発行がこれに当たると考えられている。

　ただ、不公正発行か否かが争われるケースでは、支配権維持目的と資金調達その他の正当な事業目的が併存しているようにみえることが多い。この場合、裁判例においては、ありうる複数の動機のうちいずれが優越するかを検討し、支配権維持目的が他の正当な目的に優越する場合に差止めを認めるという考え方がとられている（**主要目的ルール**）。その判断の際には、①会社支配権の争いの存否、②当該新株発行が会社支配権をめぐる争いに与える影響の程度、③会社の事業のために当該発行等が必要であるとする会社側の主張に説得力があるか、といった観点が総合的かつ相関的に考察される（コンメ(5)121頁〔洲崎博史〕）。

　典型的には、次のような思考過程をたどる。まず、①株主間あるいは株主・取締役間で会社支配権をめぐる争いが存在し、②当該新株発行の規模・引受先等に鑑みて会社支配権をめぐる争いに重大な影響を及ぼすものである、と認められれば、本件新株発行を合理化できる特段の事情がない限り、現経営陣の支配権を維持することを主要な目的としてなされたものと評価される。そのうえで、本件新株発行を合理化できる特段の事情があるかどうかは、③－1資金調達の必要性・切迫性が認められるか（その際、事業計画の具体性・合理性等が勘案される）、③－2資金調達の手段として新株発行の方法によることや当該引受先に引き受けさせることに合理性があるか、といった考慮要素によって検討される。これらが肯定されれば、本件新株発行を合理化できる特段の事情があると認められ、新株発行の主要な目的は支配権維持ではなかったという結論になる。以上に対して、①か②の否定は、支配権維持が主要な目的であったことを否定する方向で働き、③の否定

は、支配権維持目的が主要な目的であったことを肯定する方向で働く。

なお、裁判例においては、③の判断に際して会社側の説明に一見してわかる矛盾や不合理さが認められない場合には、結論として不公正発行とは判断しない傾向にある（コンメ(5)124頁〔洲崎〕）。その理由として、③の考慮要素は、いずれも経営判断に関わる問題であり、裁判所がその当否を審査することには困難を伴う点が指摘されている。

(4) 事例への当てはめ──Ⅰ：公正な価額が1株2万円の場合

以上の検討を前提に、〔設問1〕について考えてみよう。最初に、本件新株発行当時の甲社株式の公正な価額が1株2万円の場合（Ⅰ）を考察する。

甲社は、甲社株式の公正な価額が1株2万円であるところ、払込金額を1株1万円とする第三者割当てによる本件新株発行を行おうとしていて、その際、取締役会決議によって募集事項を決定している。

有利発行における**「特に有利な」**払込金額とは、当該株式の公正な価額（経済的価値）を著しく下回る金額を指す。本件新株発行の払込金額は、公正価額の半額にすぎないので、「特に有利な」払込金額に当たることは明らかである。そうすると、本件新株発行については、有利発行であるにもかかわらず、株主総会決議を経ていないという点で、法令違反（201条1項前段・199条2項・309条2項5号違反）があり、差止事由の存在が認められる（210条1号）。また、第三者割当てによる有利発行の場合、割当てを受けない既存株主は、株式価値が稀釈化されて経済的な不利益を被るから、既存株主であるAは、不利益を受けるおそれがある（不利益を受けるおそれ）。

したがって、Aは、本件新株発行の差止めを請求することができる。

★★ **コラム** ⑥ **株式価値の評価方法**

本問では、株式の公正な価額が、予め問題文で示されている。しかし、実務上は（場合によっては試験問題においても）、株式の公正な価額は自明ではなく、何らかの方法で算出されなければならないことになる。

その発行する株式が金融商品取引所に上場されている会社（上場会社）の場合は、

通常、発行決議直前の市場株価をもって当該株式の公正な価額と考えればよい。もっとも、新株の発行を行うと、市場における需要と供給のバランスが崩れて、価格が多少下がることもあり、払込金額を定める場合に、市場価格に対して数%のディスカウントを行うことが許容されている（最判昭和50・4・8民集29巻4号350頁参照）。日本証券業協会の自主ルールである「第三者割当増資の取扱いに関する指針」（平成22年4月1日版）では、原則として、新株発行の取締役会決議の直前日の株価に0.9を乗じた額以上の価額であることを求めつつ、例外として、直近日または直前日までの株価または売買高の状況等を勘案し、当該決議の日から払込金額を決定するために適当な期間（最長6カ月）を遡った日から当該決議の直前日までの間の平均の価額に0.9を乗じた額以上の価額とすることができる、としている。

　上場会社以外の場合は、市場株価が存在しないので、株式の公正な価額の算定は、困難な問題である。①ネットアセットアプローチ（対象会社の純資産の額を算定したうえで、それを発行済株式総数で割る。「純資産方式」ともいう）、②インカムアプローチ（対象会社の株主が受け取る将来の予想配当額に基づいて株式価値を算定する「配当還元方式」や対象会社の将来の予想利益額に基づいて株式価値を算定するもの〔予想利益として、課税後純利益を用いる「収益還元方式」とフリー・キャッシュフローを用いる「DCF方式」がある〕）、③マーケットアプローチ（対象会社株式の過去の相対取引価格を参考にして株式価値を評価する「取引事例方式」や対象会社と業種、収益状況、企業規模等で類似する上場会社を選定し、その市場株価を参考に株式価値を評価する「類似会社比準方式」など）といった、さまざまな評価方法が存在する。一般的には、複数の方法を併用しつつ、株式価値が評価される。より詳しくは、江頭憲治郎・百選44頁～45頁、久保田安彦「株式価値の評価」田中亘編著『数字でわかる会社法』（有斐閣、2013年）14頁以下を参照。なお、近時、非上場会社の場合の裁判所による有利発行該当性の判断について、会社が発行価額を客観的資料に基づく一応合理的な算定方法によって決定していれば、特段の事情のない限り、有利発行に当たらないとする判例が出ている（最判平成27・2・19民集69巻1号51頁）。「公正な価額」の算定について、取締役会に広範な裁量が認められることになる。

　会社法上、株式価値の評価が問題となる場面は、有利発行の判断の場面以外にも多岐にわたる。その主要なものとして、①譲渡制限株式の売買価格の決定（144条2項）、②反対株主の株式買取請求権が行使された場合の株式の価格の決定（117条2項・182条の5第2項・470条2項・786条2項・798条2項・807条2項）、③全部取得条項付種類株式の全部取得における取得価格の決定（172条1項）、④特別支配株主の株式等売渡請求がなされた場合の売買価格の決定（179条の8第1項）、⑤相続人等に対する売渡請求がなされた場合の売買価格の決定（177条2項）、⑥市場価格のない株式につき単元株制度を採用した場合の単元未満株式の買取・売渡価格の決定（193条2項・194条4項）などがある。

(5)　事例への当てはめ——Ⅱ：公正な価額が1株1万円の場合

　次に、本件新株発行当時の甲社株式の公正な価額が1株1万円の場

合（Ⅱ）を考察する。

Ⅱの場合、本件新株発行は、公正な価額と同額をもって払込金額としていることから、有利発行ではなく、その点では問題はない。もっとも、不公正発行に当たるといえれば、差止事由の存在が認められる（210条2号）。そこで、本問の事実関係において不公正発行に当たるかどうかをみていくことにする。

まず、本問では、Aは、Bら経営陣が策定した本件事業計画に異を唱え、次の定時株主総会において、Bら現経営陣ではなく、A自身を含むBら以外の者を取締役として選任する方針を打ち出した。これに対してBらは、Bらの再任を認めるよう求めたが、Aの説得に失敗している。このような状況においては、株主Aと取締役Bらとの間に、甲社の役員構成をめぐる争いが生じていたということができる。

そして、本件新株発行は、発行済株式総数の50％という大規模なものであり、その結果、Aの持株比率が60％から40％に減少する一方、BらおよびBらと友好的な乙社の持株比率は、あわせて40％から60％に増加することから、本件新株発行は株主間の持株比率に重大な影響を及ぼす。

そうすると、本件新株発行は、これを合理化できる特段の事情がない限り、現経営陣の支配権を維持することを主要な目的としてなされたものということができる。

では、本件新株発行を合理化できる特段の事情は認められるだろうか。

甲社は、近年業績が悪化し赤字決算が続いていたところ、Bらは、業績向上のために本件事業計画を策定し、その実施のために資金調達を必要としていた。そして、取引銀行と融資交渉をしていたが、交渉は難航していた。これらは、AとBらの間で対立が生じる前から行われており、会社支配権の争いが生じてから慌てて策定したわけでもないことからすれば、本件事業計画に特段の不合理さは認められず、資金調達の必要性は肯定されるだろう。なお、本件事業計画については、甲社の創業者であり、8年前まで甲社を経営していたAが異を唱えているので、実は、その内容が適切とはいえなかったり、実現可能性に疑問がある可能性は否定できない。しかしながら、Aの判断とBら現

経営陣の判断のいずれが適切かについて、裁判所が正面から審査し判断することは現実的ではなく、特に疑わしい事情がない限り、Bら現経営陣の判断を尊重せざるをえないであろう。また、取引銀行からの借入れが困難であったこと、乙社との資本業務提携は、本件事業計画の実施に資する面があることからすれば、乙社に対する新株発行により資金調達をすることには、合理性を認めることができるであろう。

　以上のようにみていくと、本件新株発行について、支配権維持目的が唯一の動機であるとか、資金調達目的に優越するものであったということはできず、本件新株発行の主要な目的が支配権維持であることを否定するに足る特段の事情があったということができる。したがって、本件新株発行が著しく不公正な方法によるものであると認めることはできず、Aは、本件新株発行の差止めを請求することはできない。

3．〔設問2〕新株発行の無効の訴え

(1)　新株発行の無効の訴えの制度趣旨と無効事由

　〔設問2〕では、Aが、本件新株発行の効力がすでに生じてから発行の事実に気づいた場合に、いかなる措置をとりうるかが問われている。前記2.(2)で説明したとおり、新株発行に法的瑕疵がある場合、その効力発生後は、**新株発行の無効の訴え**によって争うことが考えられる。

　新株発行の無効は、訴えをもってのみ主張することができる（828条1項2号）。新株発行の無効の訴えは、提訴権者が株主・取締役・監査役等に限定され（828条2項2号〔同号の「株主等」は同項1号で定義される〕）、提訴期間も効力発生後6カ月以内（公開会社の場合）に限定される（828条1項2号）。また、無効の訴えにおいて請求を容認する確定判決は、第三者に対してもその効力を有し（838条〔対世効〕）、かつ、無効の効力は遡及せず、対象株式は将来に向かって消滅することになる（839条〔将来効〕）。このように、新株発行の効力発生後にその効力を否定するについて、会社法が種々の制約を課すのは、次のような理由による。一旦有効なものとして新株が発行されれば、それを前提として、会社の利害関係者間で法律関係が形成されていく。それにもかかわらず、法的瑕疵のある新株発行の効力について、無効の一般原則

問題13　新株の有利発行・不公正発行　181

に委ねれば、主張の方法・相手方・時期等に制限がなく、訴訟により主張した場合でもその結果（判決の既判力）に拘束されるのは訴訟当事者のみであるなど、法的安定性に欠ける。そこで、法的安定性に配慮しつつ、法的瑕疵のある新株発行の効力を否定する余地を認めるのが新株発行の無効の訴えの制度なのである。

さて、問題は、何が新株発行の**無効事由**となるかである。無効事由は法定されていないので、解釈に委ねられる。判例・学説は、新株発行の無効の訴えが上記のような趣旨に出る制度であり、法的安定性に配慮する必要があることから、無効となる場合ができる限り少なくなるよう、**重大な法令・定款違反の場合に限って**無効事由になると解釈している。

具体的には、公開会社については、次のように考えられている。①取締役会に新株の発行権限がある場合に、有効な取締役会決議を欠くことは、無効事由ではない（最判昭和36・3・31民集15巻3号645頁）。②有利発行の場合に必要な株主総会の特別決議を欠くことは、無効事由ではない（最判昭和46・7・16判時641号97頁）。③不公正発行も無効事由ではない（最判平成6・7・14判時1512号178頁）。その一方で、④募集事項の公示（201条3項・4項〔通知・公告〕）を欠くことは、新株発行の差止請求をしたとしても差止めの事由がないためにこれが許容されないと認められる場合でない限り、無効事由となる（最判平成9・1・28民集51巻1号71頁）。⑤新株発行の差止仮処分命令に違反して新株発行がされた場合には、当該仮処分命令違反は、無効事由となる（最判平成5・12・16民集47巻10号5423頁）。

最高裁は、①の場合について、新株発行は元来会社の組織に関するものであるが、新株発行が取締役会の権限とされている場合には、会社の業務執行に準ずるものといえることを理由に、当該瑕疵は無効事由とはならないと判示し、その後②③の場合についても、同様の理由を指摘しつつ、新株の取得者および会社債権者の保護等の会社外部の取引の安全に重点を置くべきであるとして、無効事由ではないと判示する。学説では、①②については最高裁判例を支持する見解が多数である。③については、不公正発行による持株比率の低下という不利益は、②の有利発行と異なり、取締役らの民事責任の追及といった金銭

的な解決になじまないため（特に、発行会社が小規模で閉鎖的な会社であれば、金銭的解決は困難である）、少なくとも発行された新株が、不公正発行の事実につき悪意の引受人または譲受人に保有されているなど、具体的事案で取引安全の要請が存しない場合については無効としてよいという見解も有力である（鈴木竹雄「新株発行の差止と無効」『商法研究Ⅲ』〔有斐閣、1971年〕234頁、洲崎博史「不公正な新株発行とその規制（2・完）」民商94巻6号〔1986年〕740頁）。しかし、③の最高裁判決は、学説における有力説の立場を明示的に否定している（新株発行は広範囲の法律関係に影響を及ぼす可能性があるから、その効力は画一的に判断しなければならない、という）。

　その一方で、最高裁は、④において、募集事項の公示は、新株発行の効力発生前に、発行の事実を株主に知らせ、株主が新株発行の差止請求権を行使する機会を保障するものであることを理由に、募集事項の公示の欠缺は、それ以外に差止事由が存在する限り無効事由となるとする。⑤においては、差止請求権の実効性を担保するために仮処分命令違反を無効事由とする。最高裁が、①〜③を無効事由と認めない一方で、④⑤を無効事由と認めることからすれば、新株発行の瑕疵は、原則として、新株発行の差止めによって対処されるべきであり、**差止めの機会が奪われた場合には事後的な無効主張を認めるが、差止めの機会があったのであれば事後的な無効主張を認めない**とするのが最高裁の立場であると考えられる。学説も、このような判例の考え方を支持するのが多数である。

(2)　事例への当てはめ

　以上の検討を前提に、〔設問2〕について考えてみよう。

　本問では、募集事項の公告が官報に掲載してなされている（本件公告）。会社の公告は、その方法が特に定款で定められていなければ、官報に掲載して行う（939条4項）。したがって、本問では、募集事項の公示は、適法に行われていることになる。

　もっとも、疑義が残るのは、〔設問2〕でAが本件公告の事実に気づかなかったように、官報に公告を載せても、その周知力はそれほど高くない点である（官報を毎日購読する人は稀であろう）。とりわけ閉鎖的

問題13　新株の有利発行・不公正発行　183

な公開会社では、株主に対して個別通知をする方が安価であり、適切な周知方法となることが多い。それにもかかわらず、あえて官報による公告を行い、実際上株主の知らないうちに新株発行を行うことが普通にありうることになる。

　そのため、このような場合には、前掲最判平成9・1・28を前提としつつ、実質的には新株発行の差止請求の機会がなかったとして、新株発行の無効主張の余地を認めようとする見解がある（宍戸善一「会社支配権と私的財産権——第三者割当増資再論」企業法の理論(上)387頁〜388頁）。また、株主が事実上知りえない官報公告による公示は、公示義務の潜脱であり、実質上新株発行についての通知公告義務に違反すると判断する下級審裁判例もある（神戸地判平成5・2・24判時1462号151頁）。こうした考え方によれば、株主がわずか4人しかいない甲社において、あえて行われた官報公告は、潜脱的な公示だとして通知公告義務違反だと評価し、新株発行の無効を主張することが可能となる。しかし、近時の裁判例としては、官報による公告であっても、それが適法になされた以上は、株主が公告内容を了知することが事実上可能か否かにかかわらず、募集事項の公示はなされたことになると判示するものがある（東京高判平成19・3・29金判1266号16頁）。こうした考え方によれば、本問でも、本件新株発行について、募集事項の公示はなされており、これに関連して新株発行を無効と考える余地はない。

　さらに、Ⅰの場合、本件新株発行には、有利発行であるにもかかわらず、株主総会決議を経ていないという法令違反がある。しかし、この瑕疵は、無効事由ではないとして、Aが新株発行の無効の訴えを提起しても、請求は認められないことになるだろう。

　また、Ⅱの場合、本件新株発行は、不公正発行に該当する可能性がある。しかし、不公正発行であったとしても、それだけでは無効事由とはならないとして、Aが新株発行の無効の訴えを提起しても、Ⅰと同様に請求は認められないだろう。

★★　**コラム**　⑦　**非公開会社における新株発行に関する規律**

本問は、公開会社を対象とする。非公開会社における新株発行に関する規律は、

公開会社の場合とは、以下の点で規律が異なる。

　第1に、非公開会社の場合の新株発行手続は、次のようになる。募集事項の決定は、株主総会決議で行う（199条2項）。この決議は特別決議である（309条2項5号）。ただし、株主総会は、特別決議によって、募集事項の決定を取締役（取締役会設置会社では取締役会）に委任できる（200条1項・309条2項5号）。また、株主割当てについては、定款に定めを置けば、募集事項および202条各号の事項を取締役（取締役会設置会社では取締役会）が決定できるようになる（202条3項1号・2号）。有利発行の場合に、取締役が、株主総会において、有利発行を必要とする理由を説明しなければならない点は、公開会社と同じである（199条3項）。

　第2に、非公開会社の場合の新株発行無効の訴えは、公開会社の場合と次の点が異なる。まず、提訴期間は効力発生後1年以内である（828条1項2号かっこ書）。次に、公開会社の場合には、発行に必要な取締役会決議または株主総会の特別決議を欠くことは無効事由ではないとされているのに対して、非公開会社の場合には、発行に必要な株主総会決議を欠くことは、無効事由とされる（最判平成24・4・24民集66巻6号2908頁。なお、この規範に付加して、新株発行時点において、既存株主が持株比率の減少を了承していたなど特段の事情があれば無効とならない旨を判示する下級審裁判例がある〔横浜地判平成21・10・16判時2092号148頁、大阪高判平成25・4・12金判1454号47頁〕）。

　上記の規律・解釈は、以下のような事情に基づく。非公開会社において、既存株主は、会社の支配権に関わる持株比率の維持について重大な利害関係を有している。かかる利益を保護するため、会社法は、非公開会社において、募集事項の決定を取締役会の権限とはせず、原則として株主総会の特別決議によることとする（①）。①により、株主は、株主総会決議の手続を通じて募集事項など新株発行に関する情報を知ることができるので、非公開会社では募集事項の公示が要求されていない。もっとも、新株発行が株主総会決議を経ずに行われる場合には、既存株主が気づかないまま新株発行が行われてしまい、そのため差止めの機会を失する可能性がある。株主が新株発行の事実に気づくのは、次の株主総会開催時であることが多いが、新株発行の無効の訴えの提訴期間が6カ月であると、その間に株主総会が開かれず、株主が新株発行の事実に気づかないまま提訴期間が徒過してしまう可能性が高い。そこで、株主総会は年に1回は開催しなければならないとされていること（定時株主総会は、毎事業年度の終了後一定の時期に招集しなければならない〔296条1項〕が、1年を超える期間を事業年度と定めることはできない〔江頭323頁〕）を踏まえ、非公開会社の場合は、新株発行の無効の訴えの提訴期間が1年に延長されている（②）。こうした会社法の規律は、非公開会社については、持株比率の維持に係る既存株主の利益の保護を重視するとともに、株主総会の特別決議を経ることなく、既存株主の持株比率を変動させる新株発行の効力が生じた場合には、新株発行の無効の訴えにより救済するというのがその趣旨だと考えられる。

★★ 〔コラム〕 ⑧ 新株予約権とライツ・オファリング

　最近、上場会社においては、「ライツ・オファリング」または「ライツ・イシュー」と呼ばれる新株予約権を用いた資金調達方法が用いられるようになっている。

　ライツ・オファリングとは、株式会社がすべての普通株主に対し、新株予約権無償割当て（277条）を行い、その新株予約権（ライツ）の行使を受けて新株を発行するという形で行われる。その際、当該新株予約権を上場することで、割り当てられた新株予約権は市場で売買することができるようになる。

　株式会社の新株の発行は、3類型に分けることができる（コラム①参照）ところ、ライツ・オファリングは、第1に、すべての既存株主に出資の機会を与えるという点では、株主割当て（202条）と同じである。もっとも、202条に基づく株式の割当てを受ける権利の譲渡は、会社法上予定されていないところ、株主に割り当てられる出資をする権利（202条であれば株式の割当てを受ける権利であり、ライツ・オファリングであれば新株予約権）の譲渡を認める場合に用いられるのが、ライツ・オファリングだということができる。第2に、ライツ・オファリングにおいて、既存株主が出資せず、新株予約権を市場に売却した場合には、当該新株予約権を市場で買い付けた外部の投資家による出資が見込まれる。この点では、公募増資に近いということもできる。

　ライツ・オファリングが行われた場合、新株発行によって自己の持分比率が低下することを避けたい株主は、割り当てられた新株予約権を行使して払込みを行うことで、持分比率を維持することができる。その一方で、追加出資に応じたくない、あるいは資金不足などの理由で追加出資に応じることのできない株主は、割り当てられた新株予約権を市場で売却することによって換金でき、自己の持分比率の低下について経済的な埋め合わせを受けることができる。この点をとらえて、ライツ・オファリングは、既存株主の利益に配慮した増資手法であるといわれている。

　会社法は新株予約権の無償割当ての規定を置いており、新株予約権の上場制度も以前から存在していたから、ライツ・オファリングの実施は、従来も、法制上不可能であったわけではない。もっとも、種々の規制など実務上の障害があったために行われてこなかった。平成21年以降、ライツ・オファリングの円滑な実施のための制度整備が順次行われ、現在、実例が積み重なりつつある。

◆ 参考文献 ◆

●新株発行の差止請求
・洲崎博史「支配権維持目的の募集株式・募集新株予約権の第三者割当発行等」争点80頁
・徳本穰「募集株式・募集新株予約権の有利発行・自己株式の有利処分」争点82頁
・戸川成弘「著しく不公正な方法による募集株式・募集新株予約権の発行・自己株式の処分」争点84頁
・吉本健一・百選198頁

●新株発行の無効の訴え
・吉本健一「新株発行・自己株式の処分の無効事由・不存在事由」争点 86 頁
・宮島司・百選 54 頁
・戸川成弘・百選 60 頁
・砂田太士・百選 204 頁
・山下友信・百選 206 頁

[山下徹哉]

〔問題 14〕 合併比率の不公正をめぐる合併の 差止め・無効

◆ 事例 ◆

次の文章を読んで、設問に答えなさい。

1. 甲社は、生花の販売業を営む株式会社である。甲社は、公開会社であり、その取締役は、A、B、C、DおよびEの5名であって、AおよびBが代表取締役として選定されている。

2. 乙社は、従前、甲社の新規事業であったブライダル向け部門を独立させる形で設立された株式会社である。乙社の発行済株式総数は、1万株であり、そのうち、甲社が7,000株、甲社および乙社の取引先である丙社および丁社が各1,500株を保有している。乙社は取締役会設置会社であり、乙社の取締役は、A、EおよびFの3名であって、Aが代表取締役として選定されている。

3. 乙社の業績は、設立直後は雑誌等のマスメディアに頻繁に取り上げられたこともあって好調であったが、ここ数年は当初の勢いは失われつつあった。そこで、AおよびBは協議のうえ、乙社の事業の立て直しのため、甲社を存続会社、乙社を消滅会社とする吸収合併を行うこととした。

   この吸収合併に関する合併契約（以下「本件合併契約」という）においては、乙社の株式100株に対して、甲社の株式1株を割り当てること、合併の効力発生日を平成28年2月1日とすることなどが定められ、平成27年12月1日、甲社および乙社の取締役会において、本件合併契約を承認する決議が適法になされた。もっとも、平成27年11月30日時点の甲社と乙社の1株当たりの純資産額の比率は、おおむね50対1であった。

4. その後、乙社において平成28年1月15日に、臨時株主総会が開催され、丙社および丁社は反対したものの、甲社の賛成により本件合併契約を承認する決議がなされた。同じ頃、甲社においても、会社法上必

188　第1部　基本問題

要な本件合併契約の承認手続がなされた。

丙社は合併比率に不満を有しているものの、取引相手である甲社および乙社の株主としてなおとどまり続けることに相当の意義があると考えているため、株式買取請求権を行使することは考えていない。

〔設問〕　丙社が、合併の効力発生前に合併の実現を阻止するために会社法に基づきとることができる手段、および合併の効力発生後に合併の効力を否定するために会社法に基づきとることができる手段について、論じなさい。

◆　解答へのヒント　◆

　合併の効力発生前に合併の実現を阻止するための手段として、合併の差止めを、合併の効力発生後に合併の効力を否定するための手段として、合併の無効を検討することが必要となる。合併の無効事由については、合併比率の不公正が無効事由となるかについて論じる必要がある。これを否定する場合でも、合併が承認された株主総会決議に何らかの取消事由がないかを検討し、これが合併の無効事由となるかを検討する必要がある。

◆ 解説 ◆

1．出題の意図

　合併比率が不公正であった場合に、株主が会社法上どのような救済を求めることができるかを論じさせる問題である。一般に**会社法上の救済の内容**として、**組織再編**（コラム①参照）**の効力**に関するものと、行為を行った**取締役などの責任**に関するものに分けられるが、本問では前者について考察することが求められる（取締役の責任については、リークエ430頁参照）。組織再編の効力発生前については、差止めが可能か、また、効力発生後については無効事由があるかを考察する必要がある。

　差止めについて、従来は、360条に基づく**違法行為差止請求権の可否**が問題とされてきた。平成26年改正後は、784条の2が新設されたが、本件のように、（略式合併に該当せず）合併比率が不公正であるというだけの場合は、差止請求を認めることは難しいと考えられよう（後述2．(1)）。

　無効について、著名な論点として、**合併比率の不公正が、合併の無効事由になるか**どうかという問題がある。これを否定するのが裁判例であるが、学説ではこれを肯定する見解も有力である。もっとも、具体的に合併比率が不公正であるにもかかわらず、合併契約が株主総会で承認される場合は、本問の甲社と乙社の関係に典型的にみられるように、合併当事者間において（いずれか一方が他方の大株主であるといった）何らかの利害関係が存在することが多いと考えられる（そうでなければ、株主総会の開示資料が適正に作成されている限り、不公正な合併比率が株主総会で承認される可能性は少ない[1]）。そこで問題となるのが、**特別利害関係人**によって議決権が行使されたことによって、著しく不当な決議がされたことを理由とする**株主総会の決議取消し**である（831条1項3号）。決議が取り消されて合併を承認する株主総会が遡及的にな

---

[1]　合併契約等に関する書面等に不実記載がある場合は、合併の無効原因となると解されている（後述3．(1)参照）。

かったことになれば、このことが**合併の無効事由**になるかを検討する
必要がある。

　また、（本問ではいつの時点で株主が請求するかが明らかでないため、仮
定によって結論を導く必要があるが）関連する論点として、**株主総会決
議取消しの訴えと合併無効確認の訴えの関係**をどのように解するかに
ついても言及することが望まれる。

　なお、本問では、甲社と乙社との純資産額の比率から、（甲社にとっ
て）いわゆる簡易合併に当たると考えられるため、甲社における手続
は株主総会の決議ではなく会社法上必要な承認手続がなされるとされ
ている（796条3項参照）[(2)]。

★ **コラム**　① **組織再編**

　「組織再編」という用語は、講学上よく利用されているが、会社法上の用語では
ない。論者によってその対象が異なることに留意すべきである。まず、合併、会社
分割および株式交換・株式移転を総称して「組織再編」といわれることがある（リ
ークエ 387 頁）。次に、これらに加え、組織変更、事業譲渡等をあわせて「組織再

---

(2)　株式会社を存続会社とする吸収合併であって、合併に際し存続会社が交付する対価
　の額が、存続会社の純資産額として法務省令で定める額（会社則 196 条）の 5 分の 1
　（定款で引き下げることが可能）を超えない場合は、存続会社において、合併承認の
　株主総会決議は要しない（796 条 2 項・795 条 1 項）。存続会社の株主に及ぼす影響が
　軽微であるからであり、これを簡易合併と呼んでいる。その場合でも、取締役会設置
　会社において、合併契約の締結は、重要な業務執行として、取締役会決議を必要とす
　る（362 条 4 項。416 条 4 項 16 号参照）。設問にいう会社法上必要な承認手続とはこ
　のことを指している。なお、平成 26 年改正により、簡易合併が行われる場合、存続
　会社の株主に株式買取請求権は、認められなくなった（797 条 1 項ただし書）。
　　ただし、消滅会社が債務超過である場合など、存続会社に合併差損が生じる場合、
　または、存続会社が非公開会社であって、合併対価として当該会社の譲渡制限株式を
　交付する場合には、株主総会は省略できず、簡易合併によることはできない（796 条
　2 項ただし書。仮に甲社が非公開会社であれば株主総会決議が必要となる）。前者の
　場合は、存続会社の分配可能額が減少する等、存続会社の株主に対する影響が少なく
　ないからであり、後者の場合は、非公開会社における新株発行には株主総会の決議が
　要求されている（199 条 2 項）こととの権衡上の理由による（江頭 879 頁）。これら
　の場合、存続会社の株主の株式買取請求権も、原則どおり認められる（797 条 1 項た
　だし書かっこ書）。

問題 14　合併比率の不公正をめぐる合併の差止め・無効　191

編」と総称されることもある（神田（第 16 版）〔2014 年〕332 頁）。手続上類似の規制がなされており、条文の構造上もまとめて考察することに便宜があることから（828条 1 項 7 号〜 12 号など参照）、本稿では、前者の意味で組織再編の用語を用いる。

　組織再編に関する規制は、平成 9 年の独占禁止法改正により純粋持株会社が解禁されたことも一つの契機となり、改正され整備されてきた。平成 9 年に合併手続の簡素・合理化の改正がなされた。平成 11 年には、株式交換・株式移転の制度が、平成 12 年には、会社分割の制度が創設され、会社法に引き継がれる規制が形作られた。

★ **コラム** ② **会社法第 5 編の構造**

　会社法では、組織再編に関する規制の条文は（条文数をできる限り削減するという目的もあり）、できる限りまとめて規定されている（類似の規制についてできるだけ同じ文言を用い、また、規制の整序についてもできるだけ同一の順で規制がなされている。このような点につき、新聞報道では、数学的な思考に基づく立法であるとの評価もある〔2006 年 1 月 16 日、日経新聞朝刊 1 面〕）。

　すなわち、第 2 章〜第 4 章にかけては、まず、定められるべき事項および基本的な法律効果についての規定が置かれる。順に、第 2 章（合併〔748 条以下〕：「吸収合併」の次に「新設合併」）、第 3 章（会社分割〔757 条以下〕：「吸収分割」の次に「新設分割」）、第 4 章（株式交換・株式移転〔767 条以下〕：「株式交換」の次に「株式移転」）となっている。

　鍵となるのは、第 5 章において、それぞれの手続についてまとめて規定されていることであり、第 2 節（吸収合併等〔782 条以下〕：「消滅会社等」の手続の次に「存続会社等」の手続）、第 3 節（新設合併等〔803 条以下〕：「消滅会社等」の手続の次に「設立会社」の手続）となっている。

　吸収合併等とは、吸収合併、吸収分割および株式交換（782 条 1 項）のことをいい、新設合併等とは、新設合併、新設分割および株式移転（804 条 4 項）のことをいう。要するに、新しく会社が設立されるか（新設合併等）否か（吸収合併等）による分類だと考えればよい（新設合併等を「新設型組織再編」、吸収合併等を「承継型組織再編」と呼ぶテキストもある〔リークエ 387 頁〕）。

　用語の印象から中身をイメージしにくいのが、「消滅会社等」である。消滅会社等とは、吸収合併等においては、「吸収合併消滅会社」、「吸収分割会社」および「株式交換完全子会社」をいうが（796 条 1 項）、吸収合併消滅会社を除き、消滅するわけでない（！）。分割する側、または子会社となる側の会社を指す。同様に、新設合併等においては、「新設合併消滅会社」、「新設分割会社」および「株式移転完全子会社」をいう（806 条 3 項）。

　存続会社等とは、吸収合併等における、「吸収合併存続会社」、「吸収分割承継会社」および「株式交換完全親会社」をいう（784 条 1 項）。そして、設立会社とは、新設合併等における「新設合併設立会社」、「新設分割設立会社」および「株式移転

設立完全親会社」をいう（803条1項）。文字どおり、組織再編によって新しく設立される会社である。

　以上の整理により、第5章の条文の順序が、合理的なものであることがわかるであろう。具体的に、組織再編比率を含む組織再編契約・計画に関する規定は、第2章〜4章の各組織再編の冒頭の条文で規定されている。吸収合併であれば749条、新設合併であれば753条といった具合である。これに対して、本問で扱う組織再編の差止請求や（本問では直接問題とならないが）株式買取請求権は、手続を定める第5章において、吸収合併の消滅会社であれば、第2節の前半で（784条の2・785条）、同じく存続会社であれば第2節の後半で（796条の2・797条）という順に規定されている。

2．合併の差止め

(1)　差止めの根拠条文

　合併の効力発生の前であれば、丙社は、**合併の差止めの請求**をすることが考えられる。

　この問題は、従来から、360条に基づく、株主の（代表）取締役に対する、違法行為差止請求権の可否の問題とされてきた（合併のような組織法上の行為を「代表取締役の行為」に含めることについては疑問がないわけではない）。そこで問題となるのは、合併によって会社（本問では乙社）に「著しい損害」または「回復することができない損害」が生じると考えられるか否かである[3]。360条は、会社に損害が生じるおそれがあることを要件としており、この点が満たされないと差止請求は許されない。

　この点について、一般に、**不公正な合併比率による合併**がなされた場合、損害を被るのは、株主（本問では乙社の株主）であって（その逆に、甲社の株主は利益を得ることになる）、会社には損害はないと考えられており（最判平成8・1・23資料商事143号158頁）、360条に基づく請求は難しい。これに対し、合併承認決議の結果として会社に著しい法

---

[3]　問題文から乙社が監査役設置会社であるか明らかでないため、監査役設置会社であれば「回復することができない損害」が、監査役設置会社でなければ「著しい損害」が生じるおそれがあることが要件となる（360条1項・3項）。

律関係の混乱が生じることを損害と考えたり、後に合併が無効とされた場合の原状回復費用および会社の評判の低下の可能性を理由として差止めを認める見解もあるが、いずれも少数説にとどまっている（弥永真生「著しく不公正な合併条件と差止め・損害賠償請求」企業法の理論(上)630頁以下参照）。

なお、平成26年改正は、784条の2（796条の2・805条の2も参照）を設け、新たに組織再編における差止めを認める。このうち、まず、同条2号によれば、「消滅株式会社等の株主」が不利益を受けるおそれがある場合であって、合併比率（749条1項2号・3号）が「消滅株式会社等又は存続会社等の財産の状況その他の事情に照らして著しく不当であるとき」は、消滅株式会社等の株主は、消滅株式会社等に対し、組織再編をやめることを請求することができる。しかしながら、784条の2第2号は「前条第1項本文に規定する場合において」とされており、いわゆる略式組織再編の場合にのみ認められる規定である[4]。本問において、甲社は乙社の70％を保有する株主にすぎず、特別支配会社（468条1項。〔問題22〕1.(1)(エ)参照）に当たらない[5]。

次に、784条の2第1号に規定される「法令又は定款に違反する場合」に該当すれば差止めが認められる可能性がある。しかし、ここでいう法令または定款の違反とは、会社を規範の名宛人とする法令または定款の違反を意味し、取締役の善管注意義務や忠実義務の違反を含まないと解されている。組織再編において当事会社の株主に交付される対価が不相当である場合には、当事会社の取締役の善管注意義務・

---

[4] この規制は会社法の制定時から認められていた（平成26年改正前会社784条2項2号）。仮に甲社が乙社の議決権の90％以上を保有する場合には、略式合併の要件を満たすことになり、そもそも乙社の株主総会を省略することができる（784条1項本文）。そのような場合、乙社において仮に株主総会を開催したとしても、結果は明らかであり、むしろ株主総会の開催を不要とすることにより、迅速かつ簡易な組織再編を行うことを可能とすることが望ましいと考えられたために、会社法の制定時に導入された（新解説198頁）。もっとも、その場合、乙社の少数株主にとっては、株主総会の決議の取消しの訴えを提起する等の機会がなくなることから、本文のような場合に、組織再編をやめることを請求することができる。

[5] なお、合併により、存続会社である甲社が保有する乙社株に対して甲社株式が割り当てられることはない（749条1項3号第1かっこ書）。

194 第1部 基本問題

忠実義務の違反の問題が生じうるとしても、「法令又は定款」の違反となることはないと解される（坂本三郎ほか「平成26年改正会社法の解説〔IX・完〕」商事2049号〔2014年〕21頁）。仮に合併契約等に関する書類等に不実記載があれば、そのことを法令違反として（782条1項、会社則182条参照）差止めの請求が可能であるが、合併比率が著しく不公正であるというだけでは、差止事由には該当しないと解される[6]（以上の見解に対し、特別利害関係人の議決権行使による著しく不当な合併条件の決定も、合併承認決議の取消事由であるから、合併の差止事由となるとの見解として、江頭884頁参照。リークエ414頁は、決議取消判決が確定する前でも、当該決議取消訴訟、および当該訴訟が認容されることにより提起可能となる法令違反による組織再編の差止請求訴訟の双方を本案とすることによって、差止めの仮処分を求めることができるとする）。

(2) 事例への当てはめ

本問では、甲社は乙社の70%の株式を保有する株主にすぎず、特別支配会社（468条1項）に当たらないため、丙社は784条の2第2号によって差止めを請求することはできない。合併条件が著しく不公正であるというだけでは、法令定款違反とならないため、同条1号によって差止めを請求することもできない。また、一般に、合併条件が不公正である場合であっても会社に損害が生じるとは考えられないため、丙社が360条によって差止めを請求することもできないと解される。

---

[6] 立法経緯を理由として、対価が不適正であることを理由に784条の2第1号に基づいて合併を差し止めることはできないとする見解として、齊藤真紀「不公正な合併に対する救済としての差止めの仮処分」神作裕之ほか編『会社裁判にかかる理論の到達点』（商事法務、2014年）126頁。平成23年に公表された「会社法制の見直しに関する中間試案」では、「特別の利害関係を有する者が議決権を行使することにより、当該組織再編に関して著しく不当な株主総会の決議がされ、又はされるおそれがある場合であって、株主が不利益を受けるおそれがあるとき」にも差止めの請求を認める案が検討されたが、裁判関係者から対価の適正さに係る判断を短期間に行うことが困難であるという反対が多く唱えられたことなどの理由により、平成26年会社法改正においてこの案は採用されなかった。

3．合併の無効

(1)　無効原因
　一旦組織再編の効力が発生した後は、さまざまな法律関係が積み重ねられることから、無効の主張を無制限に認めると法律関係の安定を害することになるため、会社法は、組織再編の無効は、訴えをもってのみ主張できるものとし、提訴期間や提訴権者を限定するとともに（828条1項7号～12号・2項7号～12号）、遡及効を否定する（839条）。
　何が無効原因となるかについて明文の規定はなく解釈に委ねられているが、一般的には、法的安定性を考慮して、合併を例にとると、合併契約の内容が違法であること、合併契約等に関する書面等の不備置・不実記載、合併契約について法定の要件を満たす承認がないこと、株式買取請求権や債権者異議手続の不履行等の**重大な瑕疵が無効原因**となると解されている[7]。
　それでは、本問のように、**合併比率が（著しく）不公正な場合**に、合併の無効原因と解されるか。この点について、反対株主は、株式買取請求権（785条）を行使できるので、合併比率の不当または不公正ということは、合併無効事由になるものではないとする裁判例があり（東京高判平成2・1・31資料商事77号193頁）、学説でも同様の見解が多数を占める（江頭856頁～857頁。リークエ430頁は、組織再編の当事会社が相互に独立した関係にあるときは、事後的に干渉する必要は乏しいことを理由に挙げる）。これに対して、合併比率の著しい不公正については、無効原因と解する説も有力に唱えられている（神田370頁）。無効原因と解する説の根拠は、会社に株主としてとどまりながら不公正な合併に対する救済を求めようとする者（本問の丙社が典型である）にとって、株式買取請求権は役に立たないことである（このほかに、株主が株式買

---

[7]　合併の無効判決は、将来に向かってのみ効力を生じる（839条）。したがって、合併によって消滅した会社は復活し、発行した株式は無効となる（同条）。合併後に負担した債務は両者が連帯して弁済する責任を負い、取得した財産は共有とされ、その割合は当事者の協議により、これが調わないときは裁判所によって定められる（843条）。

196　第1部　基本問題

取請求権を行使する場合、事前に議案に反対の通知をしなければならず〔785条2項1号イ〕、また費用がかかるため〔非訟26条〕、株主にとって少なからぬ負担であることも理由とされる）。

もっとも、合併比率の不公正が無効原因とならないと考える場合でも、通説は、**特別利害関係人によって議決権が行使されたことにより著しく不当な決議がなされた場合**には、そのことが株主総会の決議取消事由となり（831条1項3号）、合併の効力発生後は、合併の無効原因となると解している（江頭856頁、リークエ429頁）。ここでの特別の利害関係を有する者とは、株主としての資格を離れた個人的な利害関係を有する者のことであると解されており、本問のような場合が典型的な事例である。

(2) 事例への当てはめ

合併比率が著しく不公正な場合に、これを合併の無効原因と解する説に立つ場合は、本問では、以下で検討するように、合併比率が著しく不公正であると考えられるので、そのことを理由として、丙社は、効力発生日である平成28年2月1日から6カ月以内である同年8月1日まで、合併無効の訴えを主張できると考えられる（828条1項7号・2項7号）。すなわち、本問では、甲社と乙社の純資産の比率が、おおむね50対1であるにもかかわらず、乙社の株式100株に対して、甲社の株式1株を割り当てることとされている。丙社とすれば（本来、乙社の株式50株に対して、甲社の株式1株が割り当てられるべきであり）、300株（1500/50）の甲社株の交付を受けるべきところ、150株（1500/100）の交付しか受けられないこととなるため、本件合併契約における合併比率は、著しく不公正であると考えてよいであろう。

これに対して、合併比率の不公正が無効原因とならないと考える場合には、特別利害関係人によって議決権が行使されたことにより著しく不当な決議がなされたかどうかが問題となる。本問では、平成28年1月15日に開催された乙社の臨時株主総会（以下「本件株主総会」という）において、丙社および丁社は反対したものの、甲社の賛成により本件合併契約を承認する決議がなされている（以下「本件決議」という）。甲社は、合併契約の相手方であることから、本件株主総会におい

て、831条1項3号に規定される「特別の利害関係を有する者」に当たる。また、上述のように本件合併契約における合併比率は著しく不公正であり、本件決議の内容は、「著しく不当な決議」に当たると解することができる。したがって、丙社は、合併の効力発生後、831条1項3号に基づいて本件決議に取消事由があることを理由として、合併無効の訴えを提起することができると考えられる。

　なお、合併無効の訴えの提訴期間は、合併の効力が生じた日から6カ月以内である（828条1項7号）。しかし、株主総会に取消事由があることを理由とする場合には、決議取消訴訟の提訴期間の制限の趣旨を重視して、決議の日から3カ月以内（831条1項）に提訴しなければならないと解するのが通説（吸収説）である（神田370頁。この結論に反対し、合併の効力発生後も決議取消訴訟は合併無効の訴えに吸収されずに存続する〔存続説〕と解するものとして、江頭369頁〜370頁参照）。したがって、本問においては、本件株主総会の会日である平成28年1月15日から3カ月以内である、同年4月15日までであれば合併無効の訴えを提起することができることとなる。

◆　**参考文献**　◆

・遠藤美光・百選184頁
・正井章筰「著しく不公正な合併等における株主の救済方法」争点202頁

[小柿徳武]

第 2 部

発展問題

〔問題 15〕 株式の種類

◆ 事例 ◆

次の文章を読んで、以下の設問 1 〜 3 に答えなさい。

甲株式会社は、公開会社であり監査役会設置会社である。以下に述べる新株発行直前において、甲社の発行可能株式総数は 400 万株、発行済株式総数は 100 万株であり、また甲社株式 1 株の公正な価格は 1,000 円であった。甲社は、近年業績が振るわず、株主には 1 株当たり 1 〜 2 円程度の剰余金配当しかできていないところ、このたび、資金調達の必要性から、種類株式を利用した新株発行を行うことを計画した。甲社はこれまで種類株式発行会社ではなかったが、この資金調達に際して、甲社の経営陣は次のような要件を満たす種類の株式の発行を検討している。

① この種類の株式を有する株主には、1 株当たり 5 円の剰余金配当を行えるようにするが、1 株当たり 5 円を超えて配当を行わない。

② この種類の株式を有する株主は、株主総会において、議決権を有しない。

③ 新株発行から 5 年経過後において、甲社が、適当と判断する時期に、この種類の株式を有する株主に金銭を支払って当該株式を取得することができるようする。

甲社は、以上の要件にできる限り見合う種類株式（以下「a 種類株式」といい、これに対し既存の株式を「普通株式」という）を設計し、a 種類株式の発行を認めるための定款変更を経て、第三者割当ての方法により 1 株の払込金額 500 円で 80 万株を発行した（以下「本件新株発行」という）。

〔設問 1〕 a 種類株式は、どのような種類の株式となるか。定款には、a 種類株式の内容としてどのような事項が定められるか。

〔設問 2〕 a 種類株式の発行は、資金調達の便宜上、あるいは既存株主への影響の観点から、どのようなメリットがあるか。

〔設問 3〕 本件新株発行の 3 年後、甲社は 1 株を 2 株に分割するという比

率で株式の分割を行うこととした。このとき、甲社においてどのような機関の決定が必要になるか。(ア)普通株式のみを分割する場合、(イ) a 種類株式のみ分割する場合、(ウ)甲社の発行済株式のすべてを分割する場合、のそれぞれについて検討せよ。

〔設問4〕 〔設問3〕とは異なり、(エ)普通株式を有する株主にその有する普通株式1株につき a 種類株式1株を無償で交付し、または(オ) a 種類株式を有する株主にその有する a 種類株式1株につき普通株式1株を無償で交付することは可能か。可能であるとすると、そのために甲社においてどのような機関の決定が必要になるか。

◆ 解答へのヒント ◆

1.〔設問1〕

a 種類株式は、比較的社債に近い種類株式である。種類株式は、会社法108条1項各号に列挙されているものしか認められないところ、事例の①から③の要件を満たすために、同項のうちどの種類の株式、あるいはどれとどれを組み合わせた株式として設計すればよいかを考え、それに応じて定款にはどのように定めることが適切かを検討する（108条2項）。

2.〔設問2〕

会社法において、株式の種類は、資金調達の便宜、株主間契約の実効性確保など一定のニーズがある場合を想定して規定されている。甲社が事例の①から③の要件を満たす株式を設計しようとするのは、どのようなニーズないし利害調整に配慮したのかを検討する。

3.〔設問3〕

一般論として、株式の分割に関する事項はどの機関が決定するかを確認する。種類株式発行会社が株式の分割をする場合で、それが特定の種類の株式を有する株主に損害を及ぼすおそれがあるときには、当該種類の株式を有する株主を構成員とする種類株主総会の決議が必要になる。そこで、(ア)から(ウ)の株式分割が普通株式を有する株主と a 種類株式を有する株主のそれぞれに損害を及ぼすおそれがあるかどうか

問題15 株式の種類 201

を検討して、種類株主総会決議の必要性の有無を導く。

4．〔設問4〕
　　株式の分割は、株式を同種類の株式に細分化することであるため、
　(エ)(オ)のような株式の交付を株式の分割の方法で行うことはできない。
　会社法は、(エ)(オ)のような株式の交付の方法として、株式無償割当ての
　制度を用意している。株式無償割当てを行うための手続を、本問の事
　例に即して検討する。

◆ 解説 ◆

1．出題の意図

　株式会社は、会社法の定める範囲において、内容の異なる2以上の種類の株式を発行することができる。本問は、株式の発行による資金調達のため種類株式を利用する場合において、**種類株式**をどのように設計し、それが会社のどのようなニーズに合致するのかを明らかにするとともに、種類株式発行後に行われる株式の分割ないし株式の無償割当てがある種類の株式を有する株主に損害を及ぼす可能性とそれへの対応に関して、具体的事例をもとに検討させることを目的とする。

2．株式の種類

　会社法は、株式会社に、一定の事項について内容の異なる2以上の種類の株式を発行することを認める。その一定の事項とは、(i)剰余金の配当、(ii)残余財産の分配、(iii)株主総会において議決権を行使することができる事項、(iv)譲渡による当該種類の株式の取得について当該株式会社の承認を要すること、(v)当該種類の株式について、株主が当該株式会社に対してその取得を請求することができること、(vi)当該種類の株式について、当該株式会社が一定の事由が生じたことを条件としてこれを取得することができること、(vii)当該種類の株式について、当該株式会社が株主総会の決議によってその全部を取得すること、(viii)株主総会または取締役会において決議すべき事項のうち、当該決議のほか、当該種類の株式の種類株主を構成員とする種類株主総会の決議があることを必要とすること、および(ix)公開会社でなく指名委員会等設置会社でもない株式会社が、当該種類の種類株主を構成員とする種類株主総会において、取締役（監査等委員会設置会社にあっては監査等委員である取締役またはそれ以外の取締役）または監査役を選任すること、である（108条1項）。これらの事項について内容が異なる株式ごとに、株式の種類が形成される。

　株式の種類は、資金調達の便宜（後述3．参照）、株主間契約の実効

性の確保（例えば上記⒀⒁）、その他株主の多様な投資のニーズ等に配慮して設計される。⒂⒃⒄⒅⒆の事項を定めた株式を、それぞれ、**議決権制限株式**（115条）、**譲渡制限株式**（2条17号）、**取得請求権付株式**（2条18号）、**取得条項付株式**（2条19号）、**全部取得条項付種類株式**（171条1項）という。このうち、譲渡制限株式、取得請求権付株式および取得条項付株式は、ある株式会社が発行する全部の株式の内容としても定めることができる（107条1項。発行する株式の全部の内容として定めた場合は「株式の種類」とはいわない）。

　株式会社が、上記(i)〜(ix)に列挙した事項について、内容の異なる種類の株式を発行する場合には、その事項についての具体的内容および株式の種類ごとの発行可能種類株式総数を定款で定めなければならない（108条2項）。そのような定款の定めを設けている会社を**種類株式発行会社**というが（2条13号）、現に2以上の種類の株式を発行していることは、種類株式発行会社の要件ではない。甲社は、設例の資金調達計画の時点で種類株式発行会社でないので、定款には株式の種類についての定めをまったく設けていないことになる。甲社が、事例の①〜③の要件を満たす株式を発行するためには、そのような種類の株式を設計し、その内容を定款に記載しなければならない。

★★ **コラム** ① **剰余金の配当・残余財産の分配・議決権に関する属人的定め**

　公開会社でない株式会社は、定款において、剰余金配当、残余財産分配および議決権について、株主ごとに異なる取扱いを行う旨を定めることができる（109条2項）。例えば、特定の株主についてのみ、持株数の割合以上に優遇して剰余金を配当すること、ある事項について議決権行使を認めないこと、あるいは1株に複数議決権を認めることなどが想定される。種類株式と違って「属人的」な定めである以上、そのような異なる取扱いがされる株主の株式が譲渡された場合、当該株式の譲受人は譲渡人と同様の扱いはされない。これは、会社法制定前の有限会社において認められていた社員平等原則の例外的取扱い（旧有39条1項ただし書・44条・73条）を、公開会社でない株式会社について認めるものである（有限会社の廃止について〔問題12〕コラム②「有限会社・特例有限会社」参照）。属人的定めを新たに設けるための定款変更（すでに定款の定めがある場合にその内容を変更する場合も同じ。ただし定めを廃止する場合は除く）を行うための株主総会の決議は、総株主の半数以上であって総株主の議決権の4分の3以上に当たる多数をもって行わなければならない。従

前の有限会社の定款変更手続（旧有48条）にあわせたのである。

　定款において属人的定めが置かれた場合は、異なる扱いを行う旨が定められた株主が有する株式を、その扱いがされる権利に関する事項について内容の異なる種類の株式とみなし、会社法第2編（株式会社）および第5編（組織再編）を適用するものとされている（109条3項）。

3．〔設問1〕への当てはめ──種類株式の設計

(1)　剰余金配当優先株式

　事例の①の要件を満たすためには、剰余金の配当として毎年一定額が優先的に支払われるような株式、すなわち剰余金配当に関する優先株式として設計しなければならない（108条1項1号）。本件では、1株当たり5円の優先的な剰余金配当を受ける旨を定款に定めることになるが（同条2項1号）、定款には、優先配当額の上限などの当該株式の内容の要綱を定め、具体的な優先配当額は、当該種類の株式を発行するときまでに、株主総会または取締役会の決議によって定めるようにすることもできる（同条3項）。

　剰余金配当優先株式は、株主が所定の金額の支払を優先的に受けた後、残余の分配可能額からの配当に参加できるかどうかで、**参加的優先株式**と**非参加的優先株式**に分類され、また、ある事業年度に所定の優先配当金額の支払が行われなかった場合に、不足分について翌期以降の分配可能額から補填される（不足額が翌期以降に累積する）かどうかで、**累積的優先株式**と**非累積的優先株式**に分類される。非参加的で累積的な剰余金配当優先株式は、社債に近いものになる（したがって、そのような種類株式を「社債型優先株式」ということがある）。

　事例の①の要件を満たす剰余金配当優先株式は、仮に、会社の業績が良好で、分配可能額が十分にある場合でも、当該種類の株式を有する株主には一定の金額しか支払われないものであるから、非参加的な剰余金配当優先株式にする必要がある。さらに累積的な剰余金配当優先株式とする方が、未払の配当金が翌期以降に支払われるという点で、より①の要件に適合するといえよう。

問題15　株式の種類　205

⑵ 議決権制限株式

　事例の②の要件を満たすためには、発行する株式を、株主総会の会議の目的となるすべての事項について議決権を有しない議決権制限株式（完全無議決権株式）とする必要がある（108条1項3号）。

　公開会社である種類株式発行会社では、議決権制限株式の数が発行済株式総数の2分の1を超えるに至ったときは、株式会社は、ただちに、議決権制限株式の数を発行済株式総数の2分の1以下にするための必要な措置をとらなければならない（115条）。経営者が少額の出資で会社を支配することを防止するためである。甲社では、本件新株発行後の発行済株式総数が180万株でそのうち議決権制限株式が80万株であるから、この規制には抵触しない。

　平成13年11月改正前商法の下では、収益の確保のみを望み、会社経営に関心のない投資家の需要を考慮して、（剰余金）配当優先株式についてのみ議決権制限株式（完全無議決権株式）とすることが認められていた。しかし、同改正以降、株主管理費用の節減や支配権を維持したままでの資金調達の便宜（議決権がない分株式の発行価額が低くなる）などを図る趣旨で、議決権制限株式を独立のものとして発行することが可能になった。なお、同改正前商法の下では、議決権のない配当優先株式について一定期間優先配当がされない場合には議決権が復活するものとされていたが、現行法の下でも、剰余金配当優先株式を議決権制限株式としつつ、「議決権の行使の条件」（108条2項3号ロ）として、例えば「所定の剰余金配当がされないときは議決権を行使できる」旨を定款で定めることにより、議決権を復活させることは可能である（大隅＝今井＝小林・概説86頁）。

⑶ 取得条項付株式

　事例の③の要件を満たすためには、発行する株式を、取得条項付株式とする（108条1項6号）。取得条項付株式を会社が取得するのは「一定の事由」が生じたときであるが、株式会社が別に定める日をもって「一定の事由」とすることもできる（108条2項6号イ・107条2項3号ロ）。その場合、「別に定める日」は、取締役会設置会社である甲社では（甲社は**公開会社であるから取締役会設置会社である**〔327条1項1号・

2条7号〕)、取締役会が決定する(168条1項)。また、金銭を支払って当該種類の株式を取得するのであるから、定款には、取得対価を金銭としてその具体的な額または算定方法を記載することになる(108条2項6号イ・107条2項3号ト)。

4.〔設問2〕への当てはめ——本件の種類株式発行のニーズ

剰余金配当優先株式では、所定の金額については優先的に剰余金の配当が行われるから、会社の業績が思わしくなく、分配可能額(461条2項)が少ない場合でも、この株式を有する株主には、当該金額の支払がされる可能性が高い。そのため、投資に対する高い配当利回りを期待する投資家にとっては魅力的な種類の株式となり、甲社にとって、普通株式の発行による資金調達が困難な状況下でも、種類株式の発行によって資金調達が容易になるというメリットがある。

剰余金配当優先株式が投資対象として魅力的かどうかは、発行時における社債等の他の金融商品との比較で判断される。例えば、事例の①の要件を満たすa種類株式は、③の要件との関係で、償還時期が5年を超える社債等と比較することができる。そのような社債等の利率が年1%程度であるなら、優先配当額が1株当たり5円のa種類株式の払込金額は500円程度が公正な価格となるだろう。このように、社債型優先株式の公正な価額は、他の類似の金融商品の利率等に連動して判断されるので、その額が普通株式の公正な価額(本件では1,000円)と乖離していても、特に有利な払込金額(199条3項)には必ずしもならない。

a種類株式を議決権制限株式(完全無議決権株式)とすれば、本件新株発行によって既存の株主(本件新株発行後の普通株式を有する株主)の議決権比率は変わらない。これは会社支配に影響を及ぼすことなく株式発行による資金調達を行うことを望む甲社の経営者のニーズに合致する。また、a種類株式を引き受ける者が会社の管理運営ではなく投資に対する利回りに関心があるなら、事例の②の要件を満たす種類株式は資金調達の便宜を損なわない。

社債型優先株式を長期間発行していると、会社の業績が回復しても、

普通株式を有する株主には剰余金配当が行われにくくなる。そこで、事例の③の要件を満たす種類株式を設計して将来的に金銭を対価として当該株式を買い取ることができれば、甲社は優先配当の負担から逃れることができるというメリットがある。なお、取得条項付株式の取得対価の額が取得事由が生じた日における分配可能額（461条2項）を超える場合には、会社は当該取得条項付株式を取得することができないことに注意が必要である（170条5項）。

★★ コラム ② 剰余金配当優先株式と社債

本問のα種類株式は、経済的実質においては社債に近い。しかし、法的性質としては、社債は会社に対する金銭債権であるのに対し、株式は株式会社おける社員たる地位（株主権）である。このことから、社債とα種類株式のような社債型優先株式には、事例の①から③の要件に関して、以下のような違いがある。

①について、社債では、会社の業績にかかわらず、約定どおり、社債権者に一定の利息が支払われるのに対し、社債型優先株式を有する株主への優先的な剰余金の配当は、分配可能額の範囲内でなければ行えない（461条1項8号）。

②について、完全無議決権株式を有する株主（以下「完全無議決権株主」という）であっても、種類株主総会においては議決権を行使することができ（321条以下参照）、役員、会計監査人、発起人等の会社に対する責任の免除については、同意するか否かの決定に参加する権利がある（55条・120条5項・424条・462条3項など。このほか、公開会社でない株式会社について309条4項参照）。また、株主代表訴訟提起権（847条）や帳簿閲覧権（433条）など、議決権の存在を前提としない単独株主権や少数株主権は、完全無議決権株主でも行使できる。一方、社債権者は、社債元利金の支払確保のために必要があるとき等社債権者の利害に関わる事項について、社債権者集会において議決権を行使できるが（715条以下）、会社の経営に関する意思決定や経営の監督是正に関与する権限はない。

③について、社債は、償還期限になれば、会社の業績にかかわらず償還しなければならないが、当該会社の他の株式以外の財産を取得対価とする取得条項付株式については、自己株式取得の一類型として、会社は、取得対価である財産の帳簿価額が分配可能額を超えているときは、これを取得できない（170条5項）。

---

5. 株式の併合・分割・株式無償割当て

株式会社は、株式の併合、分割または無償割当ての方法により、会社財産の額を変動させずに、発行済株式総数を減少または増加させる

ことができる。

株式の併合とは、3株を1株にするように、数個の株式を合わせてそれ以下の数の株式とすることである。これにより発行済株式総数は減少するが（3株を1株に併合するなら3分の1に減少する）、会社財産の状態が変わらないから、1株当たりの価値は大きくなる（3株を1株に併合するなら1株の価値は理論的には3倍になるはずである）。株式の併合をすると、併合後に端数となる株式を有する株主（3株を1株に併合する場合に、1株または2株を有している株主。このことから株式の併合が少数株主の締出しの手段となりうることについて、〔問題25〕コラム④「少数株主の締出しのための各種手段」を参照）の利益を害することとなるため、株式の併合をするには**株主総会の特別決議**が必要であり（180条2項・309条2項4号）、反対株主の**株式買取請求権**が認められる（182条の4・182条の5）など、株主保護のために比較的詳細な定めが設けられている（株式の併合によって1株に満たない端数が生じるときの処理について、235条参照）。

★★ **コラム** ③ **株式の併合と発行可能株式総数の関係**

株式の併合が行われると、発行済株式総数は減少する（株式の消却の場合にも、同様に発行済株式総数が減少する）。では、発行可能株式総数はどうなるか。公開会社では、発行可能株式総数（37条1項）の範囲内においては、原則として取締役会決議のみで株式の発行をすることができるので（〔問題13〕の解説およびコラム③「発行可能様式総数」参照）、発行可能株式総数の帰趨は、取締役会に対する株式発行の授権の範囲にも影響を与える。

平成17年改正前は、株式の消却・併合により発行済株式総数が減少した場合、取締役会への授権の範囲について、発行済株式総数が減少した分だけ発行できる株式の数（取締役会への授権の枠）が増えるわけではないと解釈するのが通説であった。登記実務も、同様に解釈したうえで、発行可能株式総数について、定款変更の手続をとらなくても当然に発行可能株式総数の減少分に応じて発行可能株式総数が減少するという立場をとっていた。

これに対して、会社法の下では、株式の消却・併合により発行済株式総数が減少した場合、発行可能株式総数は当然には減少せず、かつ発行済株式総数が減少した分だけ新たに発行できる株式数が増加すると解するのが立案担当者の見解であり（新解説28頁および同頁注⑸）、登記実務も同様の取扱いをしている。このことは、平成17年改正前に比べて、取締役会への授権範囲に対する制約が緩和されたこと

問題15 株式の種類 209

を意味する。

　ところが、その後、株式の併合による授権枠の拡大を利用し、既存株主の持株比率を大幅に稀釈化させる濫用事例が発生した。そこで、平成26年改正により、公開会社が株式の併合を行う場合に、発行可能株式総数が、株式の併合の効力発生時の発行済株式総数の4倍を超えることがないようにするための改正が行われた（180条2項4号・3項・182条2項）。4倍規制の妥当場面を拡大させ、取締役会の授権範囲に対する制約を再び強化することとされたわけである。　　　　　　［山下徹哉］

　株式の分割とは、普通株式1株を普通株式3株にするように、株式を同種類の株式に細分化することであり、これにより、発行済株式総数は増加する（種類株式発行会社でない株式会社が1株を3株に分割すると、発行済株式総数は3倍になる）が、会社財産の状態が変わらないから、1株当たりの価値は小さくなる（種類株式発行会社でない株式会社が1株を3株に分割するなら1株の価値は理論的には3分の1になるはずである）。株式の分割は、既存の株主に大きな影響を及ぼさないので（株式の分割によって1株に満たない端数が生じるときの処理について、235条参照）、取締役会設置会社では取締役会決議、それ以外の株式会社では株主総会の普通決議によって決定できる（183条2項）。ただし、指名委員会等設置会社の取締役会は、その決議によって、株式の分割の決定を執行役に委任することができ（416条4項）、監査等委員会設置会社の取締役会は、一定の要件の下で、株式の分割の決定を取締役に委任することができる（399条の13第5項）。

　株式無償割当てとは、株主に新たな払込みはさせずに会社の株式を割り当てることである。例えば、普通株式1株を有する株主に無償で剰余金配当優先株式2株を割り当てるように、無償割当てされる株式は、必ずしも割当てを受ける株主がすでに有する株式と同一種類のものでなくてもよい。株式の分割では自己株式も分割されるが、無償割当てでは自己株式には株式の割当てはない（186条2項）。株式無償割当ては、取締役会設置会社では取締役会決議（指名委員会等設置会社、監査等委員会設置会社における決定の執行役・取締役への委任は株式分割と同じ）、それ以外の株式会社では株主総会の普通決議によって決定できる（186条3項。株式無償割当てによって交付すべき株式に1株に満たない端数が生じるときの処理について、234条1項3号参照）。

株式の併合・分割および株式無償割当ては、発行済株式総数を増減することにより1株の大きさ（出資単位）を変更する手段であるが、会社法は、発行済株式総数を変動させずに、定款で定める一定数の株式を有する株主に議決権を与える制度（単元株制度）を設け、それにより、実質的に出資単位を大きくすることを認めている。この一定数を**単元株式数**という（188条）。例えば100株を単元株式数と定めると、1単元の株式につき一個の議決権が与えられ（308条1項）、99株以下の数の株式（これを「**単元未満株式**」という）を有している株主は、議決権および議決権を前提とする権利、ならびに定款で定めるその他の株主の権利を行使できない（189条）[1]。

6．種類株主総会

種類株式発行会社では、その発行するある種類の株式の株主（種類株主）による総会の決議を行うべき場合がある。種類株主による総会を**種類株主総会**という（2条14号）。

ある種類の株主の利益に重大な影響を及ぼす可能性があると類型的に認められる事項について、会社法は、種類株主総会決議を要求する（111条2項・199条4項・200条4項・238条4項・783条3項・795条4項・804条3項参照）。

また、①株式の種類の追加、株式の内容の変更および発行可能株式総数もしくは発行可能種類株式総数の増加についての定款の変更、②特別支配株主による株式売渡請求の対象会社による承認、③株式の併合・分割、④株式無償割当て、⑤株主割当てによる募集株式の発行等、⑥株主割当てによる募集新株予約権の発行、⑦新株予約権無償割当て、⑧合併、⑨吸収分割、⑩吸収分割による他の会社がその事業に関して有する権利義務の全部または一部の承継、⑪新設分割、⑫株式交換、

---

(1) 東京証券取引所は、新規上場の際には原則として単元株式数が100株になることを求め、またすでに株式を上場している会社が単元株式数を変更または新設する場合には、単元株式数を100株とすることを求めることにより、上場会社の単元株式数を100株に統一するように誘導している。

⑬株式交換による他の株式会社の発行済株式全部の取得、ならびに⑭株式移転、については、それがある種類の株式の種類株主に損害を及ぼすおそれがあるときには、当該種類の株式の種類株主を構成員とする種類株主総会の決議がなければ、その効力を生じないものとされる（322条1項）。ただし、以上の場合（単元株式数についてのもの以外の①の定款変更を除く）でも定款の定めにより、ある種類の株式の内容として、当該種類株主の種類株主総会決議を要しないものとすることができる（322条2項・3項。この定めを設けた場合の株式買取請求権について、116条1項3号・785条2項1号ロ・797条2項1号ロ・806条2項2号参照）。①の定款変更が除かれるのは、株主の権利内容の変更であるから本来の慎重な手続が不可欠と考えられたからである。そのうち単元株式数についてのものが例外となっているのは、単元株式数の変更は、株式の併合・分割等と共通性があるためである（5.参照）。

★★ **コラム** ④ **定款の定めに基づく種類株式の利害調整**

　種類株式を発行する際に、定款において、株式の併合・分割、株式無償割当て、株主割当てによる募集株式の発行を行う場合の種類株式についての取扱いを、予め定めておくことが多い。例えば、株式分割をする場合に、剰余金配当優先株式と普通株式を同じ分割比率で分割すること、そのとき剰余金配当優先株式の優先配当額を分割比率に応じて減額すること、あるいは普通株式について株式が分割されても非参加的剰余金配当優先株式については分割しないこと、などが定められる。このような種類株式間の利害調整を定款に定めることが許容されるかどうか議論があったが、今日では、少なくともその内容が合理的である場合には許容されることについて、ほぼ異論がない。そのような定款の定めが有効であれば、株式の分割等を行う際に、そのような定款の定めがなければ損害を被るおそれがある種類の株主による種類株主総会決議を不要とすることができる。このことを、322条1項の「損害」を及ぼすおそれがない（予め定款に定められたとおりであるから）ためであると説明する立場や、同項は合理的な範囲の定款自治を許容していると説明する立場などがある。

7．〔設問3〕への当てはめ——株式の分割と種類株主総会決議の要否

　甲社は公開会社であるから取締役会設置会社である（327条1項1

号）。甲社（監査役会設置会社）は、指名委員会等設置会社でも監査等委員会設置会社でもないので（327条4項）、株式の分割の決定を取締役に委任することはできず、必ず取締役会で決定しなければならない（183条2項。399条の13第5項・416条4項対照）。種類株式発行会社では、株式の分割をする場合には、分割する株式の種類を決定する（183条2項3号）。したがって、〔設問3〕のように、普通株式のみを分割することも、a種類株式のみを分割することも、両方の種類の株式を同じ割合（または異なった割合）で分割することもできる。

　株式の分割をすることがある種類の株式の種類株主に損害を及ぼすおそれがあるときは、当該種類の株式の種類株主を構成員とする種類株主総会の決議がなければ、株式の分割はその効力を生じない（322条1項2号）。それでは、〔設問3〕の(ア)から(ウ)について、普通株式の種類株主（以下「普通株主」という）またはa種類株式の種類株主（以下「a種類株主」という）に損害を及ぼすおそれがあるかどうか、検討しよう。

　(ア)の株式分割によって、普通株式の発行済種類株式総数は2倍になる。もっとも、a種類株式は、非参加的剰余金配当優先株式であるから、普通株式数が増えてもa種類株主の受ける剰余金配当は影響を受けない。また、a種類株式は完全無議決権株式であるから、普通株主の議決権数が2倍になってもa種類株式には影響がない。しかし、この株式分割によって発行済株式総数に対するa種類株主の持株比率は低下する。そのため、発行済株式総数に対する一定割合以上の数の株式を有することが要件となる少数株主権（433条1項・854条1項2号など）については、a種類株主は不利益を受けることになる。したがって、(ア)の場合には、a種類株主を構成員とする種類株主総会決議が必要になる。

　(イ)の株式分割によって、a種類株主が優先的に配当を受ける剰余金の額は2倍になる。このことにより、普通株主が損害を受けることは明らかであるから、(イ)の場合には、普通株主を構成員とする種類株主総会決議が必要である。

　(ウ)の株式分割によっても、a種類株主が優先的に配当を受ける剰余金の額は2倍になる。一方、この株式分割によって発行済株式総数は

問題15　株式の種類　213

2倍になるが、株式分割の前後で、それぞれの種類の株式を有する株主の発行済株式総数に対する持株比率は変わらないので、a種類株主には損害が及ばない。したがって、(ウ)の場合には、普通株主を構成員とする種類株主総会決議が必要である。

8.〔設問4〕への当てはめ——株式無償割当てと種類株主総会決議の要否

〔設問4〕の(エ)(オ)のように、株主がすでに有している種類の株式とは異なった種類の株式を無償で（新たに払込みをさせないで）交付する方法として、会社法は株式無償割当ての制度を用意している（185条〜187条）。

取締役会設置会社であって監査等委員会設置会社でも指名委員会等設置会社でもない甲社では、株式無償割当てに関する事項の決定は、定款に別段の定めがない限り、取締役会決議によって行う（186条3項）。種類株式発行会社では、株式無償割当てに関する事項として、割当てを受ける株主が有する株式の種類（(エ)では普通株式）ならびに株主に割り当てる株式の種類および数（(エ)ではa種類株式1株）などを取締役会決議によって定める（同条1項）。

株式無償割当ても、それによりある種類の株式の種類株主に損害を及ぼすおそれがあるときは、当該種類の株式の種類株主を構成員とする種類株主総会の決議がなければ、その効力を生じない（322条1項3号）。

(エ)の株式無償割当てによって、普通株主はa種類株式を取得することになるため、既存のa種類株主は、剰余金の優先配当において不利益を受けることになり、また発行済株式総数に対する既存のa種類株主の持株比率は低下するので発行済株式総数に対する一定割合以上の数の株式を有することが要件となる少数株主権についても既存のa種類株主は不利益を受けることになる。したがって、(エ)の株式無償割当てを行うには、a種類株主を構成員とする種類株主総会決議が必要になる。

(オ)の株式無償割当てによって、a種類株主は議決権を有する普通株式を取得することになる。これにより、既存の普通株主が議決権比率

の低下と持株比率の低下という不利益を受けることになる。したがって、(オ)の場合には、普通株主を構成員とする種類株主総会決議が必要である。

◆ 参考文献 ◆

●種類株式、株式と社債の比較
・神田秀樹「株式の性質および社債との比較」争点 24 頁
・大杉謙一「種類株式の種類の定め方と権利内容の定め方の制限」争点 34 頁
・前田雅弘「種類株式の権利内容の変更手続」争点 36 頁
●株式の併合・分割、株式無償割当て、単元株
・末永敏和「株式併合の意義・要件・手続」争点 74 頁
・松井智予「株式分割と株式無償割当ての意義と違い」争点 76 頁
・野田博「単元株制度の趣旨と単元未満株主の権利」争点 78 頁

［北村雅史／コラム③：山下徹哉］

〔問題 16〕 株主総会決議の瑕疵②
──訴えの利益・決議の不存在

◆ 事例 ◆

次の文章を読んで、以下の設問1～2に答えなさい。

甲株式会社は、青果物の買入れ、販売等を業とする取締役会設置会社であり、監査役設置会社である。甲社の定款には、取締役の員数に関する定めはない。甲社の取締役会運営規則には、代表取締役が取締役会の招集権者となる旨の定めがある。

平成28年3月31日現在、甲社の取締役は、A、B、CおよびDの4名であり、Aが代表取締役に選定されていた。A～Dの4名全員が、平成28年6月に予定される定時株主総会の終結の時に、任期満了となる。また、平成28年3月31日現在、甲社の発行済株式総数は1万株である。株主は、A、B、C、D、E、FおよびGの7名であり、Aが3,000株、BとCが各2,500株、D～Gの4名がそれぞれ500株ずつを保有している。

Ⅰ

Aは、Dとの関係が悪化し、Dを甲社の経営から排除することを考えた。そこで、Aは、平成28年5月16日に、取締役会を開催した（以下「本件取締役会」という）。本件取締役会には、甲社の取締役全員が出席した。①定時株主総会の招集に必要な事項を決定する旨の議案、②A、B、Cを取締役として選任する旨の議案を株主総会に提案する旨が審議され、A、B、Cが賛成、Dが反対し、①②を承認する旨の決議がなされた。なお、①の議案の中に、書面投票または電子投票によって議決権を行使できる旨の定めはない。Aは、①の決議に基づき、平成28年6月24日に定時株主総会を招集した（以下「本件総会Ⅰ」という）。

本件総会Ⅰには、G以外の株主6名が出席した。議長であるAが、取締役選任議案を審議に付したところ、Eが質問し、「今回の取締役選任では、長年取締役として甲社の経営に尽力してきたDが取締役候補者から外れて

いるが、取締役がＤ以外の３人のみであっても、会社の業務は従前どおり適切に行われるのか」を尋ねた。これに対し、Ａは、「取締役はＡ～Ｃのみで十分と考えております」とのみ回答した。Ｅは、その判断の根拠について、繰り返し回答を求めたが、Ａは何も答えなかった。取締役選任議案の採決では、Ａ～Ｃが賛成、Ｄ～Ｆが反対したので、Ａは議案の可決を宣言した（以下「本件決議ⅰ」という）。

本件総会Ⅰの終了後に開催された取締役会において、Ａが代表取締役に選定された。Ａは、Ａ、Ｂ、Ｃが取締役に就任した旨およびＡが代表取締役に就任した旨の登記をした。

〔設問１〕(1)　Ｄは、取締役に再任されなかったことに反発し、本件決議ⅰの効力を争うため、株主総会決議の取消しの訴えを提起しようと考えている。Ｄの請求は認められるか。なお、平成28年７月15日に、訴えを提起するものとする。

(2)　Ｄは、平成28年７月15日に、本件決議ⅰに対する株主総会決議の取消しの訴えを提起した。訴訟係属中である平成30年６月22日に開催された定時株主総会の日に、Ａ、Ｂ、Ｃは任期満了を迎えたが、当該株主総会において再びＡ、Ｂ、Ｃを取締役に選任する旨の決議がなされた（以下「本件決議ⅱ」という）。Ｄの請求は認められるか。

Ⅱ

Ａは、独裁的な経営を行っており、甲社の社内・株主の間で不満が高まっていた。Ｄも、Ａを甲社の経営から排除しなければ、甲社に将来はないと考えていた。そうしたところ、平成28年４月頃、Ａが脳梗塞で倒れ、入院することになった。これを好機として、Ｄは、Ｂ、ＣおよびＥと相談のうえ、Ａを取締役の地位から排除することを計画した。Ｂ～Ｅは、平成28年６月24日に集まり、定時株主総会と称する集会を開いた（以下「本件総会Ⅱ」という）。その際、株主総会の招集に必要な会社法上の手続は、一切行われなかった。

本件総会Ⅱでは、Ｄが議長となって、Ｂ、Ｃ、Ｄ、Ｅを取締役に選任する旨の議案を審議・採決し、Ｄは、議案の可決を宣言した（以下「本件決議

ⅲ」という）。

本件総会Ⅱの終了後に開催された取締役会において、Dが代表取締役に選
定された。Dは、B、C、D、Eが取締役に就任した旨およびDが代表取
締役に就任した旨の登記をした。

〔設問2〕(1)　Aの病状は奇跡的な回復を見せて全快し、Aは、平成28年
　　　　　　　10月3日に退院した。退院後に、Aは、甲社に出向いたとこ
　　　　　　　ろ、自分が取締役に選任されておらず、B〜Eのみが取締役
　　　　　　　として登記され、業務を行っていることを知った。Aは、取
　　　　　　　締役としての地位を回復するとともに、B〜Eによる会社運
　　　　　　　営を阻止するために、本件決議ⅲの効力を争うなど、何らか
　　　　　　　の訴訟を提起しようと考えている。いかなる訴えを提起すべ
　　　　　　　きか。また、Aの請求は認められるか。なお、平成28年10
　　　　　　　月15日に、訴えを提起するものとする。
　　　　　(2)　Aは、平成28年10月15日に、本件決議ⅲに対して(1)の訴
　　　　　　　えを提起した。訴訟係属中である平成30年6月22日に開催
　　　　　　　された定時株主総会の日に、B、C、D、Eは任期満了を迎
　　　　　　　えたが、当該株主総会において、再びB、C、D、Eを取締
　　　　　　　役に選任する旨の決議がなされた（以下「本件決議ⅳ」という）。
　　　　　　　Aの請求は認められるか。

◆ 解答へのヒント ◆

1．〔設問1〕(1)

　　株主総会決議の取消しの訴えについて、その請求が認められるか否
かを検討する。第1に、訴訟要件を満たすか、第2に、決議取消事由
が存在するか、第3に、裁量棄却の余地があるかを検討する。決議取
消事由としてⅠで問題となりうるのは、取締役の説明義務違反の有無
である。株主の質問に対する説明として十分なものか、会社法所定の
説明の拒絶事由が存在するかを検討することになる。

2．〔設問1〕(2)

　　取締役選任決議で選任された取締役が、その後任期満了で退任した

場合に、このような決議後の事情の変化が、当該選任決議の取消しの
訴えに係る訴えの利益に対し、いかなる影響を及ぼすかを検討する。
基本的な判例に言及し、そこで示されている規範を本件の具体的事案
に当てはめることが求められる。

3．〔設問2〕(1)

まず、Aが訴訟を提起する段階では、株主総会決議の取消しの訴え
を提起することが、もはやできないことを確認する。そのうえで、A
が提起すべき訴訟類型を検討する。問題とすべき決議の瑕疵は不存在
事由であり、事例の中から瑕疵となりうる事実を見つけ出し、それが
不存在事由か否かを検討することが必要である。株主総会決議に不存
在事由がある場合には、株主総会決議の不存在の確認の訴えを提起す
ることが考えられる。当該訴えの成否を検討するにあたっては、民事
訴訟法の基礎的知識をもとに、確認の利益の有無を検討することが求
められる。

4．〔設問2〕(2)

取締役選任決議で選任された取締役が、その後任期満了で退任した
場合に、このような決議後の事情の変化が、当該選任決議の不存在の
確認の訴えに係る確認の利益に対し、いかなる影響を及ぼすかを検討
する。先行決議の不存在の瑕疵が後行決議にどのような影響を及ぼす
か、そのことが先行決議の不存在確認の利益にどう影響するかについ
て、基本的な判例を踏まえつつ、論述することが求められる。

◆ 解説 ◆

1. 出題の意図

　　株主総会決議に**瑕疵**がある場合、総会決議の効力は、瑕疵の内容に応じて、**取消し（可能）・無効・不存在**の三つに区別される。本問は、総会決議の瑕疵の内容に応じて、総会決議の効力を争うための適切な訴訟類型を選択できるか、および、決議後の事情の変化が訴えの利益に与える影響について、訴訟類型ごとの規律の差異を正確に理解しているか、を確認することを目的とする。

2.〔設問1〕(1)株主総会決議の取消しの訴え

(1)　総説

　　本問では、Dが、本件決議ⅰの効力を争うために、株主総会決議の取消しの訴えを提起しようとしている。

　　会社法は、**株主総会決議の瑕疵**を、その内容に応じて、**取消事由、無効事由、不存在事由**の三つに区分する（その詳細について、〔問題7〕コラム①「株主総会決議の取消し・無効・不存在」参照）。株主総会決議に取消事由がある場合に当該決議の効力を争うためには、株主総会決議の取消しの訴えを提起しなければならない（831条1項）。取消事由は、831条1項各号に定められており、また、株主総会決議の取消しの訴えは、提訴権者や提訴期間が限定されている（同項柱書）。したがって、株主総会決議の取消しの訴えにおいて請求が認められるためには、第1に、提訴権者や提訴期間内の提訴であることなどその**訴訟要件を満たすこと**（これを満たさない場合には、裁判所は、訴え却下の終局判決〔訴訟判決〕をし、本案の審理を打ち切るので、取消しの請求の成否は判断されない）、第2に、決議に**取消事由が存在する**こと（訴訟要件は充足するものの、本案審理の結果、取消事由の存在が認められない場合には、裁判所は、取消しの請求を棄却する本案判決をする）、第3に、**裁量棄却されないこと**（裁判所は、一定の条件の下で、取消事由が存在するときであっても、取消しの請求を棄却することができる〔831条2項〕）が必要で

220　第2部　発展問題

ある。

(2) 訴訟要件

(ア) 各要件

株主総会決議の取消しの訴えの**提訴権者**は、「**株主等**」とされており（831条1項柱書）、具体的には、株主、取締役、監査役、執行役または清算人である（828条2項1号で「株主等」が定義されている）。

また、**提訴期間**は、株主総会決議の日から**3カ月以内**である（831条1項柱書）。

(イ) 事例への当てはめ

Dは、甲社の株主であり、本件決議ⅰの取消しの訴えについて、その提訴権者であることは問題なく認められる。

また、Dが訴えを提起するのは平成28年7月15日とされており、本件決議ⅰが決議された日である平成28年6月24日から3カ月以内であるから、提訴期間内である。

(3) 取消事由

(ア) 問題の所在

次に、本件決議ⅰに**取消事由**が存在するか否かを検討する。

本件事例のⅠにおいて、本件決議ⅰの瑕疵として問題となりうるのは、本件総会Ⅰにおける議事の過程である。すなわち、本件総会Ⅰにおける取締役選任議案の審議の中で、株主Eが質問をしたのに対し、取締役Aは結論のみを回答し、その判断の根拠については、Eが繰り返し回答を求めたが、Aは何も答えていない。これに関連して、会社法は、株主総会における取締役の説明義務を規定している（314条）。前記のようなAの回答は、説明義務に違反しないのだろうか。

(イ) 取締役らの説明義務

取締役、会計参与、監査役および執行役は、株主総会において、株主が特定の事項について説明を求めた場合には、原則として**当該事項について必要な説明をする義務**を負う（314条本文）。ただし、会社法は、説明を拒絶できる場合（**説明の拒絶事由**）として、①当該事項が株主総会の目的である事項（議題）に関しないものである場合、②その

問題16　株主総会決議の瑕疵②——訴えの利益・決議の不存在　221

説明をすることにより株主の共同の利益を著しく害する場合（企業秘密に関わる事項など）、③その他正当な理由がある場合として法務省令で定める場合を挙げている（314条ただし書）。そして、③を受けて、会社法施行規則は、③-1 説明をするために調査を要する場合（説明を求める事項を事前に通知した場合や必要な調査が著しく容易である場合を除く）、③-2 説明をすることにより会社その他の者（当該株主を除く）の権利を侵害することとなる場合、③-3 株主が当該株主総会において実質的に同一の事項について繰り返して説明を求める場合、③-4 以上のほか説明をしないことにつき正当な理由がある場合を挙げる（会社則71条各号）。説明の拒絶事由に該当する事情があれば、取締役らは説明を要しない。

　拒絶事由に該当する事情が存在しない場合には、取締役らは、株主の質問に対して必要な説明をする義務を負う。このとき、取締役らが、どのような内容を、どの程度説明すれば、説明義務を尽くしたことになるかが問題となる。説明の内容と程度については、議題や議案に対する判断の手がかりを提供することが説明義務の目的であることからすれば、**議案の賛否に関する合理的判断に客観的に必要な情報**を説明しなければならない、ということができる。その基準は、**一般的・平均的な株主にとって**、そのような合理的判断ができるかどうかである。取締役選任議案についていえば、経営能力など取締役候補者の適格性の判断に必要な事項を説明しなければならない。具体的には、候補者の業績や従前の職務執行状況などを明らかにしていくことになろう（東京地判平成 16・5・13 金判 1198 号 18 頁〔東京スタイル株主総会決議取消訴訟〕。コンメ(7) 261 頁〜 262 頁〔松井秀征〕参照）。

★★ 〔コラム〕　① **株主総会の権限**

　株主総会の権限の範囲は、取締役会設置会社とそれ以外とで区別されている。取締役会設置会社以外の会社では、法律に規定する事項のほか、会社の組織、運営、管理その他会社に関する一切の事項について決議することができる（295条1項）。これに対して、取締役会設置会社では、株主総会は、法令に規定する事項および定款で定めた事項に限り、決議することができる（同条2項）。さらに、取締役会設置会社の株主総会は、上記の権限内の事項であれば何でも決議できるわけではなく、

特定の株主総会で実際に決議できる事項は、当該会議の目的である事項（いわゆる「議題」）として招集通知に記載された事項（298 条 1 項 2 号・299 条 4 項・303 条）に限定される（309 条 5 項）。

　取締役会設置会社以外の会社は、株主数の少ない閉鎖的な会社が典型例であることから、会社に関する一切の事項を決議できるとすることで、株主総会が直接業務執行に関与することを可能にしている。こうした規整は、平成 17 年改正前の有限会社における社員総会の権限に係る規整を引き継ぎ、株主総会を最高かつ万能の機関として位置づけるものである。これに対して、取締役会設置会社の典型は、ある程度規模が大きく、株主数の多い会社であることから、業務執行の決定を取締役会に委ね、株主総会は会社の基礎的・重要事項の決定のみを行うこととするのが原則とされている（ただし、定款の定めにより、会社の実情に応じた修正が可能である）。そのため、株主総会は万能機関ではないこととなる。もっとも、取締役会設置会社の株主総会も、取締役その他の役員を選任し、会社の基礎的事項を決定し、その決定は取締役等を拘束するので、最高機関であることには変わりがない。

★★ 　コラム　　② 　審議・質問の打切り

　説明義務の履行に関連する問題として、審議・質問の打切りの是非がある。

　株主総会において相当の時間をかけて質疑・討論がなされ、議題の合理的な判断ができる状況に達した場合は、議長は、議長の議事整理権に基づき（315 条 1 項）、新規の質問を受け付けず、審議を打ち切ることができる。では、議題の合理的な判断ができる状況に達していないのに、新規の質問を受け付けず、審議を打ち切った場合は、どのように考えるべきか。

　取締役らの説明義務は、314 条本文に「株主から……説明を求められた場合には」とあることから、株主からの質問が実際になされて初めて説明する義務が生ずると解される（コンメ(7) 260 頁〔松井〕）。したがって、たとえ質問希望者がいたとしても、その質問を受け付けずに審議を打ち切った場合には、実際に質問がなされていない以上、説明義務違反の問題は生じない。しかし、議題の合理的な判断ができる状況に達しておらず、現に質問希望者がいるにもかかわらず、議長が審議を打ち切ることは、議長の議事整理権の行使として不当であって、不公正な議事運営と評価される。不公正の程度が著しい場合には、株主総会決議の方法が著しく不公正であることを理由に、決議取消事由に該当することになろう（831 条 1 項 1 号）。

　審議・質問の打切りが争われた裁判例として、福岡地判平成 3・5・14 判時 1392号 126 頁（九州電力株主総会決議取消訴訟）や前掲東京地判平成 16・5・13（東京スタイル株主総会決議取消訴訟）等を参照。裁判例・学説の状況の詳細については、得津晶「判批」ジュリ 1312 号（2006 年）166 ～ 167 頁参照。

　(ウ)　事例への当てはめ

　Ⅰの事例では、本件総会Ⅰにおける取締役選任議案の審議の中で、

問題 16　株主総会決議の瑕疵②——訴えの利益・決議の不存在　223

株主Eが、長年甲社の取締役だったDが候補者となっていないことから、取締役がD以外の3人のみであっても、会社の業務は従前どおり適切に行われるのかを質問している。これに対して、取締役Aは、「取締役はA～Cのみで十分と考えております」とのみ回答し、その判断の根拠を答えていない。

　まず、このような場合に、Aは、Eの質問に対して必要な説明をして、**説明義務を尽くしたということができるか**という問題から検討する。Eは、取締役がA～Cのみで適切な経営ができるのか、Dが取締役にならなくて本当に大丈夫なのかを尋ねているが、これは、取締役選任議案で示された候補者の適格性に関する質問だということができる。このような質問に対しては、取締役候補者の適格性の判断に必要な事項、すなわち候補者A～Cの業績や従前の職務執行状況などを明らかにして、取締役がA～Cのみでも甲社の業務にとって十分だということを示すことが求められよう。しかし、Aの回答は、単にA～Cのみで十分であるという結論を述べるにとどまり、その判断の根拠を示していない。これでは、一般的・平均的な株主を基準として、議案の賛否に関する合理的判断に客観的に必要な情報が説明されたということはできないであろう。したがって、Eの質問に対するAの回答は、不十分であるといわなければならない[1]。

　次に、本件で、Eの質問について、**説明の拒絶事由に該当するような事情が存在するか**という問題を検討する。(イ)で示した拒絶事由の各番号に即して順に検討していく。拒絶事由①については、Eの質問は、株主総会の議題である「取締役選任の件」に関連した質問であるから、該当しない。拒絶事由②については、候補者A～Cの業績や従前の職務執行状況等は、その一部が企業秘密に当たることはあるかもしれないが、ある程度概括的に述べることにより、説明をしたとしても、株主共同の利益を著しく害するような事態を回避することはできるであろうから、該当しない。拒絶事由③-1については、A～Cの業績等は、取締役選任議案を取締役会において審議・決定する中で考慮に入れられているはずの事情であり、その説明のために調査を要するとは言い難いから、該当しない。拒絶事由③-2については、A～Cの業績等を説明するに際して、会社その他の者の権利を侵害するような事項

224　第2部　発展問題

を除いて説明しても、必要な情報の提供はできることが多いであろう
し、仮に説明する必要があるとしても、権利侵害とならないように概
括的に述べるなどの対応が可能であろうから、該当しない。拒絶事由
③-3について、Eは繰り返し質問しているが、それはAの説明が不十
分だからであって、このような場合には質問の反復を理由に説明の拒
絶を認めるべきではないから、該当しない。その他、拒絶事由③-4に
ついても、説明の拒絶を正当化する事情は見出せないため、該当しな
い。

　以上より、Eの質問について、説明の拒絶事由に当たる事情は存在
せず、Aは、必要な説明をしなければならない。それにもかかわらず、
前記のとおり、Aの回答は不十分であるから、Aは説明義務に違反し
たというべきである。

(エ)　説明義務違反の効果

　以上より、Iの本件決議iの審議に際して**説明義務違反**があったと
いうことができる。

　議案の審議に際して説明義務違反があった場合、決議の成立過程で
説明義務違反が介在していることから、決議方法の法令違反として、
取消事由（831条1項1号）に当たると考えるのが通説である[2]。

---

(1)　本件総会Iの招集の決定において、書面または電磁的方法によって議決権を行使で
きる旨の定め（298条1項3号・4号）はなされていない（株主の数が1,000人以上
である場合には、原則として、書面により議決権行使ができる旨を定めなければなら
ない〔298条2項〕が、甲社の株主は7名であり、これに該当しない）。仮に、当該
定めがなされていたならば、招集の通知（299条1項）に際し、株主総会参考書類が
交付される（301条・302条）。株主総会参考書類が交付されるならば、取締役が株主
総会に取締役の選任議案を提出する場合、候補者の氏名、生年月日および略歴や候補
者が現に当該会社の取締役であるときは、当該会社における地位および担当などが株
主総会参考書類に記載され（会社則74条1項・2項）、株主に情報が提供される。本
件では、株主総会参考書類が交付されていないため、候補者に関する情報が株主に提
供される機会は、株主総会の審議に際してなされる取締役の説明以外には存在せず、
取締役の説明はより重要性を増す。もっとも、本件で問題とされた「取締役がA～C
のみで大丈夫か」を判断するために必要な、候補者A～Cの業績や従前の職務執行状
況等の情報は、株主総会参考書類記載事項のみからは十分に得られるわけではない。
そのため、株主総会参考書類が交付される場合であっても、必要な限りでさらなる説
明をすることが求められる。

よって、本件決議 i には、取消事由が存在することになる。

(4) 裁量棄却

(ア) 説明義務違反と裁量棄却

株主総会決議に取消事由が存在するとしても、その**取消事由が招集手続または決議方法の法令・定款違反（手続上の瑕疵）である場合**には、裁判所は、(a)**その違反する事実が重大でなく、かつ、**(b)**決議に影響を及ぼさないものであると認めるとき**は、取消しの請求を棄却することができる（831条2項）。これを一般に「**裁量棄却**」と呼ぶ（その詳細について、〔問題7〕**4.** 参照）。

では、説明義務違反の場合に、裁量棄却の余地があるか。説明義務違反が決議方法の法令違反として取消事由に当たると解するならば、上記(a)、(b)をともに満たす限りで、裁量棄却をすることができる[3]。もっとも、「仮に、株主の質問に対して適切な説明がなされていたならば、決議の結果に影響を及ぼしたであろうか」を判断することは、困難である。決議の結果の影響がなかったと認定することには慎重であるべきであり、裁量棄却を認めないのが原則となろう。ただ、例えば、十分な審議が尽くされ、議題・議案について合理的な判断が可能な段階に至っていたと評価できる場合には、仮に取締役らが株主の質問に回答していない部分があったとしても、違反事実が軽微であって、かつ、決議に影響を及ぼさないものとして、裁量棄却をする余地はある

---

[2] 裁判例として、東京地判昭和63・1・28判時1263号3頁〔ブリヂストン株主総会決議取消訴訟〕など。学説として、大隅＝今井＝小林・概説174頁、江頭365頁など。これに対して、株主総会の円滑な運営や法的安定性の確保への配慮を理由として、説明義務違反がただちに決議方法の法令違反として取消事由に当たると考えるべきではなく、その説明義務違反により、決議方法の著しい不公正と評価できる場合に初めて取消事由（831条1項1号）に当たると考える見解もある（新版注釈(5)157頁〔森本滋〕）。

[3] これに対して、説明義務違反により、決議方法の著しい不公正と評価できる場合に初めて取消事由（831条1項1号）に当たると考える見解（前掲注(2)参照）によれば、およそ裁量棄却の余地はない。裁量棄却を規定する831条2項は、取消事由が招集手続または決議方法の法令・定款違反の場合にのみ裁量棄却を認めており、取消事由が決議方法の著しい不公正である場合を除外しているからである。

（コンメ(7) 267 頁〔松井〕。裁量棄却をした例として、松江地判平成 6・3・30 資料商事 134 号 100 頁）。

なお、上場会社等の場合とは異なり、閉鎖型のタイプの会社の場合には、多数派の意思が確定しており、手続的瑕疵は決議に影響を及ぼさないと認めざるをえないケースが多い。もっとも、裁量棄却をするためには、要件(a)と(b)をともに充足しなければならず、いずれか一方を充足しないときは裁量棄却をすることはできない。そこで、閉鎖型のタイプの会社においては、要件(b)ではなく、要件(a)に焦点を当て、裁量棄却の可否を慎重に判断すべきことになろう（江頭 371 頁注(9)）。

(イ) 事例への当てはめ

Ⅰの本件決議ⅰの審議における説明義務違反について、(a)その違反する事実が重大でなく、かつ、(b)決議に影響を及ぼさないものであると認めるとき、という裁量棄却が認められるための要件が満たされるか。

まず、前記要件(a)について。本件決議ⅰに係る説明義務違反は、取締役選任議案の賛否を決めるために最も重要な、候補者の取締役としての適格性に関わる質問についてである。その回答は、結論のみを答え、その根拠を示していない。当該議案に関し重要な質問について、実質的には何も回答していないに等しい。また、その他の事情から、Aの回答がなくとも、審議が十分に尽くされ、議題・議案について合理的な判断が可能な状態に至っていたといえるかといえば、そのような事情も見当たらない。したがって、前記要件(a)の「違反事実が重大でない」とは認めがたい。

次に、前記要件(b)について。一般論として、説明義務違反が決議の結果に影響を及ぼさなかったと認定することには慎重であるべきである。ただ、本件では、本件決議ⅰの成立を主導し、同決議に賛成したA～Cの保有株式総数は 8,000 株であり、発行済株式総数 1 万株に対して 80％を占める。つまり、多数派の意思は確定していたということができ、本件の説明義務違反の有無にかかわらず、本件決議ⅰの成否に影響はなかったといわざるをえない。そのため、前記要件(b)の「決議に影響を及ぼさない」には当たるということになろう。

以上によれば、本件決議ⅰについて、前記要件(a)が満たされない。

裁量棄却をするためには、要件(a)と(b)をともに充足しなければならないから、本件では、裁量棄却をすることはできない。

(5) 結論

以上より、Dが提起した本件決議 i に係る株主総会決議の取消しの訴えにおいて、Dの請求は認容される。

3．〔設問1〕(2)取締役選任決議の取消しの訴えと任期満了による退任

(1) 総説

本問では、Dが提起した本件決議 i に対する株主総会決議の取消しの訴えの訴訟係属中に、本件決議 i により取締役に選任されたA、B、Cが任期満了を迎え、本件決議 ii により再びA、B、Cが取締役に選任された。そのため、現時点では、A、B、Cは、本件決議 ii に基づき取締役の地位にあるのであって、本件決議 i により選任された取締役は現存しないということになる。

このように、決議後に事情が変化した場合に、株主総会決議の取消しの訴えについて問題になるのが、**訴えの利益**である。

★ **コラム** ③ **訴えの利益**

訴えの利益とは、訴訟制度を利用する利益または必要のある事件を選別することを目的とする要件である。審判の対象とされた請求について本案判決（原告が審理判断を求めた権利または法律関係の存否の判断をする判決）をすることが、紛争の解決にとって必要かつ有効・適切である場合に、訴えの利益が認められる。

訴えの利益の存在は、本案判決をするための要件（訴訟要件）の一つである。訴えの利益を欠くときは、本案の審理をする必要がないから、裁判所は、訴え却下の終局判決（訴訟判決）をして、審理を打ち切る。

---

(2) 決議後の事情の変化と株主総会決議取消しの訴えにおける訴えの利益

㋐ 決議後の事情の変化と訴えの利益の喪失

株主総会決議の取消しの訴えは、**形成の訴え**である。形成の訴えは、

228 第2部 発展問題

まさにそのような訴訟を認める必要があるからこそ、法が一定の要件を定めて個別的にその存在を認めたものである。したがって、法定の要件を満たす形成の訴えには、当然に訴えの利益が認められるのが原則となる。しかし、決議後の事情の変化により決議を取り消す実益がなくなった場合には、例外的に、**訴えの利益が失われて**、訴えが不適法となり、却下されることがある。その例の一つとして、**役員選任決議の取消しの訴えの係属中に、当該決議によって選任された役員が退任した場合**が挙げられる。

すなわち、判例として、「役員選任の総会決議取消の訴が係属中、その決議に基づいて選任された取締役ら役員がすべて任期満了により退任し、その後の株主総会の決議によって取締役ら役員が新たに選任され、その結果、取消を求める選任決議に基づく取締役ら役員が現存しなくなったときは、……特別の事情のないかぎり、決議取消の訴は実益なきに帰し、訴の利益を欠くに至る」と判示するものがある（最判昭和45・4・2民集24巻4号223頁）。学説も、おおむねこの結論を支持している[4]。

取消事由の瑕疵のある株主総会決議は、株主総会決議の取消しの訴えにおいて決議取消しの判決が出され、それが確定するまでは有効であるが、決議取消しの判決が確定すると、当該決議は、一般原則どおり、決議時に遡って無効となる（遡及効。839条第1かっこ書。〔問題7〕〔設問4〕参照）。したがって、役員選任決議が取り消されることにより、当該決議により選任された役員は、遡及的に役員としての地位を失うことになる。すでに当該決議に基づく役員が退任していたとしても、その在任中の役員としての地位を事後的にしろ否定できる点に変わりはない。そうすると、役員の地位に関連するさまざまな法律関係・事実関係に影響を及ぼしうる。その限りで、役員選任決議に係る決議取消しの判決は、当該役員が退任していたとしても、まったくの空振りに終わり、完全に無意味になるというわけではない。しかし、判例・通説は、役員の地位を遡及的に失わせるという抽象的な効果の

---

[4] もっとも、本判決の理由づけに対しては、強い批判が存在する。野田博・百選85頁参照。

問題16　株主総会決議の瑕疵②——訴えの利益・決議の不存在　229

みをもって決議取消しの訴えの実益を認めることをせず、すでに退任した役員の地位を遡及的に喪失させることにより生ずる具体的実益を「特別の事情」として証明すべきことを要求するのである（江頭369頁注(6)）。

(イ)　「特別の事情」とは

　　何が「特別の事情」に当たるかは、極めて厳格に解釈されており、ほとんど認められない。裁判例では、役員への報酬支給の根拠が失われる、役員のした取引行為が瑕疵を帯びるといった事情は、「特別の事情」に当たらず、会社の損害を回復するために、役員選任決議の取消し以外に方途がない場合のみが「特別の事情」に当たるとするものがある（東京高判昭和57・10・14判タ487号159頁）。また、学説では、役員選任決議を取り消す実益に関して、次のように主張するものがある[5]。すなわち、第1に、決議を取り消すことにより、役員でないのに役員として行為したという理由で、責任を追及することはできない。自分が役員に就任する前になされる役員選任決議に瑕疵があったことを知っているとは限らないし、仮に知っているとしても、決議の取消しが求められるかどうかはわからないからである。また、在任中に役員としての義務違反があった場合には、役員としての地位を前提に、役員に対して任務懈怠責任等の追及をすればよく、選任決議を取り消す必要はない。第2に、決議を取り消すことにより、役員報酬を不当利得として返還させることも困難である。役員の側は、会社に対し職務執行というサービスを提供しているからである。仮に現実には職務執行していなかったとしても、そのため会社に損害を及ぼせば、その

---

(5)　学説では、本文で紹介した見解のほか、後任者を選任する株主総会決議について不存在、無効、取消事由があるとしてその効力が争われている場合には、先行決議の取消しの訴えについて、訴えの利益を認める余地が生じるとする見解がある（大塚龍児「判批」判評338号〔1987年〕69頁）。後行決議の効力が否定された場合には、役員の権利義務を有する者（346条）を定めなければならない。その際、まずは先行決議によって役員に選任された者が役員の権利義務者となるが、先行決議の効力如何によっては、そのさらに先行の決議によって役員に選任された者が、役員の権利義務者となる可能性がある。それゆえ、先行決議の効力を確定するために、当該決議の取消しの訴えを続行し、本案判決をする実益があるというのである。

損害を賠償すべき地位にあるから、やはり不当利得というべきではない。第3に、瑕疵ある役員選任決議を成立させた取締役の責任を追及するためにも、決議を取り消す必要はない、などと主張されている（前田雅弘「決議取消の訴における訴の利益の消滅」争点Ⅰ 124頁参照）。

(ウ)　事例への当てはめ

　本問では、本件決議ⅰにより取締役に選任されたA、B、Cが任期満了を迎え、本件決議ⅱにより再びA、B、Cが取締役に選任されている。この場合には、特別の事情のない限り、本件決議ⅰを取り消す実益が失われ、本件決議ⅰに対する株主総会決議の取消しの訴えは、訴えの利益を欠くことになる。Ⅰの事例や本問において、「特別の事情」に当たりうる、本件決議ⅰの取消しを必要とする具体的実益は、特に示されていない。「特別の事情」に当たりうる何らかの事情がない限り、Dが提起した本件決議ⅰに対する取消しの訴えは、訴えの利益を欠き、訴えが却下されることになる。

(3)　結論

　以上より、Dが提起した本件決議ⅰに係る株主総会決議の取消しの訴えは、訴えが却下されることとなり、本案判決に至らないため、Dの請求が認容される余地はない。

4．〔設問2〕(1)株主総会決議の不存在の確認の訴え

(1)　総説

　本問では、Aは、取締役としての地位を回復するために、本件決議ⅲの効力を争うなど、何らかの訴訟を提起しようと考えている。〔設問2〕も〔設問1〕と同じく、株主総会決議の効力が問題となっているのではあるが、〔設問2〕が〔設問1〕と異なるのは、Aが訴えを提起しようとしているのが、本件決議ⅲの決議の日（平成28年6月24日）から3カ月以上が経過した平成28年10月15日であるという点である。〔設問1〕の解説で触れたように（前記2．(2)）、株主総会決議の取消しの訴えは、その提訴期間が決議の日から3カ月以内とされている。そのため、〔設問2〕において、Aが、本件決議ⅲに対して、株主総会

決議の取消しの訴えを提起しても、訴訟要件を欠くことを理由に、同訴えは却下されてしまう。そのため、Aとしては、株主総会決議の取消しの訴え以外の訴訟類型を検討する必要がある。

ところで、前述したように（2.(1)）、会社法は、株主総会決議の瑕疵を、取消事由、無効事由、不存在事由の三つに区分している。決議が**無効**とされるのは、決議の内容が法令に違反する場合である。また、決議が事実上または法律上存在しない場合を決議の**不存在**という。そして、株主総会決議に無効事由がある場合や不存在事由がある場合は、**いつでも、誰でも、いかなる方法でも**、当該決議は無効または不存在であって効力がないことを主張できる。つまり、決議の効力がないことをいうために、訴訟を提起することは必須ではないし、一定期間が経過することで、瑕疵が主張できなくなるといったこともない（このことと、株主総会決議の無効・不存在の確認の訴えとの関係については、後述(3)参照）。

そこで、本問についていえば、Aとしては、本件決議ⅲについて、無効事由または不存在事由が存在すると主張して、本件決議ⅲの効力を否定することが考えられる。

以下では、まず、本件決議ⅲについて無効事由または不存在事由に当たる瑕疵が存在するか否かを検討し、瑕疵の種類に応じた訴訟類型を確認する。ついで、Aが提起すべき訴訟の成否を検討する。

(2) 本件決議ⅲの瑕疵

(ア) 問題の所在

本件決議ⅲの内容が法令違反となることをうかがわせる事実は、特に見当たらないので、無効事由はない、ということになる。他方、本件決議ⅲが決議された本件総会Ⅱについてみると、本件総会Ⅱは、定時株主総会と称する集会であり、株主B～Eが集まって開かれたが、その際に、株主総会の招集に必要な会社法上の手続は、一切行われなかったとされている。そこで、**適法な招集権者による招集手続を欠く本件総会Ⅱにおいてなされた本件決議**は、不存在事由があるとして、株主総会決議としての存在を否定すべきでないかを検討すべきである。

(イ) 不存在事由

　株主総会決議が事実上または法律上存在しないとされるのは、①**決議がおよそ物理的に存在しない場合**に加えて、②**何らかの決議はあっても、手続的瑕疵が重大なため法的に総会決議と評価できない場合**である。

　①の判断は容易であろう。決議が存在しないのに、議事録だけ作成し登記したような場合（最判昭和38・8・8民集17巻6号823頁）がこれに当たる。

　②については、②と取消事由のうちの手続的瑕疵（招集手続・決議方法の法令・定款違反）との区別は、相対的な瑕疵の重大さによって画されるにすぎないから、場合によっては、その限界が微妙となる。判例で不存在と認められた例としては、(a)取締役会設置会社において取締役会の決議なしに平取締役が株主総会を招集した場合（最判昭和45・8・20判時607号79頁）、(b)招集の通知漏れが著しい場合（最判昭和33・10・3民集12巻14号3053頁）などがある。

(ウ) 事例への当てはめ

　Ⅱの事例では、本件総会Ⅱについては、株主総会決議の招集に必要な取締役会決議もなければ、招集通知も一切発せられていない。株主の一部（株主7名中4名。議決権比率は合計58％）が勝手に集まっただけである。このような場合には、本件決議ⅲという決議らしきものはあるものの、その手続的瑕疵は重大であり、不存在事由に該当するといってよいだろう。

　よって、本件決議ⅲには、決議の不存在事由となる瑕疵が存在すると認められる。

(3)　Aが提起すべき訴訟類型

　本件決議ⅲについては不存在事由が存在する。では、この場合に、Aとしては、本件決議ⅲが不存在であることを、どのように主張するべきであろうか。

　Ⅱでは、A〜Dは、平成28年6月の経過をもって任期満了により取締役を退任すると解されるところ[6]、本件決議ⅲが不存在であれば、当該時点以降、取締役が1人もいなくなってしまう。このように取締

問題16　株主総会決議の瑕疵②——訴えの利益・決議の不存在　233

役が欠ける場合には、任期の満了により退任した取締役が、なお取締役としての権利義務を有することとなる（346条1項）。したがって、本件決議ⅲが不存在であれば、新たに取締役が適法に選任されるまで、A～Dは、取締役の権利義務を有する者であることになる。そして、前述のように、株主総会決議の不存在は、訴訟によらずとも主張できるので、Aは、本件決議ⅲが不存在であることを理由に、自己が取締役の権利義務を有することと、Eが取締役の地位にないことを主張することができる（他方、B、C、Dは、本件決議ⅲが不存在であっても取締役の権利義務者ではあるため、その地位を否定することはできない）。

　もっとも、株主総会決議の利害関係者は多数に上るため、株主総会決議の効力が争われる場合には、**法律関係の画一的処理**を行う必要のあることが多い。そこで、会社法が用意するのが、**株主総会決議の無効の確認の訴え**（830条2項）や**不存在の確認の訴え**（同条1項）という訴訟類型である。会社法は、当該訴えに係る請求を認容する確定判決は第三者に対しても効力を有すると規定し（838条）、既判力の第三者への拡張を認めている（**対世効**）。

　本問についていえば、Aは、本件決議ⅲについて、株主総会決議の不存在の確認の訴えを提起し、その請求を認容する確定判決を得れば、第三者との関係でも、本件決議ⅲの不存在を確定させることができる（当該第三者に対しても既判力が及ぶ）。

(4) 株主総会決議の不存在の確認の訴えの成否
(ア) 訴訟要件と実体要件
　株主総会決議の不存在確認の訴えを提起したときに、その請求が認められるためには、第1に、**訴訟要件を満たすこと**、第2に、決議に

---

(6) 取締役の任期は、選任後2年以内に終了する事業年度のうち最終のものに関する定時株主総会の終結の時までとされる（332条1項）。もっとも、Ⅱでは、所定の時期に適法な定時株主総会が開催されていない。このような場合について、332条1項は、所定の時期に定時株主総会が開催されることを前提とする規定であるから、実際には定時株主総会が開催されなかったときには、定時株主総会が開催されるべき時期（通常は事業年度の終了後3ヵ月以内）の経過により、任期は終了すると解すべきである（東京高判平成7・3・30金判985号20頁）。

不存在事由が存在することが必要である。

(イ)　確認の利益

　訴訟要件は、被告適格を有するのが会社とされる（834条16号）ほかは、会社法の規定は数少ない（訴えの管轄について835条）。最も重要な訴訟要件といえるのは、**確認の利益**である。確認の利益とは、確認の訴えにおける訴えの利益のことである。株主総会決議の不存在の確認の訴えは、確認の訴えの一種であるから、確認の利益の存することが必要である。民事訴訟一般において、確認の利益は、**原告の権利または法律的地位に不安が現存し、かつ、その不安を除去する方法として原告・被告間で訴訟物たる権利または法律関係の存否の判決をすることが有効・適切である場合**に認められる。その際、確認の対象は、原則として、現在の法律関係でなければならないとされるが、決議の存否というのは過去の事実である。この点については、決議の存否という過去の事実の確認であっても、取締役選任決議のように当該決議を基礎として種々の行為が進展するものにつき、個々の行為から生じた法律関係を確定するだけでは紛争の種が尽きないので、その基礎をなす決議の存否を画一的に確定することが問題の抜本的解決のために必要である場合には、確認の利益が認められる（江頭375頁注(3)）。

(ウ)　事例への当てはめ

　訴訟要件のうち確認の利益については、本件決議iiiが不存在であれば、Aは取締役の権利義務を有することになり、他方、Eは取締役の地位にないことになる。ところが、現状では甲社は、Aの地位を否定して、その経営にAを関与させず、他方で、取締役ではないEがその経営に関与し、取引行為を行っている。したがって、Aの法律的地位には不安が現存するといえる。その不安を除去するためには、当該紛争の基礎にある本件決議iiiの存否を画一的に確定し、本件決議iiiから派生する紛争を抜本的に解決することが有効・適切である。それゆえ、本件決議iiiの存否の判決をする必要性が認められるので、本件決議iiiの不存在の確認の訴えについて確認の利益の存在を肯定することができる。

　不存在事由については、(2)で検討したように、本件決議iiiには、決議の不存在事由となる瑕疵が存在すると認められる。

よって、本件決議ⅲに係る不存在の確認の訴えにおいて、その請求
は認容される。

(5)　結論

　以上より、Aが提起すべき訴えは、本件決議ⅲに係る**株主総会決議
の不存在の確認の訴え**である。また、同訴えにおけるAの請求は、認
容される。

5.〔設問2〕(2)取締役選任決議の不存在の確認の訴えと任期満了による 退任

(1)　総説

　本問では、Aが提起した本件決議ⅲの不存在の確認の訴えの訴訟係
属中に、本件決議ⅲにより取締役に選任されたB、C、D、Eが任期
満了を迎え、本件決議ⅳにより再びB、C、D、Eが取締役に選任さ
れた。そのため、現時点では、B、C、D、Eは、本件決議ⅳに基づ
き取締役の地位にあるのであって、本件決議ⅲにより選任された取締
役は現存しないことになる。

　取締役選任決議後に当該取締役の任期が満了し退任した場合、〔設問
1〕(2)で検討したように（前述3.(2)）、当該株主総会決議の取消しの訴
えについては、原則として訴えの利益が失われる。では、同様の場合
に、株主総会決議の不存在の確認の訴えは、どのような帰結になるだ
ろうか。

(2)　取締役選任決議の不存在の瑕疵の連鎖

　判例として、先行する取締役選任決議が不存在である場合において
は、「当該取締役によって構成される取締役会は正当な取締役会とはい
えず、かつ、その取締役会で選任された代表取締役も正当に選任され
たものではなく……、株主総会の招集権限を有しないから、このよう
な取締役会の招集決定に基づき、このような代表取締役が招集した株
主総会において新たに取締役を選任する旨の決議がされたとしても、
その決議は、いわゆる全員出席総会においてされたなど特段の事情が

ない限り……、法律上存在しないものといわざるを得ない。したがって、この瑕疵が継続する限り、以後の株主総会において新たに取締役を選任することはできない」と判示するものがある（最判平成2・4・17民集44巻3号526頁）。取締役選任決議に一度不存在事由があるとされると、その後も連鎖的に取締役の地位が否定されることを通じて、**不存在の瑕疵の連鎖**を認めるものである。

　これに対し、学説は批判的な見解が多い。まず、不存在の瑕疵は連鎖せず、後行の株主総会決議は有効と解する見解がある[7]。この見解は、主に、会社の対外的関係における第三者保護（取引の安全）を重視するものである。もっとも、前掲最判平成2・4・17の事案は、小規模な会社における内部紛争の処理であった。このような閉鎖型タイプの中小会社の内紛処理の場合は、不存在の瑕疵が連鎖しないとする処理が常に望ましいわけではなく（やった者勝ちを認めることになる）、判例のいう「特段の事情」を柔軟に解釈して、事案に応じた解決を追求するのが望ましいとする見解もある[8]。

　なお、不存在の瑕疵が連鎖すると解するとしても、後行決議の瑕疵（決議の不存在）は招集手続の法令違反によるものである。そのため、先行決議の不存在にもかかわらず、後行の株主総会の招集手続が適法である場合には、判例のいう**「特段の事情」**に該当し、不存在の瑕疵の連鎖は断ち切られる。具体的には、以下のような場合がある。まずは、前掲最判平成2・4・17も言及する、後行決議が全員出席総会[9]においてなされた場合である。次に、適法に取締役の地位にある者（または取締役の権利義務を有する者）のみによって構成された取締役会が

---

(7)　学説について、受川環大・百選91頁参照。また、大隅＝今井＝小林・概説188頁注(129)も参照。

(8)　江頭374頁注(1)。

(9)　全員出席総会とは、すべての株主がその開催に同意して出席した株主総会である。そのような株主総会は、招集手続を欠いていても、適法に成立していると考えられており、当該総会で行われた決議も有効に成立する（最判昭和46・6・24民集25巻4号596頁〔株主が1人しかいない一人会社の場合〕、最判昭和60・12・20民集39巻8号1869頁〔複数の株主がいる会社の場合。また、委任状による代理出席でもよいとする〕）。

招集を決定し、当該取締役会で選定された代表取締役（または代表取締役の権利義務を有する者）[10]が招集した株主総会において、後行決議がなされた場合である。そのほか、後行決議が、株主全員が招集手続の省略に同意して開催された株主総会（300条）や少数株主により招集された株主総会（297条）においてなされた場合なども、不存在の瑕疵は連鎖しない。

(3) 取締役選任決議の不存在の確認の訴えにおける確認の利益

　不存在の瑕疵が連鎖するとされた場合、取締役選任決議の不存在の確認の訴えにおける**確認の利益**はどのように取り扱われるだろうか。

　判例は、先行決議の不存在の確認の請求と後行決議の不存在の確認の請求が併合されているとき、後行決議について確認の利益が認められることはもとより、先行決議についても、民訴法145条1項（中間確認の訴え）の法意に照らし、当然に確認の利益が認められるとする（最判平成11・3・25民集53巻3号580頁）。このような場合、先行決議の存否が、後行決議の存否を決するための**先決問題**となっており、先行決議の存否について判断をすることが不可欠となる。そのため、後行決議の本案審理との関係では、先行決議の不存在の確認の請求は、あたかも中間確認の訴え（民訴145条1項）に似た位置づけにあるということができ、「紛争の根源を絶つ」ために、先行決議の不存在を確認する利益を認めたものと解される（八木一洋・最判解民事篇平成11年度(上)305頁〜306頁）。なお、前掲最判平成11・3・25は、先行決議の不存在の確認の請求と後行決議の不存在の確認の請求が併合されている事案である。これとは異なり、後行決議の不存在の確認の請求が併合されていない場合であっても、瑕疵連鎖説をとる限りは、先行決議の不存在を確認することが紛争の抜本的解決につながるため、先行決議について確認の利益を認めるべきであると考えられる（八木・前掲308頁〜311頁）。

---

[10]　代表取締役に欠員が生じた場合についても、取締役の場合（346条1項）と同様に、任期満了・辞任により退任した代表取締役は、新たに選定された代表取締役が就任するまで、代表取締役としての権利義務を有する（351条1項）。

238　第2部　発展問題

(4) **事例への当てはめ**

　本問では、Aが提起した本件決議ⅲの不存在の確認の訴えの訴訟係属中に、本件決議ⅲにより取締役に選任されたB、C、D、Eが任期満了を迎え、本件決議ⅳにより再びB、C、D、Eが取締役に選任された。この場合、本件決議ⅲが不存在であれば、特段の事情がない限り、本件決議ⅳに不存在の瑕疵が連鎖し、本件決議ⅳも不存在となる。そうすると、先行する本件決議ⅲの存否は、後行する本件決議ⅳの存否を決するための先決問題となっており、先行する本件決議ⅲの不存在を確認することで、紛争の抜本的解決につながる。よって、本件決議ⅲの不存在の確認の訴えにおいて、確認の利益は肯定される。

(5) **結論**

　以上より、本件決議ⅳがなされたとしても、本件決議ⅲに係る株主総会決議の不存在の確認の訴えは特段の影響を受けず、確認の利益が肯定されるから、本案判決がなされる。その場合、〔設問2〕(1)の検討結果より（前述4.）、Aの請求は認められる。

◆ **参考文献** ◆

●**決議取消事由、決議不存在事由、決議無効事由の区別**
・松井秀征「決議取消事由、決議不存在事由、決議無効事由とその効果の違い」争点120頁
●**招集手続の瑕疵と取締役会決議の効力**
・山田純子・百選136頁
●**説明義務**
・高橋英治「取締役等の説明義務の限界」争点110頁
●**役員選任決議取消しの訴えと任期満了による退任**
・鈴木千佳子「決議取消し等の会社法上の訴えと訴えの利益の消滅」争点118頁
・野田博・百選84頁
●**役員選任決議の不存在の瑕疵の連鎖**
・受川環大・百選90頁

［山下徹哉］

〔問題 17〕 取締役の報酬

◆ 事例 ◆

次の文章を読んで、設問1～2に答えなさい。

I

1. 甲社は、家具卸売業を主たる業とする株式会社である。甲社は、その発行する全部の株式の内容として、譲渡による株式の取得について会社の承認を要する旨の定款の定めを設けている。甲社は、取締役会設置会社であり、監査役設置会社である。甲社の発行済株式総数は30,000株である。甲社の定款において、取締役の報酬および任期に関して、特段の定めは置かれていない。

   甲社の前身は、Aによる個人事業であり、Aは、当時の従業員であるBおよびCと共同で、十数年前に甲社を設立した。甲社の株式保有については、設立以来、現在に至るまで、Aが20,000株、Bが7,000株、Cが3,000株を保有している。甲社の取締役は、A、B、CおよびAの息子であるDの4名であり、Aが代表取締役に選定されている。

2. 平成28年3月31日に、Bは高齢を理由に甲社の取締役を辞任した。Aは、Bの長年にわたる甲社への貢献に報いるため、5,000万円（これは、Bの退職時における取締役としての報酬の年額の10倍に相当する）の退職慰労金をBに支給したいと考え、その旨Cに伝えた。その後、Cから特に異議が述べられなかったため、甲社からBに5,000万円が支払われた。

   Bの後任として、平成28年6月の甲社の定時株主総会において、Aがヘッドハンティングしてきた金融機関出身のEが取締役に就任した。その後、EとCとの間に、甲社の余剰資金の扱いをめぐり確執が生じた。積極的な資金運用を主張するEに対して、Cは従来どおりの保守的な運用を主張した。EおよびCの双方から相談を受けたAは、段々とEの意見に賛同するようになり、Cの意見を排斥するようになった。

3. Cは、甲社において孤立した立場にあることを自覚するようになり、

平成 28 年 11 月 30 日に甲社の取締役を辞任した。Aは、CとEとの間での確執もあることから、取締役としての退職慰労金は支給しないこととし、その旨、Cに伝達した。これに対して、Cは、以前Bに対して支払われたのと同様に、4,000 万円（これは、Cの退職時における取締役としての報酬の年額の 10 倍に相当する）の退職慰労金の支給を甲社に対して求めたいと考えている。

〔設問 1〕 Cは、4,000 万円の退職慰労金の支給を甲社に対して求めることができるか、また、Cは、甲社の株主として、Bに支払われた 5,000 万円について、Aの甲社に対する責任を追及することができるか、論じなさい。

II

1. 乙社は、文具販売業を主たる業とする株式会社であり、その株式を東京証券取引所第 2 部に上場している。乙社の定款において、取締役の報酬および任期に関する特段の定めは置かれていない。乙社においては、平成 18 年度の株主総会において、取締役の報酬の総額の上限を年間 5 億円とする株主総会決議がなされている。乙社においては、取締役の報酬について内規の定めがあり、取締役の職階に応じて月ごとの報酬額が定められており、職階に変更があった場合、内規の定めに従って取締役としての報酬額が増額ないし減額されることが慣行となっていた。

   乙社の平成 28 年 6 月の定時株主総会においては、A、B、C、Dほか 4 名の合計 8 名の取締役が選任され、直後の取締役会においてAおよびBが代表取締役に選定された（Aが社長、Bが副社長）。また、その後の取締役会において、各取締役の職階が決定され、それに連動して、同年 7 月から、上記総額の範囲内において、上述の内規に従った各取締役の報酬額が決定された。Cは専務取締役とされ、その報酬は月額 200 万円とされた。

2. ところで、乙社は、Aの父親であるEによって創業された会社であり、Cはその当時からの従業員である。乙社の従業員のなかには、Cを慕う者も少なくなく、そのような事情もあって、現在の社長であるAにとっ

問題 17 取締役の報酬 241

て、年長者であるＣの存在は必ずしも好ましいものではなかった。また、幹部従業員などの人選にあたり、Ａの意見とＣの意見が食い違うことも少なくなかった。

3. 平成28年10月にＥが死去した。従前は、Ｅの顔色をうかがう必要もあったことから、Ｃと意見が食い違う際にも自分の意見を一方的に押し通すことはなかったＡであるが、Ｅの死去後は、社長である自らに対して尊大な対応をとるＣを厭う心持ちが日増しに強くなっていった。

4. 平成28年11月30日の取締役会において、Ａは、Ｃを専務取締役から非常勤の取締役に降格する提案を行い、この提案は、ＣおよびＤ以外の取締役6名の賛成により承認された。また、乙社においては、従前、社外取締役以外に、非常勤の取締役は存在したことがなく、そのような取締役の報酬に関する内規はなかったため、上記の決議と同時に、新たに非常勤取締役の報酬について月額30万円とする旨の報酬に関する内規案が提出され、これについても、同様に6名の取締役の賛成により承認された。その結果、Ｃの月額報酬は平成28年12月から30万円に減額され、平成30年6月まで同額の報酬が月ごとに支払われた。平成30年の乙社の株主総会では、Ｃは取締役として再任されなかった。

〔設問2〕Ｃは、乙社に対して、取締役の報酬としてどのような請求をすることができるか、論じなさい。

◆ 解答へのヒント ◆

〔設問1〕では、まず、361条の趣旨を確認したうえで、退職慰労金が361条に定める「報酬等」に含まれるかを検討する必要がある。また、361条は、通説によれば、いわゆるお手盛り防止の趣旨を定めたと解されており、判例も、定款の定め・株主総会決議がない場合、取締役は一切報酬を請求することができないとしている。もっとも、株主総会決議がない場合でも、一定の場合には、取締役の報酬請求権を許容する裁判例があり、どのような場合にそのような扱いが認められるかを検討する必要がある。

242 第2部 発展問題

これとは逆に、〔設問2〕では、一旦取締役に対して支払われることが約束された報酬について、取締役の同意がない限り減額することができないかが論点となる。この点について判例の立場を確認するとともに、必要とされる取締役の同意の有無に関し、当該会社の内規ないし慣行を踏まえて適切に当てはめを行うことが必要となる。

◆ 解説 ◆

1.〔設問1〕取締役の報酬請求権

(1) 判例および学説

　取締役の報酬（規制）は、利益相反取引や競業取引と並んで、株主と取締役の利益が相反する典型的な事例の一つである。361 条は、取締役の報酬、賞与その他の職務執行の対価として会社から受ける財産上の利益を「報酬等」として規制し、定款で定めるかまたは株主総会の決議によって定めなければならないと規定している[1]。**退職慰労金**も報酬の後払い的な性格を有しているため、ここでいう報酬等に含まれると解されている（最判昭和 39・12・11 民集 18 巻 10 号 2143 頁）。

　通説によれば、この規定の趣旨は、いわゆる**お手盛り防止**であると解されており、判例においても、定款の定め・株主総会決議がない場合には、取締役は一切報酬を請求することができないとされている（最判平成 15・2・21 金判 1180 号 29 頁[2]。〔問題 26〕を参照）。

　これに対して、361 条の趣旨をお手盛り防止とはみずに、選任権者である株主総会が、被選任者である取締役の報酬を決定するという当然のことを定めたにすぎず、裁判所が諸般の事情をもとに取締役の報酬額を決定できるとの立場もある（非政策説。新版注釈(6) 388 頁〜 390 頁〔浜田道代〕）。この立場は、委任契約は無償が原則とされているが、取締役制度の現状を鑑みると、会社と取締役との任用契約は当然に有償の契約であるべきだとの発想に基づくものである。

　しかし、非政策説に対しては、任用契約が通常有償と解されるということだけでは、会社法が株主総会の権限としている事項について、取締役に会社に対する何らかの請求権を認めるという結論にまでは至らないとの批判がある（せいぜい、会社の代表取締役が取締役との間で任

---

(1) 指名委員会等設置会社においては、報酬委員会が、取締役・執行役の報酬等の内容を決定する（404 条 3 項）。

(2) 株主総会の決議に基づかずに支払われた場合でも、事後的な総会決議があれば、特段の事情がない限り有効とする判例がある（最判平成 17・2・15 判時 1890 号 143 頁）。

用契約を結ぶ際には、明示の意思表示がなくとも報酬等を支払うという約束を代表取締役がなしたと解しうるが、そこから先、代表取締役のなした合意が会社を拘束するということまでは導き出せないという。コンメ(8)196頁〔田中亘〕)。また、裁判所が、相当な額の報酬を認定することは一般的に困難であると考えられるため、非政策説は少数説にとどまっている。

　ところで、361条の趣旨が、取締役によるお手盛りの危険を予防することにあるのであれば、**株主全員が報酬の支給について同意している場合**は、これを株主総会の決議と同視して報酬請求権の成立が認められる（これを認めた裁判例として、東京地判平成3・12・26判時1435号134頁。前掲最判平成15・2・21もこの考え方を認める）。学説も一般にこの考え方を支持している（コンメ(8)193頁〔田中〕。「実質的な株主全員の承諾」にまで認めるものとして、大阪高判平成元・12・21判時1352号143頁など)[3]。株主全員の同意がある場合には、形式的には361条に違反しても、支給は有効であり、これに関与した取締役などの責任も発生しないことになる。

(2) 事例への当てはめ

　上記の少数説（非政策説）によれば、設問の事例では、直近に参考となる退職慰労金の支給事例（Bに対する支給）があるため、Cからの4,000万円（あるいはそれをやや下回る額）の請求を認める余地がある。しかし、上記のように、少数説には理論的な難点があり、また、取締役としての会社への貢献度合いはケースバイケースであることから、裁判所によりそのような認定がなされることは慎重であるべきであろう。

---

[3]　さらに、学説においては、報酬等の支給について厳密には株主全員の同意を欠く場合であっても、支配的持分を有する代表取締役等の経営陣が取締役の報酬の支給を約束し、その内容が実質的に会社の利益を害しない場合には、会社は後日になって定款または株主総会決議の欠缺を理由として報酬等の支払を拒むことは信義則上許されないとする見解も唱えられている（コンメ(8)195頁〔田中〕）。これに対して、株主全員の同意の存在は厳密に認定すべきであり、そのように解しないと法の不遵守を裁判所が是認する結果となってしまうとする説もある（早川勝「判批」リマークス7号〔1993年〕111頁）。

問題17　取締役の報酬　　245

したがって、通説および判例の立場に従うと、Ｃの退職慰労金については、株主総会決議がなされておらず、また、株主全員の同意があるとはいえない（Ａが反対している）ことから、支給の根拠を欠くため、Ｃからの退職慰労金の請求は認められないこととなる[4][5]。

これに対して、Ｂに対する支給については、株主総会の決議はなされていないものの、当時の株主全員の同意（Ａ、ＢおよびＣ）があると解されるために、これを株主総会決議と同視して、支給は有効であるとすべきである。したがって、Ａは任務を怠ったとは考えられず、Ａの甲社に対する責任が生じることはなく、Ｃが甲社を代表してＡの責任（株主総会の手続を経ずにＢへの退職慰労金を支払ったことによる責任）を追及することはできない。

★★ コラム ① 退職慰労金の支給の実態

退職慰労金の支給については、具体的な額を明らかにせず、取締役会に一任する旨の決議がとられることが一般的である。これは、対象者が少数（極端な事例では1名）の場合、具体的な金額が明らかになることが、実務上嫌われるためである（江頭 459 頁。なお事業報告における事後開示について、同 448 頁参照）。

判例も、無条件に取締役会に決定を一任するのではなく、支給基準を株主が推知しうる状況において、当該基準に従い決定すべきことを委任する趣旨の決議であれば無効ではないとしている（最判昭和 44・10・28 判時 577 号 92 頁）。

どのような扱いをすれば株主が支給基準を推知しうる状況といえるかが問題とな

---

(4) もっとも、Ｃが実質的に従業員でもあったのであれば、従業員としての退職金については、請求が認められるべきである（千葉地判平成元・6・30 判時 1326 号 150 頁）。なお、使用人兼務取締役の退任によって取締役としての退職慰労金に加えて、使用人としての退職金を支給する場合、使用人分の退職金については定款の定めまたは株主総会の決議による必要はないと解されている。

(5) なお、設問では、退職慰労金の支給について問われているため、検討する必要はないが、実際の紛争では、ＣからＡに対して一般の不法行為責任（または 429 条に基づく対第三者責任）が請求されることが予想される。特殊な事例であるが、裁判例において、過半数を超える支配的な株主の立場にある元代表取締役が、支給基準を作成し、取締役任用契約締結時にそれを説明しておきながら不支給決議を主導した場合に不法行為責任を認めた事例がある（佐賀地判平成 23・1・20 判タ 1378 号 190 頁、小林量「判批」リマークス 47 号〔2013 年〕82 頁参照）。このような場合に、会社にも責任が生じるかについては、江頭 460 頁参照。

るが、書面または電磁的方法による議決権行使がなされる会社では、基準を記載した書面等を本店に備え置いて株主の閲覧に供するなどの、株主が当該基準を知ることができるような適切な措置を講じることが義務づけられている（会社則 82 条 2 項。多くの会社では、株主総会参考書類に当該基準内容を記載することではなく、上記の適切な措置の方法によっている）。

　もっとも、近時、上場会社では、（海外の）機関投資家などから、会社の業績にかかわらず、多額の退職慰労金が支払われる可能性があることについて疑問が出されているなどの理由により、退職慰労金制度そのものを廃止する動きがある（代替措置として、従来の退職慰労金に該当する額を年度ごとの報酬に上乗せするか、ストック・オプションなど業績連動型の報酬制度に移行させることが多いようである〔2013 年 12 月 26 日日経新聞夕刊第 1 面参照〕）。

★★　**コラム**　②　**中小会社における退任取締役の保護**

　中小会社においては、〔設問 1〕の C のように、取締役がオーナー経営者と個人的に対立することが少なくなく、その場合の取締役の保護が問題となる。

　設問とは異なり、仮に、甲社の株主総会で、C に対する退職慰労金支払について、一任決議（上記コラム①参照）があったにもかかわらず、その後の状況の変化により、A のような代表取締役が、具体的金額を決定しない場合には、別途考慮が必要となる。

　そのようなケースでは、お手盛り防止の 361 条の趣旨には反しないため、取締役からの請求を認める必要があるとも考えられる。もっとも、具体的な額が決定されていない状況では、裁判所が具体的な請求権を認めることは困難である。そこで、裁判例では、代表取締役の個人的な責任が認められることがある（福岡地判平成 10・5・18 判時 1659 号 101 頁〔不法行為責任〕、東京地判平成 6・12・20 判タ 893 号 260 頁〔対第三者責任〕など）。

　なお、設問とは異なり、株主総会の決議がないにもかかわらず、一旦支払われた退職慰労金について、会社が当該取締役に対して返還を求めた事例において、当該事案の下では、特段の事情がない限り、返還の請求が信義則に反し、権利濫用となるとした判例がある（最判平成 21・12・18 判時 2068 号 151 頁）。一連の判例の立場とは異なった方向性を示すようにも思われるが、退任した取締役に会社から一旦正規の手続を経た退職慰労金の支給であるという信頼を生じさせうるような金員の支払が行われた、という事案の特殊性によるものと理解すればよいであろう（伊藤靖史「判批」判時 2084 号〔2010 年〕184 頁〔判評 620 号 22 頁〕、北村雅史「判批」リマークス 42 号〔2011 年〕86 頁）。

2．〔設問 2〕取締役の報酬と減額

(1) 総説

1.(1)で述べたように、361条の趣旨は、通説によれば、いわゆるお手盛り防止であると解されている。したがって、定款または株主総会決議によって、各取締役別に個別の報酬額を定めることまでは要求されておらず、**取締役全員分の上限額**を定めることで足り、**具体的な報酬額**については、株主総会が定めた上限の範囲内において**取締役会の決定に委ねる**ことが許容されている（最判昭和60・3・26判時1159号150頁。さらに、取締役会から代表取締役に一任することもできる。名古屋高金沢支判昭和29・11・22下民集5巻11号1902頁）。

実務上は報酬額の上限について、定款で定めるよりも株主総会決議によることが多い。なお、乙社において平成18年度の決議に基づいて、平成28年7月からの取締役ごとの個別の報酬額が決定されているように、株主総会の決議は、総額の上限を一旦定めれば、上限額が改定される場合にのみなされれば足り、毎年、決議される必要はないとされている（大阪地判昭和2・9・26新聞2762号6頁。361条4項参照。伊藤靖史「取締役・監査役の報酬等と最低責任限度額」法教409号〔2014年〕12頁）。公開会社では、実際に支払った額が事業報告で開示される（取締役、監査役ごとに、その総額と員数が示されることが多い〔会社則121条4号など〕。なお、金融商品取引法に基づいて提出される有価証券報告書においては、報酬額等の総額が1億円以上である取締役については、各人ごとの報酬等の総額・種類別の額が記載される必要がある〔企業開示府令15条1号。第3号様式記載上の注意(37)、第2号様式記載上の注意(57) a(d)〕）。

(2) 判例および裁判例

一旦**決定された報酬を減額することはできるか**という問題について、判例は、当該取締役の同意がない限り（たとえ株主総会の決議があっても）事後的に減額することができないとする立場をとっている。

すなわち、最判平成4・12・18民集46巻9号3006頁は、同族会社の事例であるが、「株式会社において、定款又は株主総会の決議（株主総会において取締役報酬の総額を定め、取締役会において各取締役に対する

配分を決議した場合を含む。）によって取締役の報酬額が具体的に定められた場合には、その報酬額は、会社と取締役間の契約内容となり、契約当事者である会社と取締役の双方を拘束するから、その後株主総会が当該取締役の報酬につきこれを無報酬とする旨の決議をしたとしても、当該取締役は、これに同意しない限り、右報酬の請求権を失うものではない……この理は、取締役の職務内容に著しい変更があり、それを前提に右株主総会決議がされた場合であっても異ならない」と述べる。

もっとも、このように任期中の報酬額の減額が許されないのは**契約法理**によるものであるから、**取締役が事前に同意**していれば、会社が報酬額を減額することも許容されると解される。

裁判例のなかには、「各取締役の報酬が個人ごとにではなく、取締役の役職ごとに定められており、任期中に役職の変更が生じた取締役に対して、当然に変更後の役職について定められた報酬額が支払われているような場合、こうした報酬の定め方及び慣行を了知したうえで取締役就任に応じた者は、明示の意思表示がなくとも、任期中の役職の変更に伴う取締役報酬の変動、場合によっては減額をも甘受することを黙示のうちに応諾したとみるべきであるから、会社は、このような合意に基づいて一方的に、当該取締役の役職の変更を理由とした報酬減額の措置をとることができると解するのが相当である」と述べたうえで、減額の対象となった取締役が従前の代表取締役社長であったことから、取締役の報酬の定め方および実際の支払慣行を熟知していたとし、代表取締役を解職され非常勤の取締役であった取締役の報酬の減額を認めた事例がある（東京地判平成2・4・20判時1350号138頁）。

(3) 学説

学説は、取締役の報酬等の額が役職ごとに定められ、それが会社の内規・慣行になっている場合に、その内規・慣行を了知して取締役に就任した場合は、任期中に役職が変更された場合はそれに伴い報酬等も減額されることについて黙示に同意していると解することができるとし（コンメ(8)207頁〔田中〕）、任期途中であっても**報酬額が減額される場合がある**ことを認めている。

これに対して、職務内容の変更に正当理由を必要とすべきであるとする学説がある。すなわち、ある学説は、339条2項の趣旨を考慮すると、報酬決定に関する慣行ないし明示・黙示の特約があっても、職務内容の変更という名目で報酬の減額が行われる可能性を否定しえないから、職務内容の変更に正当な理由がない限り、報酬の減額にその取締役の承諾を要すると考えるべきであるとする。その理由として、そのように考えないと、取締役の地位が安定せず、取締役の監視機能に悪影響を与えるおそれがあることを挙げる（弥永164頁）。

しかしながら、学説の多数は、職務内容の変更がありうることが了知されていれば、個々の職務内容の変更について当該取締役の同意は必要ないとしており（小塚荘一郎「判批」法協111巻1号〔1994年〕131頁）、職務内容の変更にそのつど正当な理由が必要かを問題にしていない。かえって、取締役会が代表取締役その他の業務執行取締役の役職を解いても、いちいち裁判所に対して正当な理由を証明しない限り報酬等は従来どおり払い続けなくてはならないものとすることが、取締役会の業務執行者に対する監督機能を損なう可能性も考えなくてはならないとの指摘もある（コンメ(8)207頁〔田中〕)[6]。

ここで問題となるのは、**取締役就任時に保護を期待しえた利益の内容**である（小塚・前掲131頁）。上記の学説は、一見すると対立するようにみえるものの、事案の解決にあたっては、当該取締役の事前の同意をどの程度認めるかにかかってくると考えておけばよいのではなかろうか。この考え方によれば、職務内容の変更に正当理由を要求する学説が問題とするような、不適切な職務内容の変更が行われるような場合については、そのような変更についてまで事前の同意がなされたわけではないと解することによって、妥当な結論が導かれることになるであろう[7]。なお、この点について、大企業においても取締役・会社間の契約内容は取締役ごとに異なりうることなどから、**黙示の同意**の存在はそれほどたやすくは認められるべきではないとの見解がある

---

[6]　339条2項との関係については、同規定によって保護されるのは正当な理由がなく解任された場合の損害であり、取締役の同意によって減額された部分について賠償されなくとも矛盾はないとする。

（江頭 450 頁）。

　事前の同意が認められるためには、そのような報酬額の変更の範囲が取締役にとって予見できるものでなければならない。それゆえ、従前の内規にはなかった新たな職階を設け、減額対象となる取締役にその職階を与えるような場合は、当該取締役の事前の同意を認めることは難しいと考えられる。

　裁判例においても、取締役会が従前は置かれていなかった非常勤取締役の役職（およびそれに伴う報酬額についての規定）を新設し、その職に就けたことに伴い取締役の報酬等を減額した場合には、「右のような異動及びこれに伴う取締役報酬の大幅な減額改定に予め包括的に同意していたと認めることはでき〔ない〕」として減額を認めない事例がある（名古屋高判平成 10・6・12 資料商事 178 号 96 頁）[8]。

(4)　事例への当てはめ

　Ｃは、取締役間のいわば内紛とでもいうべき事情により、従前の専務取締役から非常勤の取締役に役職を変更され、報酬額を減額された。

　乙社においては、取締役の職階に応じた内規が存在しそれに従った慣行がある（なお、具体的な報酬額が取締役会の内規によって定められていること自体は 361 条の趣旨に反せず、問題は生じない）。仮に、それまで存在する職階への変更であれば、役職ごとに報酬が定められ、当該慣行を了知して取締役に就任した場合に当たるので、30 万円への減額分 170 万円については、乙社に請求できないとすることになろう。

　しかしながら、〔設問 2〕では、乙社においては、社外取締役を除いて[9]、これまで非常勤取締役という役職は従前は存在しなかったとされている。このように、新たに減額対象となる取締役に合わせるような形で職階（およびそれに伴う報酬額についての内規）が新設された場合

---

(7)　もっとも、前掲東京地判平成 2・4・20 においては、職務内容の変更について正当な理由がある、という趣旨の主張や認定がなされているわけではない。

(8)　同様に、非常勤取締役の役職を新設した事例において（ただしこの事例では、従前において取締役報酬についての内規はなかったと認定されている）、「報酬額の減額が従前の慣行に基づいて行われたものとは、到底認められない」とする裁判例もある（福岡高判平成 16・12・21 判タ 1194 号 271 頁）。

問題 17　取締役の報酬　　251

は、Cはそのような職階に就くことについて予見可能性がないため、役職ごとに報酬が定められ、当該慣行を了知して取締役に就任した者には当たらないと解される。したがって、取締役の事前の同意がない（ないしそのような慣行がない）ことを理由に、報酬の減額は認められないと解される。

それゆえ、上記の当該取締役の同意がない限り事後的に減額することができないとする前述の判例の立場に従い、Cは、取締役会の決定により減額された170万円（200万－30万）×19カ月分に当たる3,230万円を、報酬債権として、乙社に対し請求することができる。

★★ **コラム** ③ **退職慰労年金**

退職者に対して、年金形式で退職慰労金を支給するという実務が存在する。この「退職慰労年金」について、報酬等に当たるとしたうえで、これを、当該取締役の同意なしに一方的に減額することができないとしつつ、黙示的に業績が良好な期間のみ支払う合意があったと契約が解釈される余地があるとして原審に差し戻した判例（最判平成22・3・16判時2078号155頁）がある。契約の解釈という枠組みを使って、当事者間で妥当な結論を導こうとするものとも思われる。もっとも、差戻審である東京高判平成22・11・24（要旨につき金判1358号20頁）は、そのような黙示的な契約内容の存在を認めず、予め予定されていた金額の支払を認めた（ちなみに、裁判で争った1名の取締役以外は、従前の勤務先の経営状況に理解を示し、退職慰労年金の減額に同意している）。

---

(9) 会社法においては、監査等委員会設置会社および指名委員会等設置会社以外の会社では、社外取締役は義務づけられていない。しかし、東京証券取引所の有価証券上場規程では、社外取締役または社外監査役のうち一般株主と利益相反が生じるおそれのない者を「独立役員」と定義し、上場会社においては、独立役員を1名以上確保することが義務づけられている（同規程436条の2）。また、平成26年2月10日の改正により、「取締役である独立役員を少なくとも1名以上確保するよう努めなければならない」との努力義務規定が設けられている（同規程445条の4）。

さらに、平成27年6月1日の改正により、東証1部および2部上場企業においては、独立性の高い社外取締役を少なくとも2名以上選任すべきであって、これが遵守されない場合は、コーポレートガバナンス報告書においてその理由を説明しなければならないこととなった（同規程436条の3。これは、金融庁と東京証券取引所が取り組むコーポレートガバナンス・コードの一環である）。社外取締役は、通常は非常勤取締役であると考えられ、乙社のような中堅規模の上場会社においても、そのような社外取締役が存在することが想定される。

★★ コラム ④ ストック・オプション

取締役の報酬として、ストック・オプションが利用されることがある。ストック・オプションとは、新株予約権を利用した、いわゆるインセンティブ報酬である。新株予約権の割当てを受けることにより、取締役は、予め定められた期間内に、予め定められた額の金銭等（なお、行使価格を1円とすると確実に利益を得ることができ、このようなストック・オプションを退職慰労金の代替措置に用いる企業も増えつつある）を出資することによって、会社から一定数の株式の交付を受けることができる（2条21号・236条1項）。株価が高くなるほど、一定額で取得した株式を市場で売却することによって得られる利益は大きくなるので、取締役にとって、期間内に業績を向上させようとするインセンティブ（誘因）が働くと考えられている。

取締役に対する（職務執行の対価としての）ストック・オプションの付与は、取締役の報酬決定手続（「報酬等のうち額が確定しているもの」でかつ「金銭でない」もの〔361条1項1号・3号〕）と新株予約権交付手続（236条以下）の双方が要求されると解されている。

なぜ「額が確定している」とされるかについては、以下の理由による。すなわち、新株予約権は、いわゆるコール・オプション（一定の価格で買うことのできる権利）の一種であり、経済的な価値を有している（利得する可能性がある限り、何らかの価値があると考えられる）。そして、その金銭的価値は、理論的には、①権利行使価額、②取得できる株式の時価、③当該株式のボラティリティー（株価の変動幅の比率。価格変動が大きければオプションの価値も高くなり、価格変動が小さければその逆となる）、④行使期間、⑤金利などを要素として算出できると考えられているのである（江頭780頁参照）。

なお、オプションの価格評価モデルについては、複数のモデルがあり、一義的に決まるわけではないが、一定の合理的な評価方法により、一定の幅をもった合理的な評価額を算出することができる（もっとも有名な評価方法は、1973年にフィッシャー・ブラックとマイロン・ショールズによって発表された「ブラック・ショールズモデル」であり、マイロン・ショールズは、1997年にこのモデルを理論面から完成させたロバート・マートンとともにノーベル経済学賞を受賞している）。

ストック・オプションの付与は労務提供と対価関係にあり、会計上、予約権の付与日現在における公正な評価額が勤務期間の費用として計上される。一旦取締役に一定額の報酬を支払ったうえで、それを払い込ませて新株予約権を割り当てると考えればわかりやすいだろう。公開会社においては、取締役が新株予約権を有している場合、事業報告への記載が要求されている（会社則123条）。

★★ コラム ⑤ 新株予約権の利用方法

新株予約権の利用例としては、コラム④で挙げたストック・オプション以外に、資金調達目的で利用される場合と買収防衛目的で利用される場合が挙げられる。

資金調達目的の場合には、株主に対して新株予約権の無償割当てという形で利用

問題17 取締役の報酬　253

される場合（これについては、〔問題 13〕コラム⑦「非公開会社における新株発行に関する規律」を参照）と、新株予約権付社債として、社債とともに新株予約権が発行される場合がある。

新株予約権付社債については、さらに、転換社債型と非分離の新株引受権付社債型に分かれる。前者は、新株予約権を行使する場合に必ずその社債が消滅するもの（280 条 4 項）である。オプション（新株予約権）の行使に際して、当該社債が出資の目的とされる（236 条 1 項 3 号）。後者は、金銭等当該社債以外の財産を出資する形で新株予約権が行使されるものである（なお、発行後両者を分離して譲渡できるタイプについては、法的には新株予約権と社債を同時に募集して、両者を同時に同一人に対し割り当てるものとして整理される〔江頭 714 頁参照〕）。

このうち、実務上よく利用されるのは、転換社債型新株予約権付社債であり、実務では、単に「転換社債」と呼ばれることも多い。これを購入する投資家にとっては、新株予約権の対象である株式の株価が低迷している間は、社債のまま保有することにより確実に利息を得ることができ、仮に株価が高騰した場合には株式に転換することによってキャピタル・ゲインを得るというメリットがある。他方で、これを発行する会社側にとっては、新株予約権部分があることで、通常の普通社債を発行する場合と比較して金利を低く設定できるというメリットがある。

会社の支配権争いが起こる以前の段階で、事前の買収防衛策として新株予約権が利用されることも多い。そのような典型例の一つは、株主総会において、取締役会に対し、一定の事由が発生した場合（一定数以上の持株を有する株主が出現したことに加えて、会社が相当と認める場合〔この判断は、一般的に、経営陣から独立した社外の有識者で構成される第三者委員会の決議に委ねられる〕）に、取締役会がその後に設定する基準日における株主名簿上の株主に対し、（一定数以上を保有する特定の株主およびその関係者である株主による新株予約権の行使を認めないという）差別的行使条件が付された新株予約権の無償割当てを行うことができること（「当社株式の大量買付行為に関する対応プラン」などと称されることが多い）を承認する決議（株主意思の確認）を行うというものである（第三者委員会の判断が全会一致でないなどの場合には、取締役会ではなく株主総会の決議によって買収策を発動するとされることもある）。

なお、実際に支配権の争いが生じた有事において新株予約権の発行が不公正発行に当たるかどうかが争われた事件として、東京高決平成 17・3・23 判時 1899 号 56 頁（ライブドア事件）および、最決平成 19・8・7 民集 61 巻 5 号 2215 頁（ブルドックソース事件）がある。

◆ **参考文献** ◆

・鳥山恭一・百選 128 頁
・甘利公人・百選 130 頁
・永井和之「取締役・執行役の報酬等の決定方法」争点 148 頁
・品谷篤哉「取締役の任期中の報酬額の変更・解任」争点 150 頁

［小柿徳武］

〔問題 18〕 代表取締役の解職——特別利害関係

◆ 事例 ◆

次の文章を読んで、以下の設問に答えなさい。

1. 甲株式会社は、電子部品、電気機器の製造および販売を目的とする公開会社でない取締役会設置会社であり、監査役設置会社である。平成27年4月10日の時点で、A、B、C、および、Dの4名が取締役に就任していた。平成19年度までは、Bの父Eが代表取締役社長に、Dが代表取締役に、AおよびCが取締役に就任していたが、Eの退任に伴い、平成20年度に、Dが代表取締役社長に就任したのに加えて、Aが代表取締役に就任し、それぞれ平成22年度、24年度、26年度に重任された。

2. 甲社の定款には、「取締役会は、法令に別段の定めがある場合を除き、代表取締役社長が招集し、議長となる。代表取締役社長に欠員又は事故があるときは、取締役会が予め定めた順序により他の取締役がこれに当たる」との規定があった。

3. 甲社は、α製品とその関連製品の開発・製造を中心に事業を展開してきたが、平成19年以降、α製品よりも性能の高いβ製品とその関連製品の開発・製造に力を入れることとし、βに関する専門知識を有するAの指揮命令の下で、同じくβに関する専門知識を有するCを中心として、研究開発を展開していたが、平成26年頃より、βに係る研究開発費の負担から甲社の財務状態が著しく悪化し、β事業の継続により甲社が倒産するおそれが認識されるようになった。

4. そこで、平成27年4月10日の甲社の取締役会（以下「本件取締役会」という）において、甲社と乙社との間で、β製品とその関連製品の開発・製造・販売事業を譲渡する合意をなすことが審議された。AおよびCはこれに強く反対する意見を述べたが、Cは、BおよびDの説得に応じ、B、C、およびDの賛成（Aは反対）により、β事業の譲渡を認める決議が成立した。甲社は、今後は、従来取り組んできたα製

問題18 代表取締役の解職——特別利害関係 **255**

品とその関連製品の改良をめざし、同製品の開発・製造に注力することとなった。

5. このような甲社の方針転換に伴い、β事業のみに強い関心を有するAを代表取締役から解職し、新たに、α製品についての知識の豊富な者を代表取締役に選定することが計画され、本件取締役会において、Aの代表取締役からの解職が審議された。この審議に際して、Aは、B、C、およびDから、意見の陳述が求められた。Aの代表取締役解職に係る採決においては、BおよびDがAの解職に賛成し、AおよびCが反対した。甲社はAの議決権を除外して、Aの解職決議が成立したものとして、Bの代表取締役への選定を審議し、B、C、およびDの賛成（Aは反対）により選定決議が成立した。翌日、甲社はAに対し、代表取締役名義の印鑑や名刺等の返却を求めたが、Aはすぐに返却しなかった。平成 27 年 4 月 24 日、甲社は代表取締役の変更登記をした。

6. 平成 27 年 5 月 8 日、本件取締役会の決議に基づき、甲社の株主総会において、β事業の譲渡を承認する決議がなされた。甲社と乙社は、平成 27 年 6 月 2 日、甲社のβ事業を、同年 7 月 1 日をもって乙社に譲渡する事業譲渡契約を締結した。

7. 平成 27 年 7 月 2 日、Aは、再び甲社内でβ事業を展開することをめざし、甲社への返却を拒み保管していた代表取締役名義の印鑑を用い、自ら甲社代表取締役と称して、β製品の研究に係る機材を丙社から購入した。

〔設問〕　甲社は、丙社に対し、Aに代表権がないことを理由に、平成 27 年 7 月 2 日の丙社との契約が自己に帰属しないことを主張することができるか。

◆ 解答へのヒント ◆

　本事例では、平成 27 年 4 月 10 日の取締役会で、Aを代表取締役から解職する決議が成立している。この決議が有効だとすれば、丙社との契約時、Aには甲社を代表する権限はなく、原則として、Aが代表した丙社との契約は甲社に帰属しないことになる（民 113 条 1 項）。

ところが、この決議はAの議決権を除外して成立したものであり、このように、一部の取締役の議決権を除外して成立した決議が有効であるか否かが問題となる。ただし、会社法は、取締役会決議において、特別利害関係人の議決への参加を禁じている（369条2項）。そこで、代表取締役解職議案において、解職議案の対象となっているAがここでいう特別利害関係人に該当するか、該当するとすれば、Aが審議に参加し、議決権を行使した決議は有効に成立するかを検討することが必要となる。

　前記解職決議が有効に成立しており、丙社との取引当時、Aが代表権を有していないとすれば、次に、丙社が表見法理による保護の対象とならないかどうかにも触れておくことが必要となる。

◆ 解説 ◆

1. 出題の意図

　甲社は、丙社との契約以前に、Aの議決権を除外してAを解職する取締役会決議を成立させ、これに基づき代表取締役の変更登記をなしている。

　甲社が、Aに甲社を代表する権限はなく、丙社との契約が自己に帰属しないことを丙社に対し主張するためには、第1に、前記Aの解職決議が有効に成立していることが必要となる。そこで、まず、代表取締役の解職決議において、解職議案の対象となっている取締役は、当該議案につき、**特別利害関係人**に該当し、議決権を行使することを禁じられるか、特別利害関係人に該当するとすれば、当該決議は、議決権行使を禁じられた取締役が議決権を行使したという瑕疵を帯びることとなるが、当該取締役の議決権を除外すれば賛成多数である場合、決議が有効に成立していると解することができるかが問題となる。さらに、本事例では、Aが解職決議の審議に参加しており、解職議案の対象となっている代表取締役が特別利害関係人に該当すると解する場合、当該代表取締役が当該議案の審議に参加することは可能か、当該代表取締役が審議に参加できないとすれば、当該代表取締役が審議に参加した決議は有効であるか、といったことも問題となる。

　第2に、解職決議が有効に成立している場合でも、甲社が契約の帰属を否定するためには、丙社が**表見法理**による保護の対象とならないことが必要となる。

2. 代表取締役の解職と取締役会における特別利害関係

　369条2項は、決議に特別の利害関係を有する取締役が議決に加わることを禁ずる。これは、取締役は、会社のために忠実にその職務を行う義務を負い（355条）、会社との利害対立により、会社に対する忠実義務を誠実に履行することが期待できない取締役の議決権行使によって、決議の公正が妨げられることを事前に防止するために、当該取

258　第2部　発展問題

締役の議決権行使を否定するものである。したがって、ここでいう「特別の利害関係」とは、特定の取締役が、当該決議について、会社に対する忠実義務を誠実に履行することが定型的に困難と認められる個人的利害関係ないしは会社外の利害関係を意味すると解される（コンメ(8)292頁〔森本滋〕）。例えば、取締役個人の競業取引や取締役個人と会社との取引等の利益相反取引を取締役会が承認しようとするとき（356条1項・365条1項）、当該取締役は**特別利害関係人**に該当し、議決権行使が禁じられる。また、譲渡制限株式の譲渡承認に係る取締役会決議について（139条1項）、承認対象の株式譲渡における譲渡人である取締役は特別利害関係人に該当すると解されている（大隅＝今井・中巻200頁）。

　代表取締役解職決議について、解職議案の対象となっている代表取締役が、当該決議につき特別の利害関係を有すると解されるか否かについては、見解の対立がみられる。判例は、代表取締役解職決議につき、解職議案の対象となっている取締役は、特別利害関係人に該当するとする立場をとる（最判昭和44・3・28民集23巻3号645頁）。このように考える根拠として、前記判例は、「代表取締役は、会社の業務を執行・主宰し、かつ会社を代表する権限を有するものであって（商法261条3項・78条〔現行会社法349条4項〕）、会社の経営、支配に大きな権限と影響力を有し、したがって、本人の意志に反してこれを代表取締役の地位から排除することの当否が論ぜられる場合においては、当該代表取締役に対し、一切の私心を去って、会社に対して負担する忠実義務に従い公正に議決権を行使することは必ずしも期待しがたく、かえって自己個人の利益を図って行動することすらあり得る」ことを挙げる。学説にも、最高裁の立場を支持するものが多くある（大隅＝今井・中巻202頁、前田460頁。その他この見解を支持する文献については、新版注釈(6)115頁〔堀口亘〕参照）。このように解する場合、解職議案の対象となっている代表取締役が議決権を行使した解職決議は、議決に加わることのできない者が議決権を行使している以上、原則として無効となる。ただし、判例は、解職議案の対象となっている代表取締役は、議決に参加しえず、当該代表取締役の反対を賛否の数に算入することはできないとして（369条1項・2項）、当該代表取締役の議決権を

問題18　代表取締役の解職──特別利害関係　259

除いて賛成多数である場合に、解職決議の成立を認めている（東京高判昭和43・4・26民集23巻3号666頁を前掲最判昭和44・3・28が是認）。

　これに対して、解職議案の対象となっている取締役は特別利害関係人に該当しないとする見解（以下「第2の見解」という）も主張される（鈴木＝竹内280頁、江頭417頁注(15)、龍田116頁、コンメ(8)295頁〔森本〕）。代表取締役の選定の場合（後掲コラム①参照）と同様、自ら適任者であると考えて議決権を行使することは忠実義務の遂行の一環であるといえること、また、特に閉鎖会社においては、代表取締役の解職は、取締役会の監督権限の行使というよりも、経営方針等業務執行をめぐる2派の争いの一環であることが多く、取締役およびその背後にある株主の勢力関係を反映せざるをえないことを理由に、この場合には取締役と会社との間に利害対立は存在しないから、当該取締役の議決権を排除する理由はないと考えるのである。

　しかし、たしかに閉鎖会社においては、代表取締役解職の背景に経営方針の対立があることが多いであろうが、代表取締役の解職議案が常に会社支配をめぐる争いの結果であるとは限らない。そこで、代表取締役解職議案において当該代表取締役が特別利害関係人に該当するかどうかは、解職議案の理由・背景を実質的に考慮して、その解職が取締役会の監督権限の行使であるのか、経営方針をめぐる争いの場面であるのかにより区別して検討するべきであるとする見解（以下「第3の見解」という）も主張されている（森本滋『会社法（第2版）』〔有信堂、1995年〕231頁注(12)、出口正義『株主権法理の展開』〔文眞堂、1991年〕310頁）。この見解に対しては、実際には両方の要素を含む事例が多く、区別が困難であることが指摘されている（江頭417頁）。

★ **コラム** ① **代表取締役の選定決議と候補者である取締役の特別利害関係**

　本事例では、Bを代表取締役に選任する議案につき、候補者Bが議決権を行使している。代表取締役を選定する決議において、候補者である取締役は、特別利害関係人に該当しないのであろうか。

　このような取締役は特別利害関係人に該当しないと解することにつき、学説上争いはない。このように解するのは、次の理由による。すなわち、369条2項にいう

特別利害関係とは、取締役の任務と矛盾衝突する個人的利害関係をいい、代表取締役の選定において候補者となっていることは必ずしも会社の利益と矛盾する個人的利害関係とはいえず、自ら適任であるとして自己に一票を投ずることは、会社に対する忠実義務の遂行の一環にほかならない、と考えられることである（新版注釈(6) 115頁〜116頁〔堀口〕、コンメ(8)293頁〔森本〕参照）。

3. 特別利害関係取締役による審議参加の可否

　解職議案の対象となっている**代表取締役が特別利害関係人に該当すると解する場合、当該代表取締役が当該議案の審議に参加することは可能か、当該代表取締役が審議に参加できないとすれば、当該代表取締役が審議に参加した決議は有効であるか**、といったことも問題となる[1]。

　学説においては、議題につき議決権の行使を排除されている者が、その議題につき自ら意見を陳述してその成否に影響を与える権利が認められると解することは適切でなく、意見陳述権はないと解すべきであり、そうだとすると、その議題の審議中は取締役会の席にとどまる権利も有しないと解するべきであるとして（前田460頁〜461頁）、審議への参加を認めない見解が多数である（コンメ(8)296頁〔森本〕参照）。この見解は、369条2項の前身である昭和56年改正商法260条ノ2第2項が、特別利害関係人は取締役会の当該決議に参加することができない旨を定め、さらに決議に参加することができない取締役の数は、決議要件との関連における取締役の数に算入しない旨を定めていたところ、この規定の文言に配慮して、特別利害関係人は、特別利害関係にある議題に関して、「取締役たる地位」が否定されると考えるもののようである（コンメ(8)296頁〜297頁〔森本〕）。

　特別利害関係取締役の審議参加を認める見解（河本一郎『現代会社法（新訂第9版）』〔商事法務、2004年〕449頁）は、特別利害関係取締役が

---

[1] この点につき、審議参加は可能と解した場合、さらに、当該取締役が議長として取締役会の議事を主宰することができるかどうかということも問題となるが、この点については、コンメ(8)296頁〜298頁〔森本〕参照。

定足数から除外されるのは、特別利害関係取締役が退席することにより、定足数不足を理由に取締役会決議が無効となることを避けるためであり（最判昭和41・8・26民集20巻6号1289頁）、それ以上の意味があるわけではないとする。

審議参加を認める立場の下でも、取締役会は当該取締役の退席を求めることができると考えられ（コンメ(8)297頁〔森本〕）、他方、審議参加を認めない立場も、取締役会が当該取締役の退席の必要がないと判断するときは、当該取締役は席にとどまることができるとし（前田461頁）、その場合、当該取締役は、自ら積極的に発言することはできないが、取締役会は、特別利害関係取締役に意見陳述ないし釈明の機会を与えることができるとする（コンメ(8)297頁〔森本〕）。したがって、特別利害関係取締役が席にとどまり、発言をしたことは、取締役会がそのことを特に問題としないときには、取締役会決議の瑕疵を構成しない。

これに対して、取締役会が特別利害関係取締役に意見を述べる機会を与えない場合には、前記いずれの見解をとるかによって、当該取締役会決議が違法無効なものとなるかどうかが変わってくることになる（この点について、詳細は、コンメ(8)297頁～298頁〔森本〕参照）。

4．表見法理による第三者救済の可能性

2．で判例の立場をとり、Aの解職決議が有効に成立していると解した場合でも、甲社が丙社に対し、Aの代表権の欠如により契約が自己に帰属しないことを主張するためには、丙社が表見法理による保護の対象とならないことが必要となる。

本事例においては、Aの解職決議後、甲社はAの代表取締役退任登記をなしている。このため、甲社はAの退任登記後は、**商業登記の積極的公示力**により（908条1項前段）、908条1項にいう正当な事由のない限り、Aの解職を知らない第三者にもAが代表取締役でないことを対抗しうる。他方、民商法は、ある者が代理権・代表権を有しているかのような外観が生じている場合に、その外観を過失なく信頼して取引に入った第三者を保護する**外観信頼保護規定**を有する。そこで、登

記事項については、登記後は、その事実・法律関係を知らない第三者に対しても、当該事実・法律関係を対抗できるという商業登記の積極的公示力と、登記された事実とは異なる外観を信頼した第三者を保護する外観信頼保護規定との適用関係が問題となる。

(1) 商業登記の積極的公示力の根拠

通説は、登記後は登記すべき事項を誰に対しても対抗できることの根拠を、登記事項については、登記により第三者の悪意が擬制されることに求める（「**悪意擬制説**」と呼ばれる。大隅・総則270頁、鴻常夫『商法総則（新訂第5版）』〔弘文堂、1999年〕230頁）。これに対して、登記後は登記すべき事項を誰に対しても対抗できるのは、登記事項については法により登記前には事実としての対抗力が制限されていたのが、登記により通常の事実としての対抗力を回復すると説明する立場も主張されている（以下「有力説」という。服部栄三『商法総則（第3版）』〔青林書院、1983年〕478頁、浜田道代「商業登記制度と外観信頼保護規定㈠〜㈢」民商80巻6号1頁以下、81巻1号72頁以下、81巻2号1頁以下〔ともに1979年〕）。

(2) 商業登記の積極的公示力と外観信頼保護規定

通説の悪意擬制説をとる場合、登記により、登記事項について第三者の悪意が擬制されるから、第三者の善意を要件とする民商法の外観信頼保護規定の適用の余地がないのではないかということが問題となる。

判例は、**表見代表取締役制度を定める規定**（354条）につき、これを**商業登記の効力規定の例外であると理解し、その適用を認めている**（最判昭和42・4・28民集21巻3号796頁、最判昭和43・12・24民集22巻13号3349頁。安倍正三・最判解民事篇昭和42年度209頁参照）。通説も、少なくとも、商法24条、会社法354条、および421条について、これらの規定は、商法9条1項、会社法908条1項の例外規定であり、その適用は登記の存在によって排除されないと解する（「例外説」と呼ばれる。龍田節「判批」民商57巻5号〔1968年〕818頁）。このように理解する理由は、第1に、後法は前法に優先するのが原則であるところ、商

業登記の効力規定が明治 32 年の商法制定時から存在するのに対し、表見支配人や表見代表取締役の規定は、昭和 13 年の商法改正時に新設されたものであり、後者の規定が前者の規定に優先すると理解できること（塩田親文「判批」民商 72 巻 3 号〔1975 年〕491 頁、503 頁）、第 2 に、取引に際し、そのつど登記簿を調査することは煩雑であり、登記の存否を絶対視することが取引の実情に照らして適当でないとの認識が表見代表制度・表見支配人制度の基礎にあると考えられること（龍田・前掲民商 57 巻 5 号 818 頁、823 頁）にある。

　判例は、他方で、**代表取締役退任登記後に、当該元代表取締役が会社を代表して第三者と取引をなした場合に、当該第三者が民法 112 条による保護の対象となるか**否かが問題となった事案につき、民法 112 **条の適用を否定**している（最判昭和 49・3・22 民集 28 巻 2 号 368 頁）。その理由として、商業登記に積極的公示力が認められているのは、商人の取引活動が、一般私人の場合に比し、大量的、反復的に行われ、一方これに利害関係をもつ第三者も不特定多数の広い範囲の者に及ぶことから、商人と第三者の利害の調整を図るために、登記事項を定め、一般私法である民法とは別に、特に登記にそのような効力を付与することが必要とされたためであることを挙げる。これに対し、例外説をとる学説においては、民法 112 条もまた、商業登記の効力規定の例外とする立場もある（龍田節「判批」論叢 97 巻 2 号〔1975 年〕81 頁）。

　(1)の有力説は、商業登記の効力規定と外観信頼保護規定とが矛盾するとはとらえず、次のような見解を主張する。第 1 に、商法・会社法上の外観信頼保護規定（商 24 条、会社 354 条・421 条）の対象となるような外観の存在は、商法 9 条 1 項、会社法 908 条 1 項にいう正当事由に該当すると理解し、登記後も、外観信頼保護規定の適用があるとする立場である（「正当事由弾力化説」と呼ばれる。服部・前掲 485 頁～486 頁）。

　第 2 に、商法 9 条 1 項、会社法 908 条 1 項前段は公示主義に基づく規定であり、民商法上の外観信頼保護規定は外観主義に基づくものであって、両者は次元を異にし、何ら抵触しないと解したうえで、商業登記の積極的公示力は、登記前に制限されていた事実の第三者に対する対抗力が登記により制限を解かれ、原則にかえって登記義務者の側

から善意の第三者に対抗しうるようになったものであり、この通常の
レベルに復帰した事実にはすべての外観信頼保護規定の適用が可能で
あるとする見解である（「異次元説」と呼ばれる。浜田・前掲民商81巻2
号201頁以下）。

5．事例への当てはめ

　本事例においては、Aの議決権を除外して、Aを解職する甲社の取
締役会決議が成立したものと取り扱われている。甲社が丙社に対し、
本件の丙社との契約当時、Aに甲社を代表する権限がなかったことを
理由に、契約が自己に帰属しないことを主張するためには、第1に、
前記Aの解職決議が有効に成立していること、第2に、丙社が表見法
理による保護の対象とならないことが必要である。

(1)　Aは、369条2項にいう特別利害関係人に該当するか。

　Aは、解職決議の対象となっている取締役であるから、前記2．の
判例（前掲最判昭和44・3・28）の立場に従えば、**特別利害関係人に該
当し、Aは、Aの解職議案につき、議決権を行使することができない。**
判例（前掲最判昭和44・3・28）によれば、取締役会の決議は、定款に
別段の定めのない限り、議決に加わることができる取締役の過半数が
出席し、その過半数の賛成により成立するから（369条1項）、Aの反
対は賛否の数に算入できず、したがって、A解職の議案は、賛成2、
反対1で可決されていることになる。

　これに対して、前記2．の第2の見解をとる場合には、Aは特別利
害関係人に該当しないこととなる。

　前記2．の第3の見解をとる場合には、本事例における解職議案の
理由・背景を実質的に考慮することが必要となる。甲社は公開会社で
ない会社であり、A解職議案提出の原因は、Aの不祥事などではなく、
甲社の経営方針の転換であり、事案から、A解職の背景には、Aおよ
びCと、BおよびDとの間の経営方針の対立があることがうかがえる。
この場合、本件Aの解職は、取締役会の監督権限の行使というよりも、
業務執行の一環ということができ、Aは特別利害関係人に該当しない
と解すべきこととなろう。

問題18　代表取締役の解職——特別利害関係　265

このように、第2・第3の見解をとる場合には、Aは特別利害関係人に該当しないため、Aの議決権が議決要件の算定に含まれなければならないこととなる。そうすると、本事例では、賛否同数となり、Aの解職決議は成立しないこととなるから、甲社は、丙社に対し、Aに甲社を代表する権限がないことを理由に、Aが代表した契約が甲社に帰属しないことを主張できないこととなる。

(2) (1)でAが特別利害関係人に該当すると解した場合、Aが審議に参加したことは決議の瑕疵を構成しないか。

多数説によれば、特別利害関係人として、当該議題につき議決権の行使を否定されている取締役が、その議題につき自ら意見を陳述してその成否に影響を与えることは不都合であるから、当該取締役は、当該議題についての意見陳述権も、その議題の審議中取締役会の席にとどまる権利も有しないと解するべきである。ただし、取締役会が当該取締役の退席の必要がないと判断するときは、当該取締役は席にとどまることができると解され、また、取締役会が、特別利害関係取締役に意見陳述ないし釈明の機会を与えた場合には、当該取締役は意見を述べることもでき、この場合には、当該取締役の審議参加は取締役会決議の瑕疵を構成しないと解される。

本事例では、Aは、取締役会を構成するB、C、およびDから意見陳述を求められ、席にとどまったのであるから、Aの審議参加は取締役会決議の瑕疵を構成しない。

(3) (1)(2)でA解職決議の成立を認めた場合、丙社は**表見法理**による保護の対象となるか。

(1)でAが特別利害関係人に該当すると理解して、Aの議決権を排除し、賛成多数による決議の成立を認めた場合でも、甲社の帰責性によりAが代表取締役であるかのような外観が生じており、丙社がそのような外観を過失なく信頼していたとすれば、そのような丙社の信頼は保護されるべきであり（354条、民109条等参照）、甲社は、丙社に対し、Aが代表した取引が自己に帰属しないことを主張できないこととなる。

ただし、本事例では、甲社は、丙社との取引前にAの代表取締役退任登記をなしている。したがって、商業登記の積極的公示力により（908条1項前段参照）、丙社は、Aが甲社の代表取締役でないことにつ

き悪意であることが擬制される。この考え方の下では、前掲最判昭和49・3・22に従えば、本件について、民法112条の適用は排除される。一方、表見代表取締役制度の基礎には、取引に際し、そのつど登記簿を調査することは煩雑であり、登記の存否を絶対視することが取引の実情に照らして適当でないとの認識があると考えられることから、同制度は商業登記の効力規定の例外であると理解すべきであり、登記後も適用の余地があると解される。

　本事例では、甲社は、解職決議の翌日に、Aから代表取締役名義の印鑑や名刺等の返却を要求して、Aが代表取締役であるかのような外観を取り除く措置をとろうとしており、Aが代表取締役であるかのような外観が生じたことにつき、甲社に帰責性はないと評価できそうであるが、結局2カ月以上回収ができておらず、その間に回収のために特段の措置を講ずることなく放置していた場合には、その点をどのように評価するかという難しい問題があろう。

　(1)でAの解職決議の成立を認め、かつ甲社に帰責性がないと判断できれば、甲社は丙社に対しAに代表権がないことを理由に、7月2日の丙社との契約が自己に帰属しないことを主張できる。

★ 　コラム 　② 　**株主総会決議における特別利害関係人の議決権行使と取締役会における特別利害関係人の議決権行使**

　取締役会決議に特別の利害関係を有する取締役は、当該決議につき、その議決権行使が禁じられる（369条2項）。これに対して、株主総会においては、決議に特別の利害関係を有する株主の議決権行使も可能であり、ただ、特別利害関係人の議決権行使により、著しく不当な決議がなされた場合には、決議が取り消しうるものとなる（831条1項3号。なお、株主総会決議においても、決議に利害関係を有する株主の議決権行使が例外的に禁じられる場合がある〔140条3項・160条4項・175条2項。詳細は、〔問題6〕参照〕）。つまり、会社法は、取締役会において特別利害関係人により決議の公正が妨げられる危険に事前予防的な対応をなす一方、株主総会については特別利害関係人の議決権行使による弊害に、事後的に対処していることになる。このような取扱いの相違の理由は、次の点にある（コンメ(8)292頁〔森本〕参照）。

　第1に、取締役会において取締役が有する議決権と株主総会において株主が有する議決権行使とはその性質が異なることである。取締役会において取締役に与えられる議決権は、株主から信任を受けた者として、会社・株主のために行使をしなければならない職務権限であって、自己の権利ではない。したがって、このような会

社・株主の利益のために与えられている議決権を個人的利益のために行使すること
そのものが不適切であることになる。これに対して、株主総会において株主が有す
る議決権は、出資者に与えられた権利であり、自己の利益のために行使することが
できるものである。したがって、自己の利益のために議決権を行使すること自体は
不適切でなく、特別の利害関係を有していても、議決権行使は禁じられない。

第2に、取締役会の決議事項は業務執行に関するものであり、決議の効力は対外
的取引の帰趨に直結する。特別利害関係人の議決権行使を認めたうえで、不当な決
議が成立した場合に事後的に決議を無効とするという処理をすると、会社の法律関
係が不安定なものとなり、取引の安全が害されることとなる。そこで、取締役会に
おいては、予め特別利害関係人の議決権行使を禁ずることにより決議に瑕疵が生ず
ることが防止されているのである。

◆ 参考文献 ◆

●代表取締役の解職と取締役会決議における特別利害関係
・伊藤壽英・百選 138 頁
●商業登記の積極的公示力と外観信頼保護規定
・浜田道代・商百選 16 頁
・落合ほか・商法Ⅰ 116 頁～ 119 頁

［清水円香］

〔問題 19〕 取締役・監査役の会社に対する責任

◆ 事例 ◆

次の文章を読んで、以下の設問 1 ～ 4 に答えなさい。

1. 甲株式会社は、ハンバーグなどの肉製品の製造および販売を事業目的
   とする大会社であり、監査役会設置会社である。

2. 甲社の代表取締役社長であるAは、甲社が製造する食品の材料の安価
   な仕入れ先をアジア諸国に求め、アジア諸国の食品市場に詳しい日本
   の商社に調査を依頼するとともに、アジアの複数の国々の食品事業に
   詳しいスタッフを雇用して現地調査を念入りに行わせるなどして、S
   国の冷凍食肉製造販売業者である乙社を見出した。Aは甲社の食品輸
   入部門を統括する重要な使用人であるBを乙社に派遣して、一定期間
   乙社の製造過程や衛生管理について念入りに調査させ、Bから乙社の
   製品は日本の工場で製造されているものと同等以上に安全で衛生的で
   あるとの報告とそれを証明する資料の提供を受けた。このような調査
   に基づき、Aは、乙社から冷凍食肉を継続的に仕入れることを甲社の
   取締役会に諮り、その承認を受けた後、甲社を代表して、乙社から冷
   凍食肉を継続的に買い入れる契約（以下「本件契約」という）を締結し
   た。なお、Bは、本件契約締結後もS国にとどまり、乙社製品の製造
   過程・安全管理を調査し、毎月、調査報告書を甲社取締役会に提出し
   ている。

3. 本件契約の締結から6カ月後、甲社の専務取締役として甲社が取り扱
   う食品の製造、販売および在庫管理を担当しているCは、知人から乙
   社の工場の一部で製造される冷凍食肉には日本で認可されていない食
   品添加物が使われている旨の指摘を受け、自ら調査したところ、甲社
   がこの3カ月以内に乙社から仕入れた冷凍食肉の一部に、それを用い
   た食品を製造販売することが食品衛生法に違反することになる添加物
   （以下「本件添加物」という）が含まれていることを知った。しかし、す
   でに乙社から仕入れた冷凍食肉を材料として製造したハンバーグが大

問題 19　取締役・監査役の会社に対する責任　269

量に冷凍保存されており、これらの在庫を廃棄処分すると甲社に多大な損失が生じることや、本件添加物入りの食材についてはこれまで健康被害が報じられていないことなどを考慮して、Cは、乙社から仕入れた冷凍食肉を用いたハンバーグの製造を中止するとともに、製造済みのハンバーグについては在庫がなくなるまで販売を継続すること（以下「本件販売継続」という）を決定した。Cは、この事実を、Aをはじめとする甲社の役員には秘密にし、この事実を知る使用人には口止めをした。なお、S国では本件添加物が認可されていたため、乙社は、本件契約の締結前からS国内向けの食品には本件添加物を使用していたところ、本件契約の締結後、乙社の工場の一部では甲社向けのものを含む国外向けの製品にも本件添加物を使用するようになった。

4. その後、甲社が製造販売する食品に法令違反の添加物が含まれていることがマスコミによるスクープから明らかとなり、それをきっかけに甲社の信用は失墜し、売上げが大幅に落ち込み、上記スクープ後6カ月間で甲社には約100億円の損害が発生した。

5. 甲社の株主Sは、甲社の取締役には任務懈怠があったとして、A、Cらに対し、上記損害の賠償を求めて株主代表訴訟を提起した。

〔設問1〕本件契約を締結したことについて、Aには任務懈怠があったといえるか。

〔設問2〕本件販売継続を決定したことについて、Cには任務懈怠があったといえるか。

〔設問3〕仮に、乙社が本件添加物の混入した冷凍食肉を納入していることを甲社の取締役が気づくのが遅れたのは、Bが、事情をすべて知りながら、乙社から高額の裏リベートを受け取って、乙社が甲社に納入する冷凍食肉には日本の法令上問題となるものは含まれていないとの虚偽の調査報告書を甲社の取締役会に提出していたことによるとすると、このようなBの報告に疑いをもたなかった甲社の取締役（AとCを除く）および監査役には、任務懈怠があったといえるか。

〔設問4〕仮に、〔設問3〕の事実関係を前提に、Bが乙社から高額の裏リベートを受け取っていることを知った甲社の使用人が、数人の

上司にその旨を伝えたが、この件は甲社の役員には伝わらなかったとすると、そのような事情は、取締役に任務懈怠があったかどうかの判断に影響するか。

◆ 解答へのヒント ◆

1．〔設問1〕

　　取締役は、会社に対する一般的義務として、その職務を行うにつき善良な管理者の注意を尽くす義務（善管注意義務）を負うことを踏まえて、取締役が経営判断を行うに際して、どのように行動すれば善管注意義務に違反しないかを検討する。

　　学説では、経営判断に至る過程、すなわち資料・情報の収集とそれに基づく事実の認識に不注意・不合理がなければ、判断の内容について取締役には広い裁量が認められ、判断内容に著しい不合理がなければ善管注意義務に違反しないとする立場（経営判断原則）を支持するものが多く、裁判例でもそのような考え方が普及しつつある。

2．〔設問2〕

　　会社の利益を考慮しての判断でも、取締役には、法令違反をする裁量は認められず、取締役の法令違反行為には経営判断原則は適用されない。

　　取締役の故意または過失による法令違反行為によって会社に損害が生じた場合、取締役は任務懈怠による損害賠償責任を負うことになる。

3．〔設問3〕

　　取締役には、他の取締役や使用人の職務の執行が適法かつ妥当に行われているかどうかを監視する義務がある。監査役には、取締役の職務の執行を監査する義務がある。この監視・監査も善良な管理者の注意をもって行うことが要求される。業務を担当する取締役の間で職務の分担がある場合、担当者である取締役または使用人からの情報提供については、疑わしい事情がなければ、取締役はそれを信頼して、監視その他の職務を執行することができる。

4．〔設問4〕

　　大会社の取締役会は、内部統制システムの整備に関する事項につい

問題19　取締役・監査役の会社に対する責任　271

て決定しなければならない。仮に、内部統制システムを適切に構築・運用していれば、使用人による不正な行為を発見して是正措置を講じることができたと認められる場合において、取締役会が内部統制システムの整備に関する事項を決定せず、したがって内部統制システムを構築しなかったときは、取締役には内部統制システムの整備・構築に関して任務懈怠があることになる。

◆ 解説 ◆

1. 出題の意図

役員等（取締役・執行役・会計参与・監査役・会計監査人）は、その職務を遂行するに際して善良な管理者の注意を尽くさなければならず（**善管注意義務**）、特に取締役および執行役は、法令・定款および株主総会決議を遵守し会社のために忠実にその職務を行わなければならない（**忠実義務**）。役員等がこれらの義務に違反すれば任務を怠った（**任務懈怠**）ことになり、それにより会社が被った損害を賠償する責任を負う（423条1項）。

取締役の会社に対する任務にはさまざまなものがあるが、本設問では、経営上の判断、法令順守義務、監視義務、内部統制システムの整備・構築が問題となる局面において、取締役に任務懈怠責任が生じるか否かを、具体的事例に即して検討させるとともに、監査役による取締役の職務執行の監査の任務についても考察することを目的とする。

2. 〔設問1〕取締役の経営判断と任務懈怠

(1) 取締役の経営判断と善管注意義務

取締役と会社との関係は委任に関する規定に従う（330条）。取締役は、善良な管理者の注意をもって取締役としての職務を遂行しなければならない（民644条）。

取締役が経営上の判断を行う場合も、善良な管理者の注意を尽くすことが求められる。もっとも、企業経営はもともとリスクを伴うものであり、取締役の行った経営上の判断が裏目に出て、会社に損害が生じることもある。そのような場合に、事後的に取締役の経営上の判断を非難することにより、結果として生じた損害の賠償の責めを当該取締役に当然に負担させるものとすると、取締役は大胆な経営判断を避けるようになり（経営の萎縮）、会社の発展が阻害されることになる。また、そのような経営の萎縮は、取締役を選任して企業家的な経営を委ねた株主の期待にも反することになる。

問題19 取締役・監査役の会社に対する責任　**273**

そこで、判断に至るまでに情報収集を注意深く行い、判断の前提となる事実を適切に認識するよう努力するなど、判断に至る過程に不注意ないし不合理がなければ、それをもとにした判断の内容については、取締役に広い裁量を認めるべきであり、判断内容に著しい不合理がない限り、取締役に善管注意義務違反はないとする考え方が普及している（経営判断について取締役の任務懈怠を否定した判例として、最判平成22・7・15判時2091号90頁）。この立場は、アメリカで判例法上認められてきた**経営判断原則**（business judgment rule）を参考にして、わが国の会社法の下で、経営判断を善管注意義務のなかでどのようにとらえるかに関する解釈論として発展したものである（このわが国の解釈論も、便宜上「経営判断原則」と呼ぶこととする）。

(2) 事例への当てはめ

本件の事例において、甲社の代表取締役社長であるＡは、乙社との間で本件契約を締結するという判断を行った。これが結果として裏目に出て、乙社から無認可の添加物が混入した冷凍食肉を仕入れることになり、ひいては甲社の信用失墜につながった。後から観察すれば、Ａが乙社をより徹底的に調査して、本件契約を締結しないという慎重な判断をしていれば、その後の甲社の損害は生じなかったとみることもできる。しかし、必然的にリスクを伴う経営判断について、結果論的（後知恵的）に評価して取締役に任務懈怠の責任を問うことは適切ではない。そこで、Ａの本件契約を締結するという判断が善管注意義務に違反するかどうかは、(1)で述べた経営判断に関する考え方をもとに、検討する必要がある。

Ａは、乙社を見出す前に、アジア諸国の食品市場に詳しい日本の商社に調査を依頼し、アジアの複数の国々の食品事業に詳しいスタッフを雇用して現地調査を念入りに行わせるなどの慎重な調査を行っている。また、乙社を見出した後は、重要な使用人であるＢを乙社に派遣して、乙社の製造過程や衛生管理について念入りに調査させ、Ｂから乙社の製品は日本の工場で製造されているものと同等以上に安全で衛生的であるとの報告とそれを証明する資料の提供を受け取っている。このことから、Ａは、判断に至るまでに情報収集を注意深く行い、判

断の前提となる事実を適切に認識するよう努力したと認められ、判断
に至る過程に不注意ないし不合理性がないと解することができる。

　判断に至る過程において不注意・不合理がなければ、取締役の判断
には広い裁量が認められるところ、乙社が安全かつ衛生的に食材の製
造販売に従事しているとの認識に基づいて本件契約を締結するとの判
断をしたことには、著しい不合理はないと解される。Aは本件契約の
締結について事前に取締役会にも諮っており、仮に本件契約の締結が
甲社にとって重要な業務執行（362条4項柱書）に該当するとしても、
Aの行為に違法なところはない。

　以上より、本件契約を締結するとの判断について、Aには善管注意
義務違反による任務懈怠はないと解される。

3．〔設問2〕具体的法令違反行為と任務懈怠責任

(1)　法令違反と任務懈怠

　取締役は、その職務を行うにあたり法令を遵守しなければならない
（355条）。法令には、**取締役あるいは会社を名宛人とするすべての法令**
が含まれる（最判平成12・7・7民集54巻6号1767頁〔野村證券損失補て
ん株主代表訴訟事件〕参照）。取締役が職務を行うにあたって故意また
は過失により法令に違反して会社に損害を生じさせれば、その取締役
は任務懈怠に基づく損害賠償責任を負うことになる（423条1項）。取
締役には、経営判断にあたり、会社の利益のために法令に違反すると
いう裁量は認められないから、法令違反をするという判断には**2．**で
述べた経営判断原則は適用されない。

　取締役の会社に対する任務懈怠責任を定める423条1項は、取締役
の会社に対する債務不履行責任（民415条）の特則であり（最判平成
20・1・28民集62巻1号128頁、最判平成26・1・30判時2213号123頁参
照）、責任成立の要件・効果は原則的に債務不履行責任のそれに従う[1]。

　債務不履行に基づく損害賠償請求権の成立要件は、①債務者が債務
の本旨に従った履行をしないこと、②債務不履行について、債務者の
責めに帰することができる事由（帰責事由）があること、③債務不履
行によって債権者が損害を受けたこと（因果関係・損害額）であり、①

③は債権者側が、②の事由のないことは債務者側が、原則として証明責任を負う[2]。取締役の任務懈怠責任の構造も基本的には同じである。任務懈怠の事実が①であり、任務懈怠が取締役の責めに帰することができる事由②によるものであるとき、任務懈怠と相当因果関係のある損害③について、取締役は賠償責任を負う。

取締役がその職務を行うにあたって具体的な法令に違反した場合、その法令違反を行ったこと自体が任務懈怠となるとする立場と、具体的な法令違反をしたことが善管注意義務に違反すると評価される場合にはじめて任務懈怠となるとする立場がある。前者の立場に依拠しつつ、会社財産の健全性を確保することを直接または間接に目的とする法令に限ってその違反がただちに任務懈怠に該当するとする見解（弥永231頁。それ以外の法令の違反は善管注意義務違反と評価されれば任務懈怠となるという）や、後者の立場に依拠しつつ、取締役による公益を保護する法令の違反行為等を会社側が証明すれば、取締役の善管注意義務違反の存在が推定され、その推定を覆すためには取締役の側が相当の注意を尽くしたことを証明しなければならなくなる、との見解もある（江頭466頁）。

(2) 事例への当てはめ

Cは、乙社から仕入れた本件添加物が含まれた冷凍食肉を材料とし

---

(1) 会社がその事業としてする行為は商行為であるため（会社5条）、会社は商人である（商4条1項）。会社が事業のためにする行為も商行為であり（会社5条）、会社の行為はその事業のためにするものと推定される（商503条2項）。もっとも、423条1項の責任は、商行為である取締役・会社間の委任契約上の債務が単にその態様を変じたものということはできず、同項の損害賠償債務は、商行為によって生じた債務またはこれに準ずるものと解することはできない（前掲最判平成20・1・28、前掲最判平成26・1・30参照）。

(2) 民法改正案415条によると、債務の不履行があった場合に債務者が免責されるためには、その債務の不履行が「契約その他の債務の発生原因及び取引上の社会通念に照らして」債務者の責めに帰することができない事由によるものであることを立証しなければならない。「契約その他の債務の発生原因及び取引上の社会通念に照らして」という修飾語が付されたのは、帰責事由＝過失を意味するものではないことを明らかにするためである（潮見佳男『民法（債権関係）改正法案の概要』〔金融財政事情研究会、2015年〕60頁）。

てハンバーグを製造・販売することが、食品衛生法に違反することを知りながら、本件販売継続を決定した。この決定について、Cは、乙社から仕入れた冷凍食肉を材料として製造したハンバーグが大量に冷凍保存されており、これらの在庫を廃棄処分すると甲社に多大な損失が生じることや、本件添加物入りの食材についてはこれまで健康被害が報じられていないことなどを考慮したが、会社の利益のために法令に違反するという内容の判断をする裁量は取締役には認められない。したがって、Cの判断には経営判断原則は適用されない。

　Cの食品衛生法違反行為は、それ自体が任務懈怠となるとする立場と、食品衛生法違反行為が善管注意義務違反になると評価されてはじめて任務懈怠となるとする立場がある。もっとも、本件の事例では、Cは故意に食品衛生法違反行為をしているから、いずれの立場によっても、Cは任務を懈怠したことになる（(1)①）。Cには故意があるため、他に責任を阻却する事由（不可抗力・期待可能性の欠如など）がなければCには責めに帰することができる事由があることになる（(1)②）。Cの販売継続行為がその後の甲社の信用失墜による損害をもたらしたといえるから、Cの任務懈怠と損害との間に相当因果関係がある（(1)③。約100億円の損害すべてがCの任務懈怠と相当因果関係があるかどうかは、なお検討が必要である）。

　したがって、Cには任務懈怠があり、甲社の被った損害を賠償する責任が認められる。

★★　**コラム**　**①　責任の一部免除**

　423条1項に定める役員等（取締役・執行役・会計参与・監査役および会計監査人）の任務懈怠責任は、総株主の同意がなければ免除できない（424条）。これは、株主の利益保護を厚くする趣旨であり、株主代表訴訟提起権が単独株主権であることとも適合する。そうすると、上場会社等の株主数の多い株式会社では、責任免除は事実上不可能であり、任務懈怠と相当因果関係のある損害がいかに多額であっても、役員等はこれを賠償しなければならないことになる。しかし、軽過失による任務懈怠についてまでこのような重い責任を負担させることは、取締役の経営を萎縮させ、また社外取締役などのなり手不足を招くおそれがある。そこで、任務懈怠責任のうち悪意または重過失がないものについては、①株主総会特別決議、②定款の定めに基づく取締役会決議（取締役会設置会社でない場合は取締役の過半数の同意）、ま

問題19　取締役・監査役の会社に対する責任　277

たは③定款の定めに基づく責任限定契約の締結の方法により、役員等の責任を一定の額（最低責任限度額）まで免除することが認められている（425条〜427条）。③の方法は、契約により事前に責任の一部を免除するものであるが、業務執行取締役、使用人兼務取締役および執行役（これらをあわせて「業務執行取締役等」という。2条15号イ）にはこの方法は認められない。

　最低責任限度額は、大雑把にいえば、役員等が在職中に会社から受ける1年間の報酬等の額に、代表取締役・代表執行役は6を、代表取締役・代表執行役以外の業務執行取締役等は4を、それ以外の取締役・会計参与・監査役・会計監査人は2を、それぞれ乗じて得た額である（425条1項）。この額は、任務懈怠の抑止効果と高額の責任追及による恐怖感の緩和という二つの要請のバランスを考慮して定められている。

4. 〔設問3〕取締役の監視義務・監査役の職務

(1) 取締役の監視義務

　取締役会には、取締役の職務の執行を監督する職務があることが明文で定められているが（362条2項2号）、個々の取締役も取締役および使用人の職務の執行が適法かつ妥当に行われているかどうかを監視する義務があると解されている。監視は善良な管理者の注意をもって行わなければならない。また、監視の対象は取締役会に上程される事項には限られない。取締役が監視義務に違反することは不作為による任務懈怠となる。

　取締役の監視義務の具体的内容は、会社の規模や業務の性質等によって異なる。規模が大きく業務内容が複雑な会社であれば、業務を執行する取締役の間で職務の分担がされることが多いであろう。その場合でも、取締役は、他の取締役の職務の遂行を一般的に監視する義務を負うが、他の取締役が分担する業務部門に関する当該他の取締役からの情報については、特に疑わしい事情がなければ、監視に際してその情報を信頼することができる。同様に、ある業務部門を統括する使用人からの情報については、特に疑わしい事情がなければ、取締役は、その情報を信頼して監視その他の職務の遂行を行うことができる。

⑵ **監査役の職務**

　監査役は、取締役の職務の執行を監査する（381 条 1 項）。そのため、監査役には、取締役会に出席する義務があるほか（383 条 1 項）、取締役や使用人に対して事業の報告を求め、または会社の業務および財産の状況を調査する権限などが認められている（381 条 2 項）。**監査役会設置会社でも、各監査役は独立してこのような監査役としての職務権限を行使することができる（独任制）。**

★ **コラム** ② **妥当性監査と適法性監査**

　取締役会は、取締役の職務の執行を監督する（362 条 2 項 2 号）。監査役は取締役の職務の執行を監査する（381 条 1 項）。取締役会と監査役の監督・監査の対象の違いとして、取締役会の監督は、取締役の職務の執行が会社の目的、経営方針・現状に照らして妥当であるかどうか（いわゆる妥当性監査）にまで及ぶのに対して、監査役の監査対象は、もっぱら取締役の職務の執行が法令・定款に違反しないかどうか（適法性の監査）にとどまるとされる。取締役会は、業務執行の適法性のほか、経営者としての立場から、業務執行が会社の目的にかなうものか（妥当性）を監査・監督するのであり、これは取締役会の業務執行の決定権限（362 条 2 項 1 号）の裏返しでもある。他方、監査役に経営活動への無用な干渉を許せば会社業務の統一性を害することになるのみならず、監査役に妥当性監査の任務を課し、これにつき責任を負わせることは、監査役に過剰な負担を強いることにもなる（大隅＝今井＝小林・概説 263 頁）。監督・監査対象に関するこのような区別は、取締役会と監査役という二重の監査・監督機関を有するわが国独特の機関構成のゆえにことさら強調されてきたが、実際には監査役の監査対象に明確かつ厳格な境界線が引かれているわけではない。業務執行に関する著しく不当な事項の指摘は監査役の職務権限に属する（382 条・384 条）。取締役の著しく不当な業務執行は善管注意義務に違反するものと解されるので、違法といえるからである。また、違法な業務執行を早い段階で防止する必要があるから、監査役が取締役会において意見を述べる際には（383 条 1 項）、妥当性の問題だとして制約を受けるべきではない（江頭 524 頁）。

⑶ **事例への当てはめ**

　Ｂは、甲社の食品輸入部門を統括する重要な使用人であり、本件契約の締結前から引き続き乙社の製造過程や衛生管理についての調査を担当している。本件契約の締結後も、取締役には、乙社からの仕入れ業務を監視する義務があり、監視によって早期に乙社から仕入れた冷凍食肉に本件添加物が含まれていることに気づくことができれば、迅

速に是正措置を講じることにより信用失墜を防ぐことができたかもしれない。しかし、取締役は、乙社からの仕入れ業務の監視について、Bによる調査報告書の内容を信頼することができる。したがって、Bによる調査報告書に特に疑わしい点がない限り、それを信頼して乙社からの仕入れ業務には違法・不当な点がないと考えた取締役には、監視義務違反はなく、任務懈怠はないと解される。

監査役は、会社法上監査役に認められる職務権限を行使して、取締役の業務執行が法令・定款に違反しないかどうかを監査しなければならない。したがって、取締役会において業務執行の報告を受けた際にも、それが法令・定款に違反するものではないかを、監査役としての職務権限の行使に基づくある程度の事実関係の裏づけをもとに、監査する必要がある。そのうえで、Bの報告どおりであるとの判断をしたのであれば、監査役には任務懈怠はないといえるだろう。

5．〔設問4〕内部統制システムの整備・構築

(1) 内部統制システムの整備に関する事項の決定

取締役は、取締役および使用人の職務の執行が、適法かつ妥当に行われるように監視する義務を負う。会社の規模や業務内容によっては、取締役が取締役・使用人の職務の執行を個別に監視することが困難な場合がある。そのような会社では、いわゆる**内部統制システム**を整備して、それを通じて会社業務が適法かつ妥当に運営されるかどうかを監視することが適切である。

会社法において内部統制システムとは「取締役の職務の執行が法令及び定款に適合することを確保するための体制その他株式会社の業務並びに当該株式会社及びその子会社から成る企業集団の業務の適正を確保するために必要なものとして法務省令で定める体制」と定義され（348条3項4号・362条4項6号・399条の13第1項1号ハ。指名委員会等設置会社では若干文言が異なる〔416条1項1号ホ〕）、内部統制システムの整備に関する事項は、取締役会設置会社では取締役会決議によって、取締役会を設置しない株式会社では取締役の過半数をもって、決定する。特に大会社または監査等委員会設置会社もしくは指名委員会

280 第2部 発展問題

等設置会社では、内部統制システムの整備に関する事項を必ず決定しなければならない（348条4項・362条5項・399条の13第2項・416条2項）。したがって、大会社・監査等委員会設置会社・指名委員会等設置会社が上記の決定をしない場合は、具体的法令に違反することになる。

　もっとも、取締役会は、内部統制システムを構築しないという決定（これも「整備に関する事項の決定」に該当する）をすることも可能と解される（論点解説334頁、一問一答・平成26年改正236頁）。また、内部統制システムを構築するとしても、具体的にどのような内部統制システムを整備するかについては、ある程度取締役の裁量に委ねられる。

(2)　事例への当てはめ

　甲社は大会社であるため、甲社の取締役会は、内部統制システムの整備に関する事項を決定する義務がある。

　法務省令によれば、取締役会設置会社の内部統制システムの内容として、「使用人の職務の執行が法令及び定款に適合することを確保するための体制」が含まれている（会社則100条1項4号）。また、監査役設置会社（甲社はこれに該当する）では、使用人が監査役に報告をするための体制等も内部統制システムの内容となる（会社則100条3項4号）。使用人が、他の使用人の法令定款に適合しない行為を役員や上級の使用人に直接伝達できるシステム（内部通報システム）などが、このような体制の一部になりうると考えられている。

　本件事例では、乙社が納入する冷凍食肉には本件添加物が含まれているとの事情を知りながら、虚偽の情報を甲社の取締役会に提供するという使用人Bの行為を、甲社の取締役が発見できなかったことが、甲社の信用失墜をもたらした大きな原因である。このようなBによる虚偽情報の提供は、Bによる裏リベートの受取りという事実に気づいた使用人から甲社の役員に伝わるシステムが構築されていれば、早期に発見できた可能性がある。

　仮に、甲社において、内部統制システムを適切に構築していれば、Bによる裏リベートの受取りが甲社の取締役に伝わったと認められるにもかかわらず、甲社の取締役会がそのような体制の整備に関する事項を決定していなければ具体的法令（362条5項）の違反があることに

なり、取締役会が内部統制システムを整備することを決定していた場合でも、業務の適正を確保するには不適切・不十分な体制しか構築・運用していなかったとすれば、甲社の取締役には善管注意義務の違反があることになる。したがって、取締役は、責めに帰することができない事由のない限り、そのような任務懈怠と相当因果関係のある甲社の損害を賠償する責任を負うことになる。

◆ 参考文献 ◆

●取締役の善管注意義務と経営判断原則
・吉原和志・百選 108 頁
・近藤光男「経営判断の原則」争点 156 頁
●取締役の法令違反行為
・畠田公明・百選 106 頁
・吉原和志「取締役等の会社に対する責任の範囲と性格」争点 154 頁
●取締役の監視義務と内部統制システムの整備
・リークエ 181 頁〜 182 頁、233 頁〜 235 頁
・野村修也・百選 112 頁
・青木浩子「会社法と金融商品取引法に基づく内部統制システムの整備」争点 152 頁

［北村雅史］

〔問題20〕 株主代表訴訟・利益相反取引に関する任務懈怠責任

◆ 事例 ◆

次の文章を読んで、以下の設問1〜3に答えなさい。

1. 甲株式会社は、京都市上京区に本店がある、平成元年に創業した食品の製造・小売りを業とする株式会社（公開会社・監査役設置会社）であり、上場はしていない。甲社の発行済株式は1万株であり、3,000株をX、4,000株をAが保有し、残りは、甲社の取引先10社がそれぞれ300株ずつ保有している。甲社はもともとAとXとが共同で創業したものであるが、Xは現在、甲社の取締役ではない。甲社の代表取締役はAが務め、そのほかB、Cが取締役であり、Dが監査役を務めている。

2. 平成27年3月に、甲社は、その店舗に隣接してBとCとが共有する狭小な土地（以下「本件駐車場用地」という）があったことから、これを駐車場の用地として取得することとし、売買代金は、本件駐車場用地に関する不動産鑑定士の鑑定評価に従い、250万円とした。同月、甲社は、取締役会を招集し、本件駐車場用地のB、Cからの取得の承認が議題となった。取締役会では、B、Cは議決に加わらず、Aの賛成により決議が成立したとして、Aは甲社を代表して、B、Cとの間で、本件駐車場用地の売買契約を締結した。B、Cは、上記の売買代金を受領し、甲社に対し本件土地を引き渡したが、本件土地の所有権移転登記手続に必要な書類を交付せず、甲社も、B、Cに対してその所有権移転登記手続を督促しなかったため、本件駐車場用地の登記名義人は、B、Cのままであった。

3. 2.の事実を知ったXは、甲社のB、Cに対する登記移転請求の実施を株主代表訴訟で行うべく、甲社代表取締役Aに対し提訴請求を行い、甲社がその後60日の間に訴訟を提起しなかったことから、代表訴訟を提起した。

4. 平成27年8月に入り、甲社は、店舗の近隣にあるC所有の土地（以下

問題20　株主代表訴訟・利益相反取引に関する任務懈怠責任　283

「本件工場用地」という）を購入し、新工場を建設することになった。
Cは友人の不動産鑑定士Eに鑑定を依頼し、8,000万円との鑑定評価を
得た。甲社も独自に不動産鑑定士Fに鑑定を依頼し、7,000万円との評
価を得た。AとCとが交渉した結果、売却価格は、7,200万円とされ
た。同年9月1日にAは甲社取締役会を招集し、A、B、Cが出席する
取締役会で、A、Cが本件工場用地の甲社への売買契約（以下「本件売
買契約」という）について説明を行った。取締役会の席上では、Bが、
本件売買契約において「売主（C）の瑕疵担保責任を免除する」との
条項があることを問題視した。本件工場用地が京都市上京区にあるこ
とから、埋蔵文化財が存在する可能性があったからである。Aは、「C
にも確認をし、対象となる土地に遺跡があるとは思えないが、遺跡の
調査費用を負担することを想定し、価格面で若干の調整をした」と説
明をした。BはAの説明に納得し、A、Bの賛成で本件売買契約が承
認され、同月4日には不動産登記もCから甲社に移転した。

5. 平成27年の10月に入り、工場建設工事が始まったところ、本件工場
  用地から遺跡が発見され、遺跡発見を京都市に届け出たところ、平安
  期の重要な遺跡であることがわかり、本格的な調査を実施し、工事は
  ストップした。遺跡の学術的価値が高いことから、保存運動が起き、
  本件工場用地は史跡に指定された。このため、遺跡を破壊するような
  開発はできず、本件工場用地は、駐車場としての利用しかできず、土
  地の公正価格は2,000万円にすぎなくなった。

6. Xは、新聞報道で事実4. 5. に関する事情を知り、A、B、Cの甲社
  に対する会社法上の責任を追及すべく、甲社の監査役Dに対し提訴請
  求を行った。提訴請求より60日が経過しても甲社が訴訟を提起しなか
  ったので、Xは代表訴訟を提起した。

〔設問1〕(1) 事実3. の代表訴訟につき、Xの原告適格について論じな
        さい。
      (2) (1)の原告適格上の問題が治癒された場合に、事実3. の代
        表訴訟は認められるか。
〔設問2〕事実6. につき、Xが提起した、A、B、Cの甲社に対する会社
      法上の責任を追及する訴訟の成否につき、検討しなさい。

◆ 解答へのヒント ◆

1.〔設問 1〕(1)

　本問においては、取締役Ｂ、Ｃに対する甲社の請求権を訴訟上で行使しようとしているため、本来であれば、Ｘは甲社監査役Ｄに提訴請求を行わなければならない。しかし、Ｘは代表取締役Ａに提訴請求を行っているため、847条3項の原告適格を認めうるかが問題となる。

2.〔設問 1〕(2)

　Ｘが代表訴訟によって追及している甲社のＢ、Ｃに対する請求権は、不動産売買契約に起因するものである。株主が、代表訴訟によって追及しうる取締役の責任にこのような取引債務が含まれるかが問題となる。

3.〔設問 2〕

　本問は、356条1項2号にいう利益相反取引（直接取引）に関する取締役の甲社に対する423条責任を、甲社の株主Ｘが追及するものであり、Ｘに原告適格が認められるか、本件売買契約に関するＡ、Ｂ、Ｃの行為が423条の要件にどう合致するかが問われる。

問題 20　株主代表訴訟・利益相反取引に関する任務懈怠責任　285

◆ 解説 ◆

1．出題の意図

(1) 株主代表訴訟の仕組み

　会社の役員等に対する請求権は、通常の会社の権限秩序に基づけば、代表取締役（代表執行役）の判断により行使される。もっとも、代表取締役（代表執行役）のみに任せていては、実際上、その実現を期することが困難になりかねない。そこで、業務監査機関が存在しない会社にあっては、会社と取締役との間の訴訟につき株主総会や取締役会が訴訟代表者を定めることができるとされる（353条・364条）。他方、業務監査機関が存在するのであれば、それに取締役（執行役）の会社としての責任追及の決定・実施権限が専属する[1]（386条1項・399条の7第1項・408条1項）。

　もっとも、取締役は支配株主と近い立場にあり、業務監査機関は取締役（執行役）に近い立場にある。やはり、役員等に対する請求権を会社のみが行使するとしては、その実現の確実を期すことは困難である。会社法は、この点を考慮して、株主に会社のために責任追及等の訴えを提起することを認める（847条3項・1項）。株主による会社のための責任追及等の訴えは、株主が自身の名で会社の権利を行使するものであり、提訴株主は、会社と他の株主に判決効を及ぼす形で訴訟提起をすることから、総株主を代表し、会社の代表機関的地位に立つとも評価でき、**株主代表訴訟**と呼ばれる。

　株主代表訴訟には、**損害補填機能**と、取締役らの職務の遂行の適正さを確保するという**抑止機能**（逸脱行為の実施を抑止すること）があり、取締役らの個人資産と会社の事業規模を比較すれば、特に大企業にあっては、抑止機能の存在が重視される。

　株主代表訴訟は、株主[2]（公開会社であれば、提訴請求時の6カ月前か

---

(1)　会社法上の責任の追及であれば、訴訟上の追及のみならず、訴訟外の追及も、監査役（選定された監査等委員、選定された監査委員）に専属すると理解すべきである（大隅＝今井＝小林・概説271頁注(204)参照）。

286　第2部　発展問題

ら株式を保有する株主）が、会社の有する役員等などに対する請求権を会社のために行使して提起する訴訟であり（847条3項）、**法定訴訟担当**とされる。代表訴訟にあっては、原告の勝訴敗訴にかかわらず、訴訟の当事者とならない**会社に確定判決の効力が及ぶ**（民訴115条1項2号）。会社と被告との間の法的関係が確定されたことにより、提訴株主以外の株主も同一事件につき争うことができなくなると説明される（**反射効**）。

　会社法は、**株主が会社に提訴請求**を行い（847条1項）、会社が提訴をしないまま60日が経過したときに、提訴請求株主に会社のために責任追及等の訴えを提起することを認める（同条3項）。会社に対する提訴請求は、会社に事実関係の調査の機会と提訴判断の機会とを付与するとともに、内部的な是正の機会を付与することを目的としている。

　本来、会社が提訴請求を受けたときに、提訴すべきではないと会社が適正に判断するのであれば、責任追及等の訴えを株主が会社のために提起することを認めなくともよいかもしれない。しかし、提訴請求の拒絶の当不当を訴訟の初期の段階で裁判所が審査することは難しい。このため、提訴請求を受けた後、**会社が60日間不提訴**であれば、株主に一旦責任追及訴訟の提起を認め、株主の訴訟提起に問題があると会社が判断すれば、会社が**訴訟参加**し（849条）、株主の訴訟追行を牽制することを認め、原告株主の訴訟活動を適正化する方策が採用された。判決が確定してから原告株主と被告取締役とが共謀して責任追及等の訴えに係る訴訟の目的である会社の権利を害する目的で判決をさせたことが発覚すれば、再審の訴えの提起が認められる（853条）。これらの仕組みにより株主の訴訟追行の適切性が担保される（山田泰弘『株主代表訴訟の法理』〔信山社、2000年〕33頁〜35頁参照）。

　株主代表訴訟の提起にあたり、株主の提訴請求は、**受領権限のある**

---

(2) 単元株制度を採用する会社（〔問題15〕を参照）では、単元未満株主は代表訴訟提起権の行使をすることができないと定款に定めることができ（189条2項）、多くの会社でそのように定めている。議決権制限株式などの種類株式は、108条1項所定の事項につき内容の異なる定めを定款にしうるだけであるから、議決権制限株式などの種類株式を有する株主が代表訴訟提起権を行使することを定款で制限することもできない。

機関に対して行うことが求められる。それでは、株主が提訴請求を受領権限のない機関に行った場合に、**代表訴訟の原告適格を肯定しうるか。**〔設問 1〕(1)は、この点を問う。

★ コラム ① 株主による責任追及訴訟の整備の沿革

　株主が自身の名で、会社の請求権を行使する株主代表訴訟制度は、昭和 25 年商法改正により導入された。それまでは、会社の取締役に対する請求権を行使するのは、会社に限られていた。昭和 25 年改正前にあっては、会社が取締役に対し訴訟を提起することは、株主総会決議事項とされ、株主総会決議に基づき監査役または総会の指定した者が会社を代表した。訴訟提起が否決された場合には、少数株主（発行済み株式の 10 分の 1 以上の株式を有する株主）は、訴訟提起を請求することができ、請求した少数株主は会社代表者を指定することができるとされていた。この状況が、株式会社の民主化の妨げになるとして、GHQ のイニシアティブにより、昭和 25 年商法改正において代表訴訟制度が導入された（会社の取締役に対する訴訟提起の決定は、導入当時は取締役会決議事項とされ、昭和 49 年改正により監査役権限に付された）。もっとも、現行法の形となるまでには、いくつかの変遷を経ている。

　まず、平成 5 年商法改正により、株主代表訴訟の訴額が法定され（コラム②を参照）、代表訴訟に勝訴した株主の会社に対する償還請求権を、弁護士報酬の相当額だけでなく、弁護士報酬以外の必要な費用（訴訟費用を除く）の相当額についても認めた（平成 5 年改正商法 268 条ノ 2 第 1 項〔会社 852 条 1 項〕）。これは、代表訴訟を提起しようとする株主の負担が過大となることを是正する目的があった。この改正は、昭和 45 年に始まる会社法制の全面改正の一環であるが、日米構造協議の影響もある。

　次に、平成 13 年 12 月商法改正（平成 13 年法 149 号）は、株主代表訴訟の合理化として、訴訟上の和解に関する制度整備（コラム⑥を参照）、会社の被告側への補助参加に関する整備（コラム⑤を参照）を行った。

　さらに、平成 17 年の会社法制定時には、提訴権の主観的要件が付され（コラム③(1)を参照）、不提訴理由の通知制度が整備され（後述）、現行の形態となった。

---

(2) 株主代表訴訟によって追及しうる責任の範囲

　会社法は、120 条 3 項の利益の返還を求める訴えや、102 条の 2 第 1 項・212 条 1 項または 285 条 1 項の支払を求める訴えというように、株主が代表訴訟によって追及する会社の請求権を指定する一方で、発起人、設立時取締役、設立時監査役または役員等（取締役、会計参与、監査役、執行役または会計監査人）というように（これらの者を「発起人等」とする〔847 条 1 項〕）、代表訴訟によって追及しうる請求権の債務

288　第 2 部　発展問題

者（被告となる者）を指定することで、代表訴訟によって追及しうる範囲を決定する（847条1項）[3]。

　それでは、株主が代表訴訟により追及することが認められた債務者（被告となる者）が会社に負担する債務であれば、そのすべてにつき代表訴訟によって追及することを株主に認めてよいか。この問題は、**代表訴訟によって追及しうる取締役の責任の範囲の問題**として議論がなされ、最判平成21・3・10民集63巻3号361頁が示された。〔設問1〕(2)は、これらの動向を踏まえ、解答することが求められる。

★★　**コラム**　②　**株主代表訴訟の「訴訟の目的の価額」の算定**

　訴えを提起する場合の申立手数料は、敗訴者が負担する（民訴61条）が、ひとまず原告が訴状に印紙を添付することで納入する（民訴費3条1項）。提訴時に原告が裁判所に納付する申立手数料は、訴えをもって主張する利益によって算定され、その算定基礎となるのが訴訟の目的の価額であり（民訴8条1項）、原則として、その価額にスライドする形で決定される（民訴費3条1項・別表第1）。しかし、株主による責任追及等の訴えによって原告株主が勝訴しても、直接救済を得るのは株式会社であり、原告株主ではない。原告株主は、会社が救済を得て財務状況が改善されるなどすれば所有する株式の評価額が上昇するかもしれないという間接的な救済を得るにすぎない。それにもかかわらず、訴訟の目的の価額の算定を実際の請求額とすると、株主が提訴にあたり裁判所に納付する高額な申立手数料が間接的な救済しか得ない株主には負担となり、代表訴訟を提起する妨げとなり、会社の健全な運営が阻害されかねない。この点に鑑み、訴訟の目的の価額の算定については、財産上の請求でない請求に係る訴えとみなされる（847条の4第1項）。会社法が株主による責任追及等の訴えの目的の価額の算定については財産上の請求でない請求に係る訴えとみなすことで、実際の請求額にかかわらず訴訟の目的の価額は160万円とみなされ（民訴費4条2項）、原告株主が裁判所に納付する申立手数料は一律1万3,000円となる（同法3条1項・別表第1）。実務においては、数名の被告に対する株主代表訴訟（共同訴訟）であっても、1万3,000円を納付すればよい。

---

(3)　利益相反取引に関する取締役の責任

　利益相反取引に際し、取締役が任務懈怠によって会社に損害を生じ

---

(3)　仙台高判平成24・12・27判時2195号130頁は、847条に列挙される請求権の名宛人や債務者に代表訴訟の被告適格を限定する。

させた場合には、当該取締役は、会社に対して損害賠償責任を負うことになる（423条1項）。利益相反取引の場面では、類型的に、会社の利益を犠牲にして取締役自身または第三者の利益を優先させる危険性が高い。会社法は利益相反取引により会社が損害を被っているのであれば、一定範囲の者について**任務懈怠の推定**を認める（423条3項各号）。さらに、取締役が自身のために会社と直接取引を行う場合に、直接取引により会社が損害を被ったのであれば、会社法は、会社の相手方となる取締役に帰責性が存しないことを主張することを認めない（428条）。このため、〔設問2〕にあっては、A、Bにつき、本件事案において423条3項の推定を破ることができるかが問題となり、Cについては、帰責性がないことを主張できないとしても、同項の任務懈怠の推定を破る余地があるのかが問題となる。

★★ **コラム** ③ **株主代表訴訟の濫用対策**
　　　　　　　　──株主権の濫用と担保提供

(1) 株主権の濫用

そもそも何が株主代表訴訟の「濫用」であるのかは判断が難しい。なぜなら、株主代表訴訟の提起は株主にとって割に合わない活動であり、そもそも提起する経済的合理性が株主にはなく、経済的合理性以外の理由で提起されることが一般的だからである。提訴株主は代表訴訟によって経済的利得を直接得るわけではなく、勝訴したとしても、要した費用や弁護士報酬の相当額は会社に対し求償できる（852条1項）が、当然に一定の持ち出しを覚悟しなければならない。さらに、敗訴の場合に悪意があるとされれば、会社への損害賠償責任を負うことになる（同条2項）。

株式会社の運営の健全性を確保する役割を株主代表訴訟が担うことを考慮すれば、売名目的や社会正義の実現が提訴の主要な動機であっても、それだけでは「濫用」とはいえない（東京地判昭和61・5・29民集47巻7号4893頁）。また、会社と原告株主との間で生じている紛争に関する「対抗手段」として株主代表訴訟を提起されていても、請求に法的・事実的根拠がまったくないといえないのであれば、「濫用」とは評価されない（京都地判平成16・12・27LEX/DB 28100297）。反対に、株主代表訴訟の提起・係属を種に会社から金銭を喝取するような事例であれば、「濫用」と評価され、株主代表訴訟は却下される（長崎地判平成3・2・19判時1393号138頁）。

847条1項ただし書は、このような権利濫用という一般条項によって処理されていたものの一類型を明示し、提訴請求要件（限定要因）として主観的要件を定める。具体的には、自身または第三者の不正な利益を図るか、または、当該株式会社に損害を加えることを目的とする場合には提訴請求ができないとした。株主代表訴訟の

提訴権者は、会社に提訴請求を行った者であるから（847条3項）、提訴請求できない者には提訴権が認められない。

(2) 担保提供

株主権の濫用・訴権の濫用とまでは評価できなくとも、売名目的や社会正義の実現などの原告の思いが強すぎるあまりに、請求に根拠がないとまでは言い切れないが、独りよがりの思いこみで株主代表訴訟が提起されることもありうる。このような訴訟は早期に棄却されるはずであるが、原告株主の訴訟追行が遅々として進まない場合、被告とされる役員等は、応訴活動に煩わされる期間が長くなりかねない。会社法は、このような場面に対処するために、被告が、悪意の提訴株主に対し相当の担保の提供（民訴81条）を求めることを許容する（847条の4第2項・3項）。蛇の目ミシン担保提供事件決定（東京高決平成7・2・20判タ895号252頁）以来、この「悪意」は、請求に法的事実的根拠がないこと（請求原因事実の立証見込みが低いか、主張自体失当であること）を知ることまたは株主権濫用に当たるような個人的利得を追求する目的を有することと解されている（大阪高決平成9・11・18判時1628号133頁など）。

悪意の原告株主に対する担保提供命令は、原告株主の株主代表訴訟提起が被告に対する不法行為を構成するとして、その不法行為債権を担保するためのものである。担保の額は、被告が被ると予測される損害額を考慮するほか、不当訴訟となる蓋然性の程度、悪意の態様等諸般の事情を総合的に考慮したうえで裁判所の裁量により決定することができる。原告株主が担保を提供しない場合には請求が却下される（民訴81条・78条）ため、濫用の防止が可能となる。

2. 〔設問1〕(1)提訴請求と株主代表訴訟の原告適格

(1) 提訴請求の意義と不提訴理由の通知

株主は、代表訴訟を提起するにあたっては、事前に会社に対し、責任追及等の訴えを提起することを請求しなければならない（847条1項）。なぜなら、取締役等の責任を追及する訴訟を提起する権能は、本来は会社にあることから、訴訟を提起するかどうか判断する機会を会社に与え、内部的な調査を尽くさせるためである。

提訴請求は、被告となるべき者と請求の趣旨および請求を特定するのに必要な事実を、書面の提出または電磁的方法により提出しなければならないとされる（会社則217条）。この書面による提訴請求（提訴請求書）を受け付ける会社の機関は、原則として、会社の業務執行機関である。しかし、取締役や執行役に対する提訴請求については、自身または同僚が自身または同僚に対する責任追及の実施の可否を判断

するのは適切でない。会社法は、会社の機関設計に応じて取扱いを変更する。

業務監査機関のある会社では、業務監査機関が提訴請求を受け付ける。監査役（会）設置会社では、監査役が提訴請求を受け付ける（386条2項1号。ただし会計監査に職務範囲を限定された監査役〔389条7項〕[4]しかいない場合は業務監査機関のない会社として扱われる〔2条9号〕）。監査等委員会設置会社では、被告とされる者を除いた監査等委員が提訴請求を受け付ける（399条の7第5項1号）。指名委員会等設置会社では、被告とされる者を除いた監査委員が提訴請求を受け付ける（408条5項1号）。

これに対して、**業務監査機関のない会社**では、通常の業務執行と同様に取締役（代表取締役）が提訴請求を受け付けざるをえない（349条）。被告とされる者のみが取締役である場合には、提訴請求を受け付けた取締役は、責任追及の要否を判断する代表者を選任するよう株主総会（取締役会設置会社では取締役会）に付議する義務を負うと解されよう（江頭憲治郎＝門口正人編集代表『会社法大系4』〔青林書院、2008年〕440頁注14〔松山昇平＝門口正人〕）。株主総会または取締役会が責任追及等の訴えの提起を決定すれば、会社代表者を株主総会または取締役会で選ぶこともできる（353条・364条）。

提訴請求を受けた会社は、提訴請求書に記載の事項につき社内調査を行い、事実を確認し、請求に理由があるかを検討し、自身が提訴すべきかを判断する。会社が提訴請求を受けて60日以内に提訴をしない場合、提訴請求株主または提訴請求で被告とされた発起人等は、会社に対し、責任追及等の訴えを提起しない理由を書面等で通知するよう請求できる（847条4項）。不提訴理由を開示させることで、社内調査

---

(4) 監査役の権限を定款により会計監査に限定しうるとしたのは、会社法制定前の有限会社と小会社（資本金1億円以下の株式会社〔負債の額が200億円以上の株式会社を除く〕、平成17年廃止商特1条の2第2項）の機関設計に対応するものである（〔問題12〕コラム②「有限会社・特例有限会社」参照）。会社法制定前にあって、小会社の監査役の権限は会計監査に限定され（平成17年廃止商特22条・25条）、有限会社は、監査役の設置が任意とされ（旧有33条1項）、任意に設置した場合の監査権限は会計監査に限定されていた（旧有33条ノ2）。

を徹底させるとともに、証拠資料の収集能力の乏しい株主は提訴に必要な証拠資料を入手する機会を得ることになる（新解説 218 頁参照）。

(2) 瑕疵ある提訴請求の効果

　株主が提訴請求をしたが、会社がそれからの 60 日間に責任追及等の訴えを提起しないということが、提訴請求株主が代表訴訟を提起するための要件である（847 条 3 項）。会社に提訴判断の機会を保障することからは、提訴請求書の情報を、**会社として提訴を判断する機関が正確に認識し、自ら提訴を判断しうる状況にあることが必要**となる。このため、原則として、提訴請求の名宛人となるべき会社代表者を誤った提訴請求は効力を有さず、それを基礎に提訴された代表訴訟は、提訴後に改めて正当な会社代表者に提訴請求を行ったとしても、不適法であるとして却下される（東京地判平成 4・2・13 判時 1427 号 137 頁）。なぜなら、提訴請求の実施と会社の不提訴は、提訴のための単なる事前手続ではなく、**代表訴訟の原告適格を認めるための訴訟要件**だからである（笠井正俊「責任追及等の訴えの提訴前手続きと審理手続」神作裕之編『会社裁判にかかる理論の到達点』〔商事法務、2014 年〕399 頁）。

　もっとも、提訴請求の受領権限のない者に対してなされた提訴請求であっても、本来提訴請求を受領すべき会社代表者が、提訴請求の書面の記載内容を正確に認識し、自ら提訴を判断しうる機会があったと認められるのであれば、適式な提訴請求書が送付されたのと同視することができ、代表者を誤った提訴請求を行った株主より提起された代表訴訟は、却下されない（最判平成 21・3・31 民集 63 巻 3 号 472 頁）。代表者を記載せず、単に会社宛てになされた提訴請求も、即座には不適法な提訴請求とされないだろう（大阪地判平成 12・5・31 判タ 1742 号 141 頁）が、却下判決を免れるためには、原告株主の側で、本来、提訴請求を受領すべき会社代表者が提訴請求の書面の記載内容を正確に認識し、自ら提訴を判断しうる機会があったことの立証が必要とされる。代表取締役等に提訴請求の本来の受領者に提訴請求書を回付する義務があることを肯定できれば（大阪弁護士会＝日本公認会計士協会近畿会編『社外監査役の理論と実務』〔商事法務、2012 年〕436 頁注(3)〔三浦洲夫〕）、本来提訴請求を受領すべき会社代表者には提訴請求書の記載内容を認

識し自ら提訴を判断しうる機会があったと原告株主は主張でき、この立証は容易となる。しかし、代表取締役等が法的に提訴請求書を回付する義務を負うとは評価しにくいかもしれない（佐久間毅「判批」平成21年度重判82頁）。

なお、瑕疵ある提訴請求の後に提起された株主代表訴訟に、会社が訴訟参加して提訴株主の原告適格につき取り立てて争わないときは、手続欠缺による瑕疵は治癒されたものと解される（共同訴訟参加につき東京地判昭和39・10・12判タ172号226頁。補助参加につき東京高判平成26・4・24金判1451号8頁）。

このほか、提訴請求をして60日が経過するのを待っていては会社に回復することができない損害が生ずるおそれがあれば、提訴請求要件を満たす株主は、ただちに責任追及等の訴えを提起することが認められる（847条5項）。60日の「経過により株式会社に回復することができない損害が生ずるおそれがある場合」とは、例えば取締役が財産を隠匿して無資力になるとか、会社の責任追及等の対象者に対する損害賠償請求権が時効にかかるおそれがある場合である（基本コンメ(3)417頁〔山田泰弘〕）。

(3) 事例への当てはめ

甲社は、公開会社であるが、Xは創業時からの株主であるため、提訴請求時から遡ること6カ月前から株式を保有するという6カ月保有要件（847条1項）を充足しており、提訴請求を会社に対して行いうる。Xの提訴請求は、取締役B、Cの責任を追及する訴えの提起の請求であるため、本来、この提訴請求を受ける会社代表者は、監査役Dである。しかし、Xは提訴請求の名宛人を代表取締役Aとした。名宛人を誤った提訴請求を基礎として、Xが、当該提訴請求に係る責任追及等の訴えを提起することができるかが問題となる。

取締役等の責任を追及する訴訟を提起する権能は、本来は会社にあることから、提訴請求を行うことは、訴訟を提起するかどうか判断する機会を会社に与えることを目的とし、株主代表訴訟の訴訟要件とされる（847条3項）。受領権限のない機関に対する提訴請求は有効な提訴請求ではない。会社が不提訴の場合に、その提訴請求をした株主が

その後60日が経過して提起した代表訴訟は、提訴後に改めて正当な会社代表者に提訴請求を行ったとしても、不適法却下となる。もっとも、受領権限のない機関に対する提訴請求であっても、本来、提訴請求を受領すべき会社代表者が、提訴請求の書面の記載内容を正確に認識し、自ら提訴を判断しうる機会があったと認められるのであれば、却下されない。もっとも、原告株主の側で会社の内情を探知することは困難であり、このような事情の立証は難しい。

　以上の検討からは、瑕疵ある提訴請求を行ったXの株主代表訴訟の提起は、原則として認められず、本来提訴請求を受領すべきDが提訴請求の書面の記載内容を正確に認識し、自ら提訴を判断しうる機会を有していたとXが立証するのも困難である。Xは、再度、Dに対し提訴請求をし、その提訴請求の日から60日が経過した時点で、改めて株主代表訴訟を提起するべきである。

　なお、提訴請求を行い60日が経過することを待っていては甲社に回復することができない損害が生じるおそれがある場合には、提訴請求をすることなく、Xは提訴することが認められる（847条5項）が、本問においてはそのような事情は認められない。また、会社が株主代表訴訟に訴訟参加する場合にも、瑕疵の治癒を認めるが、本問にはそのような事情も認められない。

3．〔設問1〕(2)株主代表訴訟によって追及しうる取締役の責任

(1)　株主代表訴訟によって追及しうる取締役の責任の範囲

　株主は、会社に提訴請求を実施し、60日が経過し、会社が訴訟提起をしない場合に、株主代表訴訟を提起できる。たとえ、会社が提訴すべきではないと判断している場合であっても、株主は会社のために、会社の取締役に対する請求権を訴訟上行使できることから、提訴株主が会社の経営事項に干渉し、経営判断の裁量を制約することも考えられる。このため、株主代表訴訟によって追及しうる取締役の責任の範囲をめぐって議論が進んだ。

　まず、取締役の会社に対する責任のほか、取締役が会社に対して負う一切の債務を株主は会社のために代表訴訟により追及できるとする

見解（**全債務説**）がある。これは、株主代表訴訟が役員相互の仲間意識から、役員の責任が追及されないまま放置される危険性があることから認められたものであることを踏まえ、その危険性は取締役が会社に対して負う一切の債務に存在することを根拠とするものであり、通説的な見解である。

　これに対して、提訴請求を受けた会社の不提訴判断の是非を審査して株主代表訴訟の係属を認めるアメリカ法と異なり、会社が不提訴の場合に一律に代表訴訟の係属を許容する日本法の下では、提訴懈怠可能性があるものすべてにつき代表訴訟の提起を許容すれば、会社の経営上の判断の余地を制約しすぎるとして、代表訴訟によって追及しうる取締役の責任の範囲を、責任追及に取締役会・監査役等の裁量が認められず、総株主の同意によってのみ免責が可能とされる会社法上の責任に限られるとする立場（**限定債務説**）がある（江頭486頁注(2)など）。

　このほか、全債務説と限定債務説を両極として中間的な見解が示されている（詳細は、岸田雅雄・百選140頁を参照）。

　前掲最判平成21・3・10は、株主代表訴訟で追及しうる取締役の責任の範囲につき、取締役の地位に基づく責任のほか、取締役の会社に対する取引債務についての責任も含まれると解するのが相当であるとし、取引債務の履行請求については行使を認めたが、土地の所有権をめぐる会社と取締役個人の紛争の一環として提起された、会社の所有権に基づく真正な登記名義の回復請求は行使できないとした。

　最高裁平成21年判決は、請求の一部を認めなかった点を踏まえれば、全債務説には立っておらず、他方、株主代表訴訟で追及しうる取締役の責任を会社法上の責任に限定していない点は限定債務説とも異なる。会社に対する取引債務についての責任が含まれる根拠は、それが取締役の地位に基づく責任に準じるものであることと考えられる。会社に対する取引債務の発生原因である取締役・会社間の取引は、直接取引として、利益相反取引規制に基づく手続（356条1項2号・365条1項）を経て行うことが義務づけられ、取引相手である取締役は、その地位に基づく職務に関連するものとして、当該取引債務を忠実義務に則して履行しなければならないからである。履行されないことにより会社に損害が発生すれば、423条1項に基づく請求権が発生し、

会社法上の責任となるが、そうなる前の段階においても株主代表訴訟によって追及できるとしたのだと評価できる。そうであれば、最高裁平成 21 年判決は、限定債務説を基礎として、会社法上の責任を代表訴訟の対象とし、取締役の職務関連性から忠実に履行すべき債務についても例外的に対象としたと評価できよう（北村雅史「判批」民商 142 巻 2 号〔2010 年〕198 頁〜 200 頁）。

★ **コラム** ④ **特別利害関係人がいる場合の取締役会決議の定足数**

事例の事実 2. において、取締役Ａ、Ｂ、Ｃのうち、Ｂ、Ｃが甲社と直接取引（356 条 1 項 2 号）をするため、その直接取引の承認の取締役会決議においては、Ｂ、Ｃは利害関係人として議決に加わることができない（369 条 2 項。〔問題 9〕コラム②「取締役会（株主総会）による承認の時期」を参照）。取締役会の定足数は、議決に加わることができる取締役の過半数であり（369 条 1 項）、定足数の算定の基礎数から特別利害関係人である取締役の数は除かれる。本件駐車場用地の取得についてはＡのみが賛成することにより、甲社の取締役会の承認があったことになる（龍田 116 頁、大隅＝今井＝小林・概説 215 頁、昭和 45・3・2 民事甲 876 号民事局長回答〔商事 524 号 21 頁〕、昭和 60・3・15 民四第 1603 号民事局第四課長回答〔登研 450 号 123 頁〕）。

---

(2) 事例への当てはめ

甲社と甲社取締役Ｂ、Ｃとの本件駐車場用地に関する土地取引は、甲社の取締役会決議を経ており（コラム④を参照）、有効であり、Ｘは、この土地取引に起因する本件駐車場用地の所有権移転登記手続の請求を、株主代表訴訟によって行使している。株主は、代表訴訟によりこのような請求をなしうるか。

そもそも、取締役が会社に対して責任を負う場合には、会社自らその責任を追及すべきであるが、会社のみに任せておいては、役員相互間の特殊な関係から会社が取締役の責任を追及することを怠る事態がありうる。会社法は、このような事態に対処すべく、会社に提訴請求をしたが 60 日間不提訴であるという場合に、株主代表訴訟の提起を認める（847 条 1 項・3 項）。代表訴訟が提起されれば、会社は訴訟告知を受けるので（849 条 4 項）、会社が訴訟参加し、請求に理由がないこと等を主張することもできる。会社が取締役の責任追及を懈怠するおそ

れがあることに鑑みれば、会社の取締役に対する請求権全般を株主代表訴訟によって追及することができるとすべきであり、本件にあっては、Ｘの提訴を認めるべきである。

　なお、株主代表訴訟によって追及しうる責任の範囲を限定する立場に立っても、会社法上の責任に限定する必要はなく、会社法上の責任のほか、利益相反取引によって負担することとなった債務に起因する責任は取締役の職務関連性から忠実に履行すべき債務と考えられ、株主代表訴訟によって追及することが認められるべきである。このように考えれば、本件でＸが求める所有権移転登記手続請求権は、まさしく利益相反取引によって負担することとなった債務に起因するものであり、株主代表訴訟によって行使することが認められることには変わりがない。

★ 　コラム　　⑤　**株主代表訴訟への会社の訴訟参加**

　株主代表訴訟が一旦提起されれば、原告株主が訴訟追行権を行使したため、反射的に会社は当該株主代表訴訟で追及される請求権については、訴訟を提起できない。しかし、日本法の制度設計の下では、原告株主の判断のみにより役員等の責任追及等の訴えが係属することになる。このため、会社は、原告株主の訴訟追行を牽制する必要が生じる。具体的には、①原告と被告とが馴れ合って訴訟を終了させる懸念がある場合か、②原告株主が言い掛かり訴訟（請求に理由のない訴訟）を提起しているとして被告側を支援する必要性が会社にある場合に、会社の牽制が必要となる。①に対処するため、849条1項は、会社の共同訴訟参加を許容する。しかし、それだけでは、②のような要請に基づき、会社（取締役会・監査役）が「責任追及をすべきではない」と判断して原告株主の訴訟追行を否定することはできない。この②の要請は、実務上は、会社が被告側に補助参加することで実現される。

　会社が株主代表訴訟の被告である取締役や執行役の側に補助参加する際には、監査役・監査等委員・監査委員の同意が必要とされる（849条3項）。会社が被告側に補助参加する場合、会社が代表訴訟に利害を有しないとはほとんど考えられず、原告の訴訟の遂行方法についても重大な利害関係を有すると考えられることから、会社の被告側への補助参加の可否をめぐる争いは裁判の迅速性や訴訟経済の点から望ましくないとして、849条1項を根拠に、補助参加の利益を有することの立証が不要とされるとも説明される（一問一答251頁）。もっとも、反対の見解が有力である（笠井正俊「会社の被告取締役側への補助参加」争点162頁）。

4. 〔設問2〕利益相反取引に関する取締役の任務懈怠責任

(1) 利益相反取引と取締役の任務懈怠責任

取締役会設置会社にあって取締役会決議による**承認を受けないで、利益相反取引がなされた場合**、会社に損害が発生していれば、423条3項により、会社として取引をすることを決定した取締役（同項2号）および会社の相手方（またはその代理人）となった取締役（356条1項の取締役〔423条3項1号〕）は任務懈怠が推定される。そもそも、365条1項・356条1項に反することから、それだけで、利益相反取引を会社として実行した取締役にも、会社の相手方（またはその代理人）となった取締役にも、具体的な法令違反があったとして任務懈怠があり、推定を破ることはできない。

他方、**利益相反取引が会社の承認を得て実施された場合**、当該利益相反取引によって会社に損害が生じたことを立証できれば、当該取引につき会社の相手方（またはその代理人）となった取締役（423条3項1号）、会社として取引を決定した取締役（同項2号）、当該取引に関する取締役会の承認決議に賛成した取締役（同項3号）のそれぞれの行為には任務懈怠があると推定される。利益相反取引につき取締役会の承認がある場合の**会社として取引を決定した取締役**（同項2号）とは、当該承認が原則として事前承認であることからは（〔問題9〕コラム②「取締役会設置会社における利益相反取引の承認時期」）、取締役会よりの委任に基づき当該取引をすることを決定した取締役を指す。当該利益相反取引が、自己のための直接取引である場合[5]には、当該取引につき会社の相手方となった取締役は、任務を怠ったことが当該取締役の

---

[5] 356条1項2号と同様に、「自己のために」は、「自己の名義において」と解するのが一般的である（論点解説326頁）。これに対し、会社法制定時にあって、利得をした取締役が利益を保持することはおかしいとされ、無過失責任とすべきとされたこと（法制審議会会社法〔現代化関係〕部会「会社法制の現代化に関する要綱試案」〔2003年10月22日〕第四部第四7(4)注(1)）を踏まえて、356条1項2号とは異なり、428条1項の「自己のために」を「自己の計算において」と理解するものもある（弥永236頁など）。江頭469頁注(7)は、428条1項類推適用により、間接取引についても利益が取締役自身に帰属したと同視できるときは無過失責任とすべきとする。

責めに帰することができない事由によるものであることをもって免れることができない（428条1項）。

　任務懈怠と帰責性の関係や、具体的な任務懈怠の中身については、多様な議論がなされている。取締役の委任関係上の債務は、事業の成功や株主利益の増加という結果を生じさせることではなく、善管注意義務を尽くして職務を遂行することである。他方、423条責任の性質は、債務不履行責任であり、その要件となる帰責事由たる過失は、結果発生を防止すべき具体的な行為義務違反を意味する。このため、債務不履行事実である任務懈怠、すなわち、職務遂行にあって善管注意義務を尽くさなかったことと、過失があったこととは実質上重なりあう。この点をとらえれば、428条1項により帰責事由の不存在を根拠づける事実の主張・立証が許されない以上、423条3項にかかわらず、その同じ事実を任務懈怠の不存在を根拠づける事実として主張・立証することも許されないと解することができよう（吉原和志「取締役との会社に対する責任の範囲と性格」争点135頁）。

　なお、これ以外にも、423条3項1号と428条との関係をめぐっては、任務懈怠と帰責事由との関係、利益相反取引における取締役の任務の内容、立証責任の分配のあり方など、多様な視点からさまざまな見解が示され、それぞれの見解は相互に批判され、収束の方向がみえないほどである（吉原・前掲136頁）。

(2)　事例への当てはめ

　本問にあっては、平成27年9月1日の甲社取締役会で承認され、同月4日に不動産登記の移転が行われた本件工場用地に関する本件売買契約によって甲社に損害が生じたとして、甲社株主Xが甲社取締役であるA、B、Cの甲社に対する423条責任を追及する株主代表訴訟を提起している。

　本件売買契約は、利益相反取引（自己のための直接取引）に該当し（356条1項2号）、取締役会の承認を得ているが、その後の埋蔵文化財の発見により、購入価格7,200万円に比し、本件工場用地の公正価格は2,000万円となってしまった。本来であれば、埋蔵文化財は隠れた瑕疵に該当し、売主であるCに対し甲社は瑕疵担保責任の追及が可能

であり、損害賠償等を請求することができるはずである。しかし、本件売買契約には、瑕疵担保責任の免除条項が規定され、甲社はＣに対して瑕疵担保責任を追及することができず、差額の5,200万円の損害を被った。利益相反取引によって会社に損害が発生していることから、Ｃは、本件売買契約の締結につき（423条3項1号）、Ａ、Ｂは、取締役会の承認への賛成につき（同項3号）、任務を怠ったものと推定される。本件事実からは、本件売買契約の契約条項等は利益相反取引を承認する際の取締役会で定められ、代表取締役Ａには本件売買契約をすることにつき何らかの決定をすることが取締役会より委任された訳ではない。Ａは取締役会の承認への賛成につき任務懈怠が推定されるのみである（423条3項3号）。

　Ｃは、428条1項により帰責事由の不存在を根拠づける事実の主張・立証が許されず、そのため、423条3項1号にかかわらず、その同じ事実を任務懈怠の不存在を根拠づける事実として主張・立証することも許されない。したがって、任務懈怠の推定を破ることができず、5,200万円を甲社に賠償する責任を負う。

　それでは、Ａ、Ｂは、任務懈怠の推定を破ることができるか。Ａ、Ｂは、埋蔵文化財の存在を懸念しながらも、本件売買契約につき瑕疵担保責任を免除している。通常の不動産取引にあっても、埋蔵文化財の調査費用分を価格に反映させることで瑕疵担保責任を免除することはある。本件工場用地に遺跡が存在することにつき通常の企業間の不動産取引においてなされる程度の調査を行い、重要な遺跡がなく、調査の追加負担で済むとの判断が合理的であれば、価格面で調整をすることで、瑕疵担保責任を免除することも善管注意義務違反とはならない可能性はあり、任務懈怠の推定を破る余地はある。もっとも、本件の事実からは、Ａ、ＢはＣからの情報のみで、本件工場用地の取得を決定しており、十分な調査を尽くしていないとも評価できる。そうであれば、Ａ、Ｂは任務懈怠の推定を破ることができず、Ａ、Ｂもそれぞれ5,200万円を甲社に賠償する責任を負うことになる。

　なお、Ａ、Ｂ、Ｃそれぞれが甲社に賠償すべき5,200万円は、甲社の同一の損害を対象とするものであることから、不真正連帯債務となる（430条）。

★★ コラム ⑥ 責任追及等の訴えの訴訟上の和解

　代表訴訟につき、原告株主と被告とが訴訟上の和解をしても、原告株主は代表訴訟で行使する会社の請求権につき処分権限を有さないため、訴訟終了効しか認められず、会社や他の株主が再訴することは妨げられない（850条1項）。もっとも、会社が和解の当事者となるか、または和解を承認すれば、確定判決と同一の効力が認められ、会社やその他の株主も和解に拘束される（同項ただし書）。会社が和解の当事者として参加していなければ、裁判所は、会社に対し和解内容を通知し、異議があれば、2週間以内に述べるよう催告しなければならない（同条2項）。会社が異議を述べない場合には、会社は和解をすることを承認したものとみなされる（同条3項）。

　しかしそもそも、会社が責任追及等の訴えを提起する場合であっても、本来であれば、訴訟追行者の判断のみでは、処分行為は実施できないはずである。処分行為が性質として責任の免除・一部免除という側面を有し、原則として総株主の同意が要求されるからである（55条・424条など）。しかし、費用対効果を考慮して、訴訟上の和解を実施した方がよいとされる場合もありうる。このため、会社法は、責任追及等の訴えにおける裁判上の和解に限り、責任免除規定の適用を排除した（850条4項）。責任追及の訴えにあっては、会社が提起する場合でも、代表訴訟の場合でも、訴訟が係属する旨が公告されるか株主に通知され（849条5項。9項も参照）、株主に訴訟参加の機会が保障される（849条1項）。よって、株主は訴訟参加し、和解の成立を阻むことができるのであるから、責任追及等の訴えにおける訴訟上の和解には、責任免除に総株主の同意を要求することに匹敵する状況が確保されているといえる。

　責任の一部免除（〔問題19〕コラム①「責任の一部免除」を参照）と異なり、任務懈怠責任（423条1項）については、善意無重過失の場合でなくとも裁判上の和解は可能であり、被告から会社に支払われる和解金の額が最低責任限度額（425条1項）を下回っても良い。任務懈怠責任以外の会社に対する責任（120条4項・462条1項など）を追及する訴訟についても裁判上の和解は可能である（責任の免除につき総株主の同意を要求する規定の適用は排除されている〔850条4項〕）。ただし、462条1項の責任のうち、分配可能額を超える部分については、そもそも免除することが認められず（462条3項本文）、会社が和解の当事者となるか和解を承認しても和解には確定判決と同一の効力は認められず、再訴を禁止することはできない（850条4項かっこ書参照）。

◆ 参考文献 ◆

・土田亮「代表訴訟によって追及しうる取締役等の責任の範囲」争点158頁
・岸田雅雄・百選68事件
・吉原和志「取締役との会社に対する責任の範囲と性格」争点135頁
・笠井正俊「会社の被告取締役側への補助参加」争点162頁
・山田泰弘「取締役等の責任の一部免除と和解」争点164頁
・山田泰弘「役員等の会社に対する責任・株主代表訴訟による法実現の検証」法時82巻12号（2010年）

[山田泰弘]

〔問題21〕 帳簿閲覧権

◆ 事例 ◆

次の文章を読んで、設問に答えなさい。

甲株式会社は種類株式発行会社ではない、取締役会設置会社で、監査役設置会社である。同社の発行済み株式総数は1万株である。同社の株式の譲渡については、定款により、会社の承認を要することとされている。甲社の株主で、同社株を500株所有していたAが死亡し、同人の子であるBがその同株式を相続により取得した。Bは、相続税支払のために同株式を現金化したいと考え、そこで、「相続税支払のための売却等に備えて本件株式等の時価を適正に算定するため」として、甲社の過去3年間の会計に関する一切の帳簿・資料の閲覧・謄写を請求した。しかし、甲社がこの請求を拒否した。

〔設問〕 Bは裁判所にこれらの閲覧・謄写を求める訴えを提起するとともに、これを本案として、閲覧・謄写についての仮処分命令を請求した。Bの請求は認められるか。

◆ 解答へのヒント ◆

帳簿閲覧・謄写権の対象となる帳簿・種類の範囲が問題となる。また、株価算定のためという閲覧・謄写の目的が、「権利の確保又は行使」のため（433条2項1号）に行われたものであるといえるのかも問題となる。加えて、本件のような請求についての仮処分の可否も論点となる。

問題21 帳簿閲覧権　303

◆ 解説 ◆

1. 株主の経理・検査権

　株主には、取締役の違法行為の差止請求権（360条）・代表訴訟を提起する権利（847条）・取締役の解任請求権（854条）などのいわゆる**監督是正権**が認められている。しかし、株主がこれらの権利を有効に行使するためには、会社の業務および財産の状況につき詳細かつ正確な知識を有することが必要である。そして、取締役の不法・不正な行為は経理に関して最もしばしばあらわれ、またそこに痕跡を残すことから、これらの情報を株主が収集する手段が必要となる。そこで法は、一定の少数株主に、**会計帳簿を閲覧・謄写する権利**（433条）を認め、また同様の少数株主に、会社の業務および資産の状況を調査せしめるため、裁判所に**検査役の選任を請求する権利**を認めている（358条1項）。

　本件でＢが行使しているのは会計帳簿の閲覧・謄写権（以下「閲覧権」という）である（その他株主の情報収集の手段として、取締役会議事録の閲覧権〔371条2項～5項〕、監査役会議事録の閲覧権〔394条2項～4項〕等がある。最近取締役会議事録の閲覧が認められたものとして、大阪高決平成25・11・8判時2214号105頁がある）。

2. 閲覧権の行使要件

　帳簿の閲覧・謄写（以下「閲覧」という）の請求をなしうる者は、総株主（完全無議決権株式を除く）の議決権の100分の3あるいは発行済株式総数（自己株式を除く）の100分の3以上を保有する株主であるが、定款により以上の割合を下回る割合を保有する者についても認めることができる（433条1項）。議決権を有しない株主でも一定の出資をしているものについてはこれらの権利を認めることが妥当であることから、会社法では、議決権数とともに、持株数に基づく行使要件も定めている。このように**少数株主権**（〔問題24〕コラム①「多数株主と少数株主の利害対立」参照）とされているのは、**濫用の防止**のためである。

3．閲覧の対象

　閲覧の対象となるものは、**会計帳簿またはこれに関する資料**である（433条1項。電磁的記録の場合にはその情報の内容を法務省令で定める方法で表示したもの）。

　株主の閲覧請求の対象については、従来、会計帳簿およびその作成の基礎となった資料に限定する考え方（**限定説**）と広く会計に関する書類が包含される（会社が法律上の義務として作成する帳簿だけでなく、任意に作成する帳簿・書類も含まれる）とする考え方（**非限定説**）の対立があった。この点、平成17年改正前商法293条ノ6が「会計ノ帳簿及資料」としていたのに対して、会社法は「会計帳簿又はこれに関する資料」云々としている点では、会社法は限定説を採用しているように読めないでもない。しかし株主の閲覧権におけるのと同様、会計監査人の帳簿閲覧権の対象についても、従来から、平成17年改正前商法特例法では「会計の帳簿及び資料」、現在の会社法では「会計帳簿又はこれに関する資料」との文言が用いられている（平成17年改正前商特7条1項、会社396条2項）ところ、会計監査人の調査対象については上記のような限定はないと一般に解されている。また、立案担当者も会社法は限定説をとることとしたものではなく、この点は従来どおり解釈に委ねられているとしている（論点解説528頁）。したがって、この文言の変化だけから会社法が限定説を採用したとみることはできず、もっぱら解釈によるほかはない。

　限定説によると、既述の会計帳簿（複式簿記における基本的な帳簿である仕訳帳・元帳、およびこれらの補助簿である。コラム①参照）およびその資料（会計帳簿記入の材料となった伝票・受取証・契約書等）が閲覧等の対象となる。一方、法人税確定申告書、同報告書控え・同報告書原案などは、それらの記載に基づいて総勘定元帳などの会計帳簿の記載がなされるものではなく、会計帳簿作成の材料となるものでないから、閲覧の対象とはならない（東京地決平成元・6・22判時1315号3頁、横浜地判平成3・4・19判時1397号114頁、大阪地判平成11・3・24判時1741号150頁、名古屋地決平成24・8・13判時2176号65頁）。これに対して、非限定説の立場では、法人税確定申告書等も閲覧の対象となる

問題21　帳簿閲覧権　305

ことになる。裁判実務では限定説がとられている。

★ コラム ① **会計帳簿**

会計帳簿は本文解説中にあるような帳簿と解されているが、その理由は次のようなものである。会社法において、「株式会社の会計は、一般に公正妥当と認められる企業会計の慣行に従う」（431条）とされているところ、ここで想定されているものは企業会計原則である（コラム②参照）。そして、企業会計原則では損益的思考に基づき、貸借対照表は誘導法により作成されるとされるところ、これらは複式簿記理論を前提とするものであり、そして、複式簿記における主要な帳簿として、日々の取引を発生順に記載する日記帳（今日では次の仕訳帳と合併しているのが通常）、取引を貸方と借方に振り分ける仕訳帳、これをもとに各勘定毎に転記する総勘定元帳があり、その他仕入帳、売上帳等の補助簿が用いられる。そして、会社法も貸借対照表の作成について、誘導法をとることを明らかにしている（会社計算59条3項）ことから、これらの帳簿が会社法でいう会計帳簿に当たると解されている。

★ コラム ② **431条の意義**

会社法431条は、平成17年改正前商法が、総則の32条2項において、「商業帳簿ノ作成ニ関スル規定ノ解釈ニ付テハ公正ナル会計慣行ヲ斟酌スベシ」と規定していたところ、会社法の制定に際し、単独法典としての体系を整えるため、従前の旧32条2項に相当する規定として会社法にも置かれたものである（現行商法にも同様の規定が置かれている。商19条1項）。

ところで、平成17年改正前商法32条2項は、商法上の計算書類等の作成基準を証券取引法上の基準と一致させるために昭和49年の改正に際して置かれた規定である。

昭和49年改正前の商法の計算規定では、いわゆる財産法的思考がとられていた。財産法的思考とは、期首と期末の純財産額を比較して、その増減をもって当期の利益あるいは損失とする考え方で、この立場から当時の商法は決算時に実地の棚卸をして財産目録を作るとともに、これから貸借対照表を作るという棚卸法を採用していた。一方、証券取引法（現金融商品取引法）に基づく財務諸表規則は企業会計原則を基礎としたものであり、この企業会計原則では、複式簿記制度を前提とし、いわゆる期間損益の対応という考え方、すなわち、生じた損益と費用についてはその対応する事業年度に合理的に配分するという考え方がとられ、貸借対照表は勘定方式をとる元帳から作成するという誘導法がとられていた。このように両者の基準が異なるというのは無用の混乱を生ぜしめるため、昭和49年の改正において、商法総則編に32条2項が設けられ、ここでの公正な会計慣行とは企業会計原則が念頭に置かれていた。また、同年の改正により、貸借対照表についても会計帳簿に基づ

き作成する旨が定められて（平成 17 年改正前商 33 条 2 項）、誘導法をとることが明らかにされた。このように、会社法が証券取引法の基準に歩み寄ることで、証券取引法上の会計基準との一致が図られたが、会社法 431 条もこれを受け継いでいる。

　以上のように、会社法の計算規定に関しては企業会計原則が重要な役割を担っているが、実際の企業会計実務において大きな影響をもっているのは実は税法である。法人税法は、その 74 条 1 項において、法人は確定した決算に基づき申告書を提出しなければならないとしており、税額の算定は商法上確定した決算に基づきなされるという、いわゆる確定決算主義と呼ばれるものが日本法上採用されている。しかし、税法は、法人税法、同法施行令、同法施行規則、通達等により詳細に課税所得の算出について定めており、会社法上あるいは金融商品取引法上のものよりも詳細な会計規制がここにみられる。

　そもそも、税法は担税力のあるところから、公平かつ簡便に租税収入を確保することを目的として、そのために詳細な会計規定を置いているわけであるが、法人税法が前述の確定決算主義をとっていることから、いわゆる税法の逆基準性というものが出てくることになる。つまり、税法上認められている処理をとりたいのなら、会社法上の決算において、その処理方法を採用しておかなければならないわけで、このことから、会社法上の決算の処理方法が逆に税法により拘束を受けることになる。例えば貸倒れ引当金について、本来そこまで積み立てる必要はないが、税法上認められている限度枠一杯まで積み立てるというようなことが行われる一方、公正な会計慣行からは積立が必要なものについて、税法上は否認され、有税処理となるので会社がこれを敬遠し、本来必要な額を積み立てないというようなことが行われる。

　税法と会社法は本来目的が異なるから、処理方法が異なっても当然ではあるが、ともかく、現在この逆基準性ということにより、企業会計の実務は税法の影響を強く受けているという状況にある。

4．閲覧権の行使

(1) 請求目的の具体性

　閲覧権を行使するにあたっては、株主は請求の理由を明らかにしなければならない（433 条 1 項柱書後段）。これは、会社に**閲覧の対象となる範囲**や、後述の**拒否事由の有無の判断**を可能にさせるためであるから、その理由については、具体的な閲覧等の目的を明らかにすることを要し、単に株主の権利の確保または行使に関し調査するといったものでは足りない（「この度予定されている新株の発行その他会社財産が適正妥当に運用されているかどうかにつき」という記載は具体性を欠くとされて

問題 21 帳簿閲覧権　307

いる。高松高判昭和 61・9・29 判時 1221 号 126 頁、最判平成 2・11・8 判時 1372 号 131 頁）。ただし、請求を基礎づける事実が客観的に存在することについてまで証明する必要はない（最判平成 16・7・1 民集 58 巻 5 号 1214 頁。例えば「違法行為について調査をするため」という場合、違法行為があったことの証明は必要でない。違法行為を確認するため、閲覧権が行使されるわけであるから、当然のことといえよう）。また、閲覧および謄写は、必ずしも株主本人がする必要はなく、公認会計士・弁護士などの代理人によって行うことも可能である。

(2) 帳簿の特定の要否

　上述のように、閲覧の目的は具体的なものであることを要するが、さらに進んで、閲覧目的の特定にとどまらず、閲覧請求をする株主の側で、何年度のどの帳簿というように、**閲覧対象まで具体的に特定して請求しなければならないか**が問題となりうる。この点についても見解は分かれる。**否定説**は、株主は会社内部のいかなる帳簿等がその請求と関連するかを知ることができないのが通常であるから特定して請求する必要はなく、それが請求の目的のために不要である帳簿については、閲覧を拒否する会社の方で不要であることを立証して拒めば足りると解する（江頭 702 頁）。

　これに対して、**裁判実務は特定が必要**と解しており（肯定説）、その理由として、企業の所有と経営の対立した利害得失を直接調整する機能をもつものであることに鑑み、株主が同条に基づき裁判上その請求権を行使する場合は、当事者双方に対し、攻撃、防御方法を適正に行使させる観点から、対象物を単に会計の帳簿等と申し立てるのみでは足らず、例えば何年度のいかなる帳簿等であるかを具体的に特定する必要がある（仙台高判昭和 49・2・18 高民集 27 巻 1 号 34 頁）とする。あるいは、会社が備え付けるべき書類のうち重要なものは法定されており、また、請求者は、閲覧請求を行うにあたって、弁護士、公認会計士、税理士など専門家の助言を求めることが可能であることなどを考えると、一概に調査の目的実現に必要な帳簿書類を請求者の側で特定することが困難であるとは言い難い。むしろ、請求者は調査の目的と関係のある範囲で会計の帳簿等を閲覧または謄写できる権利を有する

にすぎないから、会社の側において積極的に当該帳簿等が調査の目的とは関係がないことを立証しない限り、一般的に会社の帳簿等を閲覧等に供さなくてはならないと解することは、そのような不利益を会社に課するだけの実質的な根拠を欠くものである。加えて一般に相当量に達すると思われる会計の帳簿等のすべてから調査目的に関係あるものを除いた全部について、会社が、調査目的と無関係である旨を立証しなければならないというのでは、会社は極めて広範な範囲の立証義務を負うことになって、実際の手続上も衡平を欠き、妥当でない（前掲高松高判昭和61・9・29）という点も挙げている。

5．拒否事由

　閲覧の請求があった場合でも、会社は、①請求を行う株主（請求者）が権利の確保または行使に関する調査以外の目的で請求している場合（433条2項1号）、②会社の業務の遂行を妨げ、株主共同の利益を害する目的で請求している場合（同2号）、③請求者が会社業務と実質的に競争関係にある場合（同3号）、④閲覧により知りえた事実を利益を得て第三者に通報するため請求する場合（同4号）、⑤過去2年以内において④のような営利的請求をしたことのある者である場合（同5号）には、その**請求を拒否**することができる。

　上述の事由に該当すべき理由なくして会社が請求を拒絶したときは、取締役は過料の制裁に処せられる（976条4号）。

　本件では、「相続税支払のための売却等に備えて本件株式等の時価を適正に算定するため」という目的が示されているが、これが拒否事由である「権利の確保または行使に関する調査以外の目的」に当たるかが問題となる。すなわち、ここでの権利に**自益権が含まれるのか**が問題となり、学説上これを肯定する説と否定する説があるが、**肯定説**が通説である（新版注釈(9)219頁〔和座一清〕）。ただ、閲覧等請求権が共益権であるか、自益権であるかの争いも絡み、自己の株価を知るためのものや株式買取請求権の行使のためのものが認められるかについては学説上議論がある（新版注釈(9)220頁〔和座〕参照）ところ、株式買取請求権行使のためのものについては、これを肯定するのが多数説で

問題21　帳簿閲覧権　309

ある（江頭 698 頁）。なお、本件でも、甲社株式については譲渡制限が付されている甲社は一種類のみの株式を発行し、これに譲渡制限がついているから、甲社は「公開会社でない会社」（2条5号参照）である。そのため、譲渡を会社が承認しない場合には、会社あるいは指定買取人に買取りを請求することになる（138条1号ハ。コラム③参照）ので、本件閲覧目的は**株式買取請求権の行使のため**のものでもある。

　判例は、本件と同様の事案において、次のような理由から、閲覧請求を許容している。すなわち、会社が譲渡を承認しないときは、会社あるいは指定買取人に買取りを請求することができ、この場合の売買価格は当事者の協議により、協議が調わないときは当事者は、裁判所に対して、売買価格の決定を請求することができる（144条）など、株式の譲渡制限に伴う一連の手続が定められている。株主において、上記の手続に適切に対処するためには、その有する株式の適正な価格を算定するのに必要な当該会社の資産状態等を示す会計帳簿等の閲覧等をすることが不可欠というべきである。したがって、株式の譲渡につき定款で制限を設けている株式会社において、その有する株式を他に譲渡しようとする株主が、上記の手続に適切に対処するため、上記株式の適正な価格を算定する目的でした会計帳簿等の閲覧謄写請求は、特段の事情が存しない限り、株主等の権利の確保または行使に関して調査をするために行われたものであって、1号所定の拒絶事由に該当しないものと解するのが相当である（前掲最判平成16・7・1）とする。

　このように判例は、譲渡制限が付されている株式については、当該株主の利益保護の観点から不可欠であるとの理由で閲覧等請求を肯定している（したがって、一般的に株価を知るためというものが拒否事由とはならないかについては明言をしていない。西山芳喜・百選163頁は、閉鎖会社においても時価算定目的の閲覧を認めることは疑問であり、本判決は閉鎖会社における譲渡不承認株式の買取手続のための一事例と解すべきであるとする）。

★ **コラム** ③ **株式の譲渡制限**

会社法は、株式について、一定の例外を除いて自由譲渡性を認めている（127条）。

このように株式の自由譲渡性が法律上定められているのは、株式会社では会社債権者保護のための会社財産の維持等の理由から自己株式の取得が制限され（155条以下）、退社制度が認められていないことに起因する（持分会社に関する606条参照）。このように株式会社では退社による投下資本の回収ができないために、株主は自己が有する株式を他人に譲渡することにより投下資本の回収を図ることになる。したがって、株主に投下資本の回収手段を保障するために、株式の自由譲渡性が定められているわけである。

　会社法は、この株式の譲渡の自由の例外の一つとして、定款の定めによる株式の譲渡制限制度を設ける。ただし、この制度は、正確にいうと譲渡自体の制限ではなく、譲渡の相手方の制限である。すなわち、株式を譲渡したい株主（譲受人からも可能）は、譲受人が誰であるかを明らかにして会社に承認を求めるが、会社が承認しない場合には、会社あるいは、会社が指定する買取人による買取りをあわせて請求することができ（138条）、この請求があったにもかかわらず会社あるいは指定買取人が買取りをしない場合には、会社は当初の譲渡承認請求を承認したものとみなされる（145条2号・3号）。このようにして、最終的に投下資本の回収を可能とする制度となっている。

　中小会社では、同族による会社の所有と経営がなされていることが多く、そのようなところでは、現在の株主がその一族以外の者に株を売ることにより、会社のなかに一族以外の異分子が紛れ込んでくるのを避けたいという要請がある。そこで、会社法は異分子の混入の防止という要請に応ずるとともに、株主の投下資本の回収の道を閉ざすことなく、その回収を保障するための制度として、このような制度を設けたわけである。

　なお、従来、異なる種類の株式を発行している場合に一つの種類の株式についてのみ譲渡制限を設けることが可能であるか議論があったが、会社法は譲渡制限があること自体を株式の内容とみることとして譲渡制限株式を種類株式として発行することを認めている（108条2項4号）。会社の発行する全部または一部の株式の内容として譲渡による当該株式の取得について会社の承認を要する旨の定めを設けた場合におけるその株式を、譲渡制限株式という（2条17号。〔問題15〕参照）。

　なお、この譲渡制限を設けるための定款変更についての株主総会の決議は、当該株主総会において議決権を行使することができる株主の半数以上（定款でこれを上回る割合を定めた場合にはその割合以上）であって、当該株主の議決権の3分の2以上（定款でこれを上回る割合を定めた場合にはその割合以上）に当たる多数によらなければならない（309条3項1号。いわゆる特殊決議）。種類株式発行会社がある種類の株式を譲渡制限株式とする定款の規定を設ける場合、当該定款の変更は、当該種類株主により構成される種類株主総会（取得請求権付・取得条項付株式の取得の対価として発行される株式が当該種類株式である場合には、当該取得請求権付・取得条項付株式の株主も含む）の決議が必要であり（111条2項）、その決議も、当該種類株主総会において議決権を行使することができる株主の半数以上（定款でこれを上回る割合を定めた場合にはその割合以上）であって、当該株主の議決権の3分の2以上（定款でこれを上回る割合を定めた場合にはその割合以上）に当たる多数によらなければならない（324条3項1号）。

株主の頭数が要件とされているのは、自由に譲渡できるか否かは、持株数の多寡に関わりなく、個々の株主にとって重大な利害関係を有する出来事であるからである。譲渡制限の設定の決議に反対の株主には、株式買取請求権が認められる（116条1項1号・2号）。

6．閲覧の仮処分

　少数株主が閲覧を請求したのに対して、会社が正当な理由なくして請求に応じないときは、株主は、会社に対して**閲覧または謄写請求の訴え**を提起することができる。その場合において、会社が帳簿等を隠匿・改ざんする等のおそれがあるときは、株主はこの閲覧等請求の訴えを本案として**帳簿等の閲覧・謄写に関する仮処分**を求めることもできるとするのが裁判実務の扱いである。しかし、この仮処分はそれにより本案請求の内容が実現されるものである（講学上「満足的仮処分」あるいは「断行の仮処分」と称される）ことから、閲覧等請求について仮処分を認めることについては、学説上批判的見解が多い。

7．事例への当てはめ

　本事例の場合、Bは、1万株のうちの500株（＝100分の5）を有するため、433条が規定する閲覧請求のために必要となる少数株主要件は満たしている。Bが示した閲覧目的は具体的であり、また、上述のように学説上争いもあるが、判例・多数説の立場からは株式買取請求行使のためといえるから、権利行使の確保または行使に関する調査のためのものであり、拒否事由には該当しないといえよう。

　本件で問題となるのは、閲覧対象として会計に関する一切の帳簿・書類の閲覧を求めている点であろう。非限定説の立場からは、あらゆる会計に関する帳簿等が閲覧の対象となりうるが、限定説の立場からは、このような無限定な請求は認められない。

　また、閲覧請求に際して対象を特定することが必要という立場をとる場合には、具体的に帳簿等を特定していない本件請求はこの点からも認められないことになる。特に裁判実務が、限定説に立つとともに、

閲覧対象の帳簿・書類を特定して請求することを求めていることから、
本案、仮処分とも本件の請求が認められる可能性は低いであろう。

◆ 参考文献 ◆

・論点解説 528 頁
・江頭 698 頁
・西山芳喜・百選 163 頁

[小林量]

〔問題22〕 事業譲渡・商号の続用

◆ 事例 ◆

次の文章を読んで、以下の設問1～2に答えなさい。

I

甲社（商号は「甲エンターテイメント株式会社」）は、会員制のトレーニング施設の運営および預託金会員制のゴルフクラブが設けられているゴルフ場の経営を事業内容とする株式会社である。トレーニング施設は、駅前の一等地に立地している。甲社の預託金会員制のゴルフクラブは、特に「甲ゴルフ倶楽部」という名称で運営されていた。乙社は、スポーツ用品の製造・販売を行う株式会社である。甲社と乙社の間に資本関係はない。

甲社の代表取締役Aは、ゴルフ場経営が好調であることから、同社の事業内容をゴルフ場経営に特化して、大都市近郊でさらに積極的に展開したいと考えていた。乙社は、甲社と取引関係があったことから、Aが甲社の会員制トレーニング施設の運営事業を手放したいと考えており、その売却先を探していることを知るに至った。この頃、乙社は、スポーツ用品の売上げが伸び悩んでいたこともあり、中高齢者向けのスポーツ・ジムの運営に強い関心をもっていた。

そこで、乙社は、取締役会を開催して、甲社から会員制トレーニング施設の運営事業を譲り受け、施設、会員、従業員および事業のノウハウをそのまま引き継いで同種の事業運営を行うことを決定した。その後まもなく、甲社と乙社との間で、会員制トレーニング施設の運営事業の譲渡（以下「本件事業譲渡 a」という）に係る契約が締結された。なお、本件事業譲渡 a に係る契約が締結されるまで、甲社におけるゴルフ場経営に係る資産と会員制トレーニング施設の運営事業に属する資産の帳簿価額は、ほぼ同額であった。

　＊預託金会員制ゴルフクラブとは、一般に、ゴルフクラブの会員になろうとする者が、ゴルフクラブの経営会社との間で会員契約を締結する際に、所定の預託金を預託して入会する形態のゴルフクラブである。会員資格を取

314　第2部　発展問題

得した者は、会則に従って、ゴルフ場施設の優先的利用権（プレー権）を有し、一方、ゴルフ場経営会社は、会員に対してゴルフ場施設を利用可能な状態に保持し、会則に従ってこれを利用させる義務を負う。会員は、約定の据置期間経過後、退会時に預託金の返還を求めることができる。

〔設問1〕 甲社は、本件事業譲渡 a がAの独断によって実行されたものであり、同社において株主総会の承認決議を経ていないとして、乙社に対し本件事業譲渡 a の無効を主張し、後日、会員制トレーニング施設の返還を求めた。甲社の主張は認められるか。また、乙社が、本件事業譲渡 a につき、甲社の株主総会の承認決議がないことを理由に無効を主張して、譲受け代金の支払を拒否することは認められるか。

Ⅱ
甲社は、その後、預託金会員制のゴルフクラブが設けられているゴルフ場の運営事業への過剰投資が経営を圧迫するようになり、事業継続が困難な状態に陥った。そのため、甲社は、ゴルフ場の運営事業を手放さざるをえなくなり、丙株式会社との間で、同事業に係る事業譲渡契約（以下「本件事業譲渡 β」という）を締結した。丙社は、当該事業を譲り受けた後も、「甲ゴルフ倶楽部」という名称で、従前と同じ場所で、預託金会員制のゴルフクラブが設けられたゴルフ場を経営している。

〔設問2〕 Bは、本件事業譲渡 β が計画される以前に、甲社に1,500万円を預託し、甲ゴルフ倶楽部の会員資格を取得した者である。Bは、丙社に対し、22条1項に基づき、預託金の返還を求める訴えを提起した。なお、甲社と丙社との間で、丙社は、本件事業譲渡 β に係る契約成立前における甲社の甲ゴルフ倶楽部の事業に関する債務を承継しない旨の約定がされていた。Bの請求は認められるか。

◆ 解答へのヒント ◆

1.〔設問1〕

〔設問1〕は、主に、467条1項に規定されている事業譲渡の意義および株主総会の承認決議を経ていない事業譲渡の効力を問う問題である。まず、467条1項にいう「事業」が判例・学説上どのように定義づけされているのかについて論じる必要がある。次に、本件事業譲渡αが同項の「事業」の譲渡に当たるかどうか、該当するのであれば、同項2号にいう「事業の重要な一部の譲渡」の該当性を検討し、株主総会の特別決議が必要であったか否かを明らかにする。最後に、株主総会の特別決議による承認を経ていない場合の事業譲渡の効力、さらに誰が無効を主張できるかについて検討をする。

2.〔設問2〕

〔設問2〕は、22条1項の射程をめぐる問題である。同項は、事業譲渡において譲渡会社の商号が譲受会社において続用される場合、譲受会社が譲渡会社の事業によって生じた債務の弁済責任を負う旨を定める規定である。事例Ⅱでは、本件事業譲渡βが行われたのち、丙社において甲社の「甲エンターテイメント株式会社」という商号は続用されていないが、甲社が従前使用していた「甲ゴルフ倶楽部」という事業上の名称が引き継がれている。このような事業上の名称（屋号）の続用がある場合についても、22条1項は適用ないし類推適用されるのかを検討する。

◆ 解説 ◆

1.〔設問1〕株主総会決議を要する事業譲渡

(1) 事業譲渡の趣旨・手続
(ア) 事業譲渡の経済的意義

事業譲渡とは、取引行為として、会社がその事業を他に譲渡することである。例えば、鉄道事業を営んでいるS社が、ホテル業を新規に始めようとする場合、時間も費用もかかり、また失敗するリスクもないわけではない。しかし、ホテル業を営んでいるT社が、ホテル事業の売却を考えているのであれば、S社は、T社から、ホテル事業を譲り受けることによって、新規事業を起ち上げる時間と費用を節減することができ、またホテル事業にノウハウの蓄積やブランド力があれば、これを引き継いだときの失敗するリスクは低くなると考えられる。T社にとっても、単にホテル業を廃止するのではなく、S社にホテル事業を有償で譲渡できれば、有効に処分しうる形となる。事業譲渡（S社からみると、事業譲受け）には、このような経済的意義があるといえる。一般に、事業譲渡は、商法・会社法の特性である企業の存続や発展を図るために行われる。

(イ) 事業譲渡の手続

467条1項各号に定める事業譲渡等を行う場合、その行為の効力発生日の20日前までに事業譲渡等を行う旨を株主に通知または公告しなければならない（469条3項・4項）。これは、株主の差止請求（360条）および反対株主の株式買取請求（469条）の機会を確保するためである。

会社は、事業譲渡等の効力発生日の前日までに、株主総会の特別決議により、当該事業譲渡に係る契約（事業譲渡契約）の承認を得なければならない（467条1項・309条2項11号）。事業の全部譲渡、事業の重要な一部の譲渡、一定の子会社株式等の全部または一部の譲渡、事業の全部の賃貸・事業の全部の経営委任（467条1項1号～2号の2・4号）などは、譲渡会社において、基礎的変更ともいえる行為であり、株主の利害に与える影響が大きいと考えられるため、上のような厳格な手

問題22 事業譲渡・商号の続用 **317**

続が求められる。他の会社の事業の全部を譲り受ける場合、譲受会社は吸収合併の存続会社に近い立場に立つことから、譲受会社において株主総会の特別決議が要求されている（同項3号）。

なお、譲渡会社に支払われる事業譲渡の対価は、通常は金銭であるが、それ以外のものであっても構わない。譲受会社が発行する株式を対価とする場合、現物出資に当たるので、譲受会社において、原則として検査役調査を受けなければならない（33条・207条）。

会社は、株主総会の招集に際して、株主総会参考書類に、事業譲渡等を行う理由、事業譲渡等に係る契約の内容の概要、および対価の算定の相当性に関する事項の概要を記載し、株主に交付しなければならない（301条、会社則92条）。

（ウ）「事業」の意義

上に述べたように、事業譲渡等が467条1項に定めるものに該当するならば、株主総会決議が必要となることから、**「事業」とは何か**が重要となる。会社法では、「事業」の定義規定が置かれていないため、その意義をめぐって解釈論が展開されている。

判例は、①一定の目的のために組織化され、有機的一体として機能する財産（得意先関係等の経済的価値のある事実関係を含む）の譲渡で、②これによって、譲渡会社がそれまでその財産によって営んでいた**事業活動を譲受人に承継**させ、③譲渡会社が法律上当然に**競業避止義務**を負う結果を伴うものをいうとする（最大判昭和40・9・22民集19巻6号1600頁）。

この最高裁判決は、平成17年改正前商法の「営業譲渡」に関する判例であるが、後掲コラム①に述べるように、同年改正では、「営業」と「事業」の用語の整理が行われたにすぎず、実質に変わりはないものと解されているので、上記判例の考え方は、現行の「事業譲渡」についても妥当すると考えられる。判例の立場は、21条以下でいう事業譲渡と467条1項の事業譲渡を同じ意味に理解するものである。

学説では、前掲の最大判昭和40・9・22の立場を支持するものがある（田中誠二『会社法詳論(上)(3全訂版)』〔勁草書房、1993年〕481頁、前田762頁等）。その根拠として、467条の事業譲渡を21条以下の事業譲渡と同義に解することにより、同一法典中の文言が同じ意味をもつ

ものとなり、法解釈の統一性・安定性が図られるとともに、事業活動の承継（上記②）と競業避止義務の負担（上記③）の有無によって株主総会の特別決議を要するか否かを判断しやすくなり、取引の安全が図られるということが挙げられる。

このような理解に対し、467条1項にいう事業譲渡と21条以下にいう事業譲渡の概念を同じに解する必要はないとする批判的見解が有力である（大隅＝今井・中巻101頁、鈴木＝竹内249頁等）。すなわち、467条1項の事業譲渡は、譲渡会社の株主の保護を図るために株主総会の特別決議を要求するものであるのに対し、21条以下に定められた規制は、譲受会社の保護や譲渡会社の債権者・債務者その他の第三者の保護を目的とするものであるから、両規定の趣旨は異なると主張されている。この立場からは、譲受会社による事業活動の承継（上記②）は、譲渡会社の株主の利害に関係ないから不要であるとする。また、特約によって競業避止義務を排除すれば事業譲渡に該当しないこととなるのは適当ではないとして、競業避止義務の負担（上記③）の要件は不要であると主張する[1]。

さらに、近時は、従業員や得意先の移転は必ずしも必要ではなく、「一定の目的のため組織化され、有機的一体として機能する財産」の譲渡であれば足り、具体的には、事業用財産に製造・販売等のノウハウが付随して移転されれば要件を満たすという、上記①の要件をさらに緩和してよいという見解も有力である（江頭950頁）。

ところで、467条1項2号の「事業の重要な一部の譲渡」については、これに該当するか否かの判断が容易ではないことから、金額に関する形式基準として、譲渡する資産の帳簿価額がその譲渡会社の総資産額（会社則134条）の5分の1（定款で引下げ可能）を超えないときは、

---

[1]　この点に関しては、本文前掲の最大判昭和40・9・22が、そもそも競業避止義務の負担を467条1項にいう事業譲渡の要件として挙げたのではなく、事業譲渡に該当すれば、結果として、特約で排除しない限り21条により競業避止義務を負うという効果を述べたにすぎないと主張する見解も有力である（大塚龍児「判批」判評368号〔判時1318号〕〔1989年〕56頁、宇田一明『営業譲渡法の研究』〔中央経済社、1993年〕76頁、藤田友敬・商百選39頁、田中亘「競業避止義務は事業の譲渡の要件か」東京大学法科大学院ローレビュー5巻〔2010年〕286頁等）。

株主総会決議を経ることを要しない（467条1項2号かっこ書）。このような小規模の事業譲渡は、株主に与える影響が小さいと考えられるためである。もっとも、これは金額ベースでの形式基準であるから、譲渡資産の帳簿価額が譲渡会社の総資産額の5分の1を超える場合であっても、質的にみて重要でないものについては、株主総会の決議を必要としない。**重要性の判断要素**としては、当該事業の売上高、利益、従業員数、将来性などから総合的に判断されることとなる。

★ コラム ① 「営業」と「事業」の用語の違い

　商法では、個人商人について「営業」という用語を用い、会社法では会社について「事業」という用語を用いている。平成17年改正前商法では、会社についても「営業」の譲渡・譲受けという用語が用いられていた。個人商人は、一つの営業ごとに1個の商号をもつことができ、複数の営業を行う場合は複数の商号を用いることができると考えられている。一方、会社は、複数の営業を行っていても、1個の商号しかもつことができない。そこで、平成17年改正後の商法および会社法では、「営業」概念を整理し、個人商人が行うものを「営業」とし、会社が行うものは総体として「事業」という用語を区別して用いることとした。つまり、個人商人と会社が営むものについて、用語の整理が行われたにすぎない。したがって、会社の営業譲渡が事業譲渡へと用語が変更された会社法下においても、平成17年改正前商法の営業譲渡の意義に関する解釈論は、実質的な変更はないと解される（新解説139頁～140頁）。

㈑ 株主総会決議による承認を要しない場合

　467条1項各号に規定する事業譲渡等に該当する場合であっても、常に事業譲渡等に係る契約の承認を株主総会の特別決議により受けなければならないわけではない。次の(a)または(b)に該当するときは、株主総会の承認決議は不要である。さらに、前述した、事業の重要な一部譲渡であって小規模なものについても、株主総会決議はいらない（467条1項2号かっこ書）。

(a) 特別支配会社との事業譲渡等

　例えば、S社がT社に事業譲渡等を行う場合において、T社がS社の株式のほぼ全部を有するときは、S社で必要とされる事業譲渡等に係る契約の株主総会による承認決議は、T社の議決権行使によって成

立する可能性が極めて高く、その承認のために株主総会を開催する意味は乏しいといえる。そこで、具体的には、他の会社の総株主の議決権の10分の9（定款で引上げ可能）以上を有する会社または完全子会社その他これに準ずる法人（会社則136条）の保有分とあわせて他の会社の総株主の議決権の10分の9以上を有する会社のことを「**特別支配会社**」といい（上記の例ではT社がこれに当たる）、事業譲渡等に係る契約の相手方が特別支配会社である場合には、株主総会による承認決議を不要としている（468条1項）。このような手続が認められる事業譲渡は、**略式事業譲渡**と呼ばれる。

(b) 小規模の事業の全部譲受け

　他の会社の事業の全部を譲り受ける場合であっても、その対価の額が小さいものについては、譲受会社の株主への影響が小さいと考えられるため、譲受会社における株主総会決議は不要とされている（468条2項）。具体的には、対価として交付する財産の帳簿価額の合計額が、純資産額として定める方法（会社則137条）により算定される額の5分の1（定款で引下げ可能）を超えない場合が、これに当たる。

> ★ **コラム** ② **譲渡会社の競業避止義務**
>
> 　467条1項に規定する事業の全部譲渡や事業の重要な一部譲渡に該当しないものであっても、事業の譲渡である限り、会社法の第1編総則（21条以下）の事業譲渡に関する規制が適用される。会社法第1編総則では、事業の譲渡会社の競業禁止（21条）や譲渡会社の商号を続用した譲受会社の弁済責任（22条）等が定められている（商号続用譲受会社の弁済責任については2.を参照）。
>
> 　事業譲渡は、組織化され、有機的一体として機能する財産の譲渡であり、得意先・仕入先やノウハウなどの暖簾とともに事業を承継させることである。したがって、譲渡会社が事業譲渡後に同種の事業を行って、得意先や仕入先を奪い、承継させたノウハウを利用すると、譲受会社は大きな不利益を受けることとなる。そのため、譲渡会社は、原則として、同一市町村およびこれに隣接する市町村の区域内において、20年間、同一の事業をすることができないこととされている（21条1項）。もっとも、競業避止義務は、特約（「当事者の別段の意思表示」）によって排除することができる（同項）。また、譲渡会社が競業避止の特約をした場合であっても、特約が効力を有するのは、事業譲渡の日から30年間に限定される（同条2項）。なお、このような期間や区域に関係なく、譲渡会社が不正の競争の目的で競業をすることは禁止されている（同条3項）。

⑵ 株主総会の有効な特別決議を欠く事業譲渡の効力

㋐ 事業譲渡の効力

会社は、事業の重要な一部の譲渡を行う場合、原則として、効力発生日の前日までに、株主総会の特別決議によって、当該事業譲渡に係る契約の承認を受けなければならない（467条1項2号・309条2項11号）。

事業譲渡が必要な株主総会決議を経ないで行われた場合、当該事業譲渡の効力はどうなるのか。この点について、判例は、**無効**と解している（最判昭和61・9・11判タ624号127頁）。無効は、譲渡会社またはその利害関係人だけが主張できるものとすると、これらの者が無効を主張するまで、譲受会社は当該事業譲渡を有効なものとして扱わざるをえず、著しく不安定な立場に置かれることになるから、譲受会社からも主張できると解している（前掲最判昭和61・9・11）。通説においても、譲渡会社の株主の利益保護を重視する観点から、譲受会社の善意・悪意を問わず、無効と解する立場（**絶対的無効説**）をとっている（江頭953頁、龍田520頁等）。

これに対し、必要な株主総会決議を欠く事業譲渡であっても、取引の安全保護（譲受会社の保護）を図る観点から、善意・無重過失の譲受会社への無効主張を制限する見解（**相対的無効説**）も有力である。すなわち、この見解では、特に、事業の重要な一部の譲渡に当たるか否かの判断が譲受会社にとって必ずしも容易でないことから、必要な株主総会決議を経ていない事業譲渡は、本来無効であるものの、このような瑕疵があることを知らず（善意）、かつ、知らないことにつき重大な過失がない（無重過失の）譲受会社に対しては、譲渡会社は事業譲渡の無効を主張できないと解する（鈴木＝竹内249頁）。

㋑ 無効の主張権者

ところで、組織再編行為に係る無効の主張については、無効の訴えの制度が法定されているが（828条1項7号〜12号・2項7号〜12号・834条7号〜12号）、事業譲渡の無効の主張については、これに相当する規定は置かれていない。そのため、**無効の主張は一般原則**（いつでも、誰でも、どのような方法によってでも、主張しうる）によることとなるので、譲受会社からの無効主張も許されるものと解される。上記㋐

に述べたように、譲受会社に無効主張を認めなければ、譲受会社は、譲渡会社から無効を主張されるまで、当該事業譲渡を有効なものとして取り扱わざるをえなくなり、これでは譲受会社が著しく不安定な立場に置かれることとなる。判例は、このような事態に配慮して、譲受会社からも、特段の事情がない限り、無効を主張することができるという立場を示している（前掲最判昭和61・9・11）。ただし、同判例では、事業譲渡契約から20年を経て譲受会社が無効を主張することは信義則により許されないとして、特段の事情を認めて、譲受会社からの無効主張を退けている。

(3) 事例への当てはめ

本問で、甲社は、株主総会の特別決議による承認を経ないで、本件事業譲渡 a を行っている。そこで、まず問題となるのが、本件事業譲渡 a が467条1項2号にいう事業の重要な一部譲渡に該当するか否かである。これに該当するのであれば、次に問題となるのが、株主総会決議を要しない場合に当たるか否かである。続いて、株主総会決議を経ていないで行われた事業譲渡の効果が問題となる。

本件事業譲渡 a は、甲社の会員制トレーニング施設の運営事業を乙社に譲渡するというものである。単に施設を売却するといった動産・不動産の売却ではない。乙社は、施設、会員および従業員ならびにノウハウを引き継いで同事業の運営を行うというのであるから、甲社が有機的一体の財産を譲渡し、これを乙社が承継する取引であるとみることができる。競業避止義務が特約で排除されたのか否かは、問題文から明らかでない。排除されていなかったのであれば、前掲最大判昭和40・9・22およびこれを支持する学説の立場からみて、467条1項2号にいう「事業」の譲渡に該当する可能性は高い。なお、競業避止義務の負担を事業譲渡の要件として解する場合、特約による排除があるときは、事業譲渡に当たらないこととなるであろう。一方、467条1項の事業譲渡に該当するには事業活動の承継や競業避止義務の負担は不要であるとする、前掲最大判昭和40・9・22に批判的な見解によれば、本件事業譲渡 a が有機的一体の財産の譲渡に該当する限り同項の事業譲渡に当たることとなり、原則として、株主総会の特別決議が求

問題22　事業譲渡・商号の続用　**323**

められることとなる。「一定の目的のため組織化され、有機的一体として機能する財産」の譲渡であれば足り、従業員や得意先の移転を必ずしも要しないとする近時の有力説に立った場合も、本件事業譲渡 a は467条1項の事業譲渡に該当することとなるであろう。

ところで、本問では、甲社におけるゴルフ場の経営に係る資産と会員制トレーニング施設の資産の帳簿価額は、ほぼ同額であったとされていることから、金額ベースの形式基準による適用除外を受けることはできない（467条1項2号かっこ書）。「重要な」に当たるか否かは、甲社における株主の利害に与える影響の程度という観点から、当該事業の売上高、利益、従業員数、将来性などの諸要素に照らして総合的に判断されることとなる。

甲社にとって本件事業譲渡 a が事業の重要な一部の譲渡に該当する場合、原則として株主総会の特別決議による承認を要するが、乙社が甲社の特別支配会社であるときは、この限りでない。本問では、甲社と乙社との間に資本関係はないとされていることから、略式事業譲渡には該当せず、原則どおり、甲社において株主総会の承認決議が必要となる。

以上、述べたように、本件事業譲渡 a につき甲社において株主総会決議を要するにもかかわらず、これを経ていない場合、判例・通説の立場からは、本件事業譲渡 a は絶対的に無効と解されるので、甲社の主張は認められる。これに対し、取引の安全保護（譲受会社の保護）を重視し、善意・無重過失の譲受会社への無効主張は制限されるべきとする相対的無効説の立場によれば、乙社が甲社において必要な株主総会決議を欠いているという手続上の瑕疵を知らず、かつ、知らないことにつき重大な過失がない場合には、甲社は本件事業譲渡 a の無効を主張できず、施設の返還を求めることはできないということになる。

事業譲渡無効の主張権者について、前掲最判昭和61・9・11は、譲受会社が著しく不安定な立場に置かれることのないよう、特段の事情のない限り、譲受会社からも事業譲渡の無効を主張できると解している。したがって、判例の立場に従えば、本件事業譲渡 a につき、事業譲渡契約の日から長期間経過したのちに乙社が無効を主張するといった信義則に反する事実はうかがわれないため、乙社からも無効を主張

することができ、代金の支払を拒否することができると考えられる。

★★ **コラム** ③ **事業譲渡と会社分割との異同**

　会社分割とは、事業に関して有する権利義務の全部または一部を他の会社に承継させることをいう（2条29号・30号）。会社分割は、会社の事業財産を他社に移転させる点で、事業の全部または重要な一部譲渡と経済的に類似する行為である。事業の全部または重要な一部譲渡も会社分割も、譲渡会社または分割会社の側で、株主総会の特別決議による承認が要求され（467条1項・783条1項・804条1項・309条2項11号）、反対株主には株式買取請求権が認められている（469条・785条・806条）。

　これに対し、事業の全部または重要な一部譲渡と会社分割には、以下のような相違点がある。第1に、事業譲渡は、「事業」を譲渡するものであり、その解釈をめぐっては判例・学説上の議論があるところではあるが、その定義への該当性が問題となるのに対し、会社分割は、事業に関して有する権利義務を承継させることであり、必ずしも、「事業」の移転であることを要しない。したがって、「有機的一体性」や「事業活動の承継」は会社分割の要件でないため、例えば、工場を移転して分社化することも可能であると解される。第2に、事業譲渡では譲渡会社の債務を譲受人に移転するには、個別に債権者の同意を得る必要があるのに対し、会社分割では、分割契約書または分割計画書の記載に従って債務が移転するから、債権者の個別同意を必要としない。会社分割では、債権者異議手続（789条・810条）が定められている。第3に、事業譲渡の無効は、民法の一般原則に従い、いつでも、誰でも、どんな方法によってでも主張することができるが、会社分割については、無効の訴えの制度が設けられており、一定期間内に、提訴権者が訴えによって主張しなければならない（828条1項9号・10号・2項9号・10号・834条9号・10号）。

2．〔設問2〕商号の続用と譲受会社の弁済責任

⑴　商号を続用した譲受会社の弁済責任の趣旨

㋐　商号続用者の弁済責任の概要

　事業を譲り受けた会社が、譲渡会社の商号を続用する場合、譲受会社も、譲渡会社の事業によって生じた債務を弁済する責任を負う（22条1項）。この場合、譲渡会社と譲受会社は、**不真正連帯債務**を負担することとなる。ただし、譲受会社が、事業を譲り受けた後、遅滞なく、本店所在地において譲渡会社の債務を弁済する責任を負わない旨を登記したときは、弁済責任を負わない（同条2項前段）。また、譲受会社

問題22　事業譲渡・商号の続用　325

および譲渡会社から第三者に対し、譲受会社が譲渡会社の債務につき責任を負わない旨の通知をしたときも、譲受会社は、その通知を受けた第三者に対し、弁済責任を負わない（同項後段）。譲受会社が譲渡会社の商号を続用したことによる弁済責任を負う場合、譲渡会社の責任は一定範囲で限定されることがある。すなわち、事業譲渡の日から2年以内に請求または請求の予告をしない債権者に対する譲渡会社の責任は、その期間が経過した時に消滅する（22条3項）。

(イ) 商号続用者に弁済責任を課す根拠

譲渡会社の商号を続用する譲受会社に、譲渡会社の債権者に対する弁済責任が課せられる根拠はどこにあるのだろうか。

第1の考え方は、事業譲渡に際して、商号の続用がある場合、譲渡会社の債権者は、事業譲渡による事業主体の変更を知るのは容易でなく、また知っていたとしても、事業譲渡がなされれば、譲受会社による債務引受けがあったと通常は考えるであろうから、このような債権者の信頼を保護する必要があるというものである（**外観保護説**）。最高裁は、「商法26条〔現会社法22条1項〕は、譲受人が譲渡人の商号を続用する結果営業の譲渡あるにも拘わらず債権者の側より営業主体の交替を認識することが一般に困難であるから、譲受人のかかる外観を信頼した債権者を保護する為に、譲受人もまた右債務弁済の責に任ずることとした」と述べて、この立場をとっている（最判昭和29・10・7民集8巻10号1795頁。最判昭和47・3・2民集26巻2号183頁も同旨）。通説もこの立場を支持する（鴻常夫『商法総則（新訂第5版）』〔弘文堂、1999年〕149頁、神崎克郎『商法総則・商行為法通論（新訂版）』〔同文舘出版、1999年〕152頁等）。

近時の判例も、ゴルフ場の事業主体を表示するものとして用いられていた預託金会員制のゴルフクラブの名称が、事業の譲受会社において続用されていたケースで、「同一の営業主体による営業が継続しているものと信じたり、営業主体の変更があったけれども譲受人により譲渡人の債務の引受けがされたと信じたりすることは、無理からぬものというべきである」と判示しており（最判平成16・2・20民集58巻2号367頁）、外観保護説の立場をとっているものと解される（会社分割が行われた類似事案においても同旨〔最判平成20・6・10判タ1275号83頁〕）。

外観保護説の考え方に対し、①規定の文言上、債権者の善意・悪意は区別されていない、②事業主体の変更を知りえないといっても、依然として譲渡会社を債務者として弁済責任を追及すれば足りる、③商号の続用があるからといって、債務引受けもなされたとの信頼が生ずるのか疑問である、といった批判がなされている。

　そこで、第2の考え方として、22条1項は、事業上の債務は企業財産が担保となっていると認められることから、債務引受けを明示しない限り、債権者を保護するために、企業財産の現在の所有者である譲受会社にも弁済責任を負担させる趣旨の規定であるとする学説が唱えられている（**企業財産担保説**。服部栄三『商法総則（第3版）』〔青林書院、1983年〕418頁）。第2の考え方に対しては、商号続用の場合にのみ譲受人の弁済責任が生ずるとすることや登記・通知により譲受会社が責任を免れうることの理由を十分に説明できないといった批判がある。

　このほか、商号を続用する譲受会社は、譲渡会社の債務を引き継ぐ意思があるのが通常であり、商号を続用しない譲受会社は通常そのような意思を有しないとして、22条1項はこのような趣旨を定める規定であると解する学説や、22条1項・2項の目的は、譲渡会社と譲受会社が債権者と協議することなく抜け駆け的に事業譲渡をすることを防止するところにあり、したがって、同条1項の責任は同条2項の通知・登記という措置がとられるように誘導するための規定であると位置づける学説もある（詳しい学説の状況は、コンメ(1)210頁以下〔北村雅史〕参照）。

(ウ)　**商号の続用**

　22条1項に基づく責任は、譲受会社が譲渡会社の商号を事業譲渡後に続用する場合に生ずる。ここにいう**商号の続用**は、譲渡会社の商号とまったく同一のものをそのまま使用する場合に限らない。通説は、譲渡当事者の商号がまったく同じでなくても、取引通念上、譲渡会社の商号と同一のものを続用しているものと評価しうる場合も含まれると解している。例えば、「株式会社」の字句を付加またはその位置を前後に変更したり、会社の種類を変更したりしたものは、商号の続用があると解されている（前掲最判昭和47・3・2参照）。ただし、再建目的で設立した新会社が旧会社から営業譲渡を受け、異なる会社の種類が

商号に記載され、かつ、「新」という文字が付加された事案において、「新」は継承的字句ではないとして、商号の続用に当たらないとの判断をした最高裁の判例がある（最判昭和 38・3・1 民集 17 巻 2 号 280 頁）。

㋓　債権者の主観的事情

　譲渡会社の債権者は、債務引受けがなされていないことを知っている場合であっても、22 条 1 項により保護されるのかについては明らかではない。22 条 1 項の規定の文言上は、債権者の善意・悪意は区別されていない。下級審裁判例のなかには、22 条 1 項は債権者の主観的事情を要件としていないと判示するものもある（宇都宮地判平成 22・3・15 判タ 1324 号 231 頁）。22 条 1 項の規定の趣旨を債権者の外観信頼に対する保護にあると考えるのであれば、悪意の債権者は保護されないと解するのが整合的であると思われる。

(2)　商号以外の名称続用の場合の 22 条 1 項の類推適用

　22 条 1 項は、譲受会社が譲渡会社の商号を続用する場合に適用される規定である。では、譲受会社が、譲渡会社の商号ではなく、**事業を表す名称**（一般に「**屋号**」という）**を続用する場合**、同規定の適用または類推適用は可能であろうか。

　下級審裁判例では、旅館やホテルなどの事業を譲り受けた会社が、譲渡会社の屋号を続用していた事案において、22 条 1 項の類推適用を肯定する事例がいくつかある（東京地判昭和 54・7・19 判時 946 号 110 頁〔下田観光ホテル海山荘事件〕、東京高判昭和 60・5・30 判時 1156 号 146 頁〔丸政園事件〕、東京高判平成元・11・29 東高民時報 40 巻 9 〜 12 号 124 頁〔徳泉閣ホテル事件〕、東京地判平成 12・9・29 金判 1131 号 57 頁〔九段ゼミナール事件〕等）。これらの裁判例は、屋号が譲渡会社の商号またはその重要な構成要素であった事例である。もっとも、商号と屋号は法的には別個のものであり、また、22 条 2 項に基づき免責を受けられるのは商号の続用がある場合であることから、屋号の続用一般について、同条 1 項の類推適用を広く認めることには消極的な見解がある（コンメ(1) 220 頁〔北村〕）。

　なお、近時の裁判例では、ゴルフ場の事業が譲渡され、譲渡会社（ゴルフ場の営業主体）が用いていた預託金会員制ゴルフクラブの名称（譲

渡会社の商号とは異なるもの）が譲受会社に続用されていたケースで、当該ゴルフクラブの元会員が譲受会社に対して商号続用者責任を根拠に預託金返還請求をする事例がみられる。

　最高裁は、「預託金会員制のゴルフクラブが設けられているゴルフ場の営業においては、当該ゴルフクラブの名称は、そのゴルフクラブはもとより、ゴルフ場の施設やこれを経営する営業主体をも表示するものとして用いられることが少なくない」と述べたうえで、「預託金会員制のゴルフクラブの名称がゴルフ場の営業主体を表示するものとして用いられている場合において、ゴルフ場の営業の譲渡がされ、譲渡人が用いていたゴルフクラブの名称を譲受人が継続して使用しているときには、譲受人が譲受後遅滞なく当該ゴルフクラブの会員によるゴルフ場施設の優先的利用を拒否したなどの特段の事情がない限り、会員において、同一の営業主体による営業が継続しているものと信じたり、営業主体の変更があったけれども譲受人により譲渡人の債務の引受けがされたと信じたりすることは、無理からぬもの」であるとして、22条1項の類推適用を認めている（前掲最判平成 16・2・20）[2]。

　もっとも、上記最高裁判決からは、どのような具体的事実があれば、ゴルフクラブの名称がゴルフ場の営業主体を表示するものとして扱われるのか明らかでない。そのため、ゴルフ場の事業譲渡であれば当然に 22 条1項の類推適用が認められるのか否か、はっきりしない。また、ゴルフ場の事業以外の譲渡において、譲渡会社（営業主体）の商号と異なる名称が続用される場合に、どこまで上記最高裁判決の射程

---

(2)　本問では、甲社から丙社への甲ゴルフ倶楽部の事業の移転が、事業譲渡により行われたが、会社分割により行われた場合はどうであろうか。判例は、預託金会員制のゴルフクラブの名称がゴルフ場の事業主体を表示するものとして用いられている場合において、会社分割が行われ、当該ゴルフクラブの名称が新設分割会社により続用されたケースで、22 条1項の類推適用を肯定しており（前掲最判平成 20・6・10）、これを支持する学説もある。もっとも、会社分割により承継される権利義務の内容は、分割計画書または分割契約書に記載されるのであるから、これにより債権者は自らの権利義務の帰属を知ることができるとも考えられる。しかし、同判決は、会社分割における分割計画書または分割契約書を一定期間会社の本店に備え置くこととされているものの、ゴルフクラブの会員がこれらの書類を閲覧することは一般に期待することはできないと判示している。

問題22　事業譲渡・商号の続用　329

が及ぶのかについても必ずしも明らかではない。

(3) 事例への当てはめ

　本問では、甲社から丙社への本件事業譲渡βの後、丙社は甲社の商号を続用していない。そのため、甲社の債権者Bの丙社に対する代金支払請求につき、22条1項を適用することはできない。そこで次に着目すべきは、甲社のゴルフ場が「甲ゴルフ倶楽部」という名称で営まれており、本件事業譲渡βの後も、丙社において、同一の名称で、従前と同じ場所で運営されている点である。

　前述のとおり、商号でない屋号などの名称続用への22条1項の類推適用については消極的な見解があるが、最高裁は、譲渡会社であるゴルフ場の経営主体の商号ではなく、会員制ゴルフクラブの名称が譲受会社に続用される場合、譲受会社は22条1項の類推適用により預託金返還義務を負うという判断をしている（前掲最判平成16・2・20）。本問において、「甲ゴルフ倶楽部」という名称が甲社を表示するものとして利用されていたか否かを判断するうえで参考となる具体的事情は明らかでないが、一般論としてゴルフクラブの名称はゴルフ場の営業主体を表示すると考えてよいのであれば、22条1項が類推適用される結果、丙社はBに対し代金支払義務を負うということになるであろう。

　なお、本件は、甲社の商号が続用された事案ではないため、丙社が22条2項類推適用に基づく免責を受けるには、甲社と丙社が、Bに対し、弁済責任を負わない旨を通知しておく必要がある。両社間に弁済責任を負わない旨の約定があるものの、そのような通知が行われていなければ、丙社が同条2項による免責を受けることはできないものと解される。もっとも、登記実務では、事業譲渡の譲受会社が屋号を続用する場合についても、同条1項の類推適用が認められるときは、同条2項の類推適用に基づく免責の登記を認める例があるようである（平成17年改正前の商法26条1項・2項の規定に関して、「質疑応答7766」登記研究660号〔2003年〕208頁、「商業登記の栞⒀免責の登記」登記研究674号〔2004年〕97頁。さらに、北村雅史「詐害的会社分割と債権者の保護」今中利昭先生傘寿記念『会社法・倒産法の現代的展開』〔民事法研究会、2015年〕256頁も参照）。

◆ 参考文献 ◆

● 〔設問1〕について
・藤田友敬・商百選 38 頁
・山下眞弘「事業の重要な一部の譲渡と株主総会の特別決議」争点 198 頁
・田中亘「競業避止義務は事業の譲渡の要件か」東京大学法科大学院ローレビュー 5 巻
　（2010 年）286 頁
・山部俊文・百選 178 頁
● 〔設問2〕について
・落合誠一「商号続用営業譲受人の責任」法教 285 号（2004 年）25 頁
・鈴木千佳子・商百選 42 頁
・岸田雅雄・商百選 44 頁
・山下眞弘・商百選 46 頁
・清水真希子「商号続用責任——事業（営業）譲渡における債権者保護」法教 384 号
　（2012 年）4 頁

[石田眞得]

〔問題 23〕 会社分割

◆ 事例 ◆

次の文章を読んで、以下の設問 1 ～ 2 に答えなさい。なお、各設問はそれぞれ独立のものとする。

甲株式会社は、化学薬品の製造販売と電子部品の製造販売を目的としている。甲社の化学薬品の製造販売事業は比較的順調であったが、電子部品の製造販売事業は不振が続き、多額の借入れをしながら事業を継続してきたため、甲社は債務超過に陥っていた。そこで、甲社の経営者は、化学薬品の製造販売事業を切り離して安定的に事業を行えるようにする手段として会社分割を行うこととし、次のような内容を含む新設分割計画（以下「本件新設分割計画」という）を定めた。

(1) 新設分割設立会社として乙株式会社を設立する。

(2) 甲社の化学薬品の製造販売部門に属する資産のすべてを乙社に承継させ、化学薬品の製造販売に関して生じた甲社の債務のすべてを乙社が免責的に引き受ける。

(3) 化学薬品の製造販売に関して生じたもの以外の甲社の債務のうち、AとBに対する債務については、乙社が免責的に引き受ける。

(4) 乙社は(2)と(3)に掲げた債務以外の甲社の債務を引き受けない。

(5) 乙社はその設立に際して 1 万株を発行しそれをすべて甲社に交付する。

本件新設分割計画は甲社の株主総会において承認され、甲社において新設分割に伴う変更の登記が、乙社については設立の登記がそれぞれ行われた（以下、この新設分割を「本件会社分割」という）。甲社の定款には公告の方法として電子公告によることが定められており、甲社は、810 条 3 項に基づく公告を行ったところ、期間内に異議を述べる債権者はあらわれなかった。なお、本件会社分割前後の甲社の資産および負債は以下のとおりであった。なお、これには〔設問 1〕の債務は含まれていない。

〔本件会社分割前〕

資産　10億円

化学薬品製造販売部門に属する資産　　9億円…①

その他の資産　　　　　　　　　　　1億円…②

負債　12億円

化学薬品製造販売部門に関して生じた債務

4億円…③

Aに対する債務　　　　　　　　　　2億円…④

Bに対する債務　　　　　　　　　　2億円…⑤

Cに対する債務　　　　　　　　　　3億円…⑥

その他の債務　　　　　　　　　　　1億円…⑦

（以上の債務はすべて取引上の債務である）

〔本件会社分割後〕

資産　2億円

乙社株式　　　　　　　　　　　　　1億円

…｛①－（③＋④＋⑤）｝

その他の資産　　　　　　　　　　　1億円…②

負債　4億円

Cに対する債務　　　　　　　　　　3億円…⑥

その他の債務　　　　　　　　　　　1億円…⑦

〔設問1〕 本件会社分割前に甲社の化学薬品工場から近くの河川に流出した廃液が原因となって、その河川の河口付近で養殖業者Dらが養殖していた海苔（ノリ）および牡蠣（カキ）が大量に死滅するという事件が発生していた。しかし、甲社は、本件会社分割前には、甲社の化学薬品工場から流出した廃液により養殖業者に損害が生じていることを知らなかった。この化学薬品工場から流出した廃液中の有害物質の量は法令に違反するものであり、この廃液の流出は甲社の不注意によって生じたものであった。本件会社分割後、Dらは、甲社または乙社に対し損害賠償を請求できるか。

問題23　会社分割　333

〔設問2〕 Cは、本件会社分割によって債権者としての権利を害されたとして、何らかの救済を求めたいと考えている。
(1) Cは、本件分割の無効を主張することができるか。
(2) Cは、甲社に対する債権について、その履行を乙社に請求しようと考えている。Cはどのような根拠に基づいて乙社に対して履行を請求できるか。

◆ 解答へのヒント ◆

1. 〔設問1〕

まず、会社分割において債権者異議手続の対象となる債権者の範囲を明らかにする。

次に、新設分割計画によると会社分割後に分割会社に対して債務の履行を請求できない不法行為債権者が、各別の催告を受けなかった場合に、当該債権者は、分割会社に対しても債務の履行を請求できる旨を明らかにする。

2. 〔設問2〕(1)

会社分割無効の訴えの提訴権者である会社分割について「承認をしなかった債権者」とはどのようなものかを明らかにしたうえで、Cがそのような債権者に該当するかどうか検討する。

3. 〔設問2〕(2)

いわゆる詐害的会社分割の事例において、会社分割によって害される債権者の保護をいかに図るかについて、考えられる法的根拠を挙げて検討する。裁判例では、法人格否認の法理、22条1項（商号続用事業譲受会社の責任）の類推適用、詐害行為取消権の行使、破産法上の否認権の行使などによって、債権者保護を図ってきた。これに加えて、平成26年に改正された会社法が、そのような債権者を保護するための制度を新設したことにも言及する必要がある。

334 第2部 発展問題

◆ 解説 ◆

1．出題の意図

　経営不振に陥った会社が、優良部門を別会社に移転し、かつ債務を
その会社に残るものと別会社に移転（別会社の債務引受け）するものに
選別する方法として会社分割を行ったという事例をもとに、**会社分割
における債権者保護のための規制ないし保護手段**について検討するこ
とを目的とする。

　〔設問1〕では、会社分割における債権者異議手続の概要を理解した
うえで、会社分割時に**分割会社に知れていなかった不法行為債権者の
保護**をどのように図るかを考察する。

　〔設問2〕(1)では、会社分割の無効は訴えによってしか主張できない
ことを押さえたうえで、無効の訴えの提訴権者としての会社分割につ
いて「承認をしなかった債権者」とはどのような債権者かを理解する。

　〔設問2〕(2)では、いわゆる**詐害的会社分割**が行われた場合におい
て、分割後に分割会社にのみ債務の履行を請求できる債権者を保護す
るために、どのような制度・法理を適用することができるかを検討する。

2．会社分割と債権者保護

　会社分割には、**吸収分割**（2条29号）と**新設分割**（2条30号）があ
るが、以下では、設問の事例に即し、新設分割を前提にする。

　新設分割では、新設分割株式会社（以下「分割会社」という）がその
事業に関して有する権利義務の全部または一部が、新設分割設立株式
会社（以下「設立会社」という）に移転する。この移転は合併と同じく
一般承継（包括承継）であり、分割会社の債務が免責的に設立会社に
移転する場合でも、債権者の個別的同意は必要ではない。そこで、会
社法は、会社分割について、合併等と同じく、次のような**債権者異議
手続**を定めている。

　分割会社は、新設分割をする旨、債権者が異議申立期間内（1カ月を
下ることはできない）に異議を述べることができる旨、その他法定の事

問題23　会社分割　335

項を、公告しかつ知れている債権者には各別に催告しなければならない。債権者が、異議申立期間内に異議を述べなかった場合は、新設分割を承認したものとみなされる。一方、債権者が異議を述べた場合、分割会社は、当該新設分割をしても当該債権者を害するおそれがないときを除き、当該債権者に対し、弁済し、もしくは相当の担保を提供し、または当該債権者に弁済を受けさせることを目的として信託会社等に相当の財産を信託しなければならない（810条2項・4項・5項）。

★★ **コラム** ① **事業の一部を別会社化する方法**

本問の事例のような事業の一部の別会社（子会社）化は、甲社が乙社の設立に際して化学薬品の製造販売部門を現物出資するか、甲社が乙社を設立した後、化学薬品の製造販売部門の事業を譲渡する（あるいは乙社の募集株式の発行に際して現物出資する）という方法でも実現することができる。では、事業の譲渡または現物出資と会社分割はどのような点が異なるであろうか（なお、〔問題22〕コラム③「事業譲渡と会社分割との異同」も参照）。

事業を現物出資する場合には、原則として譲受会社において裁判所の選任する検査役の調査が必要である（33条・207条）。事業の譲渡であれば出資行為ではないので、検査役の調査は不要である。会社分割の場合において、分割対価として設立会社・承継会社の株式が分割会社に交付されるときは、経済的には現物出資と同じ効果が生じるが、会社分割は合併に類似する組織法的な行為と位置づけられており、検査役の調査は不要である。

事業の譲渡や現物出資による財産の移転は、特定承継であり、承継される財産が債務の場合であって、それが譲受会社に免責的に引き受けられるときは、債権者の個別の同意が必要である。一方、会社分割による財産の移転は、相続・合併と同じく一般承継（包括承継）であり、債務の免責的引受けについても債権者の個別の同意が不要である。そのため、債権者異議手続が必要となる。

---

3. 〔設問1〕債権者異議手続の対象となる債権者

(1) 債権者異議手続と各別の催告

合併の場合には、当事会社のすべての債権者が債権者異議手続の対象となるのに対し、会社分割の場合には、債権者異議手続の対象となる債権者の範囲が限定されている。

分割会社の債権者で、債権者異議手続の対象となるのは、新設分割

後、分割会社に対して債務の履行を請求できない債権者に限られる（810条1項2号）。分割会社は、設立会社から、承継対象となった財産（権利義務）の対価を得ているはずであるから、新設分割後も分割会社に対して債務の履行を請求できる債権者は除かれるのである。もっとも、新設分割計画において、権利義務承継の対価として設立会社から交付される設立会社の株式を、設立会社の成立の日に、全部取得条項付種類株式の取得対価としてまたは剰余金配当（現物配当）として分割会社の株主に交付することが定められている場合には（763条1項12号）、分割会社のすべての債権者が債権者異議手続の対象となる（810条1項2号二つめのかっこ書）。これはいわゆる人的分割に該当する場合であり、分割会社は実質的に対価を取得しないことになり、しかもこの場合の剰余金配当等については財源規制の適用がない（812条）ためである。

★★ **コラム** ② **物的分割と人的分割**

　平成17年改正前商法の下では、会社分割の類型として、物的分割と人的分割があった。これは、承継会社または設立会社が分割に際して発行する株式（分割の対価）の割当てを誰が受けるかという観点からの分類であり、分割会社が株式の割当てを受ける場合が物的分割であり、分割会社の株主が持株割合に比例して当該株式の割当てを受ける場合が人的分割である。例えば新設分割の場合、物的分割なら設立会社は分割会社の完全子会社となるが、人的分割なら設立会社の株主構成は原則的に分割会社のそれと同様になる。

　会社法は、人的分割を、物的分割と剰余金の配当等を同時に行うものと構成した。すなわち、吸収分割契約または新設分割計画において、会社分割と同時に剰余金の配当（配当財産は承継会社・設立会社株式）または全部取得条項付種類株式の取得（取得対価は承継会社・設立会社の株式）を行う旨を定めておくことにより（758条8号・763条1項12号）、従前の人的分割と同じ効果が得られるものとした。なお、剰余金の配当や全部取得条項付種類株式の取得には財源規制がかかるところ（458条・461条1項4号・8号）、人的分割について会社法制定前と同じ制度を維持するため、吸収分割契約・新設分割計画において上記定めを置いた場合には、会社分割に際して行う剰余金の配当または全部取得条項付種類株式の取得には、財源規制が適用されず、準備金の計上も要求されない（792条・812条）。

　分割会社は、債権者異議手続の対象となる債権者に対し、異議申立

てに関する事項を公告しかつ知れている債権者には各別に催告しなけ
ればならないが、分割当事会社が、当該公告を官報のほか定款所定の
時事に関する事項を掲載する日刊新聞紙に掲載する方法または電子公
告によってする場合には、知れている債権者への各別の催告は不要に
なる（810条3項）。ただし、当該債権者が不法行為債権者である場合
には、各別の催告を省略することはできない（同条3項かっこ書）。不
法行為債権者は、取引上の債権者と異なり、分割会社に関する日刊新
聞紙の公告や電子公告に注意することが期待できないためである。

　債権者異議手続の対象となる分割会社の債権者が、各別の催告を受
けなかった場合には、当該債権者は、新設分割計画において、新設分
割後に分割会社に対して債務の履行を請求することができないものと
されているときであっても、設立会社の成立の日に分割会社が有して
いた財産の価額を限度として、分割会社に対して債務の履行を請求す
ることができる（764条2項）。各別の催告の懈怠の場合に、債権者の
保護が強化されているのである。

　この点について、平成26年改正前会社法764条2項は、新設分割計
画において会社分割後に分割会社に対して債務の履行を請求できない
ものとされている分割会社の債権者が、会社分割後も分割会社に対し
て債務の履行を請求できるのは、分割会社が各別の催告をしなければ
ならない債権者（債権者異議手続の対象となる債権者のうち分割会社に
「知れている債権者」〔810条2項〕）であるにもかかわらず、分割会社が
各別の催告をしなかった者に限られるものとしていた。しかし、その
債権者が分割会社に知れているかどうかという分割会社側の事情によ
って債権者保護のあり方に差を設ける合理的理由はないことから、平
成26年改正によって、新設分割計画によると、新設分割後分割会社に
債務の履行を請求できない債権者のうち各別の催告を受けなかったも
の（ただし、分割会社が公告を官報のほか日刊新聞紙または電子公告によっ
ても行った場合は不法行為債権者に限る）は、分割会社に対しても債務
の履行を請求できることとなった。

(2)　事例への当てはめ

　本件の事例は、分割会社甲社が、承継財産の対価として設立会社乙

社の株式すべてを取得するが、それを甲社の株主には交付しない新設
分割である（人的分割ではない）。したがって、分割会社（甲社）におい
て債権者異議手続の対象となる債権者は、甲社の化学薬品製造販売部
門に属する債権者およびAとBに限定される。Cを含むそれ以外の債
権者は、本件会社分割後も甲社に債務の履行を請求できるから、本件
会社分割において債権者異議手続の対象とならない。

　〔設問1〕のDらは、本件会社分割前に、甲社の過失によって同社の
化学薬品工場から流出した廃液により、養殖海苔・牡蠣の大量死滅と
いう損害を被ったので、甲社に対して不法行為債権を有することとな
った（民709条）。この甲社の不法行為債務は化学薬品の製造販売部門
に関して生じた債務であり、本件新設分割計画に基づき、乙社に免責
的に承継される。したがって、Dらは、本件会社分割後、甲社に対し
て債務の履行を請求することができない債権者となるから、甲社の行
う債権者異議手続の対象となる（810条1項2号）。

　甲社は、本件会社分割について、810条3項に基づき、官報のほか
定款所定の電子公告によって公告を行ったが、Dらは不法行為債権者
であるため、各別の催告が必要となる。もっとも、甲社は、本件会社
分割前には、甲社の化学薬品工場から流出した廃液により養殖業者に
損害が発生したという事実を知らなかったのであるから、Dらへの各
別の催告は行っていない。したがって、Dらは、764条2項により、
本件会社分割後も甲社に対して不法行為に基づく損害賠償を請求する
ことができる。

　したがって、本問において、Dらは、乙社に対して損害の賠償を請
求できるとともに、甲社に対しても、乙社の設立の日に甲社が有して
いた財産の価額を限度として、損害の賠償を請求することができる。

4．〔設問2〕(1)会社分割無効の訴えの提訴権者

(1)　新設分割無効の訴え

　新設分割の無効は、新設分割の効力が生じた日から6カ月以内に、
訴えをもってのみ主張することができる（828条1項10号）。**新設分割
無効の訴えの提訴権者**は、新設分割の効力が生じた日において分割会

問題23　会社分割　**339**

社の株主等（株主、取締役、監査役、執行役もしくは清算人）であった者、または分割会社もしくは設立会社の株主等、破産管財人もしくは新設分割について承認をしなかった債権者に限られる（828条2項10号）。ここで、「新設分割について承認をしなかった債権者」とは、①債権者異議手続において異議を述べたが弁済、担保の提供または信託会社への財産の信託を受けなかった債権者と、②会社法上必要な各別の催告を受けなかったため異議を述べなかった債権者を意味する（江頭924頁、大隅＝今井＝小林・概説479頁）[1]。

(2) 事例への当てはめ

Cは、本件会社分割後も甲社に対して債務の履行を請求できるので、債権者異議手続の対象とならない。したがって(1)の①②のいずれにも該当せず、仮に本件会社分割に無効事由があった場合でも、Cは、本件会社分割の無効の訴えを提起することはできない。

5．〔設問2〕(2)詐害的な会社分割

(1) 詐害的会社分割とは

会社分割は、優良部門と不採算部門を抱える会社が、その再生スキームとして、優良部門を設立会社に承継させてその事業を維持し、分割対価、あるいはその対価（株式等）を売却することによって得られた金銭等を分割会社の債権者に分配するなどして、事業再生を図るスキームとして利用されることがある。

優良部門ないし優良資産が別会社に移転する際に、分割会社の債務は、設立会社に移転するものと、分割会社にとどまるものに分かれうる。このため、債務超過に陥ったあるいは陥りそうな企業が、分割後、設立会社に債務の履行の請求をすることができる債権者と、分割会社

---

[1] 合併、株式交換、株式移転、組織変更および資本金の額の減少についての無効の訴えについても、それぞれ「承認をしなかった債権者」に原告適格が認められるが（828条2項5号～12号）、「承認をしなかった債権者」の要件（本文の①②）は共通である。

にしか請求できない債権者（以下「残存債権者」という）とを恣意的に選別したうえで、設立会社に優良事業や資産を承継させるなどして、残存債権者を不当に害するという会社分割が行われることがある。このような会社分割を、一般に**詐害的会社分割**または濫用的会社分割という。上述**3.**(1)のように、残存債権者は債権者異議手続の対象とならないため、詐害的会社分割から残存債権者をいかに保護するかが課題となる。

(2) 残存債権者の保護

　詐害的会社分割に対して、法人格否認の法理、22条1項（商号続用事業譲受会社の責任）の類推適用、詐害行為取消権の行使（民424条）のほか、破産手続開始の決定後は破産法上の否認権の行使（破160条以下）により、残存債権者の保護が図られてきた。また、平成26年の改正で会社法は、会社分割規制のなかに、残存債権者保護を目的とする規定を置いた。

㋐ 法人格否認の法理・22条1項類推適用

　法人格否認の法理は、本問の文脈では、設立会社がまったくの形骸でありその実質は分割会社と同一である場合（**形骸事例**）または設立会社を意のままに支配できる分割会社が違法・不当な目的のために設立会社の法人格を利用する場合（**濫用事例**）に、その紛争の解決に限って設立会社の法人格を否認し、分割会社と設立会社を同一のものとして扱うことができるとの法理である（〔問題11〕を参照）。例えば、設立会社の経営を分割会社が完全に支配しており、かつ会社分割が残存債権者を不当に害する目的で行われた場合には、設立会社と分割会社を同一視して、残存債権者は、分割会社に対する債権についてその履行を設立会社に請求することができる（福岡地判平成22・1・14金判1364号42頁、福岡地判平成23・2・17判タ1349号177頁）。

　設立会社が、会社分割後に分割会社の商号を引き続き使用して承継した事業を行う場合には、事業譲渡の際の商号続用譲受会社の責任に関する**22条1項の類推適用**を認めるのが判例の立場である（最判平成20・6・10判時2014号150頁）。したがって、詐害的会社分割が行われた場合において、設立会社が分割会社の商号を引き続き使用するとき

問題23 会社分割　341

は、残存債権者は、分割会社に対する債権についてその履行を設立会社に請求することができる（東京地判平成22・7・9判時2086号144頁、東京地判平成22・11・29判タ1350号212頁）。ただし、設立会社が分割後遅滞なく分割会社の債務を弁済する責任を負わない旨を登記しまたは分割会社とともに債権者に通知した場合には設立会社は上記の責任を負わない（22条2項類推。北村雅史「詐害的会社分割に対する残存債権者の救済手段」今中利昭先生傘寿記念『会社法・倒産法の現代的展開』〔民事法研究会、2015年〕256頁参照）。

(イ)　詐害行為取消権

　法人格否認の法理や22条1項の類推適用は、それが認められるための要件が法律上・判例上比較的厳格に定められている。また否認権は破産手続が開始されなければ行使できない。そこで、平成26年の会社法の改正前に詐害的会社分割の救済方法として一般に用いられるようになったのは、民法424条以下の詐害行為取消権である。これにつき、会社の設立を伴う新設分割に民法424条を適用できるかどうか疑義があったところ、最高裁判所は、残存債権者が詐害行為として新設分割を取り消しうることを明らかにした（最判平成24・10・12民集66巻10号3311頁）。

　詐害行為取消権を会社分割に適用することができれば、分割会社が、残存債権者を害することを知って会社分割を行った場合、残存債権者は、詐害行為（会社分割）の取消しを裁判所に請求できることになる。詐害行為取消権行使のためにはその行為によって利益を受けた者が行為の時において債権者を害すべき事実を知っていたことが必要になるところ（民424条1項ただし書）、「利益を受けた者」に該当する設立会社は分割会社が設立するので、一般に設立会社の悪意は認められると解される。

　問題は、何をもって残存「債権者を害すること」（詐害性）になるかである。一般には、債務者の行為によって責任財産が減少し、その結果債務者が債務超過となる場合や、すでに債務超過の状態にある場合において債務者の行為によってさらに責任財産が減少するときが、「債権者を害すること」に当たる。他方、新設分割の対価が相当であっても[2]、残存債権者と債務が設立会社に承継される債権者（以下「承継債

権者」という）との間で会社分割後の責任財産に許容できない不平等が生じることを、残存債権者に対する詐害性と解する立場もある（前掲最判平成24・10・12における須藤正彦裁判官の補足意見）。また、分割を実行したうえで旧会社を清算した場合の弁済率が、分割をせずに事業を継続した場合あるいは清算した場合の弁済率よりも低い場合は、残存債権者を害することになるとする見解もある。分割会社の責任財産が単純に減少した場合のほか、残存債権者と承継債権者の不平等取扱いによっても、残存債権者の弁済率は低下しうる。

　詐害行為取消しの効果は相対的なもので、新設分割が取り消された場合でも、設立会社の設立自体は取り消されず、移転した財産の返還のみが認められることになる。詐害行為の取消しによる原状回復は、逸出した財産の現物返還が原則である。もっとも、詐害的な会社分割では、設立会社が分割会社から承継した事業を継続しているため、承継した個々の財産には変動が生じており、残存債権者が設立会社に承継された財産を特定してこれを返還させることが困難な場合がある。そこで、裁判例では、現物返還に代えて逸出した財産の価格賠償を認めるものが多い（東京地判平成22・5・27判時2083号148頁、東京高判平成22・10・27金判1355号42頁、名古屋地判平成23・7・22判時2136号70頁、福岡高判平成23・10・27金判1384号49頁、名古屋高判平成24・2・7判タ1369号231頁など）。民法改正案424条の6第1項後段・2項後段は、財産の返還が困難である場合に債権者が価額の償還を請求できる旨を明文化する。

(ウ)　764条4項の履行請求権

　平成26年に改正された会社法は、分割会社が、残存債権者を害することを知って新設分割をした場合に、残存債権者が設立会社に対して直接に分割会社に対する債権についてその履行を請求できるとする制

---

(2) 吸収分割の場合は、分割対価が不当に低価格である場合がありうる。共同新設分割（762条2項）では、割当比率（763条1項7号）の不相当により、承継された権利義務に見合う対価を分割会社が得られない場合がある。これに対し、本問の事例のような単独新設分割の場合は、分割対価は設立会社の株式全部であり、それは分割会社から設立会社が承継した財産の価値と同じになるはずであるから、分割対価の価値は相当であることになる。

問題23　会社分割　343

度を新設した（764条4項。吸収分割については759条4項）[3]。この請求権の行使の前提として、会社分割の取消しや無効の問題は生じない。また、権利行使について裁判所への申立ても必要がない。ただし、人的分割の場合の残存債権者は債権者異議手続の対象となるから（上述3.(1)）、この請求は認められない（764条5項）。「残存債権者を害すること」の意味は、詐害行為取消権の要件と同様であると解釈することができるだろう。なお、この請求権は、詐害行為取消権に加えて認められる救済方法であり、平成26年の会社法改正後も、残存債権者は、会社分割を詐害行為として裁判所にその取消しを請求することが認められる[4]。

　764条4項によると、残存債権者は、設立会社に対し、承継した財産の価格を限度として、債務（残存債権者の分割会社に対する債務）の履行を請求することができる。「承継した財産の価額」とは、承継した積極財産の価格を意味し、承継した積極財産から承継した消極財産を差し引いた（純資産的な）価格ではない。もし承継した（積極）財産から承継した債務の額を控除すると、詐害的な会社分割による財産の流出によって残存債権者の債権回収の可能性が損なわれないようにするという、この制度の目的を達成できなくなるからである。

---

(3) この請求に対して設立会社が負う責任は、分割会社が残存債権者を害することを知って会社分割をしたことを知った時から2年以内に請求または請求の予告をしない残存債権者に対しては、その期間を経過したときに消滅する。設立会社の成立の日から20年を経過したときも、その責任は消滅する（764条6項）。2年は消滅時効期間、20年は除斥期間を定めたものと解される。民法改正案に伴う会社法764条6項の改正案によると、後者の20年の期間は、詐害行為取消権の期間の制限に関する民法改正案426条にあわせて、10年に短縮される。

(4) 764条4項の残存債権者の履行請求権は、分割会社について破産手続開始の決定、再生手続開始の決定または更生手続開始の決定があったときは、行使できない（同条7項）。残存債権者が詐害行為取消権を行使（訴訟提起）している間に分割会社において破産手続等が開始された場合には、当該訴訟は中断するが、取消権の行使は効力を失うわけではなく、破産管財人等がこれを受け継ぐことができる（破45条1項・2項、民再40条の2第1項・140条1項、会更52条の2第1項・2項）のに対し、764条4項の履行請求権は分割会社の請求権ではなく残存債権者個人の権利と位置づけられるため、残存債権者が同項に基づき履行請求をしている間に分割会社において破産手続等が開始されても、破産管財人等がこれを承継することはない。

事業（営業）の譲渡についても、事業（営業）譲渡後も譲渡会社（譲渡人）に対して債務の履行を請求できる債権者を害することを知って行われる場合には、同じ問題が生じるので、平成26年改正により、同趣旨の規定が新設された（23条の2、商18条の2）。

★★ **コラム** ③ **詐害的会社分割が増えた要因**

　会社分割制度は平成12年の商法改正によって創設されたが、会社分割が残存債権者を害するような態様で利用されるようになったのは、会社法の施行（平成18年）後である。その制度上の要因として、会社法制定による次のような会社分割の要件の緩和があるといわれている。

　平成17年改正前の商法の下では、分割当事会社に「債務ノ履行ノ見込アルコト及其ノ理由ヲ記載シタル書面」が会社分割の事前開示書類に含まれており（平成17年改正前商374条の2第1項3号・374条の18第1項3号）、分割当事会社のいずれかに債務の行の見込みがないことが会社分割の無効事由となると解釈されていた。これに対し、会社法は、事前開示事項を「債務の履行の見込みに関する事項」に変更した（会社則183条6号・205条7号）ため、会社分割によって分割会社が債務超過になる場合でも、会社分割の効力は否定されないこととなった（反対──江頭905頁）。

　このほか、会社法が、分割による承継の対象を、「其ノ営業ノ全部又ハ一部」（平成17年改正前商373条・374条の16）から「事業に関して有する権利義務の全部又は一部」（2条29号・30号）に変更したことにより、承継の対象は一定の事業目的のために有機的一体となった組織的財産である必要はなくなった。これにより、従前分割対象になるかどうか疑義があった工場のみの移転はもちろん、不動産等の個々の資産のみでも会社分割によって承継できることになった。

---

(3) **事例への当てはめ**

　乙社は化学薬品の製造販売事業を甲社から承継して独立して行っているようであるので、乙社の法人格が形骸化しているとはいえないであろう。もっとも、甲社と乙社の経営者が同一であるなど、甲社が乙社の業務を意のままに支配し、かつ本件会社分割が残存債権者であるCを不当に害することを目的として行われた場合には、Cは、乙社の法人格を否認し甲社と乙社を同一のものであると主張して、乙社に対し、Cの甲社に対する債権につきその履行を求めることができる。

　乙社が甲社の商号を引き続き使用して化学薬品の製造販売事業を行

っているのであれば、Cは、22条1項を類推適用することにより、乙社に対し、Cの甲社に対する債権の履行を求めることができる。

甲社が、Cら残存債権者を害することを知って本件会社分割を行ったのであれば、Cは、詐害行為取消権を行使して、本件会社分割の取消しを裁判所に請求することができる（民424条1項）。

では、本件会社分割はCを「害すること」（詐害性）になるといえるだろうか。

本件会社分割前後で甲社の負債から資産を引いた額（2億円）は変わらないが、資産に対する負債の割合は120％から200％に増加している。また、仮に甲社が清算した場合のCの弁済率は、本件会社分割前は、A、Bと同じく約83％（12分の10）であったのに対し、本件会社分割後は、50％に低下した。一方、乙社が清算した場合のA、Bの弁済率は、乙社は債務超過ではない（資産が負債を1億円上回る）ので100％に上昇した。したがって、Cの弁済率が低下し、A、BとCとの間には著しい不平等が生じたことから、本件会社分割は、原則として、Cを害する行為に当たるといえそうでる。

そうすると、Cは、詐害行為として本件会社分割の取消しを申し立てることにより、現物返還に代えて価格賠償を受ける可能性がある（そのように賠償を受けた金銭の甲社への返還債務とCの甲社に対する債権を相殺することが認められる）。

Cは、甲社が、残存債権者を害することを知って新設分割をしたことを理由として、764条4項に基づき、乙社に対して、乙社が承継した財産の価額（9億円）を限度として、Cの甲社に対する債権についてその履行を請求できる。「残存債権者を害すること」の意味は、詐害行為取消権の場合と同様に解することができる。

◆　**参考文献**　◆

・小出篤・百選188頁
・北村雅史「濫用的会社分割と詐害行為取消権(上)(下)」商事1990号（2013年）4頁、1991号（2013年）10頁
・坂本三郎ほか「平成26年改正会社法の解説〔IX・完〕」商事2049号（2014年）22頁以下

[北村雅史]

〔問題 24〕 株式交換と多重代表訴訟

◆ 事例 ◆

次の文章を読んで、以下の設問 1 ～ 2 に答えなさい。

1. 甲銀行（監査役会設置会社の東証 1 部上場会社）は、四国における若手の経営者を中心に企業育成を行い、これらの企業に積極的に融資を行っていた。マンション建設業を営む乙株式会社（公開会社でない取締役会設置会社）は、甲銀行の支援を受けて、急成長していた。

2. 平成 27 年 7 月に入り、甲銀行融資部は、甲銀行の乙社への融資が不良債権化の可能性が高いことを問題視し、今後貸付金や担保の管理、そして情報収集に留意すべきであることを指摘した。同年 8 月、乙社は、レジャー施設を併設する大規模な会員制リゾートマンションを開発する計画を立て、甲銀行に対し 200 億円の融資要請をした。甲銀行の代表取締役A、取締役B、Cは、経営会議で、乙社に対する 200 億円の融資の実行を決定した。その際、融資部の指摘も考慮された。しかし、乙社代表取締役Dが有する乙社株式の譲渡担保を受けたことや、雇用創出効果をねらい、県の産業課課長から事業の実現への協力を要請されたことなどを重視し、同月 24 日に乙社への 200 億円の融資を決定した（以下「本件融資」という）。

3. 乙社は、本件融資によって得た 200 億円を運転資金として流用したため、リゾートマンション開発は頓挫した。このため、乙社の財務状況は急速に悪化し、平成 28 年 6 月、乙社は民事再生を申し立てた。甲銀行は、乙社に対する融資の大部分が回収不能となり、本件融資に関しては、80 億円が回収不能となった。

   甲銀行は、従前からの計画に従い、西日本を基盤とする地方銀行を完全子会社として有する純粋持株会社である丙ホールディングス（監査役会設置会社、東証 1 部上場会社）と経営統合をするため、丙ホールディングスを完全親会社、甲銀行を完全子会社とする株式交換契約を締結し、平成 28 年 5 月に、甲銀行と丙ホールディングスは、株式交換契

問題 24　株式交換と多重代表訴訟　347

約の内容等を記載した書面を備置開示し、同年 6 月末にはそれぞれの定時株主総会で株式交換契約が承認された。株式交換契約の効力発生日は、同年 12 月 31 日とされた。備置開示書類によれば、それぞれの会社の財務状況は次のとおりである。甲銀行は、総資産 2 兆 8,000 億円、資本金 250 億円、資本準備金 65 億円、利益準備金が 160 億円であり、純資産は、1,140 億円であった。丙ホールディングスは、連結ベースで総資産 8 兆 3,000 億円、資本金が 500 億円、純資産は、3,800 億円、単体ベースで総資産 4,000 億円、資本金 500 億円、資本準備金 125 億円、利益準備金 0 円、純資産が 3,000 億円であった。平成 28 年 5 月から遡ること 1 年間において、株価は、甲銀行が 220 円から 280 円を推移し、丙ホールディングスが 900 円から 1,200 円を推移していた。株式の交換比率は、甲銀行 1 株に対し丙ホールディングス 0.25 株とされた。株式交換後の丙ホールディングスの単体ベースの貸借対照表は【資料1】のとおりである。

Ⅰ（事実 1. から 3. に続けて、次の事実があった）

4. E は、甲銀行の行員であり、その入社時（昭和 48 年）から甲銀行株 1,000 株を有していた。E は、甲銀行融資部に所属しており、乙社への融資についても警鐘を鳴らしたにもかかわらず、A、B、C が融資を実行したことは問題であると感じていた。平成 28 年 9 月 10 日に、E は、甲銀行を退職するにあたり、A、B、C の本件融資に関する会社法上の責任を追及するべく、甲銀行監査役 F に提訴請求を行い、60 日が経過したことから、同年 11 月 16 日に代表訴訟を提起した。

5. 平成 28 年 12 月 31 日となり、E は、甲銀行と丙ホールディングスとの株式交換契約の効果により、甲銀行の株主でなくなり、丙ホールディングス株 250 株の株主となった。

〔設問 1〕(1) E は、事実 4. の代表訴訟を提起することができるか。平成 28 年 12 月 31 日以降、この代表訴訟の係属は認められるか。

(2) 仮に、E が事実 4. の代表訴訟の提起を平成 28 年 12 月 31 日以降に決断した場合、どのような手続を経れば、E の訴訟提起は認められるか。

Ⅱ（事実1.から3.に続けて、次の事実があった。事実4.5.はないものとする）

6. SRI（社会的責任投資）として環境保全活動を支援し、企業行動の適正化を目的とする投資ファンドＧは、丙ホールディングスの発行済株式総数の2％に相当する株式を平成25年9月から有しており、平成28年12月31日以降は、その割合は、1.5％となっている。Ｇは、乙社のリゾートマンション開発に対する反対運動家より、事実2.3.の情報を伝達された。平成28年12月31日に甲銀行が丙ホールディングスの傘下に入ったことから、Ｇは、Ａ、Ｂ、Ｃの甲銀行に対する会社法上の責任を追及する訴えを提起したいと考えた。

〔設問2〕(1) Ｇは、訴えを提起できるか。

(2) 仮に、本件融資の実施が平成28年12月31日以降である場合はどうか（本件融資の実施時の甲銀行、丙ホールディングスの財務状況も、【資料1】のとおりとする）。また、提起できるとした場合にはどのような手続を経れば、提訴できるか。

【資料1】

株式交換後の丙ホールディングスの貸借対照表

（単位・百万円）

（資産の部）		（負債の部）	
流動資産		流動負債	
現金及び預金	2,500	短期借入金	3,200
その他	500	未払費用	2,100
固定資産		未払法人税等	700
投資その他の資産		固定負債	
関係会社株式		社債	94,000
甲銀行株式	110,000		
その他	387,000	**負債合計**	**100,000**
		（純資産の部）	
		株主資本	
		資本金	100,000
		資本剰余金	
		資本準備金	62,500
		その他資本剰余金	107,500
		利益剰余金	
		その他利益剰余金	
		繰越利益剰余金	130,000
		（純資産合計）	**400,000**
資産合計	**500,000**	**負債・純資産合計**	**500,000**

◆ 解答へのヒント ◆

1.〔設問1〕

　設問からは、原告適格に関して解答することが求められ、任務懈怠責任の内容について答えることは必要ない。なお、甲社は、上場会社であるため（〔問題4〕コラム④「なぜ上場されていない公開会社があるのか」参照）、公開会社であるとして考察をすればよい。

　(1)については、代表訴訟係属中に、株式交換が行われた場合、原告

株主は、被告取締役に対する請求権を有する会社の株主資格を失い、その会社の完全親会社の株主となることから、原告適格の維持を認めうるかが問題となる。

(2)は、株式交換前に原因となった事実が生じた取締役の責任につき、株式交換後に責任追及の訴えを提起するものである。この点については、後述の多重代表訴訟の導入にあわせて、平成26年に847条の2が整備されたことに言及することが求められる。

2.〔設問2〕

平成26年により新設された847条の3は、最終完全親会社等の株主にも株式会社の発起人等（847条1項。発起人、設立時取締役、設立時監査役または役員等〔取締役、会計参与、監査役、執行役もしくは会計監査人〕）の特定責任（847条の3第4項）を代表訴訟によって追及しうるとし、いわゆる多重代表訴訟の導入を行った。本問は、最終完全親会社等の株主であるGが追及するものであり、多重代表訴訟によって追及できる特定責任の範囲と、その提訴要件・提訴手続とについて確認するものである。

◆ 解説 ◆

1．出題の意図

(1) 持株会社の形成

　会社の事業が複雑化し、複数の事業を営む場合、単体の会社で事業を営むのではなく、持株会社形態で事業を営むことが選択されることがある。**持株会社は、法的には、有する子会社の株式の帳簿価額（取得価額）の総額が、総資産の50％を超える会社を指す**（独禁9条4項1号）。特に、所有する子会社株式の管理をするのみで、自身で事業活動をしない持株会社は、**純粋持株会社**と呼ばれる。株式交換・株式移転は、事業会社を完全子会社とする持株会社関係を形成する手法である。株式交換・株式移転が行われ、完全子会社となる会社の株主が、その会社の株主資格を失い、完全親会社となる会社の株主となることによる完全子会社となる会社の発起人等の責任追及の訴えの帰趨に関する取扱いについても見直しが行われた。〔設問1〕は、この点を問う。

(2) 持株会社のガバナンス

　会社が持株会社化され、その事業が子会社で営まれている場合には、実際に事業を行う子会社取締役の任務懈怠行為によって発生する損害を回復するためには、持株会社株主には持株会社の取締役の責任を追及する道しか残されておらず、救済手段としては不十分となりかねない。この点を治癒するために、完全親会社等の一定の株主に、完全子会社のためにその発起人等の責任追及のための訴訟提起を認めるのが、**多重代表訴訟**である。〔設問2〕は、この点を問う。

★★ **コラム** ① **多数株主と少数株主の利害対立**

　中小企業などの株式の流動性が低い閉鎖型の会社やグループ企業における中核となる会社（支配会社）の子会社（従属会社）にあっては、株主は経営に関与しなければ、出資をする意味が乏しいが、経営方針の対立等の何らかの理由で株主が、総株主の議決権の多数（過半数）を有する多数株主とそれ以外の少数株主とに分かれ対

立する場合がある。株式会社にあっては、原則株主総会における資本多数決により、取締役の選任が行われ（329条1項・341条）、多数株主が株主総会を支配するため、少数株主の利害を代弁する者が取締役に選任されることはなく、少数株主は経営に関与できなくなる。中小企業では、配当が不支給の場合でも、多数株主は、取締役に就任し、配当以外の方法で（報酬など）、会社の利益の還元を受けることができる。しかし、少数株主は、取締役に就任していないため、報酬を受けることがなく、配当もなされないとなれば、会社の利益の配分を受けるチャンスがなくなる（江頭52頁～53頁参照）。企業グループにあっては、支配会社が、企業グループ全体の利益の最大化を目標に従属会社を指図するため、個々の従属会社の利益が企業グループ全体の利益の犠牲になる可能性が高く、結果として、従属会社における少数株主を含む構成員全体の利益が構造的に侵害されやすくなる（江頭53頁～54頁参照）。

　このように、多数株主と少数株主とが存在する会社にあっては、両者の利害が対立し、構造的に少数株主の利益が侵害されやすい環境があるため、親会社等との取引について、子会社の利益を害さないかどうかについての取締役（会）の判断やその理由を事業報告に記載し（会社則118条5号）、監査役（会）等の監査報告の内容ともされている（会社則129条1項6号・130条2項2号・130条の2第1項2号・131条1項2号）。

　なお、株主の監督是正権のうち、一定の議決権数（株主の議題提案権〔303条2項〕など）や、総株主の議決権の一定割合または発行済株式の一定割合を有すること（会計帳簿閲覧権〔433条〕など）を行使の条件とする（複数の株主の共同により法定株式数を満たしてもよい）株主権は、講学上、「少数株主権」と呼ばれるが、これは、多数株主に対峙する少数株主の権利という意味ではない。株主権のうち監督是正権は行使する株主以外の株主や会社に権利行使の効果が及ぶ。その影響度を考慮して、監督是正権の中には、一定の量以上の株式を有する株主に利用が限定されているものがあり、それが「少数株主権」と呼ばれる。

2．株式交換と株式移転

(1)　意義

　本事例では、甲銀行は、丙ホールディングスの完全子会社となった。

　そもそも、子会社に親会社以外の株主が存在する場合には、子会社の少数株主と親会社との間に構造的に利害が対立する環境が存するため、子会社では少数株主の利益に配慮することが要請される（コラム①参照）。その要請に応える煩わしさを回避するために、完全親子会社関係を構築したいというニーズが存在する。完全親子会社関係を構築する会社法上の行為は、本事例でも利用された株式交換とともに、株

問題24　株式交換と多重代表訴訟　353

式移転がある。

　株式交換は、既存の株式会社の発行済株式のすべてを、既存の会社（株式交換完全親会社という。767条）に取得させることである。完全子会社となる既存の会社（株式交換完全子会社という。768条1項1号）の株主が有する株式は、強制的に、株式交換完全親会社に移転し、当該株主は対価を株式交換完全親会社から受け取ることになる。

　株式移転にあっては、既存の株式会社の発行済株式のすべてを取得する会社（株式移転設立完全親会社という。773条1項1号）が、同時に新たに設立される点で、株式交換とは異なる。

　効果の点からみれば、株式交換は、株式交換完全子会社の株主が、自身の有する株式を株式交換完全親会社となる既存の会社に**現物出資**し、**募集株式の発行**等を受けたことと同じである。株式移転は、株式移転設立完全親会社の**設立**に際して、完全子会社となる会社（株式移転完全子会社という。773条1項5号）の株主が、自身の有する株式移転完全子会社株式を**現物出資**していることと同じである。法人格の合一こそ生じないが、経済的には、株式交換は**吸収合併**に、株式移転は**新設合併**に類似する。このため、株式交換・株式移転の実行にあたっては、現物出資に似た手続か、合併に類似する手続かを採用することが合理的である。現行会社法は、株式交換・株式移転にあって当事会社のとるべき手続は、**合併の手続とほぼ同一**とする（〔問題14〕を参照）。これは、現物出資規制に類似させるとなれば、検査役調査が原則として必要となる点が嫌われたためである（江頭930頁）。

　株式交換にあっては、株式交換完全子会社と株式交換完全親会社が株式交換契約を締結し、株式移転にあっては、株式移転完全子会社が株式移転計画を作成し、各当事会社はそれらの内容を記載した書面を備置開示しなければならない。株式交換契約または株式移転計画は原則として各当事会社の株主総会決議による承認を得なければならない（783条・795条・804条）。例外的に、株式完全親会社が株式完全子会社の特別支配会社（原則として総議決権の90％に相当する株式を有する会社）である場合には原則として株式完全子会社の株主総会の承認を要せず、株式交換完全子会社が株式交換完全親会社の特別支配会社である場合には、原則として株式交換完全親会社の株主総会の承認を要しない

354　第2部　発展問題

（784条1項・796条1項。**略式株式交換**）。また、株式交換完全親会社が株式交換完全子会社の株主に交付する株式交換完全親会社株式の数に1株当たりの純資産額を乗じて得た金額が純資産の5分の1を超えない場合（**簡易株式交換**）にも原則として株式交換完全親会社の株主総会の承認を要しない（796条2項）。

　反対株主が株式買取請求権を行使しうる点[1]や法令定款違反がある場合に差止請求権を株主が行使できる点（略式株式交換では、これに加えて株式交換対価が著しく不当な場合も可能）も合併の手続と同様である。

★★ **コラム**　②　**三角合併**

　三角合併とは、合併存続会社が合併消滅会社の株主に対して、合併存続会社自身の株式ではなく、その親会社の株式を交付することである。

　例えば、T株式会社を、A株式会社が買収する場合を考えよう。A社は、完全子会社であるS株式社を設立する。T社を吸収合併消滅会社、S社を吸収合併存続会社とする吸収合併を実行し、S社が、T社の株主に対し、合併対価としてA社の株式を交付する。三角合併は、機能的には、株式交換と同じ効果を発生させる。

　なお、S社を株式交換完全親会社、T社を株式交換完全子会社とする株式交換を実施し、その対価をA社株式とする三角株式交換も可能である。

　三角合併・三角株式交換をするには、子会社（S社）は組織再編対価とする親会社株式（A社株式）を一旦取得することが必要となる。親会社が日本の株式会社であれば、子会社による親会社株式の取得は原則として禁止されている（135条1項。〔問題6〕を参照）が、三角合併・三角株式交換の対価として使用するための取得は例外として認められ（800条1項）、三角合併・三角株式交換の効力発生日までその保有が認められる（同条2項）。

---

[1]　平成26年改正により、簡易株式交換にあっては、株式交換完全親会社の株主は、買取請求権を付与されていない（797条1項ただし書）。簡易株式交換では、当該株主への影響が基本的に軽微だからである。例外的に簡易株式交換に該当する場合でも株主に影響を与えるときには、反対株主に買取請求権が認められる（同項ただし書・795条2項各号・796条1項ただし書）。簡易株式交換に該当するが、一定数の株主から反対の通知がなされ、株主総会決議が必要となる場合にも、反対株主買取請求権が認められる（797条1項ただし書・796条3項）。

　略式株式交換にあっては、平成26年改正により、特別支配会社には買取請求権が認められなくなった（785条2項2号かっこ書・797条2項2号かっこ書）。特別支配会社に買取請求権を認める必要性はないからである。

問題24　株式交換と多重代表訴訟　　355

三角合併・三角株式交換は、国境を越えた企業買収で用いられる。国境を越えた企業買収にあっては、準拠法の相違から直接には組織再編ができないが、国境をまたいでの株式の交付は認められ、これらにより国境を越えた親子会社関係の構築が可能となる。

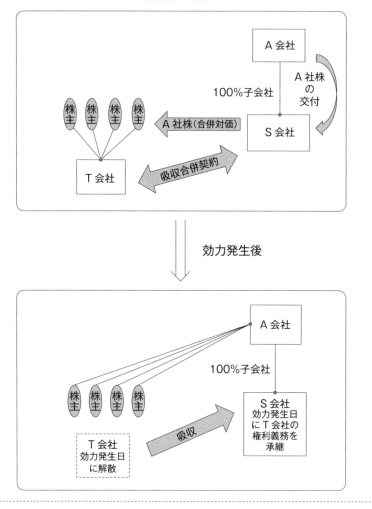

(2) **債権者保護**

　株式交換・株式移転にあっては、各当事会社の債権者の利害に影響

を及ぼすことは原則としてはない。経済的には、株式交換・株式移転は、完全親会社となる会社が完全子会社となる会社の株主に対価を交付し、完全子会社となる会社の株主が有する株式を取得しているだけであり、完全子会社となる会社の株主構成が変化したにすぎないからである。このため、株式交換・株式移転の当事会社には**原則として、債権者異議手続を実施する必要はない。**

もっとも、次の場合、株式交換・株式移転は各当事会社の**債権者の利害に大きな影響を与える**ため、当事会社は**債権者異議手続をしなければならない。**

第1に、株式交換契約新株予約権・株式移転計画新株予約権[2]が新株予約権付社債に付されている場合には、完全子会社となる会社は、当該新株予約権付社債の債権者に対して債権者異議手続をしなければならない（789条1項3号・810条1項3号）。株式交換の効力発生日（769条3項）・株式移転完全親会社の成立の日に（774条5項）、当該新株予約権付社債が完全親会社となる会社に移転し、免責的債務引受け・債務者の交替による更改（民514条）と同様の事態が生じ、そのような会社債権者の保護が必要だからである。この場合は、当該新株予約権付社債の承継により、完全親会社となる会社も、財務状況が悪化する可能性があり、完全親会社となる会社の債権者も債権者異議手続の対象となる（799条1項3号）。

第2に、完全親会社となる会社が、完全子会社となる会社の株主に対価として株式以外の資産を交付すれば[3]、完全親会社となる会社の財務状況が悪化するので、完全親会社となる会社の債権者も債権者異議手続の対象となる（799条1項3号）。

---

(2) 株式交換契約新株予約権・株式移転計画新株予約権とは、完全子会社の発行する新株予約権の新株予約権者に当該新株予約権に代えて完全親会社の新株予約権の交付がなされるものを指す（768条1項4号イ・773条1項9号イ）。完全子会社となる会社の新株予約権が行使されれば、完全親子会社関係が崩れて、会社運営に支障を来す。その一方で、完全子会社となる会社の株式は市場で流通しないため新株予約権行使の魅力が失われる。このため、完全子会社となる会社の発行する新株予約権を、株式交換契約・株式移転計画により完全親会社となる会社が取得し、完全親会社となる会社の新株予約権を交付する制度が設けられた。

★★ コラム ③ 持株会社における株主権の縮減とその復元

　平成9年独占禁止法改正によって純粋持株会社（1.(1)参照）が解禁されて、親会社の所有する子会社株式が会社の資産の大部分を占めることがありうる状況となった。会社が事業会社として事業を直接営んでいる場合と比較して、会社が持株会社形態を採用し、その完全子会社でのみ事業を実行する場合には、持株会社株主としての株主権が形骸化しかねない。このような事態は「株主権の縮減」と評され、問題視された。

　多重代表訴訟は、子会社取締役の任務懈怠行為によって親会社株主の出資が危険にさらされる可能性が増大したことに対応し、子会社の発起人等の責任の追及を親会社株主に認めることで「株主権の縮減」を復元する。

　このほか、子会社の株式または持分の全部または一部を譲渡することにより、当該子会社の議決権の総数の過半数を有さなくなり、当該子会社の事業に対する支配を失う場合には、事業譲渡と実質的に同じことになり、影響が親会社に及ぶ。もっとも、467条の事業譲渡は、判例上、21条以下の事業譲渡と同一とされ、親会社にとっては、単なる資産の譲渡となる子会社の株式または持分の譲渡をその規制対象とすることはできない（〔問題22〕を参照）。このため、親会社の事業譲渡であれば、親会社株主は、親会社の株主総会で議決権を行使し、自身の利益を防御できたが、子会社株式の譲渡であれば、代表取締役の業務執行として実施されるので（重要な財産の処分に該当すれば、監査役設置会社では取締役会決議により決定〔362条4項1号〕）、親会社株主は、自身の利益を防御する機会がなかった。そこで平成26年改正により一定の子会社株式・持分の譲渡につき、親会社株主に直接関与させることが認められた（467条1項2の2号。これにより「株主権の縮減」が復元する）。簡易事業譲渡の基準に合わせて、親会社が保有する子会社株式が親会社の総資産の5分の1（定款でこれを下回る割合を定めたときは、その割合）を超える場合で、子会社株式の全部または一部の譲渡により親会社の保有する子会社株式の数が、子会社の議決権総数の過半数を有しない状態となるときには、当該譲渡につき親会社の株主総会の特別決議による承認を必要とするなど、事業譲渡と同一の規制を行うこととした。

---

(3) 株式交換比率の調整にあたり、端数が生じることがある。この端数を処理するために、対価として株式交換完全親会社の株式以外に、現金が交付される（株式交換交付金）。株式交換交付金が、対価として交付される金銭等（株式交換完全親会社株式と金銭その他の財産）の合計額の5％未満であれば、債権者異議手続は不要とされる（799条1項3号、会社則198条）。

3. 〔設問1〕株主代表訴訟と株式交換・株式移転

(1) 原告適格への影響

　株式交換・株式移転の効力発生前より代表訴訟が係属する場合には、株式交換・株式移転により形式的に提訴株主が株主資格を喪失したことになる。これを理由に係属する株主代表訴訟の提訴株主の原告適格を否定することになれば、**濫用的な株式交換・株式移転を誘発**しかねず、提訴株主の訴訟追行を無にしかねない。851条1項は、このような場合に、提訴株主の出資関係が実質的には変化していないこと（提訴株主が株式交換・株式移転により完全親会社の株式を取得していること）を条件として、**原告適格の維持を肯定している**[4]。

　平成26年会社法改正は、この点を一歩進めて、株式交換・株式移転の効力発生日より前の（公開会社であれば、原則として、効力発生日の6カ月前の）完全子会社の株主であった完全親会社の株主（**旧株主**）にも、株式交換・株式移転の効力発生日以前に原因たる事実が生じた責任にかかる（完全子会社の）**責任追及等の訴えの原告適格を肯定**することとした（847条の2第1項。公開会社でない会社につき同条2項）。

　旧株主は、株式交換・株式移転の効力発生日までに原因が生じていた責任については、完全子会社の通常の株主による責任追及等の訴えの原告適格が認められるため、発起人等の責任に限らず、募集株式の発行等の仮装払込みをした引受人等に対する支払請求権や、120条4項の供与利益の返還請求権（同条3項）を株主代表訴訟によって求めることができる。旧株主による責任追及等の訴えは、通常の株主代表

---

[4] 吸収合併消滅会社や新設合併消滅会社につき、合併の効力発生前に株主代表訴訟が係属している場合、合併という包括承継によって消滅会社の当該取締役に対する請求権も存続会社・新設会社に承継されているため、原告株主が存続会社・新設会社の株主となれば、原告適格を失わない。この点を851条1項2号は明文で規定するが、それは、わざわざ訴訟承継の手続をとる必要がないことを明示するためとされる（岩原紳作「『会社法制の見直しに関する要綱案』の解説〔Ⅲ〕」商事1977号〔2012年〕10頁）。他方、847条の2第1項2号は、三角合併のみを規定し、通常の新設合併や吸収合併について規定しないが、合併の包括承継を前提とすれば、通常の株主代表訴訟の提起がそもそも可能だからである。

訴訟であるから、提訴手続等はそれと同一である。会社法は、提訴請求ができる旧株主を**適格旧株主**と呼ぶ（847条の2第9項）。

(2) 事例への当てはめ

(ア) 〔設問1〕(1)株主代表訴訟の係属中に株式交換があった場合

Eは、昭和48年から甲銀行株1,000株を有する株主であり、平成28年9月10日に甲銀行監査役Fに甲銀行としてA、B、Cの責任を追及するよう、請求し（提訴請求）、60日が経過しても甲銀行が訴訟提起をしなかった。Eは、提訴請求の6カ月前から甲銀行株を有しており、会社法上要求される提訴請求を行い（847条1項）、60日が経過しても甲銀行は訴訟提起をしていないことから、A、B、Cに対する責任追及等の訴え（株主代表訴訟）の原告適格は肯定される（同条3項）。もっとも、訴訟係属中の同年12月31日に、甲銀行を株式交換完全子会社、丙ホールディングスを株式交換完全親会社とする株式交換が実行された。Eは、株式交換により甲銀行株主の地位を喪失したが、株式交換により、丙ホールディングス株250株を取得しており、このような場合には、訴訟係属が維持される（851条1項1号）。

(イ) 〔設問1〕(2)株式交換の効力発生前に責任の発生原因となった事実が生じている場合

Eは株式交換の効力発生日の6カ月前から甲銀行株主であり、株式交換により甲銀行株主の地位を喪失したが、その完全親会社である丙ホールディングスの株式250株を株式交換により取得している。Eは、甲銀行の旧株主（847条の2第1項本文）に該当し、他方で、A、B、Cの責任の発生原因となった事実は株式交換の効力発生日である平成28年12月31日以前に発生している。このため、Eは適格旧株主として、A、B、Cに対する責任追及等の訴えを提起するために、甲銀行監査役Fに提訴請求をすることができる（同条1項）。甲銀行が60日間提訴しないことで、Eは、A、B、Cの甲銀行に対する責任追及等の訴えを提起できる（同条6項）。

★★ コラム ④ 融資に関する銀行取締役の注意義務

　銀行は、銀行法に基づき、金融庁の監督を受ける。それは、銀行の業務の公共性に由来する。銀行業務の公共性の内容は、具体的には、信用の維持、預金者等の保護、そして金融の円滑である（銀行1条）。この銀行法上の要請は、銀行取締役の職務遂行上負担する会社法上の法令遵守義務や善管注意義務の内容を構成する（吉井敦子・百選110頁、岩原紳作「金融機関取締役の注意義務」落合誠一先生還暦記念『商事法への提言』〔商事法務、2004年〕217頁）。

　最判平成20・1・28判時1997号148頁や最判平成21・11・27判時2063号138頁は、金融機関の経営者が融資等の業務執行の意思決定を行う際に善管注意義務・忠実義務違反があるかを経営判断原則（〔問題19〕を参照）によって審査する。

　事業会社が他の事業会社に資金提供（貸付け）を行う場合、その実施の判断は、事業提携や、事業活動上不可欠な取引先（不可欠な部品の仕入れ先）の支援などを目的として行われ、貸付けの回収可能性という要素以外の要素を重視して判断することも経営判断としては許容されよう。しかし、銀行である株式会社の融資の場合、融資そのものが事業活動である。銀行の融資の判断は、当該融資の回収可能性にかかるリスク管理を決め手として判断しなければならず、相手方の財務状況に対する確認をしなければならない。回収可能性のリスクを管理するうえでは、融資に際して、債権の担保の徴求が原則とされる。銀行が無担保で融資を行うことは例外的であり、融資の回収可能性が確保できる場合に限定されよう。

　なお、銀行が、融資に際して、地域経済への影響（地元の要望）やメインバンクとしての道義的な責務といった、融資の回収の確実性以外の要素を優先して考慮することは銀行取締役に許されていないと考える。金融機関の公共性は、金融システムの維持がその中身であり、金融機関自身の財務の健全性を確保しなければならず、融資を実施する金融機関の財務の健全性の維持に反してまで、地元の要望やメインバンクとしての責務などを考慮することが銀行の公共性として要請されているわけではないからである（岩原・前掲『商事法への提言』220頁）。

4. 〔設問2〕多重代表訴訟

　持株会社のようなグループ企業の実態を見れば、すべての子会社につき一律に親会社株主に子会社取締役の責任を追及する多重代表訴訟の提起を許容するべきではない。なぜならグループ企業を形成する会社の数は、大規模なグループ企業にあっては、1,000社程度となるといわれ[5]、子会社といっても、①親会社の一事業部署（製造工場など）に等しいものから、②親会社から独立した事業主体としての実質をもつもの、さらには、③現実に収益を上げているという実績からくる力関係の逆転現象が発生している会社（事実的には、子会社取締役の発言力

が強く、親会社取締役が十分なコントロールができないような会社）まで
バリエーションがあるからである。多重代表訴訟制度は、①を除き、
②③のような完全子会社の発起人等（847条1項。発起人、設立時取締
役、設立時監査役または役員等〔取締役、会計参与、監査役、執行役もしく
は会計監査人〕を指す）の一定の範囲の責任を一定範囲の完全親会社株
主（最終完全親会社等の株主）に許容する。〔設問2〕は多重代表訴訟の
要件を確認するものである。

(1) 多重代表訴訟の提訴要件・提訴手続

㋐ 多重代表訴訟が認められる範囲

　多重代表訴訟（**最終完全親会社等の株主**による**特定責任追及の訴え**）は、
株式会社の発起人等（847条1項）[6]に対する責任追及の訴えの原告適格
を、最終完全親会社等の株主に認める（847条の3第1項・7項）。**最終
完全親会社等**とは、責任追及対象の発起人等の株式会社の完全親会社
等[7]であって、自身に完全親会社等が存しない株式会社である（847条
の3第1項第2かっこ書）。

　もっとも、株式会社に最終完全親会社等が存すれば、一律にその最
終完全親会社等の株主に、当該株式会社の発起人等の責任追及が許容

---

(5) 例えば、株式会社日立製作所は、2015年12月31日現在で連結子会社1040社、持
分法適用会社301社を有する（株式会社日立製作所『2015年度［147期］第3四半期
報告書』第一部「第1企業の概況」・2「事業の内容」）。

(6) 多重代表訴訟において被告とされるのは、発起人等に限定され、株主権に関する利
益供与を受けた者に対する返還請求（120条3項）や不公正な払込金額で株式を引き
受けた者に対する公正価格との差額請求権（212条1項）などは、多重代表訴訟によ
って追及できない。一問一答・平成26年改正169頁は、通常の代表訴訟より被告が
限定されるのは、これらの者と最終完全親会社等やその中間子会社の取締役との間に
人的関係がなく、提訴懈怠可能性がないからであると説明する。しかし、そもそも、
最終完全親会社の株主に特定責任の追及が認められる株式会社は完全子会社であり、
最終完全親会社等が存在するときには、株主として存在するのは完全親会社のみであ
るため、120条3項や212条1項などはそもそも問題とならない。

(7) 完全親会社等とは、株式会社の完全親会社（847条の2第1項柱書）または、株式
会社の発行済株式のすべてを自身と自身の完全子会社等（株式会社がその株式または
持分の全部を有する法人）が保有するか、自身の完全子会社等が保有する株式会社
（完全親会社を除く）である（847条の3第2項）。

されるわけではない。

追及の対象は、責任原因となった事実が生じた日において、最終完全親会社等が保有する完全子会社等の株式（直接株式を保有する場合だけでなく間接的に株式の保有関係があるものを含む）の帳簿価額が、最終完全親会社等の総資産[8]の5分の1（これを下回る割合を定款で定めた場合には、その割合）を超える場合の当該完全子会社における発起人等の責任（**特定責任**）に限定される（847条の3第4項）。訴えの対象を特定責任に限定するのは、親子会社の実態に鑑み、保有する完全子会社の株式が完全親会社の総資産の5分の1を超えているのであれば、そのような子会社は、株式移転により完全子会社となった会社であることが多く、最終完全親会社の取締役と同様の職責を期待しうるからである。対象となる会社を限定することにより、実質的には親会社の事業部門の長という従業員的な地位にとどまる者を多重代表訴訟による責任追及の対象としないことが可能となる（岩原・前掲商事1977号7頁）。また、そのような完全子会社に発生した損害は最終完全親会社等の株主にも大きな影響を与えるからである。

最終完全親会社が完全子会社等の株式を有する前に責任原因が発生している場合には、当該責任原因に起因する発起人等の責任は、特定責任に該当せず、最終完全親会社等の株主による追及はできない。もっとも、適格旧株主による責任追及等の訴えの提起は可能である。

追及しようとする発起人等の責任が、特定責任に該当するかは、原告株主の側で立証すべき事実となる。

(イ) 提訴要件──持分要件・6カ月保有要件など

最終完全親会社等の株主として、特定責任を追及できるのは、通常の代表訴訟と同様に、**会社に提訴請求をした株主**である（847条の3第7項）。もっとも、847条の3第1項によれば、提訴請求をできる最終完全親会社等の株主は、定款で下限を緩和しない限り、総株主の議決権の100分の1以上の議決権または発行済株式の100分の1以上の数

---

[8] 総資産額の計算方法は、簡易事業譲渡（467条1項2号かっこ書、会社則134条）や簡易会社分割（784条2項、会社則187条）への該当性を判定する際の資産額の計算方法と同様である（会社則218条の6）。

の株式を有する者に限定される。通常の株主代表訴訟の提起権は、単独株主に許容され、少数株主権とされていないこと（847条3項・1項）を考慮すれば、**多重代表訴訟の提起権が少数株主権とされた**のは、理論的には、濫用防止が理由ではなく、完全子会社と提訴株主との関係が、最終完全親会社を経由する間接的なものであること（岩原・前掲商事1977号6頁）が理由とされる。もっともこの点は、法律案作成過程における妥協の結果という性質も強い（藤田友敬「親会社株主の保護」ジュリ1472号〔2014年〕34頁）。

公開会社における提訴請求前6カ月以上の**株式保有要件**（847条の3第1項・6項）は、提訴請求株主が保有する最終完全親会社等の株式についてのみ満たせばよく、当該最終完全親会社等と被告とされる者に対する請求権を有する株式会社との間の株式保有関係についてまで充足することは要求されていない。被告とされる者に対して請求権を有する株式会社は、最終完全親会社等に支配される完全子会社であり、そもそも公開会社を念頭に置いた6カ月保有要件を課す必要がないからであろう。

このほか、最終完全親会社等の株主が自身もしくは第三者の**不正な利益を図る**か、または、当該株式会社もしくは最終完全親会社等に**損害を加えることを目的とする場合**にも提訴請求ができない（847条の3第1項1号）。これは、通常の株主代表訴訟と同様に（〔問題20〕コラム③「株主代表訴訟の濫用対策——株主権の濫用と担保提供」参照）、権利の濫用として訴えが却下される場合を規定するものである。さらに、最終完全親会社等の株主による特定責任の追及の訴えに固有の権利濫用類型として、当該訴えに係る**責任の原因となった事実によって当該持株会社に損害が生じていない場合**も加えられた（847条の3第1項2号）。損害が生じていないとは、完全親子会社間または同一完全親会社傘下の完全子会社間で不公正な取引が実行された場合のように、完全子会社に損害が生じているのにもかかわらず完全親会社には損害が生じていないことを指す。このような場合には、最終完全親会社等の株主は完全子会社の発起人等の責任追及につき利害関係を有していないため、提訴が認められない（岩原・前掲商事1977号6頁）[9]。なお、最終完全親会社等に損害が発生していることは、あくまで提訴要件であり、最終

完全親会社等の損害を多重代表訴訟によって追及しうる損害賠償責任
の上限とする趣旨ではない。

（ウ）　提訴手続

　多重代表訴訟は、**通常の代表訴訟の原告適格**を最終完全親会社等の
株主に**拡張**するという制度であるため、最終完全親会社等の株主は、
特定責任追及の訴えを提起するには、被告とされる者に対する請求権
を有する完全子会社である株式会社に直接、提訴請求をすればよい
（847条の3第1項）。当該会社が提訴請求を受けた日から60日が経過
するまでに当該請求に関する訴訟を提起しない場合には、提訴請求を
した最終完全親会社等の株主は、特定責任追及の訴えの提起をする
ことが認められる（同条7項）。最終完全親会社等の株主が特定責任追及
の訴えを提起する場合には、最終完全親会社等の株主は、特定責任に
関する請求権を有する株式会社に訴訟告知を行う（849条4項）。訴訟
告知を受けた会社は訴訟告知を受けた旨を公告するか、自身の株主（株
主名簿上の株主）に通知するとともに、最終完全親会社等に通知し、最
終完全親会社等がその旨を公告するか最終完全親会社等の株主に通知
をすることになる（849条5項・7項・10項2号・11項）。

　発起人等の特定責任に係る責任追及の訴えが提起されている場合、
その会社の株主名簿上の株主に加え、最終完全親会社等の株主は、共
同訴訟参加または当事者の一方を補助するために訴訟参加をすること
ができる（849条1項かっこ書）。

　親子会社関係にあって階層性がある場合（中間に持株会社を介在させ
るような事例）、最終完全親会社等が、被告とされる発起人等に対する
損害賠償請求権を有する株式会社の株主名簿上の株主でないこともあ
る。このような場合には、最終完全親会社等の株主が特定責任追及の
訴えを提起したときに限り、最終完全親会社等は当事者の一方に補助
参加することは認められている（849条2項2号。共同訴訟参加すること
は認められていない）。これは、最終完全親会社等が提訴株主の原告適
格について争いたいと思うであろうことに対応するためである。

---

(9)　この損害要件の具体的認定については、加藤貴仁「多重代表訴訟等の手続に関する
　諸問題——持株要件と損害要件を中心に」商事2063号（2015年）4頁以下を参照。

★★ コラム ⑤ 最終完全親会社等の被告側への補助参加の適正化

　本来、最終完全親会社等が有する子会社株主権の行使は、最終完全親会社等の業務執行行為であり、その業務執行機関が行使すべきものである。他方で、最終完全親会社等の業務執行機関の判断のみで、最終完全親会社等の株主による特定責任追及の訴えの被告側に補助参加しうるとなれば、通常の単独の会社における代表訴訟の規律との整合性が問題となるし、最終完全子会社の監査役等の同意を要求するとしても、法人格を別異とするため迂遠であり、補助参加の適正性を担保する手段としては弱い。このため、最終完全親会社等が、完全子会社の取締役（監査等委員および監査委員を除く）・執行役・清算人（これらの者であった者を含む）に対する責任追及の訴えにおいて被告側に補助参加をする場合には、通常の単独の会社における株主代表訴訟と同様に、最終完全親会社等の各監査役・各監査等委員・各監査委員の同意を要求するとした（849条3項各号。坂本三郎ほか「平成26年改正会社法の解説〔Ⅵ〕」商事2046号〔2014年〕5頁～6頁）。これと平仄をあわせるために、最終完全親会社が被告取締役・執行役・清算人に対し特定責任追及の訴えを完全子会社の株主として株式会社に提訴請求をし、さらに株主代表訴訟を提起する場合には、通常の業務執行に関する会社代表権と異なり、監査役（386条2項4号・1項3号）、監査等委員会が選定する監査等委員（399条の7第4項2号・3項2号）、または、監査委員会が選定する監査委員（408条4項2号・3項2号）が会社を代表するとされる。

　このほか、特定責任追及の訴えにつき、被告発起人等と責任追及者がなれ合いによって訴訟を終了させた場合には、被告発起人等に対して請求権を有する会社やその株主（853条1項1号）、最終完全親会社等の株主（同項3号）は、再審請求することが可能とされる。

(2)　事例への当てはめ

　本問にあっては、公開会社である丙ホールディングスの株主であるGが、その完全子会社である甲銀行の取締役A、B、Cの甲銀行に対する423条責任を追及しようとしている。Gは、甲銀行の株主ではないが、甲銀行の最終完全親会社である丙ホールディングスの株主であるため、最終完全親会社等の株主による特定責任追及の訴え（多重代表訴訟）を提起できるかが問題となる。

(ア)　〔設問2〕(1)株式交換前に融資が実行されていた場合

　本件融資が決定されたのは、平成27年8月24日である。このときには、いまだ丙ホールディングスは、甲銀行株式のすべてを有していないため、本件融資の実行を原因とする423条責任は、特定責任に該当せず（847条の3第4項）、Gはそれを追及することはできない。なお、公開会社である甲銀行にあっては、株式交換の効力発生日である

366　第2部　発展問題

平成28年12月31日の6カ月前から甲銀行の株式を有していた株主は、株式交換により取得した丙ホールディングス株式を有していれば、適格旧株主として責任追及の訴えの提起が可能である（847条の2第1項）。

(イ) 〔設問2〕(2)株式交換後に融資が実行されている場合

　本問指定のように、仮に、株式交換の効力発生日である平成28年12月31日より後に、本件融資が実行されているのであれば、本件融資に関するA、B、Cの責任は、特定責任に該当しうる。それが特定責任に該当すれば、Gは、平成25年9月より丙ホールディングス株を有しており、それは丙ホールディングスの発行済株式数の1%を超え、提訴請求時の6カ月前から丙ホールディングス株式を有しているといえるから、定款に別段の定めがない限り、最終完全親会社等の特定責任追及の訴えを提訴するよう甲銀行（監査役）に請求することができる（847条の3第1項）。

　特定責任は、定款に別段の定めがない限り、責任の原因となった事実が生じた日において、最終完全親会社等が有する、特定責任に関する請求権を有する会社の株式の帳簿価格が、最終完全親会社等の総資産の額の5分の1を超える場合の発起人等の責任である（847条の3第4項）。設問によれば、責任原因となった本件融資の実行の時の丙ホールディングスの総資産額は5,000億円、甲銀行株式の帳簿価格は1,100億円であることから、丙ホールディングスの総資産に占める甲銀行株式の帳簿価格の割合は22%であり、5分の1（20%）を超える。このため、定款に別段の定めがない限り、甲銀行取締役A、B、Cの甲銀行に対する責任は、特定責任に該当する。

　以上から、仮に、株式交換の効力発生日である平成28年12月31日より後に、本件融資が実行されているのであれば、A、B、Cの甲銀行に対する責任は、特定責任に該当し、Gは、提訴請求時点から遡って6カ月以上前から株式を保有していることから、甲銀行監査役に提訴請求を行い（847条の3第1項・386条2項1号）、60日が経過すれば、甲銀行のためにA、B、Cの責任を追及する多重代表訴訟を提起することが認められる（847条の3第7項）。

★★ **コラム** ⑥ **最終完全親会社等のある会社における発起人等の特定責任および旧株主の責任追及等の訴えの対象となる責任の免除・和解**

最終完全親会社等の株主に特定責任追及の訴えを提起することの実効性を確保するために、完全子会社の発起人等の特定責任は、完全子会社の総株主と最終完全親会社等の総株主の同意がなければ免除できないとされる（847条の3第10項）。このため、完全子会社が、株主総会において責任の一部免除を決定する場合には、あわせて、最終完全親会社等の株主総会の決議が必要となる（425条1項）。定款の規定に基づき、取締役等による免除がなされる場合には、最終完全親会社等の株主にも通知または公告を行い、最終完全親会社等の総株主の議決権の100分の3以上を有する株主は異議を述べることができる（426条7項）。責任限定契約を締結することを許容する定款の定めを完全子会社が設ける場合にも、最終完全親会社等の株主総会決議（特別決議）による承認が必要とされる（427条3項）。現実に当該完全子会社が、責任限定契約の相手方である非業務執行取締役等（427条1項）が任務を怠ったことにより損害を受けたことを知ったときは、最終完全親会社等の株主においても、責任の原因となった事実や当該契約の内容などが開示される（同条4項）。

同様の趣旨から、旧株主による責任追及等の訴えの対象となる責任のうち、株式交換完全子会社の総株主の同意を要するとされている責任または義務であって、株式交換等の効力発生日までにその原因となった事実が生じた責任または義務についても、株式交換完全子会社の総株主の同意に加えて、適格旧株主の全員の同意がなければ、免除ができないとされる（847条の2第9項）。もっとも、責任の一部免除については、適格旧株主の関与は認められていない。これは、適格旧株主を会社で特定することが容易でなく、条文上の規律が極めて複雑になることを考慮した結果である（坂本三郎ほか「平成26年改正会社法の解説〔V〕」商事2045号〔2014年〕39頁）。

最終完全親会社等の存する会社にあって、特定責任追及の訴えにつき訴訟上の和解をする際には、当該会社が和解の当事者である場合はもちろん、そうでない場合も、裁判所は当該会社にのみ和解内容の通知（850条2項）を行うので、最終完全親会社等に和解で終了する旨の情報は伝達されない[10]。被告が取締役・執行役である場合には、当該株式会社の監査役（会）（386条2項2号）、監査等委員会（399条の7第5項2号）または監査委員会（408条5項2号）が異議を述べなければ、当該株式会社が和解を承認したものとみなされ（850条3項）、当該和解は確定判決と同一の効力を有する（同条1項ただし書、民訴267条）。和解が特定責任を免除する内

---

[10] 850条2項は、裁判所は「株式会社等」に通知催告をしなければならないとする。しかし、この「株式会社等」とは、当該株式会社または株式交換等完全子会社を指すため（定義は848条。なお、株式交換等完全子会社の定義は847条の2第1項かっこ書）、裁判所は、最終完全親会社等に通知催告をしない。また、裁判所から和解内容の通知の通知を受け、異議を述べるように催告を受けた当該株式会社も、最終完全親会社等に通知催告をすることも強制されていない。

容を含んでいても最終完全親会社等の総株主の同意を要しない（850条4項。847条の3第10項・424条）。

◆ **参考文献** ◆

・藤田友敬「親会社株主の保護」ジュリ1472号（2014年）33頁
・山田泰弘「多重代表訴訟の導入——最終完全親会社等の株主による特定責任追及の訴え」
　法教402号（2014年）10頁
・北村雅史「親会社株主の保護」法時87巻3号（2015年）37頁
・加藤貴仁「多重代表訴訟等の手続に関する諸問題——持株要件と損害要件を中心に」
　商事2063号（2015年）4頁
・吉井敦子・百選110頁。
・岩原紳作「金融機関取締役の注意義務」落合誠一先生還暦記念『商事法への提言』
　（商事法務、2004年）173頁

［山田泰弘］

〔問題25〕 全部取得条項付種類株式を用いた株主の締出し

◆ 事例 ◆

次の文章を読んで、以下の設問1～2に答えなさい。

1. 甲株式会社は、飲食店の経営およびフランチャイズ加盟店の募集・経営指導を業とする公開会社である。甲社は、種類株式発行会社ではなく、その発行する株式をジャスダック証券取引所に上場している。甲社は、創業以来急成長を遂げてきたが、顧客の嗜好の変化への対応が遅れ、ここ数年は業績が伸び悩んでいた。甲社の創業者であり、代表取締役であるＡは、甲社の停滞状況を打開し、さらなる成長を遂げるためには、事業構造の抜本的な改革が必要であると判断した。そして、Ａは、市場からの短期的圧力に左右されずに、長期的視点に基づく事業構造の改革を断行するため、MBOを実施し、甲社を非上場化することにした（以下「本件MBO」という）。そこで、Ａは、平成29年6月頃から、投資ファンド乙との間で、MBOの実施に関する検討および交渉を始めた。

2. 甲社は、平成29年8月21日に、特別損失の発生を公表するとともに、同年12月期の業績予想の大幅な下方修正を発表した（以下「8月プレス・リリース」という）。甲社の株価終値は、8月プレス・リリースの発表前日には30万4,000円であったが、その翌日には25万4,000円、同年9月26日には14万4,000円となり、その後は上昇に転じ、同年11月10日には21万9,000円となり、それ以降は22万円前後で推移した。なお、8月プレス・リリースは、その時点での甲社の状況を正確に表したものであった。また、その内容は、ジャスダック証券取引所の適時開示規則に基づき、開示義務を負うものであった。

3. Ａと乙が共同で出資して設立した丙株式会社は、平成29年11月10日、甲社株式1株につき23万円を買付価格（以下「本件買付価格」という）とする甲社株式の公開買付け（以下「本件公開買付け」という）を

370　第2部　発展問題

実施する旨を発表した（以下「本件 TOB プレス・リリース」という）。本件 TOB プレス・リリースのなかで、①本件買付価格は、同年 11 月 9 日までの過去 1 カ月間の市場価格の終値の単純平均値に約 15％のプレミアムを加えた価格である、②本件公開買付けにより丙社が甲社の全株式を取得できなかった場合には、残存する甲社の株主が保有する株式を本件買付価格と同額（1 株につき 23 万円）の金銭を対価として強制的に取得する、と説明された。これに対し、甲社は、平成 29 年 11 月 10 日、取締役会決議を経て、本件公開買付けについて賛同する旨の意見表明を行った（以下「本件賛同意見表明」という）。

4. 公開買付けの結果、丙社は、甲社株式の約 70％を取得したので、ついで、全部取得条項付種類株式を利用する方法により、残存する甲社の株主が保有する株式を 1 株につき 23 万円を対価として（以下「本件取得対価」という）、強制的に取得することとした（以下「本件強制取得」という）。そこで、平成 30 年 3 月 27 日に、甲社は、株主総会および普通株主による種類株主総会をそれぞれ開催し、(i)全部取得に先立ち、甲社が種類株式発行会社となるための甲社の定款変更に係る株主総会決議、(ii)発行済のすべての甲社の普通株式に全部取得条項を付すための定款変更に係る株主総会決議、(iii)甲社による甲社普通株式の全部取得に係る株主総会決議、(iv)甲社の普通株式に全部取得条項を付すための定款変更に係る種類株主総会決議がそれぞれ可決された（以下「本件各株主総会決議」という）。その際、(iii)の株主総会決議において、甲社普通株式の全部取得の取得対価は、別種類の株式とされ、かつ丙社以外の株主には 1 株未満の端数のみが割り当てられるように定められた。また、取得日は、平成 30 年 5 月 9 日とされた。

5. その後、平成 30 年 4 月 28 日に、甲社の株式は、上場廃止となった。同年 5 月 9 日に、甲社は、普通株式を全部取得し、丙社以外の甲社株主には、端数の処理として、1 株につき 23 万円の現金が交付された。

〔設問 1〕 甲社の株主 X1 は、本件 MBO に不満を抱いたため、本件公開買付けに応募せず、また(i)～(iv)の各決議に反対した。なお、(1)(2)を検討する際には、X1 が法的手段をとるために必要とされる手続的要件は満たされていることを前提とせよ。

問題 25　全部取得条項付種類株式を用いた株主の締出し　371

(1) X1 は、本件 MBO における本件買付価格および本件取得対価が安すぎるという不満を抱いている。この場合、X1 は、いかなる法的手段をとりうるか。

(2) X1 は、本件強制取得により、株主としての地位を強制的に奪われることに不満を抱いている。この場合、X1 は、いかなる法的手段をとりうるか。

〔設問 2〕甲社の株主 X2 は、本件 TOB プレス・リリースを見て、本件買付価格および本件取得対価は妥当な価格であると考え、そのほか本件 MBO に特段不満はなかったので、本件公開買付けに応募した。ところが、X2 は、平成 30 年 5 月 9 日以降に、本件 MBO の実施に向けた検討作業が 8 月プレス・リリースの段階ですでに行われていたことを知った。そして、X2 は、8 月プレス・リリースは、A ら甲社の取締役が、甲社の株価を下落させ、本件買付価格および本件取得対価を引き下げるためにあえて公表したものではないかとの疑いを抱き、本件公開買付けに応募したことは間違いだったと考え始めた。X2 は、この場合、本件 MBO に関して、いかなる法的手段をとりうるか。

◆ 解答へのヒント ◆

1.〔設問 1〕

〔設問 1〕では、当初から本件 MBO に不満を抱き、反対していた株主が本件強制取得に対していかなる措置をとりうるかが問われている。(1)と(2)では、株主の不満の内容が異なるので、当該株主が抱いている不満の内容に応じた、適切な措置を選択する必要がある。

(1)では、本件買付価格および本件取得対価が安すぎるという不満が問題となっている。これに対応する措置としては、普通株式の全部取得条項付種類株式への変更に反対する株主の株式買取請求、全部取得に反対する株主の取得価格の決定申立てがある。会社法の規定を適切に引用しつつ、それぞれの要件の充足の有無を検討するとともに、「公正な価格」、「取得の価格」の意義についても検討する。

(2)では、株主としての地位を強制的に奪われることに対する不満が

問題となっている。これに対応する措置としては、全部取得の差止請求、本件各株主総会決議の取消しの訴え・無効確認の訴えがある。差止請求については、差止事由の解釈を示し、本件で差止事由が存在するかを検討する。株主総会決議の取消し・無効確認の訴えについては、本件各株主総会決議の瑕疵として考えられる事由を挙げ、それが本件事案で認められるかを検討する。

2.〔設問2〕

〔設問2〕では、事後的に本件MBOに不満をもった株主が本件MBOに対していかなる措置をとりうるかが問われている。ここでは、主として取締役の対第三者責任の追及が問題となる。MBO実施の際の取締役の善管注意義務の具体的内容を、近時の重要な裁判例を踏まえて論じることが必要となる。そのうえで、本件事案において、取締役の責任が肯定されるかを検討する。

◆ 解説 ◆

1．出題の意図

　本問の目的は、近年その数が増加している MBO が実施される場合に、これに不満をもつ株主がいかなる法的措置をとりうるかを検討することを通じて、関係当事者間の利害状況を踏まえつつ、MBO をめぐる法律関係についての理解を深めることである。

　〔設問1〕は、当初から本件 MBO に不満を抱き、反対していた株主がとりうる措置について、反対の理由に応じた対抗措置を検討することが求められる。〔設問2〕は、当初、本件 MBO に賛成した株主が、事後的に得た情報から、当初の行動は誤りであったと思い直したときに、とりうる措置として、取締役の対第三者責任の追及などを検討することが求められる。

　MBO をめぐる判例・裁判例や学説は、近年大きく動いている。そこで、本問を解くことを通じて、関連条文、最高裁判所の判例や重要な下級審裁判例を知り、その知識を具体的な事例に当てはめて結論を導けるようになってほしい。

> **★★ コラム　① MBO とは**
>
> 　MBO とは、マネジメント・バイアウト（Management Buy-Out）の略である。企業買収の一形態であり、現在の経営者が資金を出資し、事業の継続を前提として対象会社の株式を購入することをいう。対象会社の経営者自らが主体となって実施する場合や、経営者が投資ファンドとの共同出資により買収会社を設立して実施する場合など、さまざまな形態がある。わが国で近年多いのは、上場会社において、後者の形態により、当該上場会社の株式の全部を取得するタイプの MBO である。
>
> 　上場会社の MBO の手法としては、通常、本問の事案のように、まず公開買付けによって対象会社の株式の大部分を取得し、ついで残存する少数株主を強制的に締め出すことにより、対象会社の株式のすべてを保有する状態を実現するという「二段階買収」の形で行われる。なお、（株式の）公開買付けとは、不特定多数の株主に対し、買付期間・数量・価格等を公告等により提示して買付けの申込みを行い、株式市場外で、株式を買い集めることである（金商法 27 条の 2 第 6 項参照。「TOB」とも呼ばれる）。
>
> 　MBO は、経営者や経営者と協力関係にある投資ファンドが、対象会社の株式を

すべて買い集めることで、市場での短期的な株価の上下に左右されない長期的思考に基づく経営が実現したり、大胆な事業の再編が可能になったりすることなどがメリットとして挙げられている。

　他方、MBOについては、その取引構造に起因する、特有の問題状況が指摘されている。つまり、本来、株主の利益を代表すべき取締役が、自ら株主から対象会社の株式を取得することとなるから、必然的に取締役について利益相反的構造が生ずる。また、取締役は対象会社に関する正確かつ豊富な情報を有する一方、一般株主は対象会社の内情について詳しい情報を有していないから、MBOにおいて、株式の買付者側である取締役と売却者側である株主との間に、大きな情報の非対称性も存在することとなる。そのため、株主の側からみれば、買取価格が不当に低く設定されるなどして、取締役が不当に利益を享受しているのではないかという懸念が生ずるのである。

　そこで、MBOが適正に行われるための措置について、経済産業省が「企業価値の向上及び公正な手続確保のための経営者による企業買収（MBO）に関する指針」（平成19年9月4日）を公表し、さまざまな提言を行った（同指針は、経済産業省の研究会である企業価値研究会がとりまとめた「企業価値の向上及び公正な手続確保のための経営者による企業買収〔MBO〕に関する報告書」〔平成19年8月2日〕に基づいて作成されたものである）。そして、実務では、MBOの是非やその条件について、外部の第三者（弁護士や監査法人など）の意見を求めたり、社外取締役・社外監査役や外部有識者を構成員とする「特別委員会」を設置してチェックを求めたりするなどの対応がとられている。

2．全部取得条項付種類株式を利用した強制取得の手続

　本問を検討する前提として、まずは、本問で用いられている全部取得条項付種類株式を利用した強制取得の手続を確認しておこう。

　全部取得条項付種類株式とは、株主総会の特別決議によりその種類の株式の全部を取得することができるという内容の種類株式である（108条1項7号）。発行済の普通株式のすべてを全部取得条項付種類株式に変更し、これを全部取得することで、多数決による強制取得が実現する。

　これに必要な手続は以下のとおりとなる。まず、全部取得条項付種類株式は種類株式である。したがって、本問の甲社のように、もともと種類株式発行会社ではなかった会社が全部取得条項付種類株式を発行するためには、第1に、**種類株式発行会社**（2条13号）**となるための定款変更**、すなわち、内容の異なる2以上の種類の株式の内容を規

問題25　全部取得条項付種類株式を用いた株主の締出し　375

定するための定款変更を行わなければならない[1]。これは、株主総会の特別決議で行う（466条・309条2項11号）。第2に、甲社の**発行済の普通株式に全部取得条項を付す旨の定款変更を行わなければならない**。この定款変更を行うには、株主総会の特別決議（466条・309条2項11号）とともに、普通株主を構成員とする種類株主総会の特別決議（111条2項1号・324条2項1号）を経る必要がある。通常の株主総会と種類株主総会は、同一日に連続して行うのが通常である。第3に、**全部取得条項付種類株式を会社が取得する旨の株主総会の特別決議を**行わなければならない（171条1項・309条2項3号）。その際、「**取得対価**」（171条1項1号）として、株主に別種類の株式を割り当て、かつ、強制取得（締出し）の対象となる株主には、1株未満の端数のみが割り当てられるように定める。そうすることで、当該株主には、株式ではなく、端数の処理としての現金が交付されるので（234条1項2号）、当該株主は、株主としての地位を失うことになる。

前記第3の取得決議の前後において、会社は、各種の情報の開示を求められる。第1に、取得を決定する株主総会の2週間前または取得する旨の通知・公告（172条2項・3項）の日のいずれか早い方から、取得日後6カ月の間、**取得対価等に関する書面等を備え置かなければならない**（171条の2。株主はその書面等の閲覧謄写請求ができる）。第2に、**取得を決定する株主総会において、取締役は、その取得を必要とする理由を説明しなければならない**（171条3項）。第3に、**取得日の後遅滞なく、取得に関する書面等を備え置かなければならない**（173条の2。株主はその書面等の閲覧謄写請求ができる）。

★★ 　コラム　 ② **全部取得条項付種類株式が創設された経緯と株主締出しの手段としての利用**

　全部取得条項付種類株式は、平成17年の会社法制定とともに創設された種類株式である。会社法の制定過程においては、会社の任意整理をする際に、既存株主の

---

[1]　なお、種類株式発行会社であるためには、現に2以上の種類の株式を発行している必要はない（江頭137頁）。

持株をゼロにする「100パーセント減資」（発行済株式の全部の消却）を株主総会の多数決により行うことができるようにすることが検討されていた。これを実現するための制度として創設されたのが、全部取得条項付種類株式である。

もっとも、最終的にできあがった制度は、債務超過要件が不要とされ、株式の有償取得も可能とされるなどしたため、任意整理における100パーセント減資の場合に限らず、幅広く用いることが可能となった。現在までのところ、全部取得条項付種類株式の最も主要な利用方法は、支配株主が少数株主を締め出すための手段としての利用であるということができる（〔問題24〕コラム①「多数株主と少数株主の利害対立」参照）。

全部取得条項付種類株式と類似するものとして取得条項付株式がある（107条1項3号・108条1項6号）。取得条項付株式においても、一定の事由（会社が別に定める日の到来でもよい）が生じたことを条件として、会社は、当該株式を強制的に取得することができる。もっとも、既発行の株式につき取得条項を付す旨の定款変更をする場合には、通常の定款変更手続に加えて、当該株式を有する株主全員の同意を得なければならない（110条・111条1項）。全部取得条項付種類株式の場合には、株主総会の特別決議により、既発行の株式に全部取得条項を付す旨の定款変更が可能である点と大きく異なる。その相違の理由は、全部取得条項付種類株式については、取得の際に株主総会決議を要し（171条1項・309条2項3号）、定款変更時・取得時に株式買取請求権等の救済がある（116条1項2号・172条）のに対し、取得条項付株式については、それらがないことが挙げられている（江頭155頁注(30)）。以上に加えて、取得条項付株式においては一部の株式のみ取得することができることも、理由の一つであろう（笠原武朗「全部取得条項付種類株式制度の利用の限界」企業法の理論(上)244頁）。

3. 〔設問1〕(1)当初から本件MBOに不満を抱いている場合 ——公正な対価の確保

(1) 設問の分析

〔設問1〕は、当初から本件MBOに不満を抱き、反対していた株主が、本件強制取得に対してとりうる措置は何かを問う問題である。〔設問1〕(1)において、X1は、本件買付価格および本件取得対価が安すぎるという不満を抱いている。この場合、**本件取得対価として公正な対価を確保**できれば、X1の不満は解消される。これを実現する手段としては、全部取得条項付種類株式への変更に反対する株主の株式買取請求および価格決定の申立てと全部取得に反対する株主の取得価格の決定申立てを検討することになる。

⑵ 公正な対価を確保する手段とその手続等

第1に、発行済の株式に全部取得条項を付す旨の定款変更をする際に、会社法は、この定款変更に反対する株主が、その効力発生日の20日前から効力発生日の前日までの間に、その有する株式を公正な価格で買い取るよう会社に対して請求する権利を与える（**株式買取請求権**。116条1項2号・5項）。そして、買取価格について、定款変更の効力発生日から30日以内に株主と会社の協議が整わないときは、当該期間の満了の日後30日以内に、株主は裁判所に対し②**価格決定の申立て**をすることができる（117条2項）。

ここでいう「**反対株主**」は、①定款変更に係る株主総会に先立ち、反対する旨を会社に通知し、かつ、当該株主総会で定款変更に反対した株主と、②当該株主総会で議決権を行使できない株主である（116条2項1号イ・ロ）。

第2に、全部取得条項付種類株式の全部取得をする際に、会社法は、全部取得に反対する株主が、取得日の20日前から取得日の前日までの間に、裁判所に対し、**取得価格の決定の申立て**をすることを認めている（172条1項）。

ここでいう「**反対株主**」は、①全部取得に係る株主総会に先立ち、反対する旨を会社に通知し、かつ、当該株主総会で全部取得に反対した株主と、②当該株主総会で議決権を行使できない株主である（172条1項1号・2号）。

なお、振替制度が適用される会社（すべての上場会社）においては、第1の場合でも、第2の場合でも、株主が価格決定または取得価格決定の申立てをするにあたり、会社側が当該株主の株主資格を争った場合には、個別株主通知（社債株式振替154条）が必要となる（最決平成22・12・7民集64巻8号2003頁〔メディアエクスチェンジ事件〕、最決平成24・3・28民集66巻5号2344頁〔AC デコール事件〕）。個別株主通知については、〔問題4〕コラム③「振替株式制度の仕組み」参照。

このように、全部取得条項付種類株式を用いた全部取得において公正な対価を確保する手段としては、株式買取請求・価格決定の申立てと取得価格の決定申立ての二つが考えられる。もっとも、本問のような少数株主の締出しが行われる場合については、従来、取得価格の決

378　第2部　発展問題

定申立てによる救済を求めるのが通常であった（その理由についてコラム③参照）。そこで、以下では、取得価格決定の申立てについてのみ取り上げることとする。

★★ **コラム** ③ **株式買取請求・価格決定の申立てと取得価格の決定申立ての関係**

本文で説明したとおり、少数株主が対価に不満があるときの不服申立ての手段としては、会社法上、①株式買取請求＋価格決定の申立てと②取得価格の決定申立ての二つが設けられている。もっとも、少数株主の締出しが行われる場合に関する限り、従来、少数株主は、取得価格の決定を申し立てて救済を求める（②）のが通常であった。その背景には、少数株主の締出しに関する実務運用と、平成26年改正前会社法の規律が存在した。

平成26年改正前117条5項は、株主が株式買取請求権を行使した場合、株式買取請求に係る株式の買取りは、当該株式の代金の支払の時に、その効力を生ずると規定していた。また、少数株主の締出しに関し、現在の実務では、全部取得条項を付す定款変更の効力発生日と全部取得の取得日を同じ日とするのが通常である。そして、株式買取請求は、反対する行為の効力発生日の20日前の日から効力発生日の前日までの間にすることとされている（116条5項。この規律は平成26年改正の前後で変更されていない）。

そうすると、少数株主の締出しの際は、株主が株式買取請求権を行使してから、20日以内に、効力発生日＝全部取得の取得日が到来することになる。その間に代金が支払われることは、ほぼありえないといってよいから、少数株主の締出しの場合、株主は、買取りの効力が生じるよりも前に、買取請求に係る株式を全部取得によって失うことになる。

そして、このような場合には、当該買取請求に係る価格決定の申立ては、不適法になるとするのが判例である（前掲最決平成24・3・28〔ACデコール事件〕）。すなわち、株式買取請求および買取価格の決定の申立ては、株主がこれを行うこととされており（116条1項・117条2項）、株主は、株式買取請求に係る株式を有する限りにおいて、買取価格の決定の申立ての適格を有すると解すべきところ、株式買取請求をした株主が同請求に係る株式を失った場合は、当該株主は同申立ての適格を欠くに至り、同申立ては不適法になるというほかはないと判示する。

したがって、少なくとも平成26年改正前会社法の下では、少数株主の締出しにおいて、株主が株式買取請求権を行使する実益はほとんどなかった。実際上も、締出しに反対する株主は、株式買取請求権を行使するのではなく、取得価格の決定を申し立てる傾向にあり、裁判例も取得価格の決定申立てに係るものがほとんどである（コンメ(3)201頁〔柳明昌〕）。

ただ、この状況は、平成26年改正会社法の下では、変更される可能性が指摘されている（仁科秀隆「株式の価格決定と個別株主通知」商事1976号〔2012年〕33頁、一問一答・平成26年改正330頁、小出篤「組織再編等における株式買取請求」神田秀樹編

『論点詳解　平成 26 年改正会社法』〔商事法務、2015 年〕229 頁）。平成 26 年改正後の 117 条 6 項は、株式買取請求に係る株式の買取りの効力が生ずるのは、反対する行為の効力発生日だと規定する。すなわち、少数株主の締出しについていえば、全部取得条項を付す定款変更の効力発生日＝全部取得の取得日に、買取りの効力が生ずることとなる。そうすると、買取りの効力発生までに株主が当該請求に係る株式を失ったという事情がなくなるから、前掲最決平成 24・3・28 の論理からいえば、この場合、株式買取請求に係る買取価格の決定申立ての適格を欠くことにはならないと解すべきであるとされる。その結果、株式買取請求＋価格決定の申立てと取得価格の決定申立てが併存し、選択できることになる。この場合、株主にとってはどちらを選択してもさほど違いはないと指摘されている（仁科・前掲 33 頁、小出・前掲 230 頁）。

　本稿の執筆時点（2015 年 12 月）では、平成 26 年改正会社法の下での運用は明らかとなっておらず、今後、買取価格の決定や取得価格の決定を申し立てられた裁判所がいかなる判断をするかは不明である。本問について勉強する皆さんは、まずは、平成 26 年改正前会社法の下で裁判例が蓄積されている取得価格の決定申立てをめぐるルールを、きちんと理解することが大事である。そのうえで、今後、どのように運用されていくかに注目し、勉強を続けてほしい。

(3)　「取得の価格」の意義および算定方法

　取得価格の決定の申立ては、裁判所が決定した「**取得の価格**」で反対株主の有する株式を会社に取得させることを通じて、公正な対価が与えられるようにするものである。そこで、問題となるのは、裁判所が決定すべき「取得の価格」の意義およびその算定方法である。

(ア)　「取得の価格」の意義

　取得価格の決定の申立てにおける「取得の価格」は、取得日における当該株式の公正な価格であると考えられるところ、これについて、MBO に関する裁判例においては、次のように判示されている。すなわち、(i)**取得日における当該株式の客観的価値**に加えて、(ii)**強制的取得により失われる今後の株価の上昇に対する期待を評価した価格**をも考慮すべきであり（東京高決平成 20・9・12 金判 1301 号 28 頁〔レックスホールディングス株式取得価格決定申立事件〕）、これを MBO の事案について言い換えると、(i)は、**MBO が行われなかったならば株主が享受しうる価値**であり、(ii)は、**MBO の実施によって増大が期待される価値のうち既存株主が享受してしかるべき部分**である、とされる（最決平成 21・5・29 金判 1326 号 35 頁〔前掲東京高決平成 20・9・12 の特別抗

告・許可抗告審決定〕における田原睦夫裁判官補足意見参照）。

(イ)　「取得の価格」の算定方法

　「取得の価格」の意義のうち(i)とは、いわゆる「**ナカリセバ価格**」である[2]。この算定は、市場価格のある株式であれば、当該市場株価がその企業の客観的価値を反映していないと認められる特段の事情のない限り、評価の基準時にできる限り近接した市場株価を基礎に行われる。

　「取得の価格」の意義のうち(ii)は、MBO に関する下級審決定においては、次のような方法で評価されている。すなわち、(a)経営陣と株主との間の利益相反関係を抑制するための一定の措置が講じられ、株主の利益を踏まえた交渉等を経て取得価格が決定されたか、(b)一連の手続の実施にあたり、適切な情報開示が行われ、株主の多数の賛成を得たか、(c)取得価格は、株式の客観的価値に十分なプレミアムが付されたものか、などの要素を検討し、当該 MBO で用いられた取得価格が(i)のみならず(ii)を適切に織り込んだものか否かを判断する。ここで、当該取得価格が(ii)を適切に織り込んだものではないと判断されると、裁判所が、自ら適正な取得価格を決めることになる。この場合には、(i)の客観的価値に一定のプレミアム（20%が多い）を加算した額をもって取得価格とする（例えば、前掲東京高決平成 20・9・12）などの方法で、適正な取得価格が決定される。

(4)　事例への当てはめ

　以上の検討を前提に、〔設問１〕(1)について考えてみよう。

　X1 は、①全部取得条項を付す旨の定款変更に反対する株主の株式買取請求権を行使し、買取価格の決定を申し立てるか、②全部取得に反対する株主として取得価格の決定を申し立てるか、いずれも選択できる。もっとも、通常は、②が選択される（その理由についてはコラム③参照）。

　②を選択する場合、X1 は、全部取得に係る株主総会で議決権を行使

---

(2)　飯田秀総「企業再編・企業買収における株式買取請求・取得価格決定の申立て──株式の評価」法教 384 号（2012 年）34 頁。

することができない株主（172条1項2号）に当たらないので、「**反対株主**」として価格決定を申し立てるためには、全部取得に係る株主総会に先立って全部取得に反対する旨を甲社に通知し、かつ、当該株主総会で全部取得に反対しなければならない（同項1号）。〔設問1〕のなお書より、必要な手続的要件は満たされていることを前提としてよいから、事前の反対通知等は適法になされたものとして、検討を続ければよい。

　②の申立てをすれば、(3)で述べたように、(i)**取得日における当該株式の客観的価値**に加えて、(ii)**強制的取得により失われる今後の株価の上昇に対する期待を評価した価格**をも考慮した価格が適正な取得価格とされる。その算定は、(i)については市場価格を基礎に行われ、(ii)については前記(3)(イ)の(a)〜(c)などの各種事情を勘案し（考慮要素）、本件MBOで用いられた1株当たり23万円という価格が(i)のみならず(ii)を適切に織り込んだものか否かを判断する（判断基準）ことになる（本問では、具体的に判断するに足りるだけの事実が問題文に表れていないから、設問への回答としては、考慮要素と判断基準を示していれば十分であろう）。

4．〔設問1〕(2)当初から本件 MBO に不満を抱いている場合 ——株主としての地位の維持

(1)　設問の分析

　〔設問1〕(2)において、X1 は、株主としての地位を強制的に奪われることに対して不満を抱いている。この場合、X1 の不満を解消するためには、本件強制取得の実現を阻止するか、事後的に本件強制取得の効力を失わせる必要がある。これを実現する手段としては、全部取得の差止請求と本件各株主総会決議の取消し・無効確認の訴えがある。

(2)　全部取得の差止請求

　全部取得の取得日前であれば、**全部取得の差止請求**（171条の3）の可否が問題となる。差止請求が認められるための要件は、第1に、**差止事由が存在**すること、第2に、**株主が不利益を受けるおそれのあること**である（171条の3）。

全部取得の差止めにおける**差止事由**は、全部取得に関連する会社の行為が**法令・定款に違反**していることである。ここでいう法令とは、その名宛人が会社であるものをいい、取締役が負う善管注意義務は、これに含まれないと考えられている。例えば、取得対価が不当であることは、通常は取締役の善管注意義務違反にすぎず、会社の法令・定款違反行為ではない（取得対価の不当性は、原則として、取得価格の決定申立て〔172条1項〕で解決されるべきである）。もっとも、取得対価が特別利害関係人の議決権行使によって著しく不当なものとなった場合には、全部取得に係る株主総会決議の瑕疵を理由に、差止事由となる可能性が指摘されている（江頭163頁注(39)）。株主総会決議の瑕疵については、引き続いて(3)で検討する。

(3)　株主総会決議等の取消し・無効確認の訴え

　全部取得の取得日後であれば、本件強制取得に関連する株主総会決議・種類株主総会決議の瑕疵を理由とする当該決議の取消しの訴え（831条1項）、当該決議の無効確認の訴え（830条2項）の可否が問題となる。もし、これらが認められれば、当該決議は当初より存在しなかったことになるから、全部取得は無効となる。

　決議の瑕疵が、決議内容の法令違反であれば、決議の無効が問題となる。決議の瑕疵が、招集手続・決議方法の法令・定款違反・著しい不公正、決議内容の定款違反、特別利害関係人の議決権行使による著しく不当な決議であれば、決議の取消しが問題となる。

(4)　事例への当てはめ

　以上の検討を前提に、〔設問1〕(2)について考えてみよう。

(ｱ)　全部取得の取得日前の措置──全部取得の差止請求

　取得日前には、**全部取得の差止請求の可否**が問題となる[3]。本問では、本件強制取得に関する手続等に、法令・定款違反があった旨は明示されていない。本件強制取得に関連して行われた株主総会決議・種類株主総会決議について、丙社が特別利害関係人に当たり、かつ、丙社の議決権行使により、著しく不当な決議となったといえれば、当該決議の瑕疵を差止事由として、差止めを請求することは考えられる（詳

問題25　全部取得条項付種類株式を用いた株主の締出し　**383**

しくは、次の(イ)で検討する)。

いずれにせよ、何らかの差止事由が認められるならば、X1 は、取得日前に差止請求をすることにより、全部取得の実現を阻止することができる。

(イ)　全部取得の取得日後の措置──株主総会決議等の取消し・無効確認の訴え

取得日後には、**株主総会決議・種類株主総会決議の取消しの訴え・無効確認の訴え**の可否が問題となる。

まず、X1 が株主総会決議等の取消しの訴えの原告適格を有するかどうかを検討する。X1 は、取得日後には、甲社株主としての地位を失っているが、本件強制取得に関連する株主総会決議・種類株主総会決議が取り消されれば、株主としての地位を回復する関係にあるから、「当該決議の取消しにより株主……となる者」に当たり、当該決議の取消しの訴えの原告適格を有する（831 条 1 項後段）[4]。同様に、現時点で甲社の株主ではないことを理由として、無効確認の訴えの確認の利益が否定されることはないと解すべきである。

次に、本件強制取得に関連する株主総会決議・種類株主総会決議の瑕疵としていかなる事由が考えられるかを検討する。本問の問題文では、当該決議の内容・手続に瑕疵があった旨は明示されていない。もし決議に何らかの瑕疵があれば、その内容に応じて決議の無効・取消しが問題になる、としかいえない。

もっとも、(ア)で説明したように、当該決議について丙社が特別利害

---

(3)　全部取得の差止請求は、訴訟外で行うことができるが、通常は、裁判上の請求をすることになるであろうし、さらに取得日までに結論を得ないと、差止請求は空振りに終わるので、差止めの仮処分命令を求めるという形で請求することが通常となろう。この点で、全部取得の差止請求は、新株発行の差止請求と同様の状況にある。

(4)　この 831 条 1 項後段は、平成 26 年改正により追加されたものである。平成 26 年改正前会社法の下では、株主総会決議が取り消されれば株主としての地位を回復する者について、当該決議の取消訴訟の原告適格を認める明文規定はなかった。もっとも、この場合について原告適格を肯定する裁判例があり（東京高判平成 22・7・7 判時 2095 号 128 頁〔日本高速物流株主総会決議取消請求事件〕）、学説においても異論はなかった。平成 26 年改正は、この解釈を立法化し、明文規定で定めることとするものである。

関係人に当たり、かつ、丙社の議決権行使により、著しく不当な決議となったか否かは検討に値する。これが肯定されれば、取消事由に当たる（831条1項3号）。この831条1項3号該当性について、以下のように解する見解が有力に主張されている（江頭159頁注㊱）。すなわち、少数株主の締出しのうち、閉鎖型のタイプの会社において、内紛解決を目的に少数派を締め出す場合、「目的の不当性」から、831条1項3号が適用にならないか（すなわち、著しく不当な決議として取消しを認めるか否か）を、裁判所は慎重に判断すべきであるとする一方で、上場会社など公開型のタイプの会社においては、その対価として少数株主に支払われる金額の適正性の点は別として、締め出すこと自体は、類型的に「著しく不当な決議」に当たらない、とする。この見解は、その理由として、公開型の会社の株主は、適正な対価を取得できれば、当該会社の株主の地位に固執すべき理由がないこと、他方で、閉鎖型のタイプの会社の株主にとっての株式は、経営者としての報酬を生む源泉であり、かつそうした会社では株主間に経営参加に関する明示・黙示の約束があることが少なくないなど、複雑な事情があるのが通例であることを挙げる。

　本問の甲社は、上場会社であって公開型の会社である。全部取得の対価も平成26年1月以降の市場株価（22万円前後）より高い23万円であり、全部取得の効力を覆さなければならないほど不当に安いとはいえないであろう。この対価に不満のある株主は、取得価格決定の申立てにより、個別に争えば足りるというべきである。そうすると、本件で、831条1項3号に基づく株主総会決議・種類株主総会決議の取消しは認められないことになりそうである。

5. 〔設問2〕事後的に本件MBOに不満を抱いた場合

(1) 設問の分析

　〔設問2〕は、事後的に本件MBOに不満をもった株主が、本件MBOに対してとりうる措置は何かを問う問題である。〔設問2〕のX2は、本件公開買付けに応募し、その保有する株式を丙社に買い取られている。つまり、X2は、任意に株式の買取りに応じたのであって、

問題25　全部取得条項付種類株式を用いた株主の締出し　385

X2 の株式は本件強制取得の対象となっていない。したがって、〔設問1〕の X1 とは異なり、X2 については、本件強制取得に対する法的手段は問題とならない。

このような X2 がとりうる措置としては[5]、**取締役の対第三者責任の追及**が考えられる。すなわち、取締役がその職務を行うについて悪意または重過失があったときは（**悪意または重過失による任務懈怠**）、当該取締役は、これによって第三者に生じた損害を賠償する責任を負う（429 条 1 項）。この取締役の対第三者責任において、少なくとも会社に損害がなく直接第三者が損害を被る「直接損害」事例については、株主も「第三者」に該当しうる。そこで、本件 MBO を行うについて、甲社の取締役らに悪意または重過失による任務懈怠が認められ、それと X2 に生じた損害との間に因果関係が肯定されるならば、X2 は、甲社の取締役らに対し、損害賠償請求をすることができる。

(2) MBO における取締役の善管注意義務

そうすると、本件で甲社の取締役らに悪意または重過失による任務懈怠があったといえるかが検討されなければならない。MBO が行われる場面で、取締役は、**善管注意義務**の一環としていかなる行為義務を負うのだろうか。この問題について判示した近時の裁判例は、取締役が MBO に際して、①公正価値移転義務および②適正情報開示義務を負うとする（東京高判平成 25・4・17 判時 2190 号 96 頁〔レックスホールディングス損害賠償請求事件〕）。

①公正価値移転義務とは、企業価値を適正に反映した公正な買収価格で会社が買収され、株主が MBO に際して実現される価値を含めて適正な企業価値の分配を受けられるようにする義務である。前掲東京高判平成 25・4・17 は、取締役の会社に対する善管注意義務は、会社、ひいては、株主の共同の利益を図ることを目的とするものであるとこ

---

[5] なお、本件強制取得の対象となった株主であっても、本件強制取得に対する法的措置に必要な手続をとっていなかったとか、提訴期間が徒過したなどの理由で、本件強制取得に対する措置をとることができなければ、〔設問 2〕の X2 と同じ状況であるといえる。

ろ、株主は適正な企業価値の分配を受けることについて共同の利益を有する、と解釈し、取締役は公正価値移転義務を負う、と判示した。

②**適正情報開示義務**とは、第1に、取締役が株価操作の目的で恣意的な情報開示をしてはならないという義務であり、第2に、株価操作とまで認められない場合でも、MBOの一環として行われる株式公開買付けにつき会社として意見表明する際には、株主が株式公開買付けに応じるか否かの意思決定を行ううえで適正な情報を開示すべきであるという義務である。

買収者が対象会社の経営者であるというMBOにおいては、経営者・株主間の構造的な利益相反および情報の非対称性が内在する。①の義務は、構造的な利益相反を抑制し、株主に適正な企業価値の分配を与えるように取締役を規律づけるものであり、②の義務は、情報の非対称性を緩和し、株主が公開買付けに応募するか否かの意思決定を適切に行えるようにする機能を果たすものだと理解することができる。

(3) 事例への当てはめ

以上の検討を前提に、〔設問2〕について考えてみよう。X2としては、**甲社取締役の対第三者責任**を追及することが考えられる。具体的には、本件MBOを行うについて、甲社の取締役らに悪意または重過失による任務懈怠が認められ、それとX2に生じた損害との間に因果関係が肯定されるか否かが問題となる。

(ア) ①公正価値移転義務違反の有無

公正価値移転義務違反があると認められるためには、本件MBOにより株主間に不公正な企業価値の移転をもたらしたと認められなければならない。企業価値は、会社の将来の業績予想等の不確定要素に左右され、MBOにおけるプレミアムの大きさも一義的・客観的な基準はないため、何が企業価値を適正に反映した買収価格かには一定の幅があり、かつ、原則として旧株主の評価に委ねるべきであると考えられる。したがって、本件MBOに際して**甲社株主に適正な情報提供がなされていたと評価できれば、本件公開買付けに多数の甲社株主が応募したことをもって、本件買付価格に株主の多数の賛同があったということができ、**特段の事情がない限り、公正な企業価値の移転であっ

問題25　全部取得条項付種類株式を用いた株主の締出し　387

たと評価できる。

　他方、甲社株主に適正な情報提供がなされていなかったのであれば、株主が適正な判断をすることはできないため、前記のように考えることはできない。この場合には、裁判所が甲社の客観的な企業価値を判断せざるをえない。そして、本件 MBO における本件買付価格が、本件公開買付け当時の甲社の客観的な企業価値に比して低廉なものであったといえれば、公正価値移転義務違反があったといえ、かつ、客観的な企業価値に基づく株式価値と本件買付価格の差額が前記義務違反と因果関係のある損害であるということになる。そのうえで、当該義務違反について、甲社の取締役の悪意または重過失の有無が問題となり、これが肯定されれば、X1 は、当該取締役に対して、前記損害の賠償を請求できる。

(イ)　②適正情報開示義務違反の有無

　本件 MBO に先立ち、甲社は、8 月プレス・リリースを行い、その結果、甲社の株価は暴落している。仮に、8 月プレス・リリースが、本件 MBO における公開買付価格を引き下げるための株価操作の目的で恣意的になされた情報開示であれば、**適正情報開示義務**に違反する。もっとも、8 月プレス・リリース自体は、甲社の実態に即した正確な内容であり、しかも証券取引所の適時開示規則に基づく開示義務の履行として公表されていることから、内容的にも、時期的にも、甲社取締役が株価操作の目的で恣意的に開示したものだとは評価できないであろう。

　このほか、甲社は、本件 MBO に関連して、取締役会決議に基づき、本件公開買付けに賛同する旨の意見表明を行っている（本件賛同意見表明）。適正情報開示義務によれば、取締役は、かかる意見表明において、株主が公開買付けに応じるか否かの意思決定を行ううえで適正な情報を開示しなければならない。

　そうしたところ、8 月プレス・リリースの結果、甲社の株価は暴落しているが、その時点ですでに本件 MBO の実施に向けた具体的な検討作業が行われていた。〔設問 2〕の X2 が事後的にこれを知って疑いを抱いたように、8 月プレス・リリースの時点で本件 MBO の実施に向けた検討が進められていたのであれば、8 月プレス・リリースは、

甲社の取締役が甲社の株価を下落させ、本件 MBO における買付価格・取得価格を引き下げるためにあえて公表した、本件 MBO のための株価操作ではないかと疑われてもやむをえないといえる。このように、8月プレス・リリースの段階で本件 MBO の準備が具体的に進められていたこと、そしてこの情報を知れば生じるであろう株価操作の疑いを払拭する情報[6]は、甲社の株主が本件買付価格の適正さ、ひいては本件公開買付けに応じるか否かを判断するにあたり、重要な情報であると評価できる。ところが、甲社は、本件賛同意見表明のなかでそのような情報を開示しておらず、本件 TOB プレス・リリースも含め、甲社の株主が前記情報を知る機会はなかった。そうすると、本件では、甲社の取締役において、適正情報開示義務違反があったと認められよう。

次に、適正情報開示義務違反と因果関係のある損害については、前掲東京高判平成 25・4・17 は、**情報開示が適正に行われていれば生じたであろう株主の財産状態と、不適正な情報開示が行われたために生じた株主の現実の財産状態との差額**であると解釈する。これを本件についてみると、本件公開買付けの当時、適正な情報開示が行われていれば、X2 が本件買付価格（1 株につき 23 万円）を超える対価を得られたと認めることができれば、当該対価と本件買付価格との差額が、適正情報開示義務違反と因果関係のある損害ということになる。

★★ **コラム** ④ **少数株主の締出しのための各種手段**

（1）　少数株主を会社から強制的に締め出す手段としては、全部取得条項付種類株式を利用する方法のほかに、会社法上、現金対価の組織再編行為、株式の併合、特別支配株主の株式等売渡請求権を利用する方法がある。

まず、**金銭対価の組織再編**を用いる方法とは、組織再編のうち吸収合併（2 条 27号・748 条）や株式交換（2 条 31 号・767 条）を行うに際して、締め出したい株主に対して交付する対価を金銭にすることで、株主としての地位を失わせる、というも

---

(6)　8 月プレス・リリースが株価操作であるとの疑いを払拭するためには、例えば、8月プレス・リリースの業績予想が甲社の実情に合致していることについて合理的な説明をすることなどが考えられる。

のである。例えば、A社（親会社）を存続会社、T社（子会社）を消滅会社とする吸収合併を行うと、T社が消滅し、その権利義務がA社に包括的に承継される代わりに、T社の株主（A社を除く）は合併対価を受け取ることになる。その合併対価を金銭とすれば、A社以外のT社株主は、株主としての地位を失い、金銭を得るにすぎなくなる。

次に、**株式の併合**（180条1項）を用いる方法とは、併合後に締め出したい株主が有することとなる株式の数が1株未満の端数となるような併合の割合を設定することで、当該株主に端数の処理（235条）としての現金を交付し、株主としての地位を失わせる、というものである。例えば、発行済株式総数が3万株であるT社の株主として、A社（2万株）、P（5,000株）、Q（3,000株）、R（2,000株）がいるときに、T社が株式の併合を行い、併合の割合を「1万株を1株」と定めたとする。この株式の併合の効力発生後は、A社の持株は2株となる一方で、Pは0.5株、Qは0.3株、Rは0.2株と1株未満の端数になる。そのため、端数の処理が以下のとおり行われる。すなわち、端数の合計数（0.5 + 0.3 + 0.2 = 1）である1株の株式を、競売するなどして現金化し、その金銭を、端数の大きさに応じて、P、Q、Rに交付することになる。その結果、A社がT社の唯一の株主となる一方で、P、Q、Rは株主としての地位を失い、金銭を得るにすぎなくなる。

特別支配株主の株式等売渡請求権を用いる方法とは、特別支配株主（対象会社の総株主の議決権の10分の9以上を自己およびその完全子会社等を通じて保有する者）は、対象会社の株主（対象会社および当該特別支配株主を除く）の全員に対し、その有する当該会社の株式の全部を売り渡すことを請求できるという制度（179条～179条の10）を利用するものである。この制度は、平成26年の会社法改正で新たに設けられた。

(2) 平成26年改正前、少数株主の締出しを行う際には、ほとんどの場合、全部取得条項付種類株式による方法が用いられていた。現金対価の組織再編行為による方法は、税法上、適格組織再編と認められなくなる結果、（当該会社の状況にもよるが一般的には）課税負担が重くなるため、あまり用いられなかった。また、株式の併合による方法は、平成26年改正前には、反対株主の株式買取請求権・価格決定の申立権が規定されておらず、締出しに不満をもつ株主を保護するための制度的な仕組みが整っていなかった。そのため、少数株主を救済するためには、裁判所としては、株主総会決議の取消しを認容し、株式の併合を事後的に無効とせざるをえない。このため、株式の併合が事後的に無効とされる事態が発生しうることが懸念され、利用が回避されたのである。

(3) こうした平成26年改正前の状況に対しては、株式の併合については、前記のとおり少数株主の保護が十分ではないことが指摘された。全部取得条項付種類株式についても、もともと少数株主の締出しの手段としての利用を想定してつくられた制度ではないこともあって、組織再編の場合に比べて情報開示の規律が十分ではないなどの指摘がされていた。また、全部取得条項付種類株式の取得については、締出しを行う株主が対象会社の総株主の議決権の10分の9以上を保有していたとしても、略式組織再編のように株主総会の決議を要しないものとする制度がないため、時間的・手続的コストが大きいことが指摘されていた。

そこで、平成 26 年の会社法改正において、以下のような内容の改正が行われた。

第 1 に、対象会社の総株主の議決権の 10 分の 9 以上を有する株主（特別支配株主）が、対象会社の株主総会決議を要することなく、少数株主の締出しを行えることにするための制度として、特別支配株主の株式等売渡請求が新設された。特別支配株主は、取得対価や取得日などを対象会社に通知して、対象会社の承認が得られれば（179 条の 2・179 条の 3 第 1 項。対象会社が取締役会設置会社であれば、取締役会決議による〔179 条の 3 第 3 項〕）、取得日に他の株主（売渡株主）の保有する株式の全部を取得することができる（179 条の 9 第 1 項）。対象会社は、売渡株主に対して、取得日の 20 日前までに、所定の事項の通知をしなければならず（179 条の 4 第 1 項）、さらに組織再編の場合（782 条・791 条等）と同様の事前開示（179 条の 5）および事後開示（179 条の 10）をしなければならない。反対株主の保護としては、事前の措置として売渡株主の差止請求（179 条の 7 第 1 項）および売買価格決定の申立て（179 条の 8）、事後の措置として売渡株式等の取得の無効の訴え（846 条の 2）が規定されている。

第 2 に、株式の併合については、株式の併合により端数となる株式の株主に、反対株主の株式買取請求権を付与する（182 条の 4）とともに、株式の併合の差止請求権（182 条の 3）が規定され、また、組織再編や株式等売渡請求と同様に、株主に対する事前開示（182 条の 2）、事後開示（182 条の 6）の制度が設けられた。

第 3 に、全部取得条項付種類株式について、株式の併合の場合と同様に、差止請求権（171 条の 3）、事前開示（171 条の 2）および事後開示（173 条の 2）の制度が設けられた。

以上の改正により、金銭対価の組織再編、株式等売渡請求、株式の併合および全部取得条項付種類株式という少数株主を強制的に締め出すことのできる制度のすべてにおいて、少数株主の保護のための規律が、同等のレベルのものとされたわけである。

◆ **参考文献** ◆

●少数株主の締出し
・中東正文「キャッシュ・アウト」法教 402 号（2014 年）22 頁
●全部取得条項付種類株式
・笠原武朗「全部取得条項付種類株式の意義と利用」争点 42 頁
● MBO における株式の取得価格
・徳本穰・百選 182 頁
・飯田秀総「企業再編・企業買収における株式買取請求・取得価格決定の申立て
　　──株式の評価」法教 384 号（2012 年）26 頁
● MBO における取締役の善管注意義務
・伊藤吉洋「判批」平成 25 年度重判 112 頁

[山下徹哉]

〔問題 26〕 株式会社の機関設計

◆ 事例 ◆

次の文章を読んで、自分が甲社の顧問弁護士であると仮定して、以下の設問1～3に答えなさい。

1. 甲株式会社は、業務用ゲーム機器および家庭用ゲームソフトの開発・製造・販売を目的とする公開会社かつ大会社であり、監査役会設置会社である。取締役会は、取締役A、B、C、D、E、F、Gの7名で構成されており、Aが代表取締役として選定されていた。また、FとGは社外取締役である。甲社ではこれまで兄弟会社などの関連会社の取締役を社外取締役として選任することが慣行化していた。そのため、社外取締役の発言は関連会社の意向に沿ったものとなっていた。社外取締役らは、甲社の社内取締役らの働きに満足しておらず、度々、個々の取締役の報酬を決定する委員会を作ってはどうかと勧めている。また甲社は取締役会を長時間にわたって行う伝統があり、代表取締役Aは、取締役会で決定しなくてはならないことが多く、スピードが必要とされるゲーム機器分野での経営にとって機動性に欠けると考えている。甲社の社内取締役らはこのような状況を変えたいと考えている。

2. 甲社の取締役らは、現在の監査役会設置会社から別の機関設計への移行を検討し始めている。社内取締役らは上記の理由から、関連会社の取締役から社外取締役を選任することをスムーズに廃止し、候補者を検討する委員会などを設けて広く社外取締役の候補者を募りたいと考えている。ただし、この委員会には社外取締役の候補者を決定する権限までは与えずに、委員会には候補者の「推薦」のみをさせ、最終の候補者決定権限は自分たち社内取締役が留保しておきたいと希望している。また、別の機関設計に移行しても個々の取締役の報酬についてはこれまでどおり取締役会が決定権限をもちたいと考えている。さらに代表取締役Aは、より機動性の高い機関設計にしたいと思っている。これらのことについて、代表取締役Aは甲社の顧問弁護士に相談する

ことにした。

〔設問1〕代表取締役Aから、社外取締役の選任方法の変更について相談を受けた場合、どのようにアドバイスをすればよいか、述べなさい。アドバイスは、事例における甲社の事情や取締役らの希望を前提に行いなさい。

〔設問2〕個々の取締役報酬については、機関設計ごとに異なる規制がされている。甲社の社内取締役、社外取締役らの希望も踏まえながら、どのような規制があるか説明しなさい。

〔設問3〕甲社の代表取締役Aが考えるように、取締役会での決定事項を減らして機動性の高い会社にするには、どのような選択肢がありうるか、述べなさい。

◆ 解答へのヒント ◆

1.〔設問1〕

平成26年に会社法が改正され、社外取締役の要件が変わったこと（2条15号ハ・ニ）および監査等委員会設置会社（2条11号の2）という新たな機関設計が導入された点に配慮して記述を行うことが必要である。記述に際しては、従来からの機関設計である監査役会設置会社、指名委員会等設置会社との違いに目を向けてもらいたい。

2.〔設問2〕

取締役の報酬は、定款で必要事項を定めない場合は株主総会決議でそれらの事項を定めなくてはならない（361条1項）。取締役会設置会社では各取締役に対する具体的配分を取締役会の決定に委ねることが多い（江頭447頁参照）。なお、指名委員会等設置会社では、361条1項にかかわらず報酬については報酬委員会が執行役・取締役の個人別報酬の内容を決定する権限を有している（404条3項）。したがって甲社が指名委員会等設置会社に移行し報酬委員会を設ければ、これまでどおり取締役会が報酬の配分について決定権をもつことはできなくなる。

新たな機関設計である監査等委員会設置会社の報酬規制はどうなっ

問題26　株式会社の機関設計　393

ているか。上述の二つの機関設計における報酬規制と比較してみよう。

3. 〔設問3〕

　監査役会設置会社の取締役会の決定事項については、代表取締役等に委任することはできない事項が362条4項に列挙されている。ただし、一定の要件を満たした場合には、重要な財産の処分・譲受け（362条4項1号）、および多額の借財（同項2号）についての決議は、特別取締役による決議によって行うことができる（373条1項）。甲社がこの特別取締役による決議の要件を満たすことができるかどうかを検討する必要がある。

　指名委員会等設置会社においては、取締役会は会社の業務執行のすべてにつき決定する権限を有しているが（416条1項1号）、この機関設計はモニタリング・モデル（2.(1)参照）に基づくものであるため、執行役への大幅な業務決定権限の委任が認められている（同条2項・4項）。代表取締役Aが求めているような機動性の確保という点からは望ましい機関設計といえる。

　これらの二つの機関設計に対し、監査等委員会設置会社ではどのような委任が認められているか検討してみよう。

◆ 解説 ◆

1．出題の意図

　平成 26 年改正で監査等委員会設置会社が導入されたことにより、大会社である公開会社は、監査役会設置会社、指名委員会等設置会社、監査等委員会設置会社の 3 類型から機関設計を選択することとなった（328 条 1 項）。本問は、これらの 3 類型をいくつかの観点から比較検討し、それぞれの機関設計の特徴を説明できるようにすることを目的とする。特に、監査等委員会設置会社の特徴を正確に把握し、また、社外取締役の要件など平成 26 年改正で変更された点にも目を向ける必要がある。

　〔設問 1〕は、社外取締役の選任を行う際にどのような方法がありうるかを説明する問題である。〔設問 2〕は、会社内で取締役の個人別報酬の決定について、どの機関にどこまでの権限をもたせるかを考える問題である。〔設問 3〕は、機動性確保のために、取締役会から他の機関に業務決定を委任することを検討する際に、どのような選択肢がありうるかを、述べる問題である。

2．大会社である公開会社の選択肢──機関設計に関する 3 類型

　公開会社は株主数が多く、株主相互の信頼関係が希薄となり、また、個々の株主の経営能力や意欲に期待することが難しいため、取締役による経営について、取締役相互の監視と取締役以外の機関による監視が必要となる。また、会社の規模が大きくなれば、経営の監視も複雑になっていく。そこで会社法は、このような公開会社かつ大会社を対象とした機関設計のルールを設けている。

(1)　機関設計に関する 3 類型の概要

　大会社である公開会社には、監査役会設置会社、指名委員会等設置会社、監査等委員会設置会社の三つの選択肢がある。

　監査役会設置会社では、監査役が取締役の職務執行を監査する。伝

問題 26　株式会社の機関設計　**395**

機関設計に関する3類型

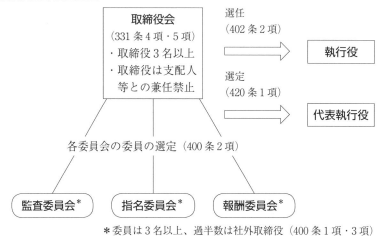

統的に、会社法は監査役制度を充実させてきたが、監査役には代表取締役を選定し、解職する権限がないことから、経営者に対する監督の充実という観点からは問題点も指摘されていた。

そこで新たな制度として、アメリカ型のモニタリング・モデルを参考にして設けられたのが**指名委員会等設置会社**制度である。モニタリング・モデルとは、株主により選任された取締役からなる取締役会は経営の基本方針の決定、業績評価、業務執行者の選任・解任しか行わず、かつ取締役会の構成員の全部または大多数は業務執行に関与しない形の機関構成であり、米国等の上場会社によくみられるものである（江頭 380 頁参照）。指名委員会等設置会社は、経営の業務執行機能と監督機能を分離させ、業務執行を担当する役員として執行役を設け、監督を行う機関としての取締役会の下に**指名委員会・監査委員会・報酬委員会**の 3 委員会を必置の機関としており、委員会の構成員の過半数は社外取締役である。

しかし人事および報酬についての権限を社外取締役を中心とした委員会（指名委員会、報酬委員会）がもつことへの抵抗感から、指名委員会等設置会社制度は実際には採用されることが少なかった。そこで新たに設けられたのが**監査等委員会設置会社**制度である。監査等委員会設置会社は、指名委員会等設置会社に必要とされた指名委員会および報酬委員会の設置を義務づけず、また、監査等委員会には監査のみならず監督権限も付与することで、監査役について指摘されていた問題点も解決しようと試みる制度である。

いずれの会社形態においても、経営者によって株主総会に提出される議案は監査役・監査委員会・監査等委員会のチェックを受けることになる（詳細については、後述 3.（2）、4.（2）、コラム②を参照）。

(2)　機関制度に関する法規制の変遷

上記からわかるように、株式会社の機関制度に関する法規制は、その時々のニーズに応じて変遷を遂げてきた。

まず、平成 5 年には、大規模な会社の複雑な経営の監査を効率的に行うために大会社について、監査役の設置が義務づけられた（監査役会を置く株式会社または、会社法の規定によって監査役会を置かなければな

らない株式会社を**監査役会設置会社**という。2条10号）。その後、平成14年には、アメリカ型の制度を参考に**指名委員会等設置会社**が創設された[1]（この指名委員会等設置会社と、後述する監査等委員会設置会社には監査の機能をもつ監査委員会や監査等委員会があるため、監査役を置くことはできない〔327条4項〕）。前述のとおり、指名委員会等設置会社は、機動的・弾力的な企業経営を可能にすると同時に取締役会の任務を経営の監督に特化し、健全かつ効率的な業務監査を確保することを目的とした制度である（大隅＝今井＝小林・概説274頁～275頁参照）。そのため、業務執行の決定権を大幅に執行役に委任することが認められる反面、取締役会による業務執行監督権の強化が図られ、監査役を置く代わりに過半数が社外取締役で構成される委員会が設置される。

　こうして、従来の監査役会設置会社と指名委員会等設置会社という二つの機関形態が選択制とされたが、複数の制度を選択可能とすることにより「制度間競争」を生じさせ、競争の緊張を通じて機関の運用が改善されることを法が期待してのことである（江頭547頁～548頁）。この指名委員会等設置会社制度は、平成17年に成立した会社法にも引き継がれた。しかし、指名委員会等設置会社は(1)で述べたようにあまり採用されず（詳しくは後述）、新たな機関形態として平成26年に**監査等委員会設置会社**が設けられたのである[2]。

(3)　監査等委員会設置会社の概要

㋐　趣旨

　監査等委員会設置会社は、**監査役会設置会社と指名委員会等設置会社との折衷形態として、また社外取締役の機能を活用しやすい機関**として提案されたものである。この提案は、監査役会設置会社について

---

(1)　平成14年の創設当時は「委員会等設置会社」と呼ばれていた。しかし会社法の成立とともに、従来の委員会等設置会社は「委員会設置会社」と呼ばれることとなった。さらに、平成26年改正で、委員会を有する監査等委員会設置会社が設けられたために、「委員会設置会社」から「指名委員会等設置会社」に名称変更された。

(2)　監査等委員会設置会社については、第4章・第9節の2（399条の2～399条の14）に定めがある。また、指名委員会等設置会社については、同章第10節（400条～422条）に規定が設けられている。

は、少なくとも 2 人の社外監査役の選任が義務づけられ（335 条 3 項）、社外監査役に加えて社外取締役も選任することの重複感・負担感があること、指名委員会等設置会社については、人事や報酬について社外の者が過半数である委員会に委ねることへの抵抗感等から、広く利用されるには至っていないという問題意識を基礎とするものである（「会社法制の見直しに関する中間試案の補足説明」第 1 部第 1.2(1)ア。一問一答・平成 26 年改正 18 頁〜 19 頁)[3]。

(イ) 監査等委員会と監査等委員

　監査等委員会設置会社の監査等委員は、独立性確保のため、監査役会設置会社の監査役と同様、株主総会決議によって監査等委員以外の取締役と区別して選任される（329 条 2 項）。さらに、監査役の選任に関する規律（343 条）にならい、監査等委員会に、監査等委員である取締役への選任議案への同意権および監査等委員である取締役の選任の議題または議案の提案権が付与されている（344 条の 2 第 1 項・2 項）。指名委員会等設置会社に似ている点としては、一定の要件を満たせば、重要な業務執行を取締役に委ねることで（399 条の 13 第 5 項本文・6 項）、監督と執行を分離し、取締役会が、監督機能に特化した役割を果たすことができる点が挙げられる（5.(2)を参照）。

　監査等委員会が選定する監査等委員には、監査等委員以外の取締役の選解任や辞任、報酬についての意見陳述権が与えられている（342 条の 2 第 4 項・361 条 6 項）。このように監査等委員会は、監査機能のみならず監督機能の一部も担うことになる（コラム②を参照）。監査等委員会が事前に利益相反取引を承認した場合には、423 条 3 項の任務懈怠の推定規定を適用しないとされているが（同条 4 項。〔問題 9〕を参照）、これについては、監査等委員会は監督機能を有し、独立性が高いからと立案担当者からは説明されている（一問一答・平成 26 年改正 45 頁）。

---

(3)　なお、最近のコーポレート・ガバナンスをめぐる環境の変化により、一部の企業で指名委員会等設置会社に移行する動きが目立ち始めている。

3.〔設問1〕社外取締役の選任の要否と取締役の選任の方法

(1) 社外取締役の要件

　平成26年の会社法改正によって、社外取締役が満たすべき要件についても新たな要素が付け加えられた。新たな要素のなかで、設問に関係するのは「当該株式会社の親会社等（自然人であるものに限る。）又は親会社等の取締役若しくは執行役若しくは支配人その他の使用人でないこと」（2条15号ハ）や「当該株式会社の親会社等の子会社等（当該株式会社及びその子会社を除く。）の業務執行取締役等でないこと」（同号ニ）である。2条15号ハの規定により、親会社の取締役を社外取締役として採用することはできなくなった。

　また、2条15号ニの「当該株式会社の親会社等の子会社等」とは兄弟会社を意味する。したがって、兄弟会社の業務執行取締役を社外取締役とすることはできないが、兄弟会社の業務執行を担当しない取締役から社外取締役を選ぶことは可能である。

(2) 取締役の選任

㋐ 監査役会設置会社

　監査役会設置会社では、社外取締役の選任は法律上強制されず、社外取締役は社内取締役と同様に株主総会の普通決議で選任される（329条1項・309条1項）。この選任議案の内容は取締役会が決定する（298条1項5号・4項、会社則63条7号イ）。

㋑ 指名委員会等設置会社

　指名委員会等設置会社では、社内取締役か社外取締役であるかを問わず、**指名委員会**が取締役の選任議案の内容を決定する権限を有する（404条1項）。指名委員会は、取締役会の決議によって選定された取締役3人以上で組織される（400条1項・2項）。指名委員会等設置会社の3委員会（**指名委員会・報酬委員会・監査委員会**〔2条12号〕）の委員は、監査等委員会設置会社の監査等委員のように他の取締役と区別して株主総会で選任されるわけではなく、取締役会によって選定される。

　他の委員会と同様、指名委員会の委員の過半数は社外取締役（2条15号）でなければならない（400条3項）。この取締役の選任議案につ

いては、指名委員会に最終決定権限があるため、取締役会は指名委員会の決定を覆せない（416条4項5号かっこ書参照）。指名委員会等設置会社では、3委員会は必ず三つとも設置しなくてはならないため、指名委員会のみを外すことはできない。

(ウ)　**監査等委員会設置会社**

　監査等委員会設置会社の監査等委員会は、3名以上で、その過半数は社外取締役である（331条6項）。選任は、他の取締役と区別して株主総会によって行われる（329条2項）。さらに、前述2.のように監査等委員である取締役への選任議案についての同意権、監査等委員である取締役の選任の議題または議案の提案権が監査等委員会に付与されている（344条の2第1項・2項）。このように、選任方法は、社内取締役であるか社外取締役であるかではなく、監査等委員会の構成員であるかどうかによって、区別されている。

　監査等委員会設置会社においては、設置を強制されるのは、**監査等委員会のみ**である。監査等委員会設置会社で、定款等で「指名委員会」や「報酬委員会」を設置すること自体は可能であるとの説明が、中間試案の段階で法務省民事局からされていた（「会社法制の見直しに関する中間試案の補足説明」第1部第1.2(1)イ）。指名委員会等設置会社とは異なり、このような任意の「指名委員会」の決定はそれのみで会社を終局的に拘束するものとすることはできないと解されるが、取締役会が取締役等の選解任議案を決定する際に任意の「指名委員会」の推薦に基づいてその内容を決定すべきとする旨や、任意の「指名委員会」の同意を条件とすべき旨等を定款で規定することは当然可能であるとの指摘がある（落合誠一ほか編著『会社法改正要綱の論点と実務対応』〔商事法務、2013年〕9頁）。したがって、監査等委員会設置会社において、社外取締役の候補者の決定権を取締役会に留保したまま、候補者を検討する委員会を設けることは可能である。また、このような推薦のための委員会を設けることは、監査役会設置会社でも当然に許されるとの主張がある（落合ほか編著・前掲9頁注(10)）。

(3)　**事例への当てはめ**

　事例で述べられているように、甲社では兄弟会社などの関連会社の

取締役を社外取締役として選任することが慣行化していた。平成26年の改正により、親会社の取締役を社外取締役として採用することはできなくなったが（2条15号ハ）、兄弟会社については業務執行取締役以外の取締役であれば社外取締役として採用できるため、このような慣行を廃止するには、指名委員会等設置会社に移行して指名委員会に取締役候補者の決定権限をもたせることが近道であろう。しかし甲社取締役らは取締役候補者の決定権限をこれまでどおり自分たちが留保しておきたいと希望しているため、指名委員会が取締役候補者の最終決定権限をもつ指名委員会等設置会社への移行はふさわしくない。

　これに対し、監査等委員会設置会社では「推薦」のみを行う委員会を設けるなど自分たちのニーズに合わせた委員会を設置できるため、この機関形態であれば甲社取締役らの希望を満たすことができる。もっとも、監査役会設置会社においてもこのような「推薦」のみを行う委員会を設けることが可能との主張もあるため、現在の形態のまま委員会を設けるという選択肢も考えうるが、これまでの慣行を廃止する契機として新たな形態へ移行するという選択は検討に値すると思われる。

★ コラム　① 社外取締役および社外監査役の要件

　社外取締役について、平成26年改正前の会社法は、現在も過去も株式会社または子会社の業務執行取締役・執行役・使用人ではないことを要件としていた（平成26年改正前会社2条15号）。これは、会社の業務執行者としての地位を有すると、監督者と被監督者とが同一化し、監督者の役割が果たせなくなるからである。また、会社の使用人や子会社の業務執行取締役等になることを禁止したのは、業務執行者から指揮・監督を受けることがないようにとの配慮である。さらに、過去に業務執行者等になったことがないことという要件は、過去に業務執行を行っていたことの影響が会社・子会社に残存しており、それが社外取締役に期待される役割を妨げる等の事態を防ぐためである（コンメ(1)40頁〜41頁〔江頭憲治郎〕）。

　社外監査役についても、過去に株式会社または子会社の取締役・会計参与・執行役・支配人その他の使用人となったことがないことを要件としていた（平成26年改正前会社2条16号）。平成13年商法改正前は、監査役就任前5年間会社または子会社の取締役・使用人でなければ社外監査役と認めるとされていたが（5年ルール）、監査役の取締役会からの独立性を高め監査機能を強化する目的から、過去に取締役等になったことがないものという要件に改められた（コンメ(1)42頁〜43頁〔江頭〕）。

このように、平成 26 年会社法改正前の社外者の要件は、株式会社の業務執行者からの独立性を主眼に置いて定められていたが、平成 26 年改正により、以下のような複数の要素が社外取締役および社外監査役の要件に追加された。それは、①親会社等の関係者の取扱い（2 条 15 号ハ・16 号ハ）、②兄弟会社の関係者の取扱い（同条 15 号ニ・16 号ニ）、③株式会社の関係者の近親者の取扱い（同条 15 号ホ・16 号ホ）、④社外取締役・社外監査役の要件に係る対象期間（同条 15 号イ・16 号イ）に分けられる。以下では、これらの要素が追加された理由を説明する。

　①の要素の追加（株式会社の親会社等または親会社等の取締役もしくは執行役もしくは支配人その他の使用人でないこと）は、親会社関係者は、親子会社間の利益相反について実効的な監督を期待できないことを理由とする。②の要素の追加（当該株式会社の親会社等の子会社等の業務執行取締役等でないこと）は、親会社から指揮命令を受ける兄弟会社の関係者は、親会社からの独立性が疑われる以上、親会社の関係者と同様に取り扱うべきであることを理由とする（岩原紳作「『会社法制の見直しに関する要綱案』の解説 I」商事 1975 号〔2012 年〕13 頁）。これは、兄弟会社の業務執行者は、親会社から指揮命令を受ける立場にあるため、そのような者には、当該株式会社の業務執行者が当該株式会社の利益を犠牲にして当該親会社の利益を図ることについての実効的な監督を期待することが困難だからであるとされる。そして、このことは、当該株式会社とその兄弟会社の経営を支配する者が親会社などの、会社ではないような者、例えば個人株主である場合についても当てはまる（坂本三郎ほか「平成 26 年改正会社法の解説〔III〕」商事 2043 号〔2014 年〕5 頁）。③の要素の追加（当該株式会社の取締役もしくは執行役もしくは支配人その他の重要な使用人または親会社等の配偶者または 2 親等内の親族でないこと）は、経営者の近親者は会社と経営者との利益相反について実効的な監督を期待できないことを理由とする（前掲「会社法制の見直しに関する中間試案の補足説明」第 1 部第 1.3(1)イ。坂本三郎ほか「平成 26 年改正会社法の解説〔II〕」商事 2043 号〔2014 年〕6 頁）。

　①から③の要素に対して、④の要素（就任の前 10 年間当該株式会社またはその子会社の業務執行取締役等であったことがないこと〔社外取締役〕、就任の前 10 年間当該株式会社またはその子会社の取締役、会計参与もしくは執行役または支配人その他の使用人であったことがないこと〔社外監査役〕）は、社外性の要件を緩和するものである。これは、経営者の指揮命令系統に属したことがあっても、一定期間が経過すれば、経営者との関係が稀薄になり、社外取締役や社外監査役に期待される機能を実効的に果たしうるとの考え方による（前掲「会社法制の見直しに関する中間試案の補足説明」13 頁。ただし、過去に株式会社の業務執行取締役等であった者が、退任した後に監査役等の地位につき、10 年以上経過した後に当該株式会社の社外取締役になるといった社外取締役の制度趣旨を損なうような運用がされないような工夫がなされている〔2 条 15 号ロ。社外監査役につき 16 号ロ〕〔岩原・前掲 14 頁〜 15 頁〕）。

4. 〔設問2〕取締役の報酬の決定

(1) 取締役の報酬に関する規制の必要性

　民法上、委任の受任者は原則無報酬である（330条、民648条1項）のに対し、取締役は報酬を受けることが実務上原則化しているとされる（江頭445頁〜446頁。取締役の報酬について〔問題17〕参照）。取締役の報酬については監査役会設置会社、指名委員会等設置会社、監査等委員会設置会社の**いずれにおいても規制**がされている。

　監査役会設置会社および監査等委員会設置会社の取締役の報酬規制を定めた361条の趣旨については、次のような説明がされている。つまり、取締役の報酬等（報酬、賞与その他の職務執行の対価として株式会社から受ける財産上の利益）について特段の規制がないときは、報酬等は株式会社と取締役との間の任用契約によって決まることとなる。しかし、報酬等の決定を任用契約に委ねた場合、取締役同士でなれ合いによって額をつり上げる弊害（お手盛り）が生じうることから、法は定款または株主総会の決議により、報酬等について定めるべきことを要求したというものである（コンメ(8)148頁〔田中亘〕）。さらに、経営者の報酬の決定は、従来から議論されてきた経営者と会社の利益衝突としての性質を有するとともに、取締役会が経営者を監督するための手段・経営者にインセンティブを付与するための手段としての性質を有するととらえ、今後の法的規律のあり方を探ろうとする立場がある（伊藤靖史『経営者の報酬の法的規律』〔有斐閣、2013年〕17頁、27頁）。

(2) 取締役の個人別報酬

⑦ 監査役会設置会社

　監査役会設置会社において、定款または株主総会で取締役の個人別の報酬額を定めることも可能である。しかし現在の実務上は、個人別の報酬額が明らかになることを避ける等の理由から、株主総会では**取締役全員の報酬総額の最高限度のみ**を定め、その枠内で各取締役に対する配分を取締役会の決定に委ねる場合が多い（コンメ(8)162頁〔田中〕）。このような実務の慣行に対しては、株主総会による取締役の選任・解任権限が個別取締役についてのものである以上、その個別取締

役ごとに報酬等も株主総会が決定すべきではないかという主張がみられる（永井和之「取締役・執行役の報酬等の決定方法」争点149頁）。さらに、この配分を代表取締役に一任されることが多いという点についても、取締役会による代表取締役に対する監督の実効性が失われるおそれがあると批判される（永井・前掲149頁。新版注釈(6)391頁〔浜田道代〕）。

(イ) 監査等委員会設置会社

　監査等委員会設置会社においては、監査等委員の報酬については経営陣からの独立性を確保するための規定が設けられている。監査等委員の報酬はそれ以外の取締役と区別して定めなければならない（361条2項）。また、定款または株主総会による個人別報酬の定めがない場合には、監査等委員の個別配分は、定款または株主総会決議により定められた上限の範囲内において、監査等委員の協議によって決められる（同条3項）。監査等委員である取締役は、株主総会において、監査等委員である取締役の報酬等について意見を述べることができる（同条5項）。

　監査等委員以外の取締役の報酬については、監査役会設置会社と同様であるが、監査等委員会が選定する監査等委員は、株主総会において、監査等委員である取締役以外の取締役の報酬等について監査等委員会の意見を述べる権限があるので（361条6項）、業務執行者に対する監督機能の一部を有しているといえる（坂本ほか・前掲商事2042号24頁。江頭585頁は、監査等委員の意見陳述権について、「指名委員会等設置会社における報酬委員会に準ずる経営評価の役割が期待されるのであるから、ここでいう『監査等委員である取締役以外の取締役の報酬等』はその全員に支給する総額ではなく、個人別の報酬等を意味すると解すべきである」とする。このように考えれば、社外取締役らの希望に応える制度であるといえる）。また、「推薦」のみを行う指名委員会を設けるのと同様に、推薦や勧告のみを行う報酬委員会を設けることも可能であるとの意見がある（落合誠一ほか編著・前掲9頁）。

(ウ) 指名委員会等設置会社

　指名委員会等設置会社では、報酬委員会が、自らが定めた方針に従って取締役の個人別の報酬内容を決定する最終権限を有しており（404

条3項・409条1項)、監査役会設置会社におけるような「監督の実効性」という観点からの問題は解決されている。

(3) 事例への当てはめ

事例で述べられているように、甲社の社内取締役らは個々の取締役の報酬についてはこれまでどおり取締役会が決定権限をもちたいと考えている。指名委員会等設置会社に移行すれば、報酬委員会が個人別報酬の決定権限をもつため、社外取締役らの意向には沿うことになるが、社内取締役らの希望は満たされない。監査等委員会設置会社においては、監査等委員である取締役以外の取締役の報酬については定款または株主総会で定めた枠内で、取締役会決議で決定されるという点で社内取締役らの希望は満たしている。ただし監査等委員である取締役以外の取締役の報酬についても監査等委員が株主総会における意見陳述権を有するから、監査役会設置会社に比べると、社外取締役らの考え方を一部反映する形となっている。なお、監査等委員の報酬については、監査役(387条2項)と同様の規制である(361条3項)。

5.〔設問3〕取締役会による業務執行の決定の委任

(1) 取締役会による専決事項

362条4項は、法令・定款により株主総会の権限とされた事項を除き、同項1号から7号に定める事項その他の**重要な業務執行の決定**は取締役に委任することはできず、必ず法定の要件(369条1項)を充足した取締役会の決議をもって決定することを要求している。このように重要な業務執行の決定は、取締役の全員で構成される取締役会における審議を経たうえでの決議によらねばならないのは、重要な経営事項についての慎重な決定を求めるとともに代表取締役の専横を防止する趣旨であるとされる(コンメ(8)222頁〔落合誠一〕。〔問題10〕参照)。**専決事項**として挙げられている「重要な財産の処分及び譲受け」(362条4項1号)、「多額の借財」(同項2号)、「支配人その他の重要な使用人の選任及び解任」(同項3号)、「支店その他の重要な組織の設置、変更及び廃止」(同項4号)などの「重要性」の判断は、それぞれの具体

的事案ごとに種々の要素を考慮した総合的判断に基づき決定するものである（コンメ(8) 223頁〜224頁〔落合〕）。

(2) 業務執行の決定と機動性の確保

㋐ 監査役会設置会社

監査役会設置会社（取締役会設置会社）においては、取締役の数が6人以上であり、取締役のうち1人以上が社外取締役である場合には、予め選定した3人以上の取締役（**特別取締役**）によって、「重要な財産の処分及び譲受け」と「多額の借財」についての決議を行うことができる（373条1項）。特別取締役は、（全体としての）取締役会の有する決定権限について、取締役会から委任を受けて、その権限を行使するものではない。特別取締役による議決の定めがある場合は、重要財産の処分および譲受けと多額の借財の決定について、取締役会の決議要件に係る特則が当然に適用される。つまり、特別取締役という特別の機関が設けられるわけではなく、取締役会決議が簡易化されているにすぎないのである（コンメ(8) 341頁〔森本滋〕）。

㋑ 指名委員会等設置会社

指名委員会等設置会社を選択するのは、機動的意思決定を可能にするためであるから（江頭515頁）、指名委員会等設置会社では重要な業務執行の決定権限は大幅に執行役に委ねることができる（416条4項）。委任できる事項には、重要な財産の処分・譲受け、多額の借財、重要な使用人の選任・重要な組織の設置等が含まれる（江頭551頁）。

㋒ 監査等委員会設置会社

監査等委員会設置会社においても、一定の要件を満たせば、指名委員会等設置会社と同程度に重要な業務執行の決定を取締役に委ねることができる（399条の13第5項本文・6項）。これによって、取締役会は監督機能に重点を置いた役割を果たすことが可能となる。この一定の要件とは、取締役の過半数が社外取締役である場合、または定款の定めがある場合である。

(3) 事例への当てはめ

事例で述べられているように、甲社の代表取締役Aは取締役会での

決定事項を減らして機動性の高い会社にしたいと考えている。監査役会設置会社のままこのような要求を満たすには、特別取締役制度の利用が考えられる。甲社には7名の取締役がおり、うち2名は社外取締役であるから、「取締役の数が6人以上」であり、「取締役のうち1人以上が社外取締役である」場合（373条1項）の要件を満たしている。特別取締役制度を利用すれば、「重要な財産の処分及び譲受け」と「多額の借財」について簡易化された会議で決定することが可能である。

　次に指名委員会等設置会社への移行という選択肢であるが、重要な業務執行の決定権限は大幅に執行役に委ねることができるため（416条4項）、代表取締役の希望に合っている。指名委員会等設置会社は指名委員会・報酬委員会・監査委員会の3委員会が必置の機関とされ、各委員会は過半数が社外取締役でなければならない（400条1項・3項）が、各委員会の委員に別の取締役を充てなければならないわけではなく、各委員会を3人ずつとし、2名の社外取締役をすべての委員会の委員とすれば最少2人の社外取締役を置けば指名委員会等設置会社になることができる。そうすると、甲社は現在の社外取締役F、Gが兄弟会社の業務執行取締役でなければ（2条15号ニを参照）指名委員会等設置会社に移行することも可能である。しかし、権限を3委員会に分散した趣旨からすれば、特定少数の社外取締役にすべての委員会の権限が集中するのは望ましくないといえよう。

　監査等委員会設置会社では、取締役の過半数が社外取締役である場合または定款の定めがある場合には代表取締役に業務執行の決定を委任できる。甲社が監査等委員会設置会社に移行後にこの要件を満たせば、代表取締役への大幅な委任が可能となる。

★ **コラム** ② **監査役会・監査委員会・監査等委員会の比較**

　監査役会設置会社の監査役会、指名委員会等設置会社の監査委員会、監査等委員会設置会社の監査等委員会は、いずれも取締役や執行役の職務執行の監査を担う機関である。以下では、選解任、権限、監査の対象、監査の方法の観点からこれらの機関について比較する。

（1）**選解任**

　監査役（329条1項）と監査等委員（同条2項）が株主総会で直接選任されるのに

対し、監査委員は取締役会で選定される（400条2項）。任期は監査役が4年（336条1項）、監査委員は1年（332条6項）、監査等委員は2年である（同条1項・3項）。そして、監査役のみが常勤者であることが必要とされる（390条3項）。解任は、監査役と監査等委員が株主総会の特別決議（344条の2第3項・309条2項7号）、監査委員は普通決議によって行われる（341条）。

(2) **権限**

会計監査人の選解任、不再任についての権限としては、いずれの機関も議案内容の決定権を有している（344条1項・3項・404条2項2号・399条の2第3項2号）。監査役（会）は平成26年改正前には議案内容に対する同意権しか有していなかったが（平成26年改正前会社344条1項）、平成26年改正で内容の決定権が認められた。会計監査人の経営者からの独立性を確保するための規定である。会計監査人の報酬についての権限はいずれの機関も議案への同意権である（399条1項・4項・3項）。

取締役等に対する報告の請求権や業務調査権は、監査役については各監査役が独立してこれらの権限を行使するのに対し（独任制。381条2項）、監査委員と監査等委員については、それぞれ委員会が選定する委員の権限とされている（405条2項・399条の3）。取締役等の違法行為の差止請求権は各監査役、各監査委員、各監査等委員が有している（385条1項・407条1項・399条の6）。監査委員や監査等委員も各自が差止請求権を有するのは、緊急性を要するものだからである。

監査役会設置会社が取締役に対して、または取締役が監査役会設置会社に対して訴えを提起する場合は、各監査役が会社を代表する（386条1項1号）。指名委員会等設置会社や監査等委員会設置会社では、会社が取締役（監査委員や監査等委員以外の取締役）に対して、またはこれらの取締役が会社に対して訴えを提起する場合は、監査委員会や監査等委員会が選定する監査委員や監査等委員が会社を代表する（399条の7第1項2号・408条1項2号）。

監査委員の権限が監査に関するものに限られているのに対し、監査等委員会は、その選定する監査等委員が、監査等委員以外の取締役の選解任や辞任、報酬についての意見陳述権（342条の2第4項・361条6項）を有している点で、監督機能の一部を担っている（一問一答・平成26年改正21頁〜22頁）。

(3) **監査の対象・方法**

監査の対象については、監査役が適法性監査のみであるのに対し、監査委員および監査等委員は取締役会の構成員として意思決定に参加し、監査は妥当性にも及ぶから、適法性監査に加えて妥当性監査も行うことができる。監査方法については、監査役は監査役スタッフ（会社則100条3項1号参照）の助けを借りて各監査役が自ら実査を行うが、監査役会があることで各監査役の職務の分担を決定したり、互いに情報を共有することができる。これに対し、監査委員と監査等委員は内部監査部門（会社則110条の4第2項・112条1項1号参照）を使って組織的に監査を行うことになる。

◆ 参考文献 ◆

・江頭 445 頁〜 447 頁、515 頁、547 頁〜 548 頁、551 頁、585 頁
・大隅＝今井＝小林・概説 274 頁〜 275 頁
・一問一答・平成 26 年改正 18 頁〜 19 頁、21 頁〜 22 頁、45 頁
・落合誠一ほか編『会社法改正要綱の論点と実務対応』（商事法務、2013 年）9 頁
・岩原紳作「『会社法制の見直しに関する要綱案』の解説Ⅰ」商事 1975 号（2012 年）13 頁
　〜 15 頁
・坂本三郎ほか「平成 26 年改正会社法の解説（Ⅱ）（Ⅲ）」商事 2042 号 24 頁、2043 号 5 頁、
　6 頁（いずれも 2014 年）
・伊藤靖史『経営者の報酬の法的規律』（有斐閣、2013 年）17 頁、27 頁
・永井和之「取締役・執行役の報酬等の決定方法」争点 149 頁

［釜田薫子］

●事項索引●

【あ 行】

預合い …………………………………… 28
著しく不公正な方法による新株の発行 ……177
一方のみが主張できる無効 ……………… 22
違法行為差止請求権 ………………………193
違法配当
　　――の効果 ……………………………166
　　――の民事・刑事責任 ………………163
訴えの利益 …………………………………228
売主追加請求権 ………………………… 68,70
MBO ……………………………………374
親会社 …………………………………… 72
親子会社と利益相反取引規制 ……………117

【か 行】

開業準備行為 …………………………… 18
会計帳簿 ……………………………………306
　　――の閲覧・謄写権 …………………304
会社
　　親―― ……………………………… 72
　　公開―― …………………………………395
　　合同―― …………………………… 12
　　子―― ……………………………… 72
　　　　――の株式・持分の譲渡 ………358
　　特別支配―― ………………… 194,321
　　分割―― …………………………………335
　　持株―― …………………………………352
会社の機会 …………………………………103
　　――の理論 ……………………………104
会社分割 ……………………………………335
　　――〈吸収分割〉 …………………………335
　　――〈新設分割〉 …………………………335
　　――〈人的分割〉 …………………………337
　　――〈物的分割〉 …………………………337
　　詐害的―― ……………………………340
価格決定の申立て〈株式買取請求〉 ………378
確認の利益 ……………………… 235,238

合併
　　簡易―― …………………………………191
　　三角―― …………………………………355
　　略式―― …………………………………194
株式
　　――移転 …………………………………353
　　――買取請求権 ………………… 309,378
　　――価値の評価 ………………………178
　　――交換 …………………………………353
　　――の種類 ……………………………203
　　――の消却 ……………………………209
　　――の分割 ……………………………210
　　――の併合 …………… 208,209,390
　　――無償割当て ………………… 208,210
　　完全無議決権―― ……………………206
　　議決権制限―― ………… 204,206,287
　　参加的優先―― ………………………205
　　　　非―― ……………………………205
　　取得条項付―― ………………… 204,206
　　取得請求権付―― ……………………204
　　種類―― ………………………………203
　　　　――発行会社 ……………………204
　　全部取得条項付―― ………… 204,375,376
　　譲渡制限―― …………………………204
　　剰余金配当優先―― …………………205
　　単元未満―― …………………………211
　　普通―― ………………………………207
　　累積的優先―― ………………………205
　　　　非―― ……………………………205
株主
　　――間契約 ……………………………203
　　――権の濫用 …………………………290
　　――の経理・検査権 …………………304
　　――の権利行使に関する利益供与 … 53
　　――平等原則 …………………………… 61
　　――名簿 ……………………………… 39
　　――有限責任原則 ……………………144
　　――優待制度等 ……………………… 61
　　――割当て ……………………………172
　　単元未満―― …………………………287

411

反対—— ……………………378
株主総会決議
　——の瑕疵 ……………………220
　——の取消し ………………… 79
　　——事由 ………………… 82
　　——の訴え ………………… 80
　——の不存在 …………………232
　　——確認の訴え …………234
　　——事由 …………………233
　——の無効 …………………232
　　——確認の訴え …………234
株主代表訴訟 …………………151
　——と株式交換・株式移転 …………359
　——と担保提供 …………………291
　——によって追及しうる責任の範囲 ……288
　　——〈取締役〉 ………288,295
　——の「訴訟の目的の価額」の算定 ……289
　——の原告適格 …………………291
　——の仕組み …………………286
　——への会社の訴訟参加 …………298
簡易合併 ………………………191
監査等委員会設置会社 ……………115,398
監査役会設置会社 …………………398
監視義務 …………………………278
間接損害 …………………………144
間接取引該当性 …………………121
完全無議決権株式 …………………206
関与した発起人・設立時取締役の責任 …… 31
議案〈株主総会〉 ………………… 86
機関設計 …………………………395
議決権制限株式 …………………204,206,287
議決権の代理行使 ………………… 83
議題〈株主総会〉 ………………… 86
吸収分割 …………………………335
競業取引 …………………………100
競業避止義務
　取締役の—— …………………100
　譲渡会社の—— …………………321
銀行取締役の注意義務 …………………361
グリーン・メイラー ………………… 68
経営判断原則 …………………146,274
形成の訴え …………………81,228
公開会社 …………………………395
公開買付け …………………………374

合同会社 …………………………… 12
公募 ………………………………172
子会社 …………………………… 72
　——の株式・持分の譲渡 …………358
個別株主通知 …………………… 48

【さ　行】

債権者異議手続 …………………335,336
財産引受け …………………………… 19
最終完全親会社等 …………………362
　——の被告側への補助参加 …………366
裁量棄却 …………………………88,226
詐害行為取消権 …………………342
詐害的会社分割 …………………340
三角合併 …………………………355
参加的優先株式 …………………205
残存債権者 …………………………341
　——の履行請求権 …………………344
事業譲渡 …………………………317
　——の効力 …………………………322
　略式—— …………………………321
事業報告 …………………………248
自己株式
　——の取得 …………………… 66
　　——の手続 ………………… 67
　——の法的地位 ………………… 74
自己契約 …………………………113
事後設立 …………………………… 20
失念株 …………………………… 43
　——主 …………………………… 43
支配権の異動を伴う新株の発行 …………173
資本金の意義・機能 …………………161
指名委員会等設置会社 …………115,398
社外監査役 …………………………402
社外取締役 …………………251,252,400
　——の要件 …………………………400
社債 ………………………………208
従業員の引抜き …………………106
重要な財産の処分・譲受け …………130
取得条項付株式 …………………204,206
取得請求権付株式 …………………204
取得の価格 …………………………380
　——の決定の申立て …………………378

主要目的ルール ……………………177
種類株式………………………………203
　　──発行会社 ………………………204
種類株主総会 …………………………211
商業登記の積極的公示力 ……………263
　　──と外観信頼保護規定 …………263
商号………………………………………3
　　──の使用の差止め …………………7
　　──の続用 …………………………327
　　　　──事業譲受会社の責任 ……341
　　　　──者の弁済責任 ……………325
招集通知 ………………………………82
少数株主の締出し ……………………389
譲渡会社の競業避止義務 ……………321
譲渡制限株式 …………………………204
剰余金の配当 …………………………156
　　──優先株式 ………………………205
新株の発行
　　──の差止め（差止めの仮処分）………175
　　──の手続 …………………………172
　　──の不存在の確認の訴え ………176
　　──の無効
　　　　──事由 ………………………182
　　　　──の訴え ……………………181
　　著しく不公正な方法による── …177
　　支配権の異動を伴う── …………173
新株の有利発行 ………………………173
審議・質問の打切り …………………223
新設分割 ………………………………335
　　──計画 ……………………………337
　　──無効の訴え ……………………339
人的分割 ………………………………337
ストック・オプション ………………253
責任限定契約 …………………………278
設立
　　──会社 ……………………………335
　　──中の会社 …………………………17
　　事後── ………………………………20
全員出席総会 …………………………237
善管注意義務 …………………103,105,273
専決事項 ………………………………406
全部取得条項付種類株式 ………… 204,375,376
全部取得の差止請求 …………………382
総株主通知 ………………………………47

相対取引………………………………… 68
双方代理 ………………………………113
組織再編 ………………………………191
　　金銭対価の── ……………………389

【た　行】

第三者のためにする直接取引 ………118
第三者割当て …………………………172
退職慰労金 ……………………… 244,246
代表権の濫用 …………………………134
代表取締役
　　──の解職 …………………………258
　　表見── …………………… 92,263
多重代表訴訟 …………………………361
　　──の提訴要件 ……………………362
　　──の提訴手続 ……………………362
妥当性監査 ……………………… 279,409
単元株式数 ……………………………211
単元株制度 ……………………………287
単元未満株式 …………………………211
単元未満株主 …………………………287
忠実義務………………………… 103,105,273
直接損害 ………………………………144
直接取引 ………………………………115
　　第三者のためにする── …………118
提訴請求〈責任追及等の訴えの〉 …291
　　瑕疵ある──の効果 ………………293
適法性監査 ……………………… 279,409
転換社債 ………………………………254
登記の抹消 ………………………………7
特定責任 ………………………………363
「特に有利な」払込金額 ……………178
独任制 …………………………………279
特別支配会社 …………………… 194,321
特別支配株主の株式等売渡請求権 …………390
特別取締役 ……………………………407
特別利害関係人 ………………………258
取締役
　　──選任決議の不存在の瑕疵の連鎖 ……236
　　──等の説明義務 …………………221
　　──による第三者のためにする直接取引
　　　　…………………………………118
　　──の解任 …………………………136

413

――の競業避止義務 ………………100
――の個人別報酬 ………………404
――の説明義務 …………………221
　――違反の効果 ………………225
――の説明の拒絶事由 …………221
――の善管注意義務 ………… 103,105,273
――の第三者に対する責任 ……144
　――の追及 ……………………386
――の忠実義務 ……… 103,105,273
――の任期 ………………143,234
――の任務懈怠 …………………273
　利益相反取引に関する―― ………299
――の報酬 ………………244,404
　――と減額 ……………………248
特別―― …………………………407
名目的―― ………………………149
利益供与に関与した―― ……… 56
取締役会
　――決議による承認のない利益相反取引の
　効力 ……………………………123
　――設置会社における利益相反取引の承認
　時期 ……………………………120
　――における特別利害関係 …………258

【な　行】

内部統制システム ………………………280
ナカリセバ価格 …………………………381
のれん等調整額 …………………………159

【は　行】

買収防衛策 ………………………………254
発行可能株式総数 ………………174,209
発行可能種類株式総数 …………………204
払込みの仮装 …………………28,30,32
　――と設立の効力 ……………… 35
反対株主 …………………………………378
非参加的優先株式 ………………………205
表見代表取締役 …………………92,263
非累積的優先株式 ………………………205
不公正な合併比率 ………………………193
不実の登記 ……………………………… 91
　――の効力 ……………………148

不正競争防止法 ………………………… 9
普通株式 …………………………………207
物的分割 …………………………………337
振替株式制度 …………………………… 46
分割会社 …………………………………335
分配可能額 ………………………156,207
変態設立事項 …………………………… 20
法人格否認の法理 ………………147,341
法定信託 …………………………………105
発起人 …………………………………… 17
　――組合 ……………………… 17
　――等 …………………………362
　　――の任務懈怠責任 ……… 32
　――の株主権の行使 ………… 32
　――の権限 …………………… 18
　――の責任 …………………… 30

【ま　行】

見せ金 ………………………………… 29
名義書換え …………………………… 39
　――の不当拒絶 ……………… 40
　――未了 ……………………… 40
名目的取締役 …………………………149
申込証拠金 …………………………… 34
持株会社 ………………………………352
モニタリング・モデル ………………394

【や　行】

屋号 ……………………………………328
4倍規制 ………………………………174

【ら　行】

ライツ・オファリング ………………186
利益供与
　――に関与した取締役 ……… 56
　――の推定 …………………… 55
　――要求罪 …………………… 56
利益相反取引
　――に関する取締役の任務懈怠責任 …299
　親子会社と―― ………………117
　取締役会決議による承認のない―― ……123

取締役会設置会社における――の承認時期
　……………………………………120
利益の返還………………………………　55

略式合併………………………………194
略式事業譲渡…………………………321
累積的優先株式………………………205

●判例索引●

大判大正9・2・20民録26輯184頁 ………116
大阪地判昭和2・9・26新聞2762号6頁…248
大判昭和9・1・23新聞3673号15頁………116
大判昭和13・9・28民集17巻1895頁………116
最判昭和24・6・4民集3巻7号235頁…101
東京地判昭和27・2・4下民集3巻2号139頁
　　　　　　　　　　　　　　　　　　93
最判昭和28・12・3民集7巻12号1299頁
　　　　　　　　　　　　　　　　21,22
最判昭和29・10・7民集8巻10号1795頁…326
名古屋高金沢支判昭和29・11・22下民集5巻
　　11号1902頁…………………………248
最判昭和30・10・20民集9巻11号1657頁
　　　　　　　　　　　　　　　　40,41
最判昭和33・10・3民集12巻14号3053頁…233
最判昭和33・10・24民集12巻14号3228頁
　　　　　　　　　　　　　　　　19,23
名古屋高判昭和33・12・23東高刑特5巻12号
　　525頁………………………………10
東京高判昭和34・3・30東高民時報10巻3号
　　68頁………………………………121
最決昭和34・5・20刑集13巻5号755頁…10
最判昭和35・9・15民集14巻11号2146頁
　　　　　　　　　　　　38,43,44,45
最判昭和35・10・14民集14巻12号2499頁…93
最判昭和36・3・31民集15巻3号645頁…182
最判昭和36・9・29民集15巻8号2256頁……6
最判昭和37・4・20民集16巻4号860頁…43
最判昭和38・3・1民集17巻2号280頁…328
大阪高判昭和38・6・27高民集16巻4号280頁
　　　　　　　　　　　　　　　　　116
最判昭和38・8・8民集17巻6号823頁…233
最判昭和38・9・5民集17巻8号909頁…135
最判昭和38・12・6民集17巻12号1633頁
　　　　　　　　　　　　　　　　30,33
最判昭和38・12・6民集17巻12号1664頁…116
東京高判昭和39・5・27下民集15巻5号1207頁
　　　　　　　　　　　　　　　　　　7
東京地判昭和39・10・12判タ172号226頁…294
最判昭和39・12・11民集18巻10号2143頁…244

最大判昭和40・9・22民集19巻6号1600頁
　　　　　　　　　　　　318,319,323
最判昭和40・9・22民集19巻6号1656頁…132
最判昭和41・7・28民集20巻6号1251頁…40
大阪高判昭和41・8・8下民集17巻7・8号
　　647頁………………………………84
最判昭和41・8・26民集20巻6号1289頁…262
最判昭和41・10・11刑集20巻8号817頁…30
最判昭和41・11・18集民85号137頁………10
最判昭和42・4・11民集21巻3号598頁
　　　　　　　　　　　　　　　　7,10
最判昭和42・4・28民集21巻3号796頁…263
最判昭和42・9・26民集21巻7号1870頁…21
最判昭和42・9・28民集21巻7号1970頁…87
山口地判昭和42・12・7下民集18巻11・12号
　　1153頁………………………………44
東京高判昭和43・4・26民集23巻3号666頁
　　　　　　　　　　　　　　　　　260
最判昭和43・9・5民集22巻9号1846頁…69
最判昭和43・11・1民集22巻12号2402頁…84
最判昭和43・12・24民集22巻13号3349頁…263
最大判昭和43・12・25民集22巻13号3511頁
　　　　　　　　　　　111,114,124
最判昭和44・2・27民集23巻2号511頁…147
最判昭和44・3・28民集23巻3号645頁
　　　　　　　　　　　　259,260,265
最判昭和44・10・28判時577号92頁………246
最判昭和44・11・26民集23巻11号2150頁
　　　　　　　　　　　　　　145,149
最判昭和45・3・12判時591号88頁………114
最判昭和45・4・2民集24巻4号223頁…229
最判昭和45・4・23民集24巻4号364頁
　　　　　　　　　　　　　　114,122
最大判昭和45・6・24民集24巻6号625頁
　　　　　　　　　　　　　　　　　106
最判昭和45・7・16民集24巻7号1061頁…150
最判昭和45・8・20判時607号79頁………233
最判昭和45・8・20民集24巻9号1305頁…117
最判昭和45・11・12民集24巻12号1901頁…34

最判昭和46・3・18・民集25巻2号183頁
……………………………………… 88
最判昭和46・6・24民集25巻4号596頁 …237
最判昭和46・7・16判時641号97頁 ………182
最大判昭和46・10・13民集25巻7号900頁
……………………………………… 116,124
最判昭和47・3・2民集26巻2号183頁
……………………………………… 326,327
最判昭和47・4・4民集26巻3号373頁 …113
最判昭和47・6・15民集26巻5号984頁 …148
最判昭和48・5・22民集27巻5号655頁 …150
仙台高判昭和49・2・18高民集27巻1号34頁
………………………………………308
最判昭和49・3・22民集28巻2号368頁
……………………………………… 264,267
最判昭和49・9・26民集28巻6号1306頁 …117
最判昭和50・4・8民集29巻4号350頁 …179
大阪高判昭和51・7・7判タ344号249頁 … 44
最判昭和51・11・26判時839号111頁 ………135
最判昭和51・12・24民集30巻11号1076頁 … 84
最判昭和52・10・14民集31巻6号825頁 … 92
東京地判昭和54・7・19判時946号110頁 …328
神戸地判昭和54・7・27判時1013号125頁
……………………………………… 138
最判昭和55・9・11民集34巻5号717頁 … 92
大阪高判昭和56・1・30下民集32巻1～4号
17頁…………………………… 136,138
東京地判昭和56・3・26判時1015号27頁 …105
最判昭和56・4・24判時1001号110頁 …… 93
最判昭和57・1・21判時1037号129頁 ……137
東京地判昭和57・1・26判時1052号123頁
……………………………………… 85
東京地判昭和57・2・24判タ474号138頁 …116
東京高判昭和57・10・14判タ487号159頁 …230
名古屋地判昭和58・2・18判時1079号99頁
……………………………………… 123
最判昭和60・3・26判時1159号150頁 ……248
福井地判昭和60・3・29判タ559号275頁 … 59
東京高判昭和60・5・30判時1156号146頁
………………………………………328
最判昭和60・12・20民集39巻8号1869頁 …237
東京地判昭和61・5・29民集47巻7号4893頁
………………………………………290

東京高判昭和61・8・21判時1208号123頁
………………………………………176
最判昭和61・9・11判タ624号127頁
…………………………… 22,322,323,324
高松高判昭和61・9・29判時1221号126頁
……………………………………… 308,309
最判昭和62・4・16判時1248号127頁 ……148
高知地判昭和62・9・30判時1263号43頁 … 59
東京地判昭和63・1・28判時1263号3頁 …226
東京地判昭和63・2・26判時1291号140頁
……………………………………… 138
東京地決平成元・6・22判時1315号3頁 …305
千葉地判平成元・6・30判時1326号150頁
………………………………………246
東京高判平成元・10・26金判835号23頁 …107
東京高判平成元・11・29東高民時報40巻9～
12号124頁 ………………………………328
大阪高判平成元・12・21判時1352号143頁
………………………………………245
東京高判平成2・1・31資料商事77号193頁
………………………………………196
高松高判平成2・4・11金判859号3頁
……………………………………… 59,62
最判平成2・4・17民集44巻3号526頁 …237
東京地判平成2・4・20判時1350号138頁
……………………………………… 249,251
最判平成2・11・8判時1372号131頁 ……308
長崎地判平成3・2・19判時1393号138頁
………………………………………290
最決平成3・2・28刑集45巻2号77頁…… 30
横浜地判平成3・4・19判時1397号114頁
………………………………………305
福岡地判平成3・5・14判時1392号126頁
………………………………………223
東京地判平成3・12・26判時1435号134頁
………………………………………245
東京地判平成4・2・13判時1427号137頁
………………………………………293
最判平成4・12・18民集46巻9号3006頁 …248
神戸地判平成5・2・24判時1462号151頁
………………………………………184
最判平成5・12・16民集47巻10号5423頁 …182
最判平成6・1・20民集48巻1号1頁
……………………………………… 130,131

松江地判平成 6 ・ 3 ・30資料商事134号100頁
……………………………………227
最判平成 6 ・ 7 ・14判時1512号178頁
………………………………182,183
東京高判平成 6 ・ 8 ・29金判954号14頁 … 69
東京地判平成 6 ・12・20判タ893号260頁 …247
東京高決平成 7 ・ 2 ・20判タ895号252頁 …291
東京高判平成 7 ・ 3 ・30金判985号20頁 …234
東京地判平成 7 ・12・27判時1560号140頁
……………………………………60
最判平成 8 ・ 1 ・23資料商事143号158頁 …193
東京地判平成 8 ・ 6 ・20判時1578号131頁
……………………………………151
最判平成 9 ・ 1 ・28民集51巻 1 号71頁
………………………………182,184
最判平成 9 ・ 4 ・25LEX/DB28032376…… 11
仙台高決平成 9 ・ 7 ・25判時1626号139頁
……………………………………123
大阪高決平成 9 ・11・18判時1628号133頁 …291
福岡地判平成10・ 5 ・18判時1659号101頁
……………………………………247
名古屋高判平成10・ 6 ・12資料商事178号96頁
……………………………………251
東京地判平成10・ 6 ・29判時1669号143頁
……………………………………122
東京地判平成11・ 2 ・22判時1685号121頁
……………………………………107
大阪地判平成11・ 3 ・24判時1741号150頁
……………………………………305
最判平成11・ 3 ・25民集53巻 3 号580頁 …238
浦和地判平成11・ 8 ・ 6 判時1696号155頁
……………………………………93
最判平成11・11・30金判1085号14頁 ………133
神戸地尼崎支判平成12・ 3 ・28金判1090号
24頁 ……………………………85
大阪地判平成12・ 5 ・31判タ1742号141頁
……………………………………293
最判平成12・ 7 ・ 7 民集54巻 6 号1767頁 …275
東京地判平成12・ 9 ・29金判1131号57頁 …328
最判平成12・10・20金法1602号49頁 ………133
宮崎地判平成14・ 4 ・25金判1159号43頁 … 85
最判平成15・ 2 ・21金判1180号29頁 … 244,245

大阪地判平成15・ 3 ・ 5 判時1833号146頁
……………………………………69
千葉地判平成15・ 5 ・28金判1215号52頁 … 45
最判平成16・ 2 ・20民集58巻 2 号367頁
………………………………326,329,330
東京地判平成16・ 5 ・13金判1198号18頁
……………………………………222,223
最判平成16・ 7 ・ 1 民集58巻 5 号1214頁
……………………………………308,310
福岡高判平成16・12・21判タ1194号271頁
……………………………………251
京都地判平成16・12・27LEX/DB28100297
……………………………………290
最判平成17・ 2 ・15判時1890号143頁 ……244
東京高決平成17・ 3 ・23判時1899号56頁 …254
最決平成17・12・13刑集59巻10号1938頁 … 30
最判平成18・ 4 ・10民集60巻 4 号1273頁 … 60
最判平成19・ 3 ・ 8 民集61巻 2 号479頁
……………………………………43,44
東京高判平成19・ 3 ・29金判1266号16頁 …184
最決平成19・ 8 ・ 7 民集61巻 5 号2215頁
……………………………………62,254
東京地判平成19・ 9 ・26LEX/DB28132122…8
東京地判平成19・12・ 6 判タ1258号69頁 … 59
最判平成20・ 1 ・28判時1997号148頁 ……361
最判平成20・ 1 ・28民集62巻 1 号128頁
……………………………………275,276
最判平成20・ 2 ・22民集62巻 2 号576頁 ……3
最判平成20・ 6 ・10判タ1275号83頁 … 326,329
最判平成20・ 6 ・10判時2014号150頁 ……341
東京高決平成20・ 9 ・12金判1301号28頁
……………………………………380,381
最判平成21・ 3 ・10民集63巻 3 号361頁
……………………………………289,296,297
最判平成21・ 3 ・31民集63巻 3 号472頁 …293
最決平成21・ 5 ・29金判1326号35頁 ……380
秋田地判平成21・ 9 ・ 8 金判1356号59頁 …137
横浜地判平成21・10・16判時2092号148頁
……………………………………185
最判平成21・11・27判時2063号138頁 ……361
最判平成21・12・18判時2068号151頁 ……247
福岡地判平成22・ 1 ・14金判1364号42頁 …341
宇都宮地判平成22・ 3 ・15判タ1324号231頁
……………………………………328

最判平成22・3・16判時2078号155頁 ……252
東京地判平成22・5・27判時2083号148頁
………………………………………343
東京高判平成22・7・7判時2095号128頁
………………………………………384
東京地判平成22・7・9判時2086号144頁
………………………………………342
最判平成22・7・15判時2091号90頁 ………274
東京高判平成22・10・27金判1355号42頁 …343
東京高判平成22・11・24金判1358号20頁 …252
東京高判平成22・11・24資料商事322号180頁
……………………………………… 85
東京地判平成22・11・29判夕1350号212頁
………………………………………342
最決平成22・12・7民集64巻8号2003頁 …378
佐賀地判平成23・1・20判夕1378号190頁
………………………………………246
福岡地判平成23・2・17判夕1349号177頁
………………………………………341
名古屋地判平成23・7・22判時2136号70頁
………………………………………343
さいたま地判平成23・9・2金判1376号54頁
………………………………………131

福岡高判平成23・10・27金判1384号49頁 …343
名古屋高判平成24・2・7判夕1369号231頁
………………………………………343
最決平成24・3・28民集66巻5号2344頁
……………………………… 378,379,380
最判平成24・4・24民集66巻6号2908頁 …185
横浜地判平成24・7・20判時2165号141頁
………………………………………137
名古屋地決平成24・8・13判時2176号65頁
………………………………………305
最判平成24・10・12民集66巻10号3311頁
……………………………………342,343
仙台高判平成24・12・27判時2195号130頁
………………………………………289
大阪高判平成25・4・12金判1454号47頁 …185
東京高判平成25・4・17判時2190号96頁
……………………………………386,389
大阪高決平成25・11・8判時2214号105頁
………………………………………304
最判平成26・1・30判時2213号123頁
……………………………………275,276
東京高判平成26・4・24金判1451号8頁 …294
最判平成27・2・19民集69巻1号51頁 ……179

●編者・執筆者一覧

編者

小林　量　（こばやし・りょう）　　　名古屋大学教授

北村　雅史　（きたむら・まさし）　　京都大学教授

執筆者

石田　眞得　（いしだ・まさよし）　　関西学院大学教授

釜田　薫子　（かまた・かおるこ）　　同志社大学教授

小柿　徳武　（こがき・のりたけ）　　大阪市立大学教授

清水　円香　（しみず・まどか）　　　立命館大学准教授

山田　泰弘　（やまだ・よしひろ）　　立命館大学教授

山下　徹哉　（やました・てつや）　　京都大学准教授

事例研究 会社法

2016年4月20日　第1版第1刷発行

編著者——小林量・北村雅史
発行者——串崎浩
発行所——株式会社　日本評論社
　　　　　東京都豊島区南大塚3-12-4
　　　　　電話03-3987-8621（販売），-8631（編集）
　　　　　振替00100-3-16
印刷所——精文堂印刷株式会社
製本所——株式会社難波製本

© R.Kobayashi, M.Kitamura
装丁／林健造　Printed in Japan
ISBN 978-4-535-52136-0

[JCOPY] 〈（社）出版者著作権管理機構　委託出版物〉
本書の無断複写は著作権法上での例外を除き禁じられています。複写される場合は、そのつど事前に、（社）出版者著作権管理機構（電話 03-3513-6969、FAX 03-3513-6979、e-mail：info@jcopy.or.jp）の許諾を得てください。
また、本書を代行業者等の第三者に依頼してスキャニング等の行為によりデジタル化することは、個人の家庭内の利用であっても、一切認められておりません。

事例研究 憲法 [第2版]

木下智史・村田尚紀・渡辺康行 [編著]

新しい問題を多数収録。全問の解説を主張→反論→検討の流れで再構成して、より使いやすくバージョンアップ。判例の扱いやミニ講義も充実。 ◆3,800円＋税 ISBN978-4-535-51944-2

事例研究 行政法 [第2版]

曽和俊文・金子正史 [編著]

大好評の司法試験対応問題集。ハイクオリティで、かつ学生の目線に立った問題と解説。関連問題、コラム、ミニ講義も充実。TMあり。 ◆3,700円＋税 ISBN978-4-535-51788-2

事例研究 民事法 [第2版] ① ②

瀬川信久・七戸克彦・山野目章夫・小林 量・山本和彦
山田 文・杉山悦子・永石一郎・亀井尚也 [編著]

好評の事例問題集を2分冊にして改訂。Ⅰは、主に民法の問題を扱う。問題を適宜差し替え、改訂の問題も全面的に見直した。Ⅱでは主に民事訴訟法・商法に分離し、さらに使いやすくハイクオリティにバージョンアップ。TMあり。
◆Ⅰ・3,600円＋税 ISBN978-4-535-51912-1／Ⅱ・3,300円＋税 ISBN978-4-535-51913-8

事例研究 刑事法

① 刑法 [第2版] ② 刑事訴訟法 [第2版]

井田 良・田口守一・植村立郎・河村 博 [編著]

大好評『事例研究』シリーズの刑事法。丁寧な説明で多くの判例や高水準の理論もカバーする演習書の最高峰。
◆各3,000円＋税 Ⅰ・ISBN978-4-535-52032-5／Ⅱ・ISBN978-4-535-52033-2

人間ドラマから会社法入門

高田晴仁・久保田安彦 [編著]

会社法の重要論点を、具体的でリアルなストーリーとイメージを視覚的に想像させるマンガを使って、気鋭の商法学者が丁寧に解説。 ◆2,500円＋税 ISBN978-4-535-52037-0

日本評論社
http://www.nippyo.co.jp/